GESELLSCHAFT UND THEOLOGIE

Systematische Beiträge
Sozialwissenschaftliche Analysen
Praxis der Kirche

Abteilung: Praxis der Kirche. Nr. 14

Herausgegeben von Christof Bäumler, Hans-Dieter Bastian, Rudolf Bohren, Norbert Greinacher, Manfred Josuttis, Franz Kamphaus, Peter Krusche, Norbert Mette, Helmut Peukert, Yorick Spiegel, Arnold Uleyn, Rolf Zerfaß.

Nr. 1: H.-D. Bastian (Hg.), Experiment Isolotto
Nr. 2: E. M. Lorey, Mechanismen religiöser Information
Nr. 3: Y. Spiegel (Hg.), Pfarrer ohne Ortsgemeinde
Nr. 4: H. Bartsch (Hg.), Probleme der Entsakralisierung
Nr. 5: W. Marhold, Fragende Kirche
Nr. 6: M. K. Bowers / E. N. Jackson / J. A. Knight / L. LeShan, Wie können wir Sterbenden beistehen
Nr. 7: H.-D. Bastian (Hg.), Kirchliches Amt im Umbruch
Nr. 8: H. J. Clinebell, Modelle beratender Seelsorge
Nr. 9: J. W. Knowles, Gruppenberatung als Seelsorge und Lebenshilfe
Nr. 10: U. Kleinert (Hg.), Strafvollzug
Nr. 11: W. Zijlstra, Seelsorge-Training
Nr. 12: R. Bohren / N. Greinacher (Hg.), Angst in der Kirche – verstehen und überwinden
Nr. 13: O. Seeber / Y. Spiegel (Hg.), Behindert – Süchtig – Obdachlos
Nr. 14: Y. Spiegel, Der Prozeß des Trauerns
Nr. 15: Homiletische Arbeitsgruppe Stuttgart/Frankfurt (Hg.), Die Predigt bei Taufe, Trauung und Begräbnis
Nr. 16: K.-W. Dahm / H. Stenger (Hg.), Gruppendynamik in der kirchlichen Praxis
Nr. 17: A. Reiner, »Ich sehe keinen Ausweg mehr«. Suizid und Suizidverhütung – Konsequenzen für die Seelsorge
Nr. 18: H. Müller-Pozzi, Psychologie des Glaubens
Nr. 19: D. K. Switzer, Krisenberatung in der Seelsorge
Nr. 20: D. und E. Schirmer, Deklassiert? Arbeiterjugendliche in der Kirche
Nr. 21: H. Harsch, Hilfe für Alkoholiker und andere Drogenabhängige
Nr. 22: H.-G. Heimbrock, Phantasie und christlicher Glaube
Nr. 23: K.-F. Daiber, Grundriß der Praktischen Theologie als Handlungswissenschaft
Nr. 24: H. Andriessen, Pastorale Supervision
Nr. 25: F. Kamphaus / R. Zerfaß (Hg.), Ethische Predigt und Alltagsverhalten
Nr. 26: M. Affolderbach, Kirchliche Jugendarbeit im Wandel. Analysen zur Bibelfrömmigkeit
Nr. 27: H. Steinkamp, Jugendarbeit als soziales Lernen. »Ziele und Aufgaben kirchlicher Jugendarbeit«

YORICK SPIEGEL

Der Prozeß des Trauerns

Analyse und Beratung

KAISER · GRÜNEWALD

5. Auflage 1983 · (Der Anmerkungsband ist vergriffen)

ISBN 3-459-00853-9 (Textband)
ISBN 3-459-00857-1 (Anmerkungsband)
Matthias-Grünewald-Verlag, Mainz. ISBN 3-7867-0396-5 (Textband)

Umschlaggestaltung: Kröhl/Offenberg unter Verwendung eines Fotos von Kortner/Anthony. Gesamtherstellung: Buch- und Offsetdruckerei Sommer, Feuchtwangen. Printed in Germany.

VORWORT

Die vorliegende Untersuchung ist im Sommersemester 1972 von der Abteilung Ev. Theologie der Ruhr-Universität Bochum als Habilitationsschrift für das Fach Praktische Theologie angenommen worden. Für die Drucklegung wurde der Text überarbeitet und gekürzt.

Der Verfasser ist der Deutschen Forschungsgemeinschaft für die Gewährung eines Habilitationsstipendiums und für die Finanzierung einer Studienreise in die USA zu Dank verpflichtet. Er gilt auch der Ev. Kirche von Berlin-Brandenburg, insbesondere Bischof D. Kurt Scharf, für eine Druckbeihilfe zum ersten und der Deutschen Forschungsgemeinschaft zum zweiten Band.

Manfred Josuttis und Rolf Zerfaß haben wichtige Anregungen gegeben, ebenso wie die Begutachter Hans-Eckehard Bahr, Joachim Scharfenberg und Johannes Schreiber. Elisabeth Pracht und Helmut Strack waren bei der Überprüfung der Zitate und beim Lesen der Korrekturen von großer Hilfe. Rosemarie Kurte und Liza Walter übernahmen die schwierige Reinschrift. Auch ihnen allen sei gedankt.

Die Untersuchung erscheint in zwei Bänden. Der erste Band enthält den Text mit einem weiterführenden Literaturverzeichnis, das die wichtigsten und die häufiger genannten und zitierten Aufsätze und Monographien enthält. Wer an den genauen bibliographischen Angaben zu den Zitaten und an Spezialliteratur zum Thema interessiert ist, sei auf den Anmerkungsband verwiesen. Dort finden sich die Anmerkungen zu den Fußnoten im Textbestand, sowie die Exkurse und eine umfassende Bibliographie zur Trauer und zu angrenzenden Gebieten wie Tod, Beerdigung, Depression (vgl. Inhaltsverzeichnis zum Anmerkungsband hier auf S. 9 f).

Persönliche Erlebnisse waren Anlaß zu dieser Arbeit. Sie haben die Frage nach dem Tod und seiner Bewältigung aufgeworfen. Ich möchte dieses Buch Ina-Susanne widmen, die sich in dieser Situation nicht der Hilflosigkeit überließ, sondern auf ihre Weise – in intellektueller Auseinandersetzung – mit dieser Krise fertig zu werden suchte. Die Bibliographie und das literarische Material zu Sterben und Tod, das sie dafür gesammelt hatte, gaben den Anstoß zur Ausarbeitung des Themas der Trauer. Sie hat diese Arbeit mit aktiver Anteilnahme verfolgt.

Yorick Spiegel

INHALT

Anmerkungsband

(Anmerkungen, Exkurse, Bibliographie)

1. EINLEITUNG

1.1 Zielsetzung

Trauer ist, um mit den Worten S. Freuds zu sprechen, »regelmäßig die Reaktion auf den Verlust einer geliebten Person oder einer an ihre Stelle gerückten Abstraktion wie Vaterland, Freiheit, ein Ideal usw.«[1]. Überall dort, wo eine Verlusterfahrung gegeben ist, kann Trauer auftreten. So sprechen manche Autoren von der Trauer des Sterbenden, von der Trauer, eine Gliedmaße verloren zu haben, von der Trauer, ein vertrautes Wohngebiet zu verlassen. Auch das Heranwachsen wird als Trauerprozeß verstanden, da der Heranwachsende den Schutz verliert, den die Kindheit ihm bot[2]. In der hier vorliegenden Studie wird von *Trauer ausschließlich als Reaktion auf den Tod eines geliebten und nahestehenden Menschen gesprochen.*
Obgleich Trauer eine tiefgreifende menschliche Erfahrung ist, mit der Individuen unausweichlich konfrontiert werden, sind bisher nur wenige Monographien vorhanden, die das Thema der Trauer wissenschaftlich behandeln[3]. Keine dieser wenigen Arbeiten stammt aus dem deutschsprachigen Raum, und keine von ihnen ist ins Deutsche übersetzt. Den vereinzelten zusammenfassenden Darstellungen steht eine große Anzahl von Einzelartikeln und Sammelbänden zu diesem Thema (vor allem im angloamerikanischen Bereich) gegenüber. Insbesondere seit 1960 kann man geradezu von einer Flut von Artikeln sprechen, die sich mit den vielfältigen Themenkreisen zur Todesproblematik beschäftigen; dies hat in den USA zur Gründung zweier Zeitschriften geführt, die sich ausschließlich mit Sterben, Tod und Trauer befassen[4].
Zu Beginn der Arbeit stand die Frage, ob das Thema der Trauer besser durch eine empirische Erhebung oder durch eine integrative Aufarbeitung des bereits vorliegenden Materials behandelt werden sollte. Da für die BRD empirische Erhebungen über das Trauerverhalten völlig fehlen, wäre eine solche Arbeit durchaus sinnvoll gewesen. Sie ist aber nicht durch einen einzelnen zu leisten, sondern hätte ein Team verlangt. Die bisher vorliegenden empirischen Arbeiten aus anderen Ländern zeigen zudem, daß sie die theoretischen Ansätze zur Trauerforschung nur sehr selektiv zur Kenntnis genommen haben, was verständlich ist, da das Material außerordentlich verstreut ist in verschiedensten Zeitschriften und Sammelbänden. Wo der Versuch gemacht wurde, Trauer in einer Monographie darzustellen, wurde deshalb auch in der Auswahl des benutzten Materials vielfach einseitig oder zufällig verfahren.

Daher erschien es vordringlich und sinnvoll, die vorhandenen Materialien zur Theorie der Trauer, zum Trauerprozeß, zur Bewältigung der Trauer und zur therapeutischen Beratung von Trauernden in einer integrativen Studie systematisch aufzuarbeiten. Sie ist integrativ, indem sie die Forschungsbeiträge aller Wissenschaften zu behandeln und in Zusammenhang zu bringen sucht, die sich in besonderer Weise mit der Trauer beschäftigt haben. Hier sind vor allem die Psychoanalyse, die Psychiatrie, die Psychologie, die Soziologie und die Theologie zu nennen.
Die Psychoanalyse erarbeitete, ausgehend von dem inzwischen klassisch zu nennenden Beitrag von S. Freud über »Trauer und Melancholie« (1916), die grundlegenden Konzeptionen über die Trauer, die faktisch in alle weiteren Trauertheorien eingegangen sind. Gemeinsam mit einer dynamisch orientierten Psychiatrie schilderte sie nicht nur detaillierte Einzelfälle pathologischer Trauerverarbeitung, sondern entwickelte auch Formen der Therapie. Insbesondere die Psychiatrie der USA blieb mit der Psychoanalyse eng verbunden in der Erforschung der psychischen und psychosomatischen Reaktionsweisen auf den Verlust eines nahestehenden Menschen. Sie widmete sich vor allem der Frage, unter welchen Bedingungen Trauer zu anhaltenden depressiven und paranoiden Verhaltensstörungen führt.
Direkte Beiträge der Psychologie zur Trauerforschung sind nicht sehr zahlreich. Wichtiger ist der indirekte Beitrag dieses Wissenschaftsgebietes durch die Stressforschung und die Krisen-Präventions-Theorie. Dabei wurden vor allem die Bewältigungsmechanismen untersucht und auch auf die psychoanalytische Konzeption der Abwehrmechanismen zurückgegriffen. Bei der Diskussion der Kurztherapie und den Voraussetzungen für ein präventives Eingreifen ergaben sich fruchtbare Ansätze zu einer Zusammenarbeit mit Psychoanalyse und Psychiatrie. Selbst dort, wo konzeptionelle und methodische Fragen kontrovers blieben wie etwa in der Frage der Ursache von Aggression, zeigen sich starke Ansätze zur gegenseitigen Übernahme bestimmter Elemente, vor allem im praktischen Bereich, was die Möglichkeit und Fruchtbarkeit integrativer Arbeit belegt.
In den ersten Jahrzehnten dieses Jahrhunderts stützten sich soziologische Beiträge zur Trauerforschung vor allem auf die Trauerrituale weniger differenzierter Gesellschaften, da man glaubte, dort die Grundformen menschlichen Verhaltens besser beobachten zu können[5]. Diese enge Verbindung zwischen Ethnologie und Soziologie hat sich generell, aber auch spezifisch am Thema der Trauer bis heute erhalten. In den letzten Jahren hat sich die Interaktionsforschung zunehmend der spezifischen Situation angenommen, vor der Interaktionspartner angesichts des Todes stehen[6]. Gleichzeitig sind einige wichtige Studien zur Soziologie des Todes erschienen, in denen der Versuch gemacht wurde, den Einfluß von gesamtgesell-

schaftlichen Wertvorstellungen und Verhaltensweisen auf die Bewertung des Todes und auf das individuelle Verhalten ihm gegenüber zu bestimmen[7]. Obgleich Freud, nicht weniger als etwa Durkheim, immer wieder auf ethnologisches Material zurückgriff, blieb doch, von Ausnahmen abgesehen, eine Vermittlung zwischen den psychoanalytischen Arbeiten, die stärker auf die Familienkonstellation ausgerichtet waren, und den mehr gesamtgesellschaftlich orientierten ethnologischen und soziologischen Studien aus. Erst im Umkreis der Frankfurter Schule wurden einerseits psychoanalytische Konzepte insbesondere in den Sozialisationsstudien aufgenommen, andererseits hat die Psychoanalyse versucht, mit Vorstellungen wie Abwehrmechanismen und Angst gesamtgesellschaftliche Vorgänge zu erfassen. Für die Trauerforschung hat sich dieses integrative Bemühen kaum ausgewirkt, obgleich A. und M. Mitscherlich den bedeutenden Versuch gemacht haben, die psychoanalytische Trauertheorie auf eine spezifische gesellschaftliche Situation, die Reaktion der Deutschen auf den Tod Hitlers, zu übertragen[8].

Die Theologie hat kaum spezifische Beiträge zur Trauerforschung geliefert, obgleich paradoxerweise alle Monographien zu diesem Thema, sieht man von zwei empirischen Arbeiten ab[9], von amerikanischen Pastoraltheologen geschrieben wurden. Neben einigen allgemeinen Beobachtungen hat die deutschsprachige Praktische Theologie sich nahezu ausschließlich mit der Beerdigungspredigt beschäftigt, ohne auf die psychische Verfassung des Trauernden und seine gesellschaftliche Stellung einzugehen; ausländische Literatur, sei es aus dem theologischen oder einem anderen Fachbereich, wird kaum erwähnt. Die praktisch-theologischen Beiträge zur Beerdigung greifen in ihren Ausführungen sehr stark auf die Systematische Theologie zurück und sehen ihre Aufgabe vor allem darin, den unmittelbar Betroffenen und den übrigen Anwesenden eine theologische Interpretation des Todes zu geben.

Seit wenigen Jahren ist die an den nordamerikanischen Seminaren und in der dortigen kirchlichen Praxis weitverbreitete Clinical Pastoral Education (CPE) in der BRD aufgenommen worden und hat auch erste Beiträge zur Trauerforschung für den kirchlichen Bereich erbracht[10]. Die Pastoral Clinical Education ist stark auf das Individuum, auf die Familie und auf die Kleingruppe orientiert und ist – mit wenigen Ausnahmen – auf gesellschaftliche und theologische Aspekte nicht eingegangen. In ihrer gegen die Psychoanalyse polemisch zugespitzten Orientierung auf das, was der Klient denkt, und vor allem fühlt, geht sie oft recht untheoretisch vor, obgleich das CPE durch die Vermittlung der Neo-Freudianer und der Psychologie eine Reihe psychoanalytischer Ansätze übernommen hat; gesellschaftskritische Aspekte sind selten.

Nun haben in den letzten Jahren die Vertreter einer »Theologie der Hoff-

nung« in verstärktem Maße die Diskussion mit soziologischen Theoretikern über die Bedeutung des Todes in seiner sozial-utopischen Dimension, über die These von der Verdrängung des Todes in der modernen Gesellschaft und über das auch medizinisch wichtige Thema des »natürlichen« Todes aufgenommen. Diese auf abstrakt-theoretischem Niveau geführten Erörterungen sind jedoch kaum auf die Frage nach der individuellen Bewältigung der Trauer eingegangen. Die theoretische Diskussion hat ein Eingehen auf dieses Problem eher behindert als gefördert, weil bisher die Frage nicht schlüssig entschieden werden konnte, wieweit Individualtherapie nicht nur dazu dient, die durch das herrschende System hervorgerufenen psychischen Schäden zu therapieren, statt durch eine Aufhebung der derzeitigen Herrschaftsverhältnisse das Übel an der Wurzel zu fassen. Da zudem der Tod zu den menschlichen Depravierungen gehört, dessen Aufhebung sich zwar utopisch vorstellen und glauben läßt, aber es keine aussichtsreichen Schritte zu einer gesellschaftlichen Todesüberwindung gibt, besteht die Gefahr, daß die Unaufhebbarkeit zu einem Kampfbegriff wird.
Soll die Theologie der Trauer keine herrschaftsmäßige sein, dann kann sie die Erfahrungen nicht außer acht lassen, die das Individuum und die soziale Gruppe, mit der es in Interaktion steht, mit dem Tode des Nächsten machen. Sie muß sich der Deutungsversuche annehmen, die der Trauernde unternimmt, und seine Ansätze ernst nehmen, mit dem Verlust fertigzuwerden. Hier hilft keine Theologie, die ihre Aussagen systematisch reflektiert und anschließend an die Situation anpaßt. Sie muß Theologie von der Basis her sein.
Nichts anderes tun die Theorien zur Trauer. Sie gehen zum größten Teil empirisch vor. Die psychoanalytischen Deutungen sind undenkbar ohne die Fallbeschreibungen und -diskussionen. Eine Fallbeschreibung mag zum Alibi werden, wenn die Theorie ohnehin schon alles weiß, aber trotz solcher Verfallserscheinungen ist der Vorrang der Empirie nie bestritten worden.
Das gleiche läßt sich zur Stress- und Krisentheorie sagen. Die Stresstheorie stützt sich allgemein auf eine Fülle von Untersuchungen in Situationen von ungewöhnlicher Belastung, wie Gefecht, Naturkatastrophe und anderen sozial-traumatischen Ereignissen. Die Krisentheorie gewinnt ihre Erfahrungen in der Beratung. Psychiater sammeln und beschreiben anhand von klinischem Material die körperlichen Symptome, die sich als Reaktion auf Trauer ergeben. Ethnologische und soziologische Untersuchungen, die unten unter der Überschrift »Trauer als Statusübergang« zusammengestellt werden, sind ebenfalls grundlegend empirisch orientiert. Das ethnologische Material besteht in den meisten Fällen in ausgedehnten Feldstudien unter weniger differenzierten Gesellschaften, das soziologische zumeist aus Interaktions-Studien über Statuswechsel.

Verglichen damit gehen die theologischen Aussagen zu Tod und Trauerverhalten kaum von empirischem Material aus. Äußerungen über Trauernde bestehen zumeist aus Verallgemeinerungen persönlicher Erfahrungen, die nicht einmal mit Fallbeschreibungen belegt werden. Bei so zentralen theologischen Thesen, wie: der Tod werde in der modernen Gesellschaft verdrängt, und er werde als Ende aller menschlichen Handlungsmöglichkeit erfahren, kann als Beleg nur auf den common sense oder auf sozialphilosophische Feststellungen verwiesen werden.
Angesichts dieses schwer zu überbrückenden Zwiespaltes zwischen einem ständig anwachsenden empirischen Material über das Trauererleben auf der einen Seite und abstrakter theologischer Aussage auf der anderen hat sich die Theologie häufig eine methodische Grenze gesetzt, wieweit es ihre Aufgabe sei, sich mit Tod und Trauer zu beschäftigen. Die Selbstlimitierung wurde allgemein darin gesehen, daß sich die Theologie allein mit der Sinndeutung des Todes beschäftigt, während den anderen Wissenschaften die Erhebung des empirischen Materials überlassen bleiben sollte.
Diese Selbstbeschränkung ist unbefriedigend. Empirisches Material ist ohne Deutungen überhaupt nicht zu erheben, weil bereits zumindest vorausgesetzt wird, was wichtig und was irrelevant ist. Jede Generalisierung muß sich auf Ansätze von Deutungen stützen. Es stehen bereits Deutungssysteme zur Verfügung, wie etwa die Psychoanalyse. Verzichtet die Theologie darauf, von vornherein an diesem mühsamen Weg von Beobachtungen zur Generalisierung sich zu beteiligen, und wartet sie in vorgeblich kluger Zurückhaltung, bis der Prozeß der Generalisierung abgeschlossen ist, um dann ihre Sinndeutung hinzuzufügen, so kann es allzu leicht geschehen, daß zwei Tunnelröhren, von entgegengesetzter Seite begonnen, aneinander vorbeigegraben werden.
Mehr noch: Empirische Beobachtungen und Erfahrungen vollziehen sich natürlich bereits in zumeist selbstverständlich und damit vorbewußt gewordenen Deutungssystemen früherer Zeiten, nicht zuletzt theologischen. Allzu oft steht die gegenwärtige Theologie kopfschüttelnd und entrüstet individuellen Auffassungen und Verhaltensweisen gegenüber, die doch nur die popularisierten oder säkularisierten Formen älterer Theologien sind. Empiriefeindlichkeit bringt es mit sich, daß man seine eigenen Produkte nicht mehr zu erkennen vermag, besonders wenn die Fähigkeit allzu gering entwickelt ist, hinter bestimmten individuellen Feststellungen den theologischen Hintergrund zu erkennen.
Verzicht auf theologische Durchdringung der Empirie verkennt weiter, daß Deutungen bereits im Verhalten impliziert sind. Deutungen sind nicht erst dort vorhanden, wo ein Sinn reflektiert ausgesprochen wird, sondern sie werden auch ausgesprochen in jedem intentionalen Handeln. Die Aussage muß nicht verbal konstatiert werden, sie vollzieht sich auch auf

dem Wege symbolischer Mitteilung, wie dies etwa durch psychosomatische Symptome und scheinbar irrationale Verhaltensweisen geschieht. Beteiligt sich Theologie nicht bereits dort, wo es um die Deutung und die Bewertung zB. der »body language« geht, können ihre späteren Interpretationen nur noch als aufgesetzt erscheinen.

Es ist naheliegend, daß die einzelnen Disziplinen der Theologie unterschiedliche Methoden entwickeln, worauf sich ihre theologischen Aussagen gründen. Exegetische Wissenschaft legitimiert sich von den biblischen Texten und dem hinter diesen Texten liegenden Traditionsprozeß. Systematik wird sich vor allem legitimieren in der negativen Abgrenzung zu bestimmten philosophischen Zeitströmungen. Praktische Theologie muß ihre Methodik jedoch primär auf den Erfahrungen »an der Basis« gründen, an der zum Verhalten gewordenen Theologie, an der in Kirchenstrukturen ausgedrückten Ekklesiologie, an den Erfahrungen mit dem Tod, dessen Verständnis selbstevident ist und daher zu seiner Deutung keine Denksysteme braucht. Praktische Theologie wird dabei gewiß nicht stehenbleiben, aber ihr Ausgangspunkt ist von daher bestimmt.

1.2 Theologische Begründung

Über die Notwendigkeit hinaus, sich überhaupt intensiv mit dem Thema der Trauer zu beschäftigen, lassen sich eine Anzahl von Gründen nennen, warum es eine spezielle Aufgabe der Theologie ist, sich dieses Themas anzunehmen, auch wenn man mit gutem Recht sagen könnte, die Psychiatrie und Psychotherapie hätten zu diesem Thema bisher die wesentlichen Beiträge geliefert und böten die besten Voraussetzungen, eine umfassende Diagnostik und Therapie der Trauer zu entwickeln. Die theologischen Gründe, die hier genannt werden, hängen verständlicherweise zum Teil von der Auffassung ab, was die Aufgabe der Theologie sei; zum anderen werden hier auch Gründe genannt, die sich nicht allein auf die Beschäftigung mit Trauernden, sondern auch auf andere soziale Minoritäten beziehen.

(1) Es liegt ein klarer biblischer Auftrag vor, mit den Weinenden zu weinen (Röm. 12,15). Das Alte Testament bietet eindrückliche Beispiele der Totenklage, so etwa die Davids um Abner (2. Sam. 31 ff). Die Trauernden werden in den Seligpreisungen Jesu besonders ausgezeichnet, weil ihnen ihre Trauer Erfahrungen zugänglich macht, die sie das Reich Gottes verstehen und erhoffen lassen (Matth. 5,4).

Im Alten wie im Neuen Testament wird immer wieder die dringliche Forderung erhoben, sich der Witwen und Waisen anzunehmen, für ihren Unterhalt zu sorgen und ihnen in ihrer damals meist rechtlich ungesicherten Lage zu ihrem Recht zu verhelfen. Die erste Auseinandersetzung in der Jerusalemer Gemeinde entzündete sich nach Lukas an der Vernachlässigung der verwitweten Frauen hellenistischer Herkunft (Act. 6,1 ff). Sicher sind heute die Hinterbliebenen nicht mehr in gleicher Weise der finanziellen Not und der Rechtlosigkeit ausgesetzt wie in früheren Zeiten. Doch kann der Tod eines Ehemannes in seinen mittleren Jahren auch in dieser Hinsicht schwierige Situationen schaffen, bis zB. der Prozeß der Rentenbewilligung durchgestanden ist; oft wird eine berufliche Tätigkeit unausweichlich. Schwerer wiegt, daß die generelle Abwertung des alternden Menschen den Verwitweten in besonderer Weise trifft; zudem liegt über jedem Trauernden auch heute noch das »Tabu der Berührung«. Der Verlust der nachbarschaftlichen Kommunität und des geordneten Trauerrituals auf der einen Seite und die Intimisierung seelischer Beziehungen zu nahestehenden Menschen auf der anderen haben die Belastungen, vor der Trauernde stehen, zwar verändert, aber nicht aufgehoben. Sich über die Situation des Trauernden klarzuwerden, ist eine wesentliche Voraussetzung, dem biblischen Auftrag zum Dienst an den Trauernden entsprechen zu können.

(2) Stärker als andere Berufe und Organisationen trifft die Kirche auf das Problem der Trauernden. Aus Gründen, die an anderer Stelle zu besprechen sind, ist ihr verstärkt die Aufgabe der Beerdigung zugefallen, eine Aufgabe, die schon immer als eine der »sieben Werke der Barmherzigkeit« galt[1]. Durchschnittlich einmal in der Woche ist der Pfarrer im Verlauf seines Dienstes mit einem Trauerfall befaßt. Dies ist ein Grund, der die Beschäftigung mit der Trauer insbesondere zu einem eminent praktisch-theologischen Auftrag macht.

(3) Stärker als bei anderen Aufgaben des pfarramtlichen Dienstes zeigen sich im Vollzug der Beerdigung beim Pfarrer nicht selten Ratlosigkeit, Ängste und Zynismen. Ratlosigkeit entsteht, wenn der Pfarrer zB. die Bedeutung des Rituals nicht einzusehen vermag, das er durchzuführen hat, wenn er nicht weiß, wie er die Verkündigung mit der Situation am Sarge zusammenbringen soll und sich unfähig und ungeschult fühlt, mit den Trauernden ein hilfreiches Gespräch zu führen. Ängste werden in ihm wach, weil er selbst ein sterbliches Wesen ist und mit jeder Beerdigung an seine eigene Sterblichkeit erinnert wird; sie werden verstärkt durch die gesellschaftliche wie theologische Unsicherheit, klare Aussagen über Tod und Nachleben zu machen. Angesichts dieser Ratlosigkeit und dieser Ängste greifen Pfarrer (nicht anders etwa als Ärzte) gelegentlich zur zynischen Abwertung gegenüber allem, was mit der Beerdigung und den Trauernden zusammenhängt; sie spotten über das Ritual, das sie unwillig vollziehen; sie unterstellen den Trauernden unlautere Motive; sie wenden sich gegen den »Totenkult«. Es ist das wesentliche persönliche Anliegen dieser Arbeit, mit dazu beizutragen, dem Pfarrer mehr Einsicht und bessere

Bewältigungsmöglichkeiten in dieser sicher nicht einfachen Aufgabe zu verschaffen.

(4) Seit der Zeit der Aufklärung haben sich die nicht-theologischen Wissenschaften zunehmend von der Frage des Weiterlebens nach dem Tode zurückgezogen. Mit dem Ende der klassischen deutschen Philosophie hat auch diese Wissenschaft weitgehend darauf verzichtet, diese Frage in den Bereich ihrer Reflexion aufzunehmen. Forschungen zu diesem Thema auf dem Gebiet der Parapsychologie haben keine Anerkennung der wissenschaftlichen Kommunität gefunden. Ähnliches gilt für die Fragen nach Sinn und Bedeutung des Todes, die im wesentlichen nur in der Existenzphilosophie noch eine (dann vielleicht aber überhöhte) Behandlung erfahren haben. Die Fragen nach Tod und Unsterblichkeit sind aber mit dem Nachlassen des wissenschaftlichen Interesses nicht erloschen, sondern nur in den popularphilosophischen Untergrund abgedrängt und in das Unbewußte verlagert worden, wo sie die psychoanalytische Forschung erneut ins Bewußtsein erhob und mit der Einführung des Todestriebes zu beantworten suchte.

Es ist ein Verdienst der Theologie gewesen, die Frage nach dem Tode und der Unsterblichkeit offengehalten zu haben, obgleich es ihr viel Spott aus der akademischen Welt eintrug und zu einem Hauptargument wurde, ihre legitime Zugehörigkeit zu dieser überhaupt zu bestreiten. Teils sind diese Fragen ihr von Universität und Gesellschaft zugeschoben worden, teils hat sie diese entschieden selbst aufgegriffen und zuweilen nicht allzu glücklich zur Basis ihrer Selbstlegitimation und im Interesse der Systemerhaltung eingesetzt. Das akademische Ethos hat zwangsläufig Theologie und Kirche verunsichert und sie ebenso zur dogmatischen Absonderung wie zur Aufgabe von Positionen veranlaßt, die der Verteidigung vielleicht durchaus noch wert gewesen wären.

Mag man auch daran zweifeln, ob die Theologie diese Fragestellungen besonders einsichtig behandelt und beantwortet hat, so hat sie immerhin Sorge dafür getragen, daß die Fragen nach Tod und Auferstehung in der akademischen Öffentlichkeit nicht zum Schweigen gebracht wurden. Damit hat sie aber zugleich eine wesentliche Hilfe für den Trauernden geleistet. Jeder fremde Tod erweckt die Frage nach seinem Sinn und nach seiner Überwindung. Die Theologie hat sichergestellt, daß diese Fragen legitime Fragen darstellen, Fragen, die nicht dadurch schon beantwortet sind, daß man den Tod als ein natürliches Ereignis bezeichnet, das fraglos und klaglos zu akzeptieren sei. Unter diesem Aspekt leistet die Theologie einen wesentlichen Beitrag zur Trauerbewältigung, der nur angesichts der Hyperkrasie anderer Wissenschaftsgebiete als unbedeutend erscheint.

(5) Selbst wenn man aus theologischen Gründen den zuletzt genannten Gesichtspunkt nicht anerkennen will, sondern von der Eigenständigkeit

der Theologie ausgeht, die nicht einen »Beitrag« zu irgendeinem säkularen Thema liefert, sondern von der »Mitte des Evangeliums« her Licht auf die menschlichen Denk- und Verhaltensweisen wirft, zwingt die spezifische Art des praktisch-theologischen Vorgehens zu einer genauen und aktuellen Erfassung und Darstellung des säkularen Wissens. Nur in der Arbeit an einem speziellen menschlichen Phänomen können sich die Kategorien ergeben, in denen theologische Aussagen gemacht werden können. Erst wo das vorliegende Material zusammenfassend aufgearbeitet wird, kann die Frage so formuliert werden, daß die Theologie überhaupt weiß, worauf sie ihre Aussagen ausrichten muß.
So vorzugehen, ist die besondere Problematik des praktisch-theologischen Arbeitens, das sich vermutlich darin wesentlich von anderen theologischen Disziplinen unterscheidet. Dieses Vorgehen trägt die Gefahr in sich, in der Überfülle des säkular Wißbaren jede Übersicht zu verlieren. Die praktische Theologie muß aber diesen Weg gehen, wenn sie ihr Ziel ernst nimmt, konkret Trauernden helfen zu wollen.
(6) Ein weiteres Faktum, das der Theologie den Charakter der Unwissenschaftlichkeit eingetragen hat, ist ihr Festhalten am »ganzen« Menschen. Zwar ist allzuoft der »gläubige« neben den »weltlichen« Menschen gestellt worden, wodurch sich die Theologie darauf beschränken konnte, sich mit dem Glauben zu befassen und andere menschliche Denk- und Verhaltensweisen den Spezialisten der einzelnen Wissenschaftsgebiete zu überlassen. Aber zugleich ist in der Theologie doch das Bewußtsein wachgeblieben, man könne die Wissenschaft vom Menschen nicht in immer kleinere Spezialgebiete aufspalten, ohne zu bedenken, daß der Mensch eine Einheit sei und sich als eine Einheit erfahre, selbst dann, wenn Teile von ihm im Konflikt miteinander liegen. Die Theologie hat daher mit Recht an der Vorstellung festgehalten, der Mensch sei »Person« oder sei »Existenz«. Man wird dabei nicht leugnen können, daß sie weitgehend der Gefahr erlegen ist, diese Vorstellung nur vage füllen zu können und solche Teilaspekte menschlichen Verhaltens zu den allein wesentlichen zu erklären, die von anderen Wissenschaftsgebieten nur als zweitrangig angesehen werden konnten. Wenn man daher von der »Ganzheit« des Menschen spricht, so handelt es sich allzu leicht um ein Postulat, dessen Ansprüche dem nicht standhalten, was es leistet.
Die hier vorliegende Arbeit nimmt diese theologische Prämisse ernst. Sie bemüht sich aber, dem Vorwurf des leeren Postulates zu entgehen, indem sie integrativ arbeitet. Damit soll verhindert werden, das Problem der Trauer und damit der Trauernden in differierende wissenschaftliche Sichtweisen auseinanderfallen zu lassen. Sie beabsichtigt, soweit dies möglich ist, die einander korrespondierende innere und äußere Situation des Trauernden zu analysieren. Die berechtigte theologische Forderung, die Ganz-

heit und Einheit des Menschen und seiner Welt nicht aus dem Auge zu verlieren, ist ein Aspekt, der diese Arbeit als theologische legitimiert.

(7) Es gibt eine weithin umstrittene, aber unter jüngeren Theologen zunehmend positiv beurteilte theologische Richtung, deren Hauptthese sich etwa so formulieren läßt: Eine theologische Aufgabe ist dann gegeben, wenn in einer Gesellschaft Gruppen oder einzelne unter den bestehenden gesellschaftlichen Herrschaftsverhältnissen leiden, ohne in der Lage zu sein, sich selbst in diesen Leiden wirksam zu helfen oder von anderen eine solche wirksame Hilfe zu erfahren. Wer diese unter den gesellschaftlichen Verhältnissen Leidenden sind, mag von Situation zu Situation wechseln. Was im Neuen Testament die Zöllner und Heiden sind, können in einem anderen gesellschaftlichen Kontext Obdachlose und straffällig gewordene Jugendliche sein. Nach diesem Kriterium gehören sicher auch die Trauernden zu den Gruppen, die einer schwer zu bewältigenden Belastung ausgeliefert sind. Sie werden von der Umwelt gemieden, und keiner der »care giving agents«, die von Berufs wegen für Hilfe und Heilung zuständig sind, fühlt sich für sie verantwortlich, so lange die Trauernden sich in den Grenzen des ihnen Zugebilligten halten und nicht durch eine pathologische Trauerverarbeitung in den Status des Verhaltensgestörten geraten. Für alle Wissenschaften ist die Trauer ein Randproblem. Betrachtet man insbesondere die Situation in der BRD mit ihrem nahezu völligen Mangel an wissenschaftlichen Arbeiten zum Problem der Trauer, so wird man nicht umhin können zuzugestehen, daß hier eine wie oben geschilderte Situation vorliegt, die es der Theologie zum zwingenden Auftrag macht, sich dieser Thematik anzunehmen. Sie ist dazu in vieler Hinsicht schlechter ausgerüstet, als es andere Wissenschaften sind. Daher ist es die Kombination von Desinteresse der eher zuständigen Wissenschaften in Verbindung mit der unbeachteten Notlage der Trauernden, die die Beschäftigung mit ihren Problemen zu einer theologischen Aufgabe macht.

(8) Die Arbeit legitimiert sich als theologische schließlich dadurch, daß sie parteiisch ist. Damit soll nicht gesagt sein, daß sie vorsätzlich die Kriterien vernachlässigt, die eine Arbeit als eine objektiv-wissenschaftliche auszeichnen. Es ist ihre entschiedene Absicht, diese Kriterien zu erfüllen, soweit dies angesichts der Komplexität des Stoffes und der spezifischen Art des Gegenstandes möglich ist. Sie ist jedoch insofern parteiisch, als sie sich entschieden auf die Seite der Trauernden (und der Toten) stellt und sich darum bemüht, mehr ihre Problematik und ihre Situation verständlich zu machen als die Situation derer, die – seien es Theologen oder andere Wissenschaftler – mit ihnen professionell konfrontiert sind.

1.3 Quellen und Methodik

Die *Quellen*, auf die diese Arbeit sich stützt, entstammen den Bereichen der Tiefenpsychologie, der Psychologie, der Psychiatrie, der Soziologie und der Theologie. Sie lassen sich unter methodischem Aspekt folgendermaßen gliedern:

(1) *Empirische Untersuchungen:* Die Zahl der empirischen Untersuchungen ist gering; sie beschränken sich weitgehend auf bestimmte Aspekte des Trauerverhaltens, etwa auf die körperliche Symptomatik der Trauer. Es gibt über fünfzig Studien, die einen Zusammenhang zwischen Depravierung in der Kindheit und späteren Verhaltensstörungen nachzuweisen versuchen, wobei der Tod eines nahestehenden Menschen neben anderem als Auslöser wirken kann. Doch ist der Aussagewert dieser Studien umstritten; die wenigsten erfüllen den Anspruch an statistische Zuverlässigkeit und werden daher hier auch nur in Ausnahmefällen behandelt. Neben zwei Befragungen, die sich nebenbei auch mit der Beerdigungspraxis befassen[1], gibt es in der BRD nur eine vom Soziologischen Institut der Freien Universität Berlin durchgeführte Untersuchung über Hinterbliebene von Unfallopfern und die vom Stuttgarter Pfarrvikarseminar durchgeführte Kontentanalyse von Kasualpredigten als empirisches Material; beide Studien waren dem Verfasser bei Abschluß dieser Arbeit noch nicht zur Verfügung gestellt worden.

(2) *Fallbeschreibungen:* Einzelfallbeschreibungen, von denen einzelne unter bestimmten Fragestellungen wie etwa Abwesenheit von Trauer zusammengefaßt wurden, liegen in der psychoanalytischen, psychiatrischen und pastoral-psychologischen Literatur in großer Zahl vor. Die Grenzen dieses Materials liegen darin, daß es sich in der Mehrzahl der Fälle um Kinder und Erwachsene handelt, die eine therapeutische Behandlung benötigten, weil sie eine Verlusterfahrung nicht ohne professionelle Hilfe bewältigen konnten. Aber pathologische Formen von Trauerbewältigung, wie sie sich in diesen Studien zeigen, lassen sich auch in weniger komplizierter Gestalt bei der »normalen« Trauerverarbeitung aufweisen. Fallbeschreibungen über den unkomplizierten Trauerverlauf finden sich mit geringen Ausnahmen nur in der pastoralpsychologischen Literatur[2].

(3) *Theoretische Ansätze:* Es gibt eine Anzahl von Theorien über den Trauerprozeß, die aber jeweils nur bestimmte Aspekte der Trauerreaktion einschließen. Die grundlegenden psychoanalytischen Theorien gehen von einem Vergleich zwischen Trauer und den manisch-depressiven Verhaltensstörungen aus. Innerhalb der Stress-, der Krisen- und der Verhaltensforschung wird Trauer als eine Reaktion auf Stress oder auf eine Trennung interpretiert. In der Soziologie finden sich theoretische Ansätze unter dem Stichwort des Statuswechsels, der mit Krisen im Gruppengefüge verbun-

den ist. Die Theologie hat sich vor allem mit der Frage über den Sinn des Todes und der Zukunft des Toten befaßt, auf die der Trauernde eine Antwort finden muß. Alle diese Ansätze sind fragmentarisch.
(4) Material aus analogen Situationen: Die Materialbasis läßt sich erweitern, wenn man anhand der jeweiligen eine Theorie bestimmenden Stichworte auf Verhalten in analogen Situationen zurückgreift. Versteht man Trauer analog zur Depression, lassen sich Interpretationen depressiven Verhaltens auf die Trauer übertragen. Versteht man Trauer als Reaktion auf den Verlust eines Liebesobjektes, so können Untersuchungen über Scheidung und Trennung sich liebender Menschen[3] Rückschlüsse erlauben, wie die Trennung durch Tod verarbeitet wird. Dies gilt auch für Untersuchungen, die sich mit der Adaptation an eine Lebens- oder Entwicklungskrise und auf Erfahrungen wie Status- und Identitätswechsel beziehen. Natürlich wird in jedem Einzelfall sorgfältig zu prüfen sein, wieweit eine Übertragbarkeit statthaft ist.
Neben den Quellen aus dem Gebiet der Psychoanalyse, der Psychologie, der Psychiatrie, der Soziologie und der Theologie wurden folgende weitere Quellen herangezogen:
(5) Ethnologisches und volkskundliches Material: Es liegt eine große Anzahl ethnologischer und volkskundlicher Studien vor, die allerdings meist rein deskriptiver Natur sind. Sofern sie theoretische Ansätze aufweisen, haben nur wenige sich von der animistischen Konzeption gelöst und verwenden die strukturral-funktionale Analyse. Die relativ rückständige Aufarbeitung dieses Materials macht es oft zu einer Sache waghalsiger Interpretation, wenn man das Trauerverhalten wenig differenzierter Gesellschaften mit dem unsrigen in Beziehung setzen will. Dem relativ einheitlichen Trauerverhalten in den modernen Industriegesellschaften steht eine unübersehbare Fülle höchst unterschiedlicher Trauergebräuche in anderen Gesellschaften gegenüber; die Variationsbreite wird noch größer, wenn die Geschichte der Trauerriten in den westlichen Gesellschaften miteinbezogen wird. In dieser Arbeit wurde grundsätzlich darauf verzichtet, das ethnologische und volkskundliche Material aufzuarbeiten, wenn auch einzelne Forschungsarbeiten auf diesem Gebiet, soweit sie ein gewisses Theoriebewußtsein aufweisen, als Vergleich zu dem heute herrschenden Verhalten angesichts eines Todesfalles herangezogen wurden. Dabei wurde Material aus der Geschichte Israels und der frühen Kirchengeschichte bevorzugt verwendet, teils weil es partiell traditionsbestimmend wurde, teils auch, weil es demonstriert, welche Unterschiede im Trauerritus und -verhalten selbst bei Gesellschaften auftreten, die vom jüdisch-christlichen Gottesverständnis bestimmt sind.
(6) Autobiographien von Trauernden: Es gibt aus älterer und jüngerer Zeit eine Anzahl von Autobiographien, in denen Trauernde ihre Erfah-

rungen beim Tode ihrer Eltern, des Ehegatten, eines Bruders oder eines Kindes niedergelegt haben[4]. Dieses Material kann vielfach als Illustration für den Trauerprozeß verwendet werden.
(7) Literarische Zeugnisse: Das über die Autobiographien Gesagte gilt auch für die zahlreichen literarischen Zeugnisse, die sich über die Trauer finden. Manchmal handelt es sich um kaum verhüllte autobiographische Darstellungen, zuweilen um Äußerungen in Dramen und Gedichten. Bestimmte Phänomene der Trauer werden darin gelegentlich so präzise und anschaulich formuliert, daß sie an verschiedensten Stellen dieser Arbeit herangezogen werden.
(8) Arbeit mit Pfarrgruppen: Wichtiges Material vermittelten Seminare mit Pfarrkonventen und mit Pfarrergruppen, die über das Thema der Trauer arbeiteten. Auch die frühere eigene Praxis an drei Gemeinden war wichtig, obwohl bei besserem Problembewußtsein sicher der damalige Erkenntnisgewinn größer gewesen wäre.
Für die Trauerbeiträge auf dem Gebiet der Psychoanalyse, der Psychologie, der Psychiatrie, der Soziologie und der Praktischen Theologie wurde angestrebt, das vorliegende Material zur Trauer für den Zeitraum ab 1920 möglichst vollständig zu erfassen. Selektiv wurde Material aus dem ethnologischen, volkskundlichen und historischen Bereich verwendet. Nicht aufgenommen wurden Arbeiten, die sich mit den somatischen und physiologischen Vorgängen befassen, insbesondere die zahlreichen Arbeiten, die einen möglichen Zusammenhang zwischen Trauer und bestimmten somatischen oder psychischen Erkrankungen herzustellen versuchen. Eine Ausnahme bilden die Beiträge zur Psychosomatik der Trauer.
Hinsichtlich des allgemeinen theoretischen Hintergrundes war in der Psychoanalyse, der Psychiatrie und der systematischen Theologie eine Beschränkung auf einige grundlegende Handbücher notwendig. Im Rahmen einer solchen integrativen Arbeit ist es unmöglich, in den Streit der verschiedenen Schulen innerhalb einer Disziplin einzugreifen; man ist vielmehr überwiegend auf Zusammenfassungen angewiesen, über deren abgewogene Darstellung derzeit einigermaßen ein Konsens besteht. Für die Psychoanalyse sind dies die Werke von Numberg[5] und Fenichel[6], für die Psychiatrie die von Aldrich[7] sowie von Redlich und Freedman[8], für die Systematische Theologie die wesentlichen Dogmatiken und zusammenfassenden Darstellungen zur Eschatologie von Althaus[9], Brunner[10], Kreck[11], Künneth[12] und Rahner[13] sowie der »Theologen der Hoffnung« wie Moltmann[14], Sauter[15], Hedinger[16], Marsch[17] und Boros[18]. Das bedeutet nicht, daß keine anderen Autoren aus den genannten Gebieten herangezogen werden. Die hier genannten werden jedoch vorwiegend verwendet, da sie eine konzentrierte Zusammenfassung des Forschungs- und Erkenntnisstandes der entsprechenden Disziplin darstellen. Die relativ häufige

Zitierung von Freud dient nicht dazu, ihn mit der Autorität eines »Kirchenvaters« auszustatten, sondern ist Konsequenz der unbestreitbaren Tatsache, daß er (so wie bei dem Thema der Trauer) eine Reihe von Anstößen gegeben hat, die zum Teil jetzt erst zur vollen Entfaltung kommen.

Die Mehrheit des in dieser Arbeit verwendeten Materials stammt aus dem Bereich der USA und Großbritanniens, erst in zweiter Linie aus der BRD. Es könnte im Hinblick auf die Methodik der Vorwurf erhoben werden, das Trauerverhalten in diesen drei Gesellschaften sei so unterschiedlich, daß eine einheitliche Verwendung des Materials aus diesen drei Bereichen sich verbiete. In gewissen Grenzen ist dieser Hinweis berechtigt, so hat zB. der Bestatter in den USA eine ganz andere soziale Stellung als der Beerdigungsunternehmer in der BRD. Die empirischen Untersuchungen zeigen jedoch eine große Einheitlichkeit in den Reaktionsformen der Trauernden. Diese Aussage wird durch die umfassende vergleichende Darstellung von Habenstein und Lamers[19] bestätigt; wo sich wesentliche Unterschiede zeigen, handelt es sich weitgehend um volkskundliche Restbestände. Die umfangreichen Forschungen vor allem in den USA gehen in starkem Maße auf die Wiener psychoanalytische Schule zurück, deren Theorien zu einem guten Teil an deutschsprachigen Patienten ermittelt wurden. Von daher ergibt sich zwangsläufig eine gewisse Einheitlichkeit, wobei natürlich mit Recht gefragt werden kann, ob eine einheitliche Theorie nicht auch faktisch bestehende Unterschiede verdecken kann. Sicher bringen Traditionsreste und unterschiedliche Werthaltung gewisse Differenzen, die sich zum Teil etwa schon innerhalb der BRD oder der USA aufweisen lassen. Darauf wird zu achten sein.

Wenn hier von Vergleichbarkeit zwischen den drei genannten Gesellschaften gesprochen wird, so bezieht sich diese nur auf die Phänomenologie der Verhaltensweisen. Der Einwand über die Vergleichbarkeit wäre gravierender, wenn der Anspruch erhoben würde, damit auch auszusagen, wie die einzelnen Verhaltensweisen sich zahlenmäßig zueinander verhalten. Ein solcher Anspruch kann schon deswegen nicht erhoben werden, weil eine Aussage über die Häufigkeit bestimmter Reaktionsweisen von dem vorliegenden Material her überhaupt nicht möglich ist. Es liegt nur eine statistisch abgesicherte Studie vor, in der ein Vergleich zwischen den Trauer-Reaktionen zweier westlich geprägter Gesellschaften unternommen wird. Es ist dies die Studie von Maddison und Walker über verwitwete Frauen in Boston/USA und Sidney/Australien[20], über die später zu berichten ist.

1.4 Gliederung

Nach diesem kurzen Aufriß des Anlasses, der theologischen Legitimation, der Quellen und der Methodik sollen im *zweiten Kapitel* die wichtigsten psychoanalytischen Theorien zur Trauerarbeit und die Untersuchungen zur Symptomatik der Trauer ausgeführt werden. Für die weiterentwikkelte psychoanalytische Theorie und für die Ergebnisse der Stress- und Krisenforschung muß auf die Exkurse I und II im 2. Band verwiesen werden.

Ein genereller Überblick über den Verlauf der Trauer bildet den Inhalt des *dritten Kapitels.* Hier ist auf die vier Phasen der Trauerarbeit (Phase des Schocks, kontrollierte Phase, regressive Phase, adaptive Phase) einzugehen sowie auf die besonderen Probleme, die sich aus der vorweggenommenen Trauer, der Behinderung der Trauer und der pathologischen Trauerbewältigung ergeben.

Während in dem zweiten und dritten Kapitel zunächst die Aspekte behandelt werden, die die Trauer als einen innerpsychischen Prozeß verstehen lassen, soll im zweiten Teil Trauer als ein gesellschaftlicher Vorgang untersucht werden. Im *vierten Kapitel* werden die Theorien über die Trauer als Statusübergang behandelt. Dabei wird im besonderen auf den rituellen Vollzug und seine Intentionen eingegangen.

Das *fünfte Kapitel* beschäftigt sich mit den Krisenagenten, dem Arzt im Krankenhaus und dem praktischen Arzt, dem Bestatter und dem Pfarrer. Dabei sollen die Funktionen herausgestellt werden, die diese Krisenagenten für den Trauernden haben bzw. haben sollten. Besonders ausführlich werden die Möglichkeiten der pastoralen Beratung in den einzelnen Phasen des Trauerverlaufes herausgearbeitet.

Die folgenden drei Kapitel des dritten Teils bilden eine Einheit. In ihnen werden die Bewältigungsmechanismen beschrieben, die sowohl in der regressiven wie in der adaptiven Phase der Trauerarbeit in besonderer Weise hervortreten. Diese Bewältigungsmechanismen haben aber vielfach in der regressiven Phase eine andere Funktion und eine andere Phänomenologie als in der adaptiven. Zugleich treten manche Abwehrmechanismen in der regressiven Phase stärker auf als in der adaptiven, und umgekehrt. Das Gliederungsprinzip geht von der Bedeutung aus, die bestimmte Bewältigungsmechanismen in diesen beiden Phasen jeweils haben. Im *sechsten Kapitel* werden die narzißtischen Bewältigungsmechanismen behandelt, denen eine generelle Verweigerung gemeinsam ist, das Faktum des Todes anzuerkennen. Es sind dies der Mechanismus des »Abbaues der Realitätskontrolle«, bei dem Trauernde in Realität oder Traum den Verstorbenen wahrzunehmen glauben, der Mechanismus der »Verleugnung«, in dem das Faktum des Todes nahezu völlig abgestritten oder nur partiell anerkannt wird, der Mechanismus des »Suchens«, in dem der Trauernde immer noch hofft, diese Trennung sei keine endgültige, und der Mechanismus der »Manie«, in dem die Trauer zeitweilig durch das freudige Gefühl beiseite geschoben wird, mit dem Verstorbenen wieder vereint zu sein.

Die Bewältigungsmechanismen, die eine betont aggressive Komponente haben, werden im *siebten Kapitel* behandelt. Es handelt sich hier um den Mechanismus des »Protestes und der Klage«, der vornehmlich gegen den Toten, aber auch gegen andere Personen gerichtet wird. Der Mechanismus »Suche nach dem Schuldigen« sucht nach der Ursache und dem Verursacher des Todes. Der Mechanismus »Identifikation mit dem Aggressor« wendet die durch den Tod freigewordene Aggression gegen den Trauernden selbst.

Die objekt-libidinösen Bewältigungsmechanismen, bei denen versucht wird, in positiver Weise an dem Toten festzuhalten, bilden den Inhalt des *achten Kapitels.* Mit dem Mechanismus der »Hilflosigkeit« versucht der Trauernde, die Hilfe anderer zu aktivieren. Der Mechanismus des »Erinnerns« erlaubt eine schrittweise Ablösung von dem Verstorbenen, der im Mechanismus der »Inkorporation« in den Trauernden als Bild aufgenommen wird. Im Mechanismus der »Substitution« versucht der Trauernde, für das verlorene Liebesobjekt einen Ersatz zu finden.

In den drei Kapiteln, die die Bewältigungsmechanismen beschreiben, mit denen ein Trauernder seinen Verlust psychisch verarbeitet, werden jeweils auch die soziologischen Implikationen analysiert, durch die bestimmte Bewältigungsmechanismen gefördert oder behindert werden können. Wertvorstellungen und Verhaltensweisen der weniger betroffenen Angehörigen, der sozialen Umwelt und der Gesellschaft greifen in die verschiedenen Formen der Bewältigung ein. Dabei ist jeweils auch zu erörtern, was theologisch zu den jeweiligen Abwehrmechanismen gesagt werden kann und welche Bedeutung ihnen in der Praxis der Kirche zukommt.

Den Abschluß bilden das *neunte Kapitel* mit einer biblischen Reflexion über den Tod Jesu und die Trauer der Jünger (Joh. 16) und das *zehnte Kapitel* mit weiterführender Literatur.

TEIL I
Trauer – Der individuelle Aspekt

2. ZUR THEORIE UND SYMPTOMATIK DER TRAUER

2.1 Sigmund Freud: Der Mord am Vater

Die klassische Schrift, mit der zum ersten Mal die Trauer als Objekt wissenschaftlicher Untersuchung thematisch wurde, ist der kurze Essay »Trauer und Melancholie«, den S. Freud 1915 verfaßte und ein Jahr später veröffentlichte[1]. Um die vielfältigen Motive (und Einseitigkeiten) besser zu verstehen, die in diese Studie eingegangen sind[2], müssen einige frühere Schriften Freuds besprochen werden, vor allem »Totem und Tabu« (1912/13), »Zeitgemäßes über Krieg und Frieden« (1915) und »Vergänglichkeit« (1916)[3].

In »Totem und Tabu« ist Freud an den zahlreichen Übereinstimmungen interessiert, die sich seiner Meinung nach zwischen der Psychologie der »Naturvölker« und der von Neurotikern aufweisen lassen[4]. Dabei verläuft seine Interpretation doppelseitig, indem er bald unzureichend erklärtes Verhalten der »Primitiven« durch das Verhalten des Neurotikers erläutert, das durch die psychoanalytische Theorie verstehbar geworden ist, bald aber umgekehrt verfährt, indem er Verhaltensweisen der »Wilden« bei den Neurotikern wiederentdeckt. Wie die »Primitiven« sind sie entweder in ihrer Entwicklung gehemmt oder regrediert, weil beide auf das infantile Inzestverlangen, den »*Kernkomplex* der Neurose«[5], fixiert sind.

Bei den vielfachen Vergleichen und Analogien, die Freud zwischen »Wilden« und Neurotikern zieht, sind drei Punkte für das Thema der Trauer von Bedeutung: (1) die starke Ambivalenz, die »Wilde« und Neurotiker beherrscht, (2) die den beiden gemeinsamen Todeswünsche, und (3) die Verehrung und Achtung, die sie beide dem verstorbenen Vater entgegenbringen.

(1) Bei der Erklärung der *Ambivalenz* geht Freud von der ausgeprägten Furcht vor dem Verstorbenen aus, die sich in »primitiven« Kulturen häufig findet und die Freud bisher noch nicht ausreichend erklärt erscheint. Warum werden aus geliebten Verwandten mit dem Tode auf einmal rachsüchtige Dämonen? Freud sucht eine Erklärung für die zwanghaften Selbstvorwürfe der Überlebenden, durch irgendeine Unvorsichtigkeit oder Nachlässigkeit den Tod der geliebten Person verschuldet zu haben. Kein sachlicher Nachweis, hier sei kein Fehler gemacht worden, kann diese Selbstvorwürfe aufheben. Der Grund wird am Beispiel einer Patientin erläutert:

»Nicht als ob die Trauernde den Tod wirklich verschuldet oder die Vernachlässigung wirklich begangen hätte, wie es der Zwangsvorwurf behauptet; aber es war doch etwas in ihr vorhanden, ein ihr selbst unbewußter Wunsch, der mit dem Tode nicht unzufrieden war, und der ihn herbeigeführt hätte, wenn er im Besitz der Macht gewesen wäre. Gegen diesen unbewußten Wunsch reagiert nun der Vorwurf nach dem Tode der geliebten Person. Solche im Unbewußten versteckte Feindseligkeit hinter zärtlicher Liebe gibt es nun in allen Fällen von intensiver Bindung des Gefühls an eine bestimmte Person, es ist der klassische Fall, das Vorbild, der Ambivalenz menschlicher Gefühlsregungen.«[6]

Freud nimmt an, daß bei den »Wilden« ein ähnlich hohes Maß an Ambivalenz zu finden ist; auch sie verspüren eine starke Feindseligkeit gegenüber dem Verstorbenen und eine gewisse Befriedigung über seinen Tod. Diese Feindseligkeit wird jedoch bei ihnen im Abwehrvorgang der Projektion auf den Toten übertragen; nicht der Trauernde, sondern der Verstorbene hat nun diese feindseligen Gefühle, gegen die sich der Hinterbliebene durch komplizierte Tabuvorschriften absichern muß[7]. Der Tote »ist merkwürdigerweise ein böser Dämon geworden, ... der uns den Tod zu bringen sucht. Die Überlebenden ... sind von der inneren Bedrückung entlastet, haben sie aber nur gegen eine Bedrängnis von außen eingetauscht«[8].

Eine Mischung von zärtlichen und feindseligen Gefühlen zeigt sich in jeder menschlichen Beziehung, wird aber zumeist nicht bewußt. Die Feindseligkeit gegenüber einem Menschen mag durchaus reale Hintergründe in seinem herrschsüchtigen oder bösartigen Verhalten haben. Die dadurch erweckten Haßgefühle bleiben gegenüber den nächsten Angehörigen meist latent, solange sie leben, erst mit ihrem Tod wird die Ambivalenz unerträglich. »Die aus der gesteigerten Zärtlichkeit stammende Trauer wurde einerseits unduldsamer gegen die latente Feindseligkeit, andererseits durfte sie es nicht zulassen, daß sich aus letzterer nun ein Gefühl der Befriedigung ergebe.«[9] Das Problem ließ sich nur auf dem Wege der Projektion nach außen, auf den Toten, bewältigen.

Bei den »Primitiven« wie bei den Neurotikern findet sich aber ein besonders hohes Maß an Ambivalenz, so daß sich die feindseligste Projektion bzw. die intensivsten Selbstvorwürfe im Verhältnis »zu den allergeliebtesten Personen, da, wo man es gerade am wenigsten erwarten würde, manifestieren«[10]. Warum sich die Ambivalenz heute nur noch bei Neurotikern manifestiert, dagegen normalerweise die unbewußte, wenn auch nachweisbare Feindseligkeit gegen den Toten niedergehalten wird, erklärt Freud mit einem Nachlassen der Ambivalenz »im Wandel der Zeiten ... Wo früher der befriedigte Haß und die schmerzhafte Zärtlichkeit miteinander gerungen haben, da erhebt sich heute wie eine Narbenbildung die Pietät und fordert das: *De mortuis nil nisi bene*«[11]. Der Neurotiker dagegen hat »eine archaistische Konstitution als atavistischen Rest mit sich gebracht« und wird nun unter dem Druck der Kulturforderung zu dem ungeheuren seelischen Aufwand der Selbstvorwürfe und Zwangsrituale gezwungen[12]. Was primitive Gesellschaften noch durch kollektive Arbeit bewältigten, muß der Neurotiker nun mit privaten Mitteln leisten[13]. Hier einfach global mit dem »Wandel der Zeiten« und der »Kultur« zu argumentieren, wie Freud dies tut, erscheint allerdings als ziemlich unbefriedigend, da er dabei unterschlägt, daß dieser Wandel in einem sehr starken Maße von der christlichen Kultur herbeigeführt wurde.

(2) Die Feindseligkeit im Ambivalenzkonflikt findet ihren ausgeprägtesten Ausdruck in dem Wunsch, der andere Mensch möge sterben. Trägt man den analysierten Träumen von Gesunden und Neurotikern Rechnung, so ist nach Freud dieser Wunsch generell sehr viel stärker, als wir ahnen[14]. Das Gebot, nicht zu töten, würde nicht bestehen, wenn es eine Selbstverständlichkeit wäre. Daß sich *Todeswünsche* erfüllen, dieser Glaube ist wiederum »Wilden« und Neurotikern gemeinsam. »Ein Zwangsneurotiker kann von einem Schuldbewußtsein gedrückt sein, das einem Massenmörder wohl anstünde;... es fußt auf den intensiven und häufigen Todeswünschen, die sich in ihm unbewußt gegen seine Mitmenschen regen.«[15] Sie sind unbegründet, was die Realität der Tat betrifft; sie sind aber insoweit begründet, als der »Primitive« wie der Neurotiker glauben, daß durch die Allmacht ihrer Gedanken Todeswünsche zur Wirklichkeit werden[16].

Bekanntlich ist das Problem des Todeswunsches von Freud immer wieder von neuem aufgegriffen worden, seit er in der Breuerschen Analyse der Anna O. darauf aufmerksam wurde[17]. In einem Brief an W. Fließ (1897) berichtet er von den Todeswünschen gegen seinen Bruder Julius, der im Alter von acht Monaten starb[18]. In der auf eine Selbstanalyse zurückgehenden »Traumdeutung« beschreibt er, wie sich hinter dem Traum vom Tode nahestehender Menschen ein Todeswunsch verbirgt, den der Träumende gegenwärtig oder zu einer früheren Zeit gegen die geträumte Person hatte[19].

Freud betrafen und beschäftigten dabei insbesondere die Todeswünsche gegenüber dem Vater. Schon in der »Traumdeutung« stellte er heraus, daß in den Träumen von Jungen diese Todeswünsche vor allem deshalb gegen den Vater gerichtet seien, weil das Kind in ihm den gewichtigsten Mitbewerber für die Liebe der Mutter sieht[20]. Der Wunsch, den Vater als lästigen Konkurrenten zu beseitigen, und die gleichzeitige Achtung vor ihm führen zum Konflikt der Ambivalenz ihm gegenüber. Diese Ambivalenz hat Freud anhand einiger Fallberichte herausgestellt, insbesondere am »Fall von Zwangsneurose«[21], dessen Lösung nicht zuletzt dadurch erschwert wurde, daß hier ein Todeswunsch »erfolgreich« war[22]. Auch bei der Analyse des Werkes Dostojewskis[23] wurden dessen Todeswünsche gegenüber dem Vater als beherrschendes Thema herausgestellt[24].

(3) In einem späteren Abschnitt über »Die infantile Wiederkehr des Totemismus«[25] entwickelte Freud die zwischen Mythos, Symbol und realer Geschichte schwankende Erzählung von der Ermordung *des Urvaters* durch seine Söhne, die sich allein dadurch Zugang zu den vom Vater beherrschten weiblichen Sexualobjekten verschaffen konnten. Sie sind dabei »von denselben einander widersprechenden Gefühlen gegen den Vater beherrscht..., die wir als Inhalt der Ambivalenz des Vaterkomplexes bei jedem unserer Kinder und unserer Neurotiker nachweisen können. Sie haßten den Vater, der ihrem Machtbedürfnis und ihren sexuellen Ansprüchen so mächtig im Wege stand, aber sie liebten und bewunderten ihn auch.«[26] Als ihr Haß durch die Ermordung befriedigt war und sie ihm gleich geworden waren, mußten sich zusammen mit Schuldbewußtsein und Reue »die dabei überwältigten zärtlichen Regungen zur Geltung bringen«[27]. Sie widerriefen ihre Tat, etablierten ein andauerndes Schuldbewußtsein und leisteten mit dem Inzestverbot Verzicht auf Mütter und Schwestern. Das gleiche geschah mit dem Vatermord, der nur noch symbolisch im Opfer des Totemtieres vollzogen wird, und sich auf unrealisierte Todeswünsche beschränkt. Die Söhne schufen mit anderen Worten die »normale« Lösung des ödipalen Konfliktes. In diesem Zusammenhang fällt der entscheidende Satz: »Der Tote wurde nun stärker, als der Lebende gewesen war; all dies, wie wir es noch heute an Menschenschicksalen sehen.«[28] Indem der Ermordete zum Ahnengeist wurde, gewann er auf das Verhalten der Hinterbliebenen einen entscheidend tieferen Einfluß, als er ihn als Lebender gehabt haben könnte. »Die Gesellschaft ruht jetzt auf der Mitschuld an dem gemeinsam verübten Verbrechen, die Religion auf dem Schuldbewußtsein und der Reue darüber, die Sittlichkeit teils auf den Notwendigkeiten dieser Gesellschaft, zum anderen Teil auf den vom Schuldbewußtsein geforderten Bußen.«[29] Dieses Muster von Ermordung, Schuld und Rückkehr des ermordeten Vaters erhält sich durch die Religionen hindurch[30]; es berechtigt zur Aussage, »daß Gott im Grunde nichts anderes ist als ein erhöhter Vater«[31] (was freilich auf der folgenden Seite insofern zurückgenommen wird, als dort nur von dem »Vateranteil an der Gottesidee« gesprochen wird). Vor allem aber etabliert sich der Vater, dem man den Tod gewünscht und von dem man sich gelöst hat, indem man auf die Konkurrenz mit ihm verzichtete, als Gewissen und Über-Ich von neuem[32].

Der Ausbruch des Ersten Weltkrieges machte offenbar, wie dünn der kulturelle Firnis war, der die Todeswünsche von ihrer Aktualisierung abhält. Freud formuliert in »Zeitgemäßes über Krieg und Frieden« die Enttäuschung, von denen viele Menschen betroffen waren, eine Enttäuschung darüber, wie hochstehende Kulturvölker zu solchen Ausbrüchen von Haß fähig sind. Er kann sie nicht teilen, denn »in Wirklichkeit sind sie (die Weltmitbürger) nicht so tief gesunken, wie wir fürchten, weil sie gar nicht so hoch gestiegen waren, wie wirs von ihnen glaubten«[33]. Die eigensüchtigen und aggressiven Triebe, nur unter dem Zwang der Kulturforderung unterdrückt und von allzu wenigen internalisiert, befreien sich und werden freigesetzt, wenn Staaten das Töten erlauben und zur Pflicht machen. Krieg wird für Freud nur zum Anlaß, das aufzuweisen, was er auch in jeder engeren Beziehung voraussetzt, daß jede altruistische und soziale Liebesregung eng mit starkem Haß zusammengehen kann. Gefühlsambivalenz ist ein natürlicher Zustand[34]. Der Tod des Feindes, mit dem uns nichts verbindet, wirft keine großen Probleme auf; anders ist es bei dem Tode eines nahestehenden Menschen. Hier geraten die unannehmbare Feindseligkeit und die unbewußten Todeswünsche in entschiedenen Konflikt mit den zärtlichen und liebevollen Gefühlen, die gegenüber Eltern, Gatten oder Kindern bestehen. In der »primitiven« Kultur wurde an dieser Stelle die Lehre von der unsterblichen Seele geboren: »Der Mensch konnte den Tod nicht mehr von sich ferne halten, da er ihn in dem Schmerz um den Verstorbenen verkostet hatte, aber er wollte ihn auch nicht zugestehen, da er sich selber nicht tot vorstellen konnte.«[35] Freud meint, im Grunde glaube »niemand an seinen eigenen Tod, oder, was dasselbe ist: Im Unbewußten sei jeder von uns von seiner Unsterblichkeit überzeugt«[36]. Aus dem Konflikt heraus, den Tod eines geliebten Menschen sich nicht vorstellen, zugleich aber auch die Realität des Todes nicht verleugnen zu können, ersann der »primitive Mensch« die Geister, Dämonen, Seelen und die Idee des Fortlebens. Todeswunsch und das Bestreben, das geliebte Objekt nicht zu verlieren, konstituieren nach Freud auch heute noch unsere Haltung gegenüber dem Verstorbenen, gleichgültig, ob der Mensch uns nahesteht oder ein Feind ist, der ja nach der Forderung der Kultur in unserer Liebe eingeschlossen sein sollte.

Die Lehre, die Freud zieht, ist die Erwartung, daß sich unser Verhältnis zum Tode ändern müsse. Wir haben »mit unserer kulturellen Einstellung zum Tode psychologisch wieder einmal über unseren Stand gelebt«[37], und das heißt für ihn, wir haben uns nicht genügend Rechenschaft abgelegt über die feindseligen und aggressiven Gefühle gegenüber unserem Nächsten. Sich dies einzugestehen, hat den Vorteil der Wahrhaftigkeit, löst die Enttäuschung über den Rückfall in die Barbarei auf und macht das Leben wieder erträglich[38].

In dem kurzen Beitrag über die »Vergänglichkeit« kommt Freud auch auf die Trauer zu sprechen. In der kindlichen Entwicklung wendet sich ein Teil der Libido vom Ich ab und den Objekten zu. Werden diese Objekte zerstört oder gehen sie verloren, so wird die Liebesfähigkeit wieder frei. Dennoch klammert sie sich weiter an ihre Objekte und will sie nicht aufgeben, selbst dann nicht, wenn Ersatz bereitliegt[39].

Auf dem Hintergrund der drei Beiträge Freuds (»Totem und Tabu«, »Zeitgemäßes über Krieg und Frieden«, »Vergänglichkeit«) können wir uns nun »Trauer und Melancholie« zuwenden. In diesem Beitrag ist Freud nicht an dem Phänomen der Trauer selbst interessiert, sondern an der Melancholie. Trauer scheint leicht erklärbar und verständlich zu sein, auch wenn sie, wie er in »Vergänglichkeit« ausführt, dem Psychologen ein großes Rätsel ist, eines »jener Phänomene, die man selbst nicht klärt, auf die man aber anderes Dunkle zurückführt«[40]. Daher sind die wenigen Äußerungen zu ihr in »Trauer und Melancholie« kurz und sporadisch[41].
Trauer ist »regelmäßig die Reaktion auf den Verlust einer geliebten Person oder einer an ihre Stelle gerückte Abstraktion wie Vaterland, Freiheit, ein Ideal usw.«[42] Sie wird nach einem gewissen Zeitraum überwunden, und jeder Eingriff kann nur schädliche Wirkungen haben. Sie ist gekennzeichnet durch eine schmerzliche Verstimmung, eine Aufhebung des Interesses für die Außenwelt, durch Verlust der Liebesfähigkeit und durch die Hemmung jeder Leistung, dies alles, sofern es nicht mit dem Verstorbenen in irgendeiner Beziehung steht. Hemmung und Einschränkung des Ichs sind der Ausdruck dafür, daß dieses sich ganz auf die Trauerarbeit konzentriert[43].
Worin besteht die »Arbeit, welche die Trauer leistet«[44]?

»Die Realitätsprüfung hat gezeigt, daß das geliebte Objekt nicht mehr besteht, und erläßt nun die Aufforderung, alle Libido aus ihren Verknüpfungen mit diesem Objekt abzuziehen. Dagegen erhebt sich ein begreifliches Sträuben – es ist allgemein zu beobachten, daß der Mensch eine Libidoposition nicht gern verläßt, selbst dann nicht, wenn ihm Ersatz bereits winkt... Das Normale ist, daß der Respekt vor der Realität den Sieg behält. Doch kann ihr Auftrag nicht sofort erfüllt werden. Er wird nun im einzelnen unter großem Aufwand von Zeit und Besetzungsenergie durchgeführt und unterdes die Existenz des verlorenen Objektes psychisch fortgesetzt. Jede einzelne der Erinnerungen und Erwartungen, in denen die Libido an das Objekt geknüpft war, wird eingestellt, überbesetzt und an ihr die Lösung der Libido vollzogen.«[45]

Über die Möglichkeit, sich vom Objekt endgültig lösen zu können, äußert sich Freud an dieser Stelle durchaus hoffnungsvoll. Seiner Beobachtung nach wird das Ich nach der Vollendung der Trauerarbeit »wieder frei und ungehemmt«[46].
Die entscheidende Bedeutung von »Trauer und Melancholie« liegt jedoch in der Herausarbeitung der Melancholie als eines Ambivalenzkonfliktes gegenüber einem bedrohten oder verlorenen Liebesobjekt[47]. Sobald in der weiteren Forschung deutlich gemacht werden konnte, daß auch in der »normalen« Trauer die Verbindung von liebevollen und feindseligen Gefühlen gegenüber dem Verstorbenen nicht nur vorhanden, sondern auch wirksam ist, konnten die Einsichten Freuds über den Manisch-Depressiven auch auf den Trauernden übertragen werden.
Freud stellte als einen wesentlichen Unterschied zwischen dem Trauernden

und dem Melancholiker heraus, daß letzterer unter schweren Selbstvorwürfen leide. Das Ich empfindet sich als nichtswürdig, leistungsunfähig und moralisch verwerflich. Ein Teil des Ichs steht einem anderen gegenüber, das sich von ihm abgespalten hat, es kritisch wertet und gleichsam zum Objekt nimmt. Die Vorwürfe dieses kritisierenden Teils des Ichs (der nach Freud auch als Gewissen beschrieben werden kann) gehen jedoch im Grunde nicht von diesem Teil des Ichs aus, sondern von einer anderen Person, »die der Kranke liebt, geliebt hat oder lieben sollte«[48]. Die »*Klagen* sind *Anklagen*«[49], Anklagen, weil der Melancholiker durch das verlorene Objekt gekränkt und beleidigt worden ist. Der kritisierte Teil hat sich zwar von dem kränkenden oder undankbaren Objekt zurückgezogen, aber seine Libido nicht in ein neues Liebesobjekt investiert, sondern hat sich mit dem kränkenden Objekt identifiziert. »Der Schatten des Objekts fiel so auf das Ich, welches nun von einer besonderen Instanz wie ein Objekt, wie das verlassene Objekt beurteilt werden kann. Auf diese Weise hatte sich der Objektverlust in einen Ichverlust verwandelt, der Konflikt zwischen dem Ich und der geliebten Person in einen Zwiespalt zwischen der Ichkritik und dem durch Identifizierung veränderten Ich.«[50] Auf dem Umweg der Selbstbestrafung wird es dem Ich noch möglich, Rache an dem ursprünglichen Objekt zu nehmen. Dabei kann das aufgenommene Objekt in seiner Feindseligkeit so übermächtig werden, daß es den Patienten in den Selbstmord treibt.

Von diesem Grundansatz her versucht Freud, auch das zuweilen mit der Depression zyklisch verbundene Phänomen der Manie verständlich zu machen. Manische Zustände scheinen dann einzutreten, wenn sich das beschuldigte Ich für eine kurze Zeit freimachen kann von den Vorwürfen und Beschuldigungen, die von dem introjizierten Objekt ausgehen. »Man kann wagen es auszusprechen, daß die Manie nichts anderes ist als ein solcher Triumph, nur daß ... dem Ich verdeckt bleibt, was es überwunden hat und worüber es triumphiert.«[51] In der Manie muß das Ich den Verlust des Objektes überwunden haben, und damit werden alle Anstrengungen und Abwehrmechanismen überflüssig, mit denen der Schmerz über den Verlust eingedämmt werden mußte. »Der Manische demonstriert uns ... unverkennbar seine Befreiung von dem Objekt, an dem er gelitten hatte.«[52]

Die Manie, der Ambivalenz*konflikt* und die Hinwendung der Libido auf das eigene Ich und nicht auf Ersatzobjekte unterscheiden die Melancholie von der Trauer, obgleich sich zumindest ambivalente Einstellungen auch dort finden. Freud macht nicht völlig deutlich, ob sich »Zwangsvorwürfe nach Todesfällen«[53] auch bei der »normalen« Trauer finden, oder ob es zwischen der »normalen« Trauer und der Melancholie noch die »Zwischenform« einer pathologischen Trauerreaktion gibt.

Zusammenfassend wird man den entscheidenden Beitrag Freuds darin sehen, daß er zunächst einmal die Trauer überhaupt thematisiert hat. Wesentlich dabei ist die Herausarbeitung der Ambivalenz, die unser Verständnis für das Begräbniszeremoniell erweitert hat, wichtig ist auch sein Hinweis, daß sie zu einer pathologischen Verarbeitung der Trauer führen kann. Mit seiner ökonomischen und topologischen Theorie über die Melancholie hat er die Voraussetzung geschaffen, analoge Vorgänge in der Trauer einsichtig zu machen. Er selbst hat diesen Schritt allerdings nicht vollzogen, weil er das Ausmaß der Ambivalenz in der »normalen« Trauer als zu geringfügig einschätzte. Die Analogie zur Trauer gilt insbesondere für die Anklagen und Selbstvorwürfe, für die Manie, für die Identifikationsvorgänge und für die psychosomatische Symptomatik[54]. Je mehr in der weiteren Forschung sichtbar wurde, wie fließend die Grenzen zwischen »normaler« Trauer, pathologischer Trauer und den manisch-depressiven Zuständen sind, desto mehr konnte die Freudsche Melancholie-Theorie für das Verständnis des Trauerprozesses fruchtbar gemacht werden[55].

Kritisch ist zu fragen, ob nicht die enge Verbindung von ödipalem Konflikt und Trauerverarbeitung zu einer gewissen Einseitigkeit geführt hat. Wendungen wie »Gewissen« und »Instanz«, wie sie bei der Analyse des Melancholikers verwendet werden, deuten auf das besondere Modell hin, das Freud vor Augen hatte. Das internalisierte Objekt, dem die Vorwürfe und Anklagen gelten, ist die Figur des Vaters, der ja bereits in »Totem und Tabu« als Vorbild gedient hatte. Dies ist verständlich, wenn nach Freuds eigenen Worten der Tod des Vaters »das bedeutsamste Ereignis, den einschneidendsten Verlust im Leben eines Mannes« bedeutet[56]. Freuds Ausarbeitungen führen ohne Zweifel zu einem besseren Verständnis dessen, was unten als der Bewältigungsmechanismus »Identifikation mit dem Aggressor« behandelt wird[57], der aber nur eine, wenn auch nicht unwichtige Form ist, Trauer durchzuarbeiten[58].

2.2 Karl Abraham: Inkorporation

Karl Abraham, der erste deutsche Psychoanalytiker und Begründer der ersten Zweigvereinigung der »Internationalen Psychoanalytischen Vereinigung« (1910), hat noch vor der Publikation von »Trauer und Melancholie« in einem 1912 veröffentlichten Vortrag[59] das Verhältnis von Furcht und neurotischer Angst zu dem von Trauer und Depression in Beziehung gesetzt, ohne jedoch weiter auf die Trauer einzugehen[60]. Erst 1924 ist er in dem »Versuch einer Entwicklungsgeschichte der Libido auf Grund der Psychoanalyse seelischer Störungen«[61] auf die Zuordnung der Trauer zu den manisch-depressiven Zuständen zurückgekommen. Während Freud die Melancholie in der Fixierung an die Konflikte der genitalen Phase sah, versucht Abraham in der Verfolgung früherer eigener Ansätze, Depression und Zwangsneurose als Fixierungen an der sadistisch-analen und vor allem der oralen Phase und als Regression zu diesen Phasen zu verstehen[62].

Auf der sadistisch-analen Phase ist es nach Abraham das Festhalten oder Ausstoßen des Kotes, in dem die widersprüchliche Haltung gegenüber dem Verlust eines Objektes zum Ausdruck kommt. So findet sich beim Neurotiker entweder eine Obstipation, um – in der »Organ-Sprache« – den Verlust zu vermeiden, oder aber Diarrhoe, um das Objekt, das sich so boshaft und unzuverlässig verhalten hat, abzustoßen[63]. Entweder wird also versucht, das bedrohte Objekt zu bewahren und zu beherrschen, oder aber es freizugeben und zu zerstören, je nachdem wie stark die jeweiligen sadistischen und destruktiven Kräfte sind; in jedem Fall liegen »etwas zu verlieren« und »etwas zu vernichten« sehr eng beieinander; Abraham verweist dabei auf eine solche Wendung wie »ein Gebiet von den Feinden zu säubern«. Was seine Argumentation unterstützen könnte, ohne daß er es in diesem Zusammenhang erwähnt hat, sind die zahlreichen Riten der Säuberung und der Reinigung, die bei weniger differenzierten Gesellschaften nach dem Tode eines Menschen erfolgen; auch die weitverbreitete Sitte in den USA (die auch aus anderen Gebieten berichtet wird), nach der Beerdigung das Haus oder die Wohnung bis zum Exzeß zu reinigen und zu putzen, könnte in diesem Zusammenhang gesehen werden: Der Tote soll beseitigt werden.

Abraham selbst zieht eine Analogie zwischen Trauer und der manisch-depressiven Störung jedoch erst bei der Behandlung der oralen Stufe. Er greift auf Freuds Beobachtungen zurück, daß der Melancholiker das verlorene Objekt introjiziere. Er kritisiert Freud aber, die Ambivalenz gegenüber dem introjizierten Objekt nicht genügend berücksichtigt zu haben. In der Tat hatten wir bei Freud beobachtet, daß bei der Introjektion das verlorene Objekt stets als ein böses, strafendes (»Schatten«) aufgenommen wird, das den Melancholiker zu Selbstvorwürfen und -beschuldigungen zwingt. Abraham möchte dagegen deutlich machen, daß auch für den Trauernden auf der oralen Stufe der ambivalente Konflikt fortbesteht, nämlich das inkorporierte Objekt sowohl festzuhalten wie zu zerstören[64].

Zum anderen hatte Freud Trauer und Melancholie dadurch unterschieden, daß der Melancholiker das verlorene Objekt introjiziere, der Trauernde sich aber im Prozeß der Trauerarbeit von ihm löse, da bei letzterem der Ambivalenzkonflikt nicht in so starkem Maße ausgeprägt sei. Abraham belegt nun an dem Traum eines Analysanden, wie sich die Introjektion auch bei normaler Trauer vollzieht, und zwar sowohl mit der Absicht des

Festhaltens wie des Zerstörens. Der Betreffende hatte seine Frau durch eine Operation während der Schwangerschaft verloren, nachdem wegen einer schweren Erkrankung ein vorzeitiger Kaiserschnitt notwendig geworden war.

»Eine der auffälligsten Erscheinungen beim Analysanden bestand zu jener Zeit in einer wochenlangen *Unlust zur Nahrungsaufnahme*. Sie stand mit seinen sonstigen Lebensgewohnheiten in auffälligem Widerspruch, erinnerte dagegen an die Nahrungsverweigerung der Melancholiker. Eines Tages löste sich die Eßunlust, und am Abend hielt der Analysand eine ausgiebige Mahlzeit. In der nun folgenden Nacht träumte er, er wohne der Sektion der jüngst Verstorbenen bei. Der Traum hatte zwei miteinander kontrastierende Szenen. In der einen wuchsen die zerschnittenen Leichenteile wieder zusammen, die Tote begann wieder Lebenszeichen von sich zu geben, und der Träumer liebkoste sie unter Gefühlen höchsten Glückes. In der anderen Traumszene ändert der Anblick der Sektion seinen Charakter, und der Träumer wird an geschlachtete Tiere in einem Fleischhauerladen erinnert.«[65]

Nach der Interpretation Abrahams verbindet der Traum zwei gegenläufige Intentionen. Auf der einen Seite steht der Wunsch nach Wiederbelebung. Auf der anderen wird die Verstorbene auf kannibalische Weise inkorporiert; der Träumende dieser Fallbeschreibung assoziiert ausdrücklich die Leichenteile, die Metzgerei und das am Vorabend genossene Fleischgericht. Dieser Traum zeigt nach Abraham an, daß der normale Prozeß der Trauerarbeit in Gang gekommen ist; der Trauernde spielt nicht länger mit dem Gedanken, durch die Verweigerung der Nahrungsaufnahme dem Toten[66] nachzufolgen, sondern kann sich wie früher ernähren. »Die Trauer enthält den Trost: *Das Liebesobjekt ist nicht verloren, denn nun trage ich es in mir und kann es niemals verlieren.*«[67] Im Unterschied zum Melancholiker dient die Inkorporation allerdings »überwiegend der Tendenz, die Beziehung zu dem Verstorbenen zu konservieren oder – was dasselbe ist – den erlittenen Verlust zu kompensieren. Niemals wird das Bewußtsein von ihm in der Weise überwältigt, wie es beim Melancholiker geschieht«[68]. Während der Trauernde seine Ambivalenz gegenüber dem verlorenen Objekt positiv bewältigt, indem er es in sich aufnimmt, steht der Depressive unter dem Zwang, es zugleich durch Zerkauen und Zerbeißen zerstören zu wollen oder zu müssen.

Freud hatte in »Trauer und Melancholie« Entsprechungen zwischen Trauer und Depression gefunden, vermißte aber im normalen Seelenleben einen Vorgang, der dem Umschlag der Melancholie in die Manie entspricht[69], die im depressiv-manischen Zyklus als Verleugnung, Befreiung und Triumph hervortritt. Es gelingt dem Melancholiker in der manischen Phase, die Forderungen und Vorwürfe des Über-Ichs (Gewissens) beiseite zu schieben und zu verleugnen. Die »Schatten des Objekts« sind gewichen. Das Individuum fühlt sich befreit und gibt sich einem förmlichen Freiheitsrausch hin; Restriktionen, zu denen es gezwungen war, sind hinfällig geworden. Dies verbindet sich mit dem Triumph über den Toten, besonders wenn der Tote der ermordete Urvater ist. In »Totem und Tabu« hatte Freud beschrieben, wie bei feierlichen Anlässen, bei denen das Totemtier getötet wird, der Klage die festliche Mahlzeit folgt:

»Nach der Trauer folgt die lauteste Festfreude, die Entfesselung aller Triebe und die Gestattung aller Befriedigungen ... Ein Fest ist ein gestatteter, vielmehr ein gebotener Exzeß, ein feierlicher Durchbruch eines Gebotes ... der Exzeß liegt im Wesen des Festes; die festliche Stimmung wird durch die Freigebung des sonst Verbotenen erzeugt.«[70]

Roheim hat dann an ethnologischem Material nachgewiesen, daß bei »Primitiven« »die Trauerzeit hier häufig in einer Orgie, einem großen Festschmaus oder sogar in einem Kriegszug endet«[71]. Durch einen Erschlagenen soll der Tod gerächt werden. Der Feind kann auch anstelle des Toten inkorporiert werden, eine Ersatzhandlung für die nach Meinung Roheims ursprüngliche und allgemeine Nekrophagie. Man wird dabei unwillkürlich erinnert an die auch heute noch übliche Trauermahlzeit, in der das »Fell des Toten« verzehrt oder vertrunken wird und die häufig in einer euphorischen Stimmung der Trauergäste endet.

Abraham glaubt dagegen, ein solches manisches Verhalten in geminderter Form bei der normalen Trauer finden zu können, wenn sich der Trauernde von dem Verstorbenen gelöst hat. Abraham beobachtet ein gesteigertes sexuelles Begehren, zum Teil in der sublimierten Form von erhöhter Unternehmungslust, und Erweiterung des ursprünglichen Interessenkreises. Es zeigt sich ein gesteigertes orales Begehren[72].

Abraham spricht deutlicher, als dies Freud tut, von der Melancholie als einer archaischen Form der Trauer. Dies gilt insbesondere für die Nekrophagie als einer Form der Inkorporation des Verstorbenen, für die in der Exkretion symbolisierte Ausstoßung des Toten und für den manischen Triumph über den Toten[73]. Traumanalyse und psychosomatische Symptomatik lassen ihn darauf schließen, *»daß die Trauerarbeit des Gesunden sich in tiefen psychischen Schichten ebenfalls in der archaischen Form vollzieht«*[74]. Nun mag der Bezug auf die archaischen Trauerformen nicht immer überzeugen, zumal sie keineswegs universal sind und die heutige Ethnologie nicht mehr von einer stetigen Entwicklung von »primitiven« Eingeborenen zu mehr kultivierten Volksstämmen ausgeht. Dennoch hat Abraham einen Erkenntnisfortschritt über Freud hinaus mit der Aufdeckung der Inkorporierung und der Manie in der »normalen« Trauer vollzogen. Zudem ist seine Unterscheidung von Tendenzen, das bedrohte Objekt entweder bei sich behalten und kontrollieren zu wollen, oder aber es abzustoßen und zu vernichten, von großem Gewicht für die genauere Bestimmung der bei der Trauer verwendeten Bewältigungsmechanismen.

2.3 Melanie Klein: Die »depressive Position«

Der Beitrag Melanie Kleins, die ihre Lehranalyse bei K. Abraham in Berlin machte, besteht vor allem in drei Punkten. (1) hat sie die Bedeutung der Internalisierung und Introjektion im Trauerprozeß über Freud und Abraham hinaus differenziert; (2) hat sie den Versuch gemacht, Trauer und Depression als Modifikation einer bestimmten Periode des frühkindlichen Erlebens zu verstehen, die sie die »depressive Position«[75] nannte; und (3) ist es ihr gelungen, das Auftreten manischer Phasen in der Depression theoretisch besser zu klären und analoge Erscheinungen in der Trauer nachzuweisen und verständlich zu machen.

(1) M. Klein geht davon aus, daß vom Lebensbeginn an das sich entwikkelnde Ich des Kleinkindes gute und böse Objekte introjiziert. Die Objekte sind gut, wenn sie ihm zugänglich sind, sie sind böse, wenn sie ihm vorenthalten werden. Ein erstes Objekt dieser Art ist die mütterliche Brust, das sich aber bald auf die Person der Mutter und auf die weitere Umwelt erstreckt. Das Kleinkind baut sich eine phantastische Innenwelt auf, voll mit guten und bösen Gegenständen, ebenso phantastisch wie die Außenwelt, aus der es die Vor-Bilder seiner inneren Welt entnimmt[76].

Negative Erfahrungen mit der Außenwelt, aber auch die eigenen sadistischen Triebe, die das Kleinkind auf die »bösen« Objekte in seiner Innenwelt projiziert, lassen diese als verfolgende und zerstörende, insbesondere als zerbeißende Objekte erscheinen. Das Ich macht die ängstigende Erfahrung des drohenden Verlustes der »guten« Objekte. Dies ist insbesondere der Fall, wenn »das Ich sich stärker mit seinen guten inneren Objekten identifiziert und gleichzeitig – infolge der zunehmenden Einsicht in die psychische Realität – seine eigene Unfähigkeit erkennt, diese seine guten Objekte gegen die verinnerlichten bösen Objekte und das Es zu beschützen und zu bewahren«[77]. Das Kleinkind befürchtet, die »guten« Objekte könnten sterben und sein Ich in den Tod hineinziehen.

(2) Entwöhnung und zeitweilige Abwesenheit der Mutter, unzureichend und verwirrend erfahren, vergrößern sich in der Phantasiewelt zum Sterben der Mutter und anderer Liebe gebender Personen. Erst in einer wechselseitigen Anreicherung der Erfahrung über Außen- und Innenwelt und einer schrittweisen Annäherung dieser beiden Welten an die Realität gelingt es normalerweise, zu einer Überwindung dieser Ängste zu kommen. Damit wird die »depressive Position« verlassen, die M. Klein »als das Resultat einer Mischung von paranoider Angst und jenen Angstinhalten, Unglücksgefühlen und Abwehrmechanismen, die mit dem drohenden Verlust des (ganzen) geliebten Objekts zusammenhängen«, betrachtet[78]. Die »depressive Position« gehört zur normalen Entwicklung[79], ihre unzureichende Überwindung schafft die Disposition zu

depressiven oder paranoiden Verhaltensstörungen, insbesondere dann, wenn keine zureichende Prüfung der Realität erfolgt ist. Trauer ist nun wesentlich die Wiederbelebung dieser ersten Realisierung von Introjizierung, Verlust und Realitätsüberprüfung[80].

Der äußere Verlust, der durch den Tod eines nahestehenden Menschen eintritt, bedeutet nicht nur den Verlust dessen, was an Liebeszuwendung bestanden hat, sondern bedroht insgesamt die inneren »guten« Objekte. Der Trauernde spürt, daß die zerstörenden und desintegrierenden Objekte die Überhand gewonnen haben. Es geht nach M. Klein nicht nur darum, die verstorbene Person in seinem Inneren wieder aufzubauen, wie dies Abraham beschrieben hat, sondern er muß seine ganze innere Welt vor dem Verfall retten. »Damit sind die frühe depressive Position und mit ihr Ängste, Schuld, Gefühle des Verlustes und Kummer, die von der Brust-Situation und von allen anderen Quellen, die Ödipussituation eingeschlossen, herstammen, wiederbelebt.«[81] So wie das Kleinkind die »depressive Position« durchlebt, muß der Trauernde schmerzhaft den Zerfall seiner inneren Welt erfahren und sie neu integrieren. M. Klein nimmt an, daß er »einen modifizierten und vorübergehenden manisch-depressiven Zustand« durchmacht[82]. Die Trauerarbeit droht dort zu mißlingen, wo es dem Trauernden wie dem Manisch-Depressiven in seiner frühen Kindheit nicht gelungen ist, die »guten« Objekte wirklich fest in seiner inneren Welt zu etablieren.

(3) Freud hatte den Triumph über den Toten sowohl bei den »Wilden« wie auch bei den Manisch-Depressiven erkannt, aber bestritten, daß er im normalen Trauerverlauf auftauche[83]. M. Klein vertritt auf Grund ihrer Theorie die Auffassung, daß bei jedem Tod infantile Todeswünsche gegen Eltern, Brüder und Schwestern als erfüllt angesehen werden, weil jeder geliebten Person die Gefühle zugewendet werden, die das kleine Kind den Familienmitgliedern entgegengebracht hatte. Daher wird der Tod zu einem Sieg und bringt Triumph- und zugleich Schuldgefühle mit sich. Die Schuldgefühle aber lassen, und darin folgt M. Klein Freuds Analysen in »Totem und Tabu«, das verlorene »gute« Objekt zum Feind und Verfolger des Trauernden werden und erschüttern zugleich den Glauben an die wirksame Hilfe aller anderen internalisierten »guten« Personen[84]. Er kann den Verstorbenen nicht mehr als idealisiertes »gutes« Objekt annehmen und sich von dessen Zuneigung und guten Eigenschaften in seiner Trauer aufhelfen lassen[85]. Wegen des Übergewichtes an destruktiven und verfolgenden Objekten, insbesondere der »bösen« Eltern, muß der Trauernde die Abwehrmechanismen wiederbeleben, die sich ihm während der »depressiven Position« als hilfreich erwiesen haben. Diese haben wesentlich zum Ziel, die Realität des Verlustes zu verleugnen, sowohl die innere, aber zum Teil auch die äußere. Daher muß das Ich versuchen, alle

Objekte, »gute« wie »böse«, in seine Kontrolle zu bekommen, denn nur so ist die zerstörerische Kraft der »bösen« abgewendet und der Verlust der »guten« ungeschehen gemacht. Es stellt eine Erneuerung der frühkindlichen Omnipotenz-Erfahrung dar, nach der das Ich die Eltern nach Belieben wegschicken und herbeiholen und damit töten und wiederbeleben kann. Die Omnipotenz-Erfahrung bestätigt nicht nur die Fähigkeit zur absoluten Kontrolle, sondern vermittelt auch den Eindruck, daß alle diese Objekte keine wirkliche Bedeutung für das Ich haben[86]. Der defensive Mechanismus der Omnipotenz wirkt sich also in zwei Richtungen aus: Zum einen gibt er Macht, die »bösen« Objekte zu zerstören und damit ihre Verfolgungen abzuwehren, seien es die »bösen« Eltern, die Rechenschaft fordern[87], oder Personen, die das »gute« Objekt bedrohen. Was den Tod gebracht hat, ihn nicht verhindern konnte oder symbolisiert, muß herabgesetzt werden (Verteufelung). Zum anderen bewirkt der Abwehrmechanismus der Omnipotenz die Aufwertung der »guten« Objekte; sie werden als ungewöhnlich vollkommen und überwältigend hilfreich angesehen, um dem Ich in seinem Kampf gegen den Verlust wirksam beistehen zu können.

Den Gegensatz zu dem Abwehrmechanismus der Omnipotenz, der den Glauben erweckt, alle Objekte kontrollieren und beherrschen zu können, bildet nach M. Klein der Abwehrmechanismus der Flucht. Die Flucht kann erfolgen zu internalisierten »guten« Objekten; ist es nicht der Verstorbene, so können es andere als hilfreich erfahrene »Personen« sein. Die Flucht kann sich auch nach außen wenden, zu realen Personen, die Ersatz für das Verlorene erhoffen lassen. Daß es sich bei dieser Flucht um einen Abwehrmechanismus handelt, zeigt sich an der Idealisierung, die diese inneren und äußeren Zielobjekte der Flucht annehmen[88].

Die Abwehrmechanismen der Omnipotenz und der Flucht und die damit verbundene Herabsetzung und Idealisierung dienen dazu, die innere Welt wiederaufzubauen. Sie werden schrittweise aufgegeben und immer dann wieder aufgegriffen, wenn die Angriffe des »bösen«, verlorenen Objektes erneut einsetzen. Aber nach und nach gewinnt die innere Welt eine größere Sicherheit. Die Verfolgung nimmt ab, und die Sehnsucht nach dem verlorenen, geliebten Objekt wird mit voller Kraft erlebt. »Haß tritt zurück und Liebe wird frei.«[89] Auch die Sehnsucht nach dem verlorenen geliebten Objekt schließt eine Abhängigkeit ein, aber die Abhängigkeit wird zum Ansporn, zur Wiederherstellung und Erhaltung des Objektes. Sie ist schöpferisch und von der Liebe beherrscht, während die Abhängigkeit, die auf Verfolgung aufgebaut ist, unfruchtbar und destruktiv bleibt[90].

Schmerzliche Erfahrung wie die Trauer kann Sublimierungen anregen, einen Menschen schöpferisch werden lassen, ihn dazu bringen, toleranter

im Verstehen und in der Beziehung zu anderen Menschen und Dingen zu werden. »Es scheint, daß jeder Fortschritt in dem Prozeß der Trauer gewisse Erscheinungen zur Folge hat: eine Vertiefung der Beziehung des Individuums zu seinen inneren Objekten, Glückseligkeit, wenn sie wiedergewonnen sind, nachdem sie verloren geglaubt waren *(Paradise Lost and Regained)*, und schließlich ein gesteigertes Vertrauen auf sie und Liebe für sie, denn trotz allem haben sie sich als gut und hilfreich bewährt.«[91] Es ist zugleich ein Prozeß, der zu größerer innerer und äußerer Unabhängigkeit führen kann.
Der Wiederaufbau der zerstörten inneren Welt ist nach M. Klein das Charakteristische einer erfolgreichen Trauerarbeit, nicht allein die Ablösung von der geliebten Person und die Übertragung der Libido auf Substitute. Auch im normalen Trauerprozeß wird das Über-Ich introjiziert, was bei Freud nur für den Melancholiker galt, aber es ist eine »Über-Ich-Organisation«[92], die nicht nur die Eltern, sondern die Summe der verinnerlichten »guten« und »bösen« Objekte einschließt.
Wie wir bei der Besprechung der Freudschen Trauertheorie sahen, ist diese außerordentlich stark bestimmt durch die Analyse der Auswirkung, die der Tod des Vaters auf den Verlauf der Trauer hat. Zwar hat Freud, etwa im Schlußabschnitt von »Hemmung, Symptom und Angst«, auch die Bedeutung der Trennung von der Mutter in der Erfahrung von Trauer kurz erwogen[93], dies geschah jedoch mehr im Zusammenhang mit der Trennungsangst, die uns im folgenden noch beschäftigen wird. Generell hat Freud aber die Rolle der frühkindlichen Beziehung zur Mutter vernachlässigt, trotz einiger später, eindrucksvoller Beobachtungen[94]. M. Klein hat, im Zusammenhang und dank ihrer Herkunft aus der ungarischen Schule, die sich bereits in den dreißiger Jahren intensiv mit der frühen Mutter-Kind-Beziehung zu beschäftigen begann[95], diese wesentliche Erweiterung im Hinblick auf die Traueranalyse vollzogen.
Wesentlich ist weiter ihr Versuch, die Verlaufsform der Trauer Erwachsener als Reaktivierung frühkindlicher »depressiver Positionen« zu verstehen, eine Einsicht, die grundlegend geblieben ist, was immer als die entscheidende Trennungserfahrung in der Kindheit angesehen wurde. Sie hat darauf aufmerksam gemacht, daß die Trauerbewältigung in starkem Maße davon bestimmt ist, wie frühere Krisen, insbesondere im frühkindlichen Alter, bewältigt wurden. Sie hat detaillierter als zuvor den Prozeßcharakter der Trauer beschrieben, mit seinen Fortschritten, Rückzügen und erneuten Vorstößen. Ein wichtiger Hinweis ist auch darin zu sehen, daß eine positive Bewältigung ein Individuum zu einem vertieften Vertrauen zu seiner inneren und äußeren Welt führen kann.
Diese Beschreibung der Trauer als Prozeß wurde möglich, indem Klein die Depression und insbesondere die Manie zum einen Teil als Verteidigungs-

mechanismen erkannt hat, sicher nicht ohne Einfluß der kurz zuvor veröffentlichten Studie Anna Freuds[96]. Die Manie als Reaktivierung kindlicher Triumph- und Omnipotenzgefühle zu verstehen, die zur Abwehr des drohenden oder eingetretenen Verlustes in Form von Verleugnung, Herabsetzung und Idealisierung verwendet werden, hat weit über das hinausgeführt, was Abraham zu diesem Thema beigetragen hatte[97].
Schließlich hat M. Klein mit ihrem doppelten System der inneren und äußeren Realität, in der »gute« und »böse« Objekte in einer komplexen Wechselbeziehung stehen, die Grundlage für ein Verständnis des Trauerprozesses gelegt, das sich nicht auf die innerpsychischen Prozesse beschränkt[98]. Indem sie etwa bemerkt, daß »gute« Objekte der Außenwelt viel zum Wiederaufbau der gestörten inneren Welt beitragen können, hat sie erste Ansätze eingebracht, Trauer auch in ihren sozialen Bezügen im Verhältnis zu den inneren Prozessen zu verstehen. Indem das Über-Ich für sie mehr ist als nur ein verinnerlichter Vater, hat sie zugleich eine breitere Basis für das Verständnis dessen geschaffen, was gemeinhin als Gewissen bezeichnet wird[99]. Es ist zu bedauern, daß ihr Aufsatz »Die Trauer und ihre Beziehung zu manisch-depressiven Zuständen« so wenig Beachtung gefunden hat. Unseres Erachtens ist diese Arbeit die bemerkenswerteste Studie, die bisher über die Trauerarbeit geschrieben wurde, wenn sie auch erst durch die Vorarbeiten Freuds und Abrahams möglich wurde.
Die psychoanalytische Trauertheorie ist in den sechziger Jahren von dem englischen Analytiker John Bowlby weitergeführt worden. In einer Reihe von Publikationen hat er sich zur Frage des kindlichen Trauerprozesses und seinem Zusammenhang mit der Trauer Erwachsener geäußert und ist besonders der kindlichen Trennungsangst nachgegangen. Zu verweisen ist ferner auf den Amerikaner Gregory Rochlin, der unter dem Stichwort des »loss complex« gezeigt hat, wie früh Abwehrmechanismen gegen Verlust entwickelt werden und wie die ersten Versuche einer Todesüberwindung auch die kindliche religiöse Erfahrung prägen (siehe *Exkurs I*).

2.4 Trauer als Erkrankung

2.41 Psychische Symptomatik der Trauer

Wenn im folgenden bei der Behandlung der Trauerreaktionen zwischen psychischen und psychosomatischen Symptomen unterschieden wird, so läßt es sich nicht vermeiden, an einigen Stellen etwas gewaltsam zu verfahren. In vielen Fällen ist die somatische Reaktion so eng mit der psychischen verbunden, daß eine Unterscheidung schwerfällt. Während zB. Gewichtsverlust ein eindeutig somatisches Symptom ist, stellt sich die

Frage, ob Verlust des Appetits, der maßgeblich zu diesem Gewichtsverlust beiträgt, nicht ein psychisches Symptom sei. Ähnliches ließe sich auch von der Schlaflosigkeit sagen[1]. Wir rechnen hier zu den psychischen Symptomen auch Symptome generellen Unwohlseins wie Erschöpfung, Konzentrationsunfähigkeit und Apathie.

Freud sah die Trauer durch schmerzliche Verstimmung, eine Aufhebung des Interesses für die Außenwelt, Verlust der Liebesfähigkeit und Hemmung jeder Leistung gekennzeichnet[2]. E. Lindemann, der sich als erster um eine umfassende Symptomatologie der psychischen Symptome bei der Trauer bemüht hat, stellte bei allen seinen Patienten eine ausschließliche Beschäftigung mit dem Verlorenen sowie »stille Anfälle von Gram (Kummer)« fest. 96% der Trauernden zeigten übermäßige Müdigkeit, 84% eine Unfähigkeit zur Ausübung gewohnter Arbeiten und 29% Schlaflosigkeit[3]. An anderer Stelle fügt er als Symptome Schuldgefühle, feindselige Reaktion gegen die Umwelt, ein Gefühl der »Derealisation« sowie eine ziellose Hyperaktivität sowohl im Sprechen wie in den Bewegungen hinzu[4].

Wenn man Lindemann ausschließt, da er keine Basis für sein Sample nennt, gibt es, soweit sich feststellen ließ, nur drei Untersuchungen, die ansatzweise den Versuch machen, die psychische Symptomatik auf statistisch abgesicherte Weise zu erheben. Die Untersuchungen von C. M. Parkes[5] und von Paula Clayton et al.[6] weisen erhebliche Mängel auf, da sie keine Kontrollgruppen verwenden und das Sample so klein ist, daß sich signifikante Unterschiede kaum noch errechnen lassen.

Die bisher gesichertste Studie über die Verteilung von Trauerreaktionen haben D. Maddison und Agnes Viola erarbeitet[7]. Ihr Sample bestand aus 375 verwitweten und einer Kontrollgruppe von 199 nichtbetroffenen Frauen. Die Befragung beruhte auf Interviews. Aus methodischen Gründen wurde das Sample auf Frauen zwischen 45 und 60 Jahren beschränkt. Dabei stammen ein Drittel der Befragten aus dem Raum Boston, die übrigen aus Sidney/Australien.

Die Durchschnittszahlen der psychischen Symptome, die auf den Angaben der Befragten beruhen, liegen erheblich niedriger als bei Lindemann und bei Parkes, was sich daraus erklärt, daß es sich bei Maddison und Viola nicht um ein Sample handelt, das um ärztliche Hilfe nachgesucht hatte. 47% geben eine reduzierte Arbeitsfähigkeit und 41% eine generelle Nervosität an. Auffallend häufig sind weiter allgemeine Erschöpfung, Schlaflosigkeit und depressive Stimmung. Zwischen 20% und 10% berichten von Furcht vor einem Nervenzusammenbruch, Gefühle der Panik, anhaltende Angst und Zittern (Tabelle 1). Auffällig ist auch der erhöhte Gebrauch von Kräftigungs-, Beruhigungs- und Schlafmitteln, aber auch die Zunahme des Alkoholkonsums und des Rauchens. Mehr als ein Drittel der Befragten geben an, symptomfrei zu sein; die gleiche Anzahl berichtet bei einem erneuten Interview eine erhebliche Verminderung der Symptomatik.

Ein Vergleich der Beobachtungen Freuds und der Erhebungen von Lindemann, Parkes, Clayton et al. und Maddison und Viola ist kaum möglich. Freud und Lindemann erwähnen nicht Angstzustände und Verwendung toxischer Mittel. Feindselige Gefühle gegenüber anderen erwähnt allein Lindemann, Schuldgefühle nur Clayton et al.; beides fehlt in der Auflistung von Maddison und Viola. Es zeigt sich eine allgemeine Übereinstimmung dort, wo es um Symptome mit hohem Verbreitungsgrad geht, wie

Tabelle 1[8]

Psychische Trauerreaktionen verwitweter Frauen in Boston und Sidney

Symptome oder Beschwerden	Alle Witwen N=375 %	Kontrollgruppe N=199 %	P a)	Witwen Boston N=132 %	Witwen Sidney N=221 b) %	P
Psychologische Symptome						
Allgemeine Nervosität	41.3	16.1	0.001	40.9	41.2	n.s. c)
Depression	22.7	5.5	0.001	17.4	25.3	n.s.
- ärztliche Behandlung erforderlich	12.8	1.0	0.001	9.1	14.0	n.s.
- klinische Behandlung erforderlich	1.3	0	0.05	0.7	1.8	n.s.
„Angst vor Nervenzusammenbruch"	13.1	2.0	0.001	12.1	14.5	n.s.
Gefühl der Panik	12.0	2.5	0.001	8.3	14.0	n.s.
Anhaltende Angst	12.0	3.0	0.001	9.8	12.2	n.s.
Wiederholte sonderbare Vorstellungen	8.5	2.0	0.001	8.3	9.5	n.s.
Alpträume	8.8	1.0	0.001	6.8	9.0	n.s.
Schlaflosigkeit	40.8	12.6	0.001	35.6	44.8	n.s.
Zittern	10.4	2.0	0.001	4.5	14.0	0.01
Verhalten						
Gebrauch von Schlaf- und Beruhigungsmitteln	37.3	11.1	0.001	20.5	48.0	0.001
- starker Anstieg	5.9	0.5	0.001	2.3	8.1	0.01
Erhöhter Alkoholgebrauch	6.7	2.0	0.001	9.1	3.2	0.05
Rauchen – starker Anstieg	11.7	1.5	0.001	14.4	9.0	n.s.
Allgemeinbefinden						
Verminderte Arbeitsfähigkeit	46.7	26.1	0.001	43.2	50.2	n.s.
Erschöpfung	29.6	11.6	0.001	26.5	31.2	n.s.

a) Wahrscheinlichkeiten berechnet mit X^2 (bei einem Freiheitsgrad).

b) Ohne verwitwete Frauen von Gatten, die bei ihrem Tode unter 45 Jahre alt waren.

c) X^2-Wert erreicht nicht das Signifikanzniveau von 0.05.

depressive Stimmung, Schlaflosigkeit, Erschöpfung, Arbeitsunfähigkeit und allgemeine Nervosität.

2.42 Psychosomatik der Trauer

S. Freud hat der psychosomatischen Symptomatik der Trauer im Gegensatz zu der der Angstneurose nur geringe Aufmerksamkeit geschenkt, nur gelegentlich finden sich einige Beobachtungen. In der Analyse der Frau Emmy v. N. (1895) berichtet er von einer Sitzung nach dem Tode ihres Mannes: »Sie hat wieder wenig geschlafen vor Magenschmerzen, gestern kein Nachtmahl genommen, klagt auch über Schmerzen im rechten Arm.«[9] In »Psychische Behandlung (Seelenbehandlung)« (1905) verweist er auf die körperlichen Korrelate von Affektzuständen: »Anhaltende Affektzustände von peinlicher, oder wie man sagt, ›depressiver‹ Natur wie Kummer, Sorge und Trauer, setzen die Ernährung des Körpers im ganzen herab, verursachen, daß die Haare bleichen, das Fett schwindet und die Wandungen der Blutgefäße krankhaft verändert werden.«[10]
In einem wenig beachteten Aufsatz, »Äquivalente der Trauer«[11], hat 1926 K. Landauer seine Beobachtungen über die psychosomatische Symptomatik zusammengestellt, die nahezu alle Ergebnisse späterer Untersuchungen darüber thematisiert. Er gliedert diese Symptomatik unter den Stichworten Weinen, Speichelfluß, Achylie, Obstipation, Pseudo-Parkinson, Schmerzen und Assoziationshemmung.
Unter dem Abschnitt des *Weinens* verweist Landauer neben dem Tränenfluß auf ein zuweilen auftretendes krampfartiges Zusammenziehen des Zwerchfells. Die gehäuften Symptome der Atemnot und der damit verbundenen Angst finden sich am vollständigsten beim Asthma, das Landauer bei neurotischen Patienten als Folge eines Trauerfalls diagnostiziert hatte[12].
Weiter tritt bei trauriger Verstimmung »oft eine starke Absonderung dünnflüssigen, manchmal fade, manchmal bitter schmeckenden Speichels auf, der verschluckt wird«[13]. Bei der erhöhten Speichelabsonderung wird nach Landauer Luft verschluckt, was zu einem Völlegefühl im Magen, zu Aufstoßen, Erbrechen und Koliken führen kann.
Daß die Trauer die *Absonderung des Magensaftes* stört oder ganz unterbricht, hält Landauer unter Hinweis auf einige experimentelle Untersuchungen für bewiesen. Die Konsequenz ist ebenfalls »das Völlegefühl, die Appetitlosigkeit, die den Abschluß von der Außenwelt erleichtert, das Aufstoßen, die Durchfälle kurz nach der Nahrungsaufnahme (›es bleibt gar nichts mehr bei mir‹), die die Brücke zur Analerotik schlagen«[14]. Dazu scheint die spastische Obstipation im Gegensatz zu stehen, alterniert aber oft mit der Diarrhoe, nicht selten in rasch wechselnden Phasen.

Unter *Pseudo-Parkinson* faßt Landauer die Beobachtungen der allgemeinen Ausdrucksarmut und Ausdrucksverlangsamung. »Mimische Bewegungen sind kaum vorhanden, ebensowenig Mitbewegung, zB. der Arme beim Gehen. Sind Ausdruckbewegungen nachweisbar, so ist ihr Einsetzen verspätet, ihr Ablauf verlangsamt. Da sie lange beibehalten werden können, wenn längst ihr Anlaß abgeklungen ist, so erscheint das Gesicht maskenhaft erstarrt, die Gesten gefroren.«[15] Es kann eine Hypotonie auftreten, die vor allem vor dem Schlafengehen oder kurz nach dem Einschlafen erscheint, was Einschlafstörung und Emporschrecken aus dem Schlaf zur Folge hat. Wie bei dem Gegensatz von Obstipation und Diarrhoe findet sich hier auch Hypo- und Hypermotilität vereinigt.
Im Hinblick auf die *Schmerzen* verweist Landauer auf die volkstümliche Wendung von der Trauer als »Herzeleid«. Das »Herz tut einem weh«, »es ist wund«, »es brennt«. »Gewöhnlich wird dementsprechend der Schmerz als Druck, Wundgefühl, Brennen, manchmal auch als Krampfen, Zusammenpressung in der Herzgegend beschrieben«[16], vergleichbar dem Kummer, der »zentnerschwer auf der Brust liegt«.
Schließlich macht Landauer noch auf die *Assoziationshemmung* aufmerksam, die seiner Meinung nach oft die einzige greifbare Äußerung einer unbewußten traurigen Verstimmung ist. »Wenn man die Möglichkeit übersieht, verfällt man leicht in den Fehler, an dem schleppenden, scheinbar affektlosen Sprechen und den mangelnden Einfällen des Kranken vorbeizugehen und beraubt sich, stier auf das Verdrängte schauend, der Möglichkeit, das Verdrängende – nämlich die Trauer – anzugehen.«[17]
Man wird sicher der Verbindung, die Landauer zwischen einzelnen Symptomen herstellt, kritisch gegenüberstehen müssen. Auch in der Ätiologie geht er keineswegs einheitlich vor, indem er teils physiologische Vorgänge für die Reaktion verantwortlich macht, teils deren symbolische Deutung (besonders bei den gastrointestalen Störungen) heranzieht und schließlich manche Symptome mit dem bewußt gewollten Sich-Zurückziehen des Trauernden in Verbindung bringt. Es ist jedoch eine bemerkenswerte Leistung, allein auf Grund von Einzelbeobachtungen zu einer so umfassenden Übersicht der psychosomatischen Trauerreaktionen gekommen zu sein, die erst in den letzten Jahren durch systematische Untersuchungen wieder erreicht worden ist.
Lindemann hat in seiner 1944 erschienenen Untersuchung psychosomatische Reaktionen kurz erwähnt[18]. Nach Auskunft der verwitweten Frauen und ihrer Ärzte, die Marris befragte, traten die folgenden Symptome auf:

»Gewichtsverlust; Rheumatismus und Fibrositis; Asthma, Bronchitis und krampfartige Schmerzen in der Brust; Wiederkehr von Zwölffingerdarm-Geschwüren, Magen-Geschwüre, Verdauungsstörungen; geschwollene Füße und Geschwüre an den Beinen;

Haarausfall; Hautentzündungen und -ausschläge; Abszesse am Zahnfleisch; Kopfschmerzen, Schwindelanfälle und ›Nerven‹.«[19]

Die sorgfältige Untersuchung von Maddison und Viola, die als einzige die Verwitweten mit einer Kontrollgruppe vergleicht, fand nach Angaben der Befragten eine merkliche Verschlechterung ihres Gesundheitszustandes (28% zu 4,5%; verstärkt bei Verwitweten in Sidney) insbesondere bei steigendem Alter der Verwitweten. Nach Schichtzugehörigkeit, Zahl und Alter der hinterbliebenen Kinder ergaben sich dagegen keine Unterschiede (Tab. 2). Anorexie und Gewichtsverlust traten auch in dieser Untersuchung relativ häufig auf, seltener das entgegengesetzte Symptom des übertriebenen Appetites und Gewichtszunahme. Weiter fanden sich erhöhter Pulsschlag, Brustschmerzen und Atemnot, aber auch andere psychosomatische Symptome, wie sie bereits Landauer und Marris erwähnen[20].

G. Engel hat versucht, genauer die Bedingungen zu bestimmen, unter denen unakzeptable Erfahrungen und Emotionen in psychosomatische Symptome umgesetzt werden[22]:

(1) Das Konversionssymptom drückt in der »Körpersprache« entweder eine psychische Erfahrung in somatischem Leiden aus oder verleugnet auf gleichem Wege diese Erfahrung. Psychosomatische Symptomatik drückt also entweder aus: »Ich fühle schmerzlich«, »ich bin durch den Tod verletzt worden«, oder aber »ich kann nicht sehen« (und brauche mich deshalb nicht zu überzeugen, daß der nahestehende Mensch tot ist), »ich sehe den Verstorbenen«, »ich kann das nicht schlucken«, »ich kann das nicht verdauen«.

(2) Durch eine somatische Reaktion soll die Beziehung wiederhergestellt werden, indem der Betroffene sich an eine frühere körperliche Erfahrung oder Erkrankung erinnert, wo der Objekt-Verlust noch nicht eingetreten war. Wie in der damaligen Situation Schmerz, Atemlosigkeit, Übelkeit oder Schwäche die Beziehung zu dem nun verlorenen Menschen intensivierte und seine Hilfe brachte, so soll nun der gleiche Effekt durch die gleiche somatische Reaktion herbeigeführt werden.

(3) Bedeutend für die Wahl des Leidens ist die Identifikation mit der Krankheit, an der das verlorene Objekt tatsächlich oder nach der Annahme des Patienten gelitten hat[23]. Durch die Übernahme der Krankheitssymptome wird die Beziehung nicht nur in der Phantasie, sondern durch die Schmerzen an dem gleichen Körperteil oder zB. durch die gleichen digestiven Beschwerden wiederhergestellt. Dies fördert bei Trauernden besonders Atembeschwerden, die zuweilen zum chronischen Asthma führen können, da Einschnürung der Kehle, Keuchen und Ächzen, der Eindruck, keine Luft zu bekommen und das Gefühl, eine schwere Last auf der Brust zu haben, sich besonders häufig gerade bei Sterbenden beobachten läßt[24].

Tabelle 2[21]
Psychosomatische Trauerreaktionen verwitweter Frauen in Boston und Sidney

Symptome oder Beschwerden	Alle Witwen N=375 %	Kontroll-gruppe N=199 %	P a)	Witwen Boston N=132 %	Witwen Sidney N=221 b) %	P
Neurologische:						
„Migräne"	4.8	3.0	n.s.	1.5	6.3	0.02
Kopfschmerzen	17.6	9.0	0.01	14.4	19.5	n.s.
Benommenheit	9.1	4.5	0.05	5.3	11.3	0.05
Ohnmachtsanfälle	1.3	0	0.05	0.8	1.8	n.s.
Verschwommenes Sehen	13.7	7.5	0.02	12.1	15.8	n.s.
Gesichtsschmerzen	1.9	0.5	n.s.	1.5	2.3	n.s.
Dermatologische:						
Hautrauheit	6.1	2.5	0.05	0.8	8.6	0.05
Übermäßiges Schwitzen	9.3	5.0	0.05	10.6	8.6	n.s.
Gastro-intestinale:						
Verdauungsschwierigkeiten	9.9	4.5	0.01	10.6	9.5	n.s.
Schluckbeschwerden	4.8	1.5	0.02	6.1	4.5	n.s.
Peptisches Ulcus	2.1	2.0	n.s.	0.8	3.2	n.s.
Kolitis	0.5	0	n.s.	0	0.9	n.s.
Erbrechen	2.7	0	0.01	0	4.5	0.01
Übermäßiger Appetit	5.4	0.5	0.001	3.0	5.9	n.s.
Anorexie	13.1	1.0	0.001	9.8	16.3	n.s.
Gewichtszunahme	8.5	9.0	n.s.	10.6	6.3	n.s.
Gewichtsverlust	13.6	2.0	0.001	9.1	16.7	0.05
Uro-genitale:						
Menorrhagie	3.4	0.5	0.05	3.0	2.7	n.s.
Kardio-vaskulare:						
Herzklopfen	12.5	4.0	0.001	9.1	14.9	n.s.
Brustschmerzen	10.1	4.5	0.01	4.5	14.0	0.01
Respiratorische:						
Atemnot	12.0	4.5	0.001	8.3	14.0	n.s.
Asthma	3.4	1.5	n.s.	2.3	2.3	n.s.
Allgemeinbefindliche:						
Häufige Infektion	2.1	0	0.01	3.0	1.8	n.s.
Allgemeine Schmerzen	8.4	4.0	0.001	6.8	9.5	n.s.
Krebs	0.8	0	n.s.	1.5	0.5	n.s.
Diabetes mellitus	0.8	0.5	n.s.	0.8	0.9	n.s.

a) Wahrscheinlichkeiten berechnet mit X^2 (bei einem Freiheitsgrad).
b) Ohne verwitwete Frauen von Gatten, die bei ihrem Tode unter 45 Jahre alt waren.

(4) Es kommt vor, daß der Betroffene bestimmte negative Wünsche gegen das nun verlorene Liebesobjekt hatte und ihm »die Pest an den Hals«

wünschte. Dann kann der Fall eintreten, daß der Patient an dem leidet, was er dem anderen antun wollte.

Generell wird man jedoch vorsichtig sein müssen, eine somatische Erkrankung nach einem Todesfall in eine zu enge symbolische Beziehung zu dem Verstorbenen zu bringen, eine Gefahr, der besonders Abraham allzuleicht erlegen ist. Zwar gibt es, wie wir gezeigt haben, eine ganze Reihe von Untersuchungen, die herausstellen, daß der Tod eines nahestehenden Menschen sich meist mit unspezifischen körperlichen Beschwerden verbindet, die unter ungünstigen Bedingungen zu einer anhaltenden Erkrankung führen können, was für den Zusammenhang von Trauer und Asthma, für das Hyperventilationssyndrom, für psychogenes Erbrechen und Dysphagie, für Colitis ulcerosa, für Krebs, Diabetes, rheumatische Arthritis, Hyperphagie und Anorexie belegt ist[25]. Bei allen psychosomatischen Symptomen, die oben genannt wurden, handelt es sich (vielleicht mit Ausnahme von Asthma) aber nicht um spezifische Trauerreaktionen, sondern um Beschwerden, die sich generell bei einem realen oder symbolischen Verlust oder bei ungewöhnlicher äußerer oder innerer Belastung (Stress und Lebenskrise) (siehe *Exkurs II*) einstellen können[26]. Es ist die generelle Belastung durch innerpsychische oder soziale Faktoren, die die »Krankheitsbereitschaft« eines bestimmten Organs oder bereits latente Erkrankungen verstärkt.

Bei der »Wahl« der Krankheit wird es vermutlich zusätzlich davon abhängen, welche Reaktionen eine Krankheit in einer bestimmten Gesellschaft hervorruft. Bewirkt, wie in unserer Gesellschaft, eine somatische Erkrankung die gemeinsamen Anstrengungen der Angehörigen und der für den Wert »Gesundheit« Verantwortlichen, so kann es sich nahelegen, um das Gefühl der Hilfs- und Hoffnungslosigkeit zu überwinden, krank zu werden und sich pflegen zu lassen[27], besonders dann, wenn psychische Symptome wie Apathie, Hypermotilität, Nervenanspannung und Schlaflosigkeit nicht die gleiche sorgfältige Beachtung hervorrufen und der Trauernde statt mit anhaltender Zuwendung mit Beruhigungs- und Schlafmitteln »abgespeist« wird. Physische Krankheit wird so zu einem Abwehrmechanismus, wie Wolfgang Loch herausgestellt hat[28]. Die Trennung durch eine psychosomatische Erkrankung zu verarbeiten, legt sich vor allem dann nahe, wenn eine besondere Abhängigkeit zu dem Verstorbenen bestanden hat, die Schutz und Hilfe bedeutete, und dafür gesellschaftlich kein Ersatz zur Verfügung steht[29].

2.43 Trauer als Krankheitsentität

Die in den zwei vorangegangenen Abschnitten beschriebene psychische und psychosomatische Symptomatik läßt von medizinischem Standpunkt aus die Frage stellen, wie (1) die »normale« von der pathologischen Trauer zu unterscheiden und ob (2) nicht Trauer generell als Krankheitsentität aufzufassen sei.

(1) Freud hatte die »normale« Trauer negativ von der »pathologischen« und von der Depression abgegrenzt, indem er bei der »normalen« Trauer keine ausgeprägte Ambivalenz und keine Manie feststellen konnte. Beide Unterscheidungskriterien haben sich angesichts der Arbeiten K. Abrahams und M. Kleins als nicht trennscharf erwiesen. E. Lindemann hat unter Anlehnung an Freud eine Anzahl von Unterscheidungsmerkmalen genannt, die jedoch in sich nicht stimmig sind. Die pathologische Trauer besteht nach seiner Darstellung zum Teil in der Intensivierung »normaler« Trauerreaktionen (»schwere körperliche Reaktionen ohne organische Veränderungen«, »übermäßige Feindseligkeit«, »übertriebene Reaktionen«) und zum Teil in einer Persistenz der »normalen« Trauerreaktionen (»schwere körperliche Symptome mit organischen Veränderungen«, »dauernder Verlust gewohnter Arten von Tätigkeit«, »Veränderungen im Wesen«, »schwere anhaltende Gemütsdepression«); schließlich führt Lindemann noch ein drittes Unterscheidungskriterium an, nämlich, ob die Trauerreaktion sich unmittelbar nach dem Trauerfall oder, durch irgendwelche Faktoren behindert, erst verzögert einstellt[30]. Er gibt zudem nicht an, wie intensiv anhaltend und wie stark verzögert Trauerreaktionen sein müssen, um als pathologisch zu gelten.

Auch bei anderen Autoren findet sich keine klare Unterscheidung[31]. Das von der Amerikanischen Psychiatrischen Vereinigung herausgegebene diagnostische Handbuch für geistige Störungen, das Trauer unter Persönlichkeitsstörungen, Untergruppe situative Persönlichkeitsstörungen, Abteilung Grobe Stress-Reaktion einordnet[32], macht ebensowenig eine Unterscheidung wie Redlich und Freedman, die Trauer unter »manischen und depressiven Verhaltensstörungen« behandeln[33]. Bräutigam beschreibt die Trauer unter »Konfliktreaktionen«[34], die entstehen, wenn »ein Bedürfnis durch äußere Einwirkungen in der Befriedigung aufgehalten oder ganz verhindert« wird und bezeichnet die nicht weiter gekennzeichnete krankhafte Trauerreaktion unter dem gleichen Obertitel als »depressive Reaktion«[35].

Bei der Klärung der Terminologie muß man sich stets vor Augen halten, daß die Übergänge zwischen »normalem« Verhalten, neurotischen Verhaltensstörungen und Psychosen – wie allgemein – so auch in der Trauer fließend sind[36]. Der Trauernde kann zudem sich in bestimmten psychischen und somatischen Symptomen überreaktiv verhalten, während er im übrigen einen »normalen« Trauerprozeß durchläuft. Er kann sich zB. in äußerst intensiver Weise damit beschäftigen, wer an dem Tode schuldig sei, Ärzte, Angehörige und Freunde beschuldigen und sich selbst als Opfer

einer Verschwörung sehen, zugleich aber sich im übrigen völlig angepaßt verhalten. Ein anderer mag zwar ulzerative Kolitis entwickeln, aber sonst den Eindruck erwecken, er habe den Verlust überwunden. Es sind also einerseits die fließenden Übergänge, zum anderen bestimmte übertriebene Einzelzüge, die häufig eine klare Einordnung der Trauer erschweren; darüber hinaus können heftige emotionale Reaktionen vergangene Erkrankungen reaktivieren und latente hervortreten lassen, was die Einordnung zusätzlich schwierig macht.
(2) G. Engel hat sich in gewisser Weise der Schwierigkeit entzogen, wie »normale« von pathologischer Trauer zu differenzieren sei, und Trauer generell als eine Krankheit bezeichnet. Er zählt dabei folgende Gründe auf:

»Mit Sicherheit schließt es Leiden und eine Behinderung der Fähigkeit ein, sich normal zu verhalten, die für Tage, Wochen und sogar Monate anhalten kann. Wir können einen konsistenten ätiologischen Faktor feststellen, nämlich einen realen, einen drohenden oder einen phantasierten Objektverlust. Die Trauer erfüllt alle Kriterien eines besonderen Syndroms mit einer relativ voraussagbaren Symptomatologie und einem entsprechenden Verlauf. Der Trauernde ist oft offen niedergedrückt und behindert in einem Ausmaß, das für einen Beobachter evident ist.«[37]

Engel geht dann auf verschiedene Einwände ein, die sich gegen die Bezeichnung der Trauer als einer Krankheit wenden. Dem Einwand, Trauer sei doch etwas »Normales«, begegnet er mit dem Hinweis, daß auch eine Wunde etwas Normales sei[38]. Wie eine Verletzung, so ist auch die Trauer ein Leiden, das Teil des menschlichen Lebens ist. Auf den Hinweis, die Trauer sei ein sich selbst begrenzender Prozeß, der keiner medizinischen Behandlung bedürfe, verweist Engel darauf, daß es von den sozialen Wertmaßstäben abhänge, wann Symptome als krankhaft betrachtet werden und ärztliche Behandlung erfordern; der Trauernde wende sich durchaus häufig an den praktischen Arzt, der nur die Trauer nicht als eine selbständige Krankheitsentität diagnostiziere, sondern lediglich Schlaflosigkeit oder Erschöpfung behandele. Relativ leicht ist der Einwand zu widerlegen, Trauer zeige keine somatischen Reaktionen und sei nicht lebensgefährlich: Die Erfahrung der Krankheits- und Mortalitätsrate[39] von Trauernden zeige deutliche Anstiege gegenüber entsprechenden Kontrollgruppen. Gegen die Begründung, es handele sich nur um eine vorübergehende und partielle Behinderung angesichts eines Verlustes, meint Engel mit Recht, man könne nicht erst dann von einer Krankheit sprechen, wenn jedes System auf allen Ebenen der Person ernsthaft behindert sei.
In der uns hier besonders interessierenden Frage, wie man eine »normale« von einer pathologischen Trauer unterscheiden könne, schlägt Engel vor, besser von einer unkomplizierten und einer durch bestimmte Faktoren komplizierten Trauer zu sprechen. Er vergleicht dies mit einer Infektion

durch Masern, die der Körper normalerweise ohne besondere ärztliche Intervention übersteht, bei der aber Komplikationen auftreten können, die von der Widerstandsfähigkeit des Organismus und anderen Faktoren abhängen.
Danach ist, und hier stimmen wir Engel zu, Trauer eine Krankheitsentität mit klarer Ätiologie und einem spezifischen Krankheitsverlauf, der sich selbst begrenzt, und mit einer Wiederherstellung des früheren Gesamtzustandes endet. Wir unterscheiden mit ihm die unkomplizierte »normale« Trauer von der pathologischen, die durch ungewöhnliche Intensität, Persistenz einzelner Symptome oder chronische Erkrankung gekennzeichnet ist. Was als ungewöhnlich zu bezeichnen ist, hängt dabei von generellen gesellschaftlichen Normen ab.
Es bleibt jedoch noch die Frage zu erörtern, ob die Trauer eher als eine psychische oder als eine somatische Erkrankung zu bezeichnen sei. Engel neigt dazu, die Trauer stärker den somatischen Erkrankungen zuzuordnen. (Diese Zuordnung liegt bei Engel nahe, da er sich besonders intensiv mit den persistenten organischen Krankheitsfolgen bei unbewältigtem Stress beschäftigt hat[40].)
Auch Melanie Klein hält die Trauer für eine Erkrankung, rechnet sie aber zu den psychischen Verhaltensstörungen:

»Bei normaler Trauer werden frühe psychotische Ängste erweckt. Der Trauernde ist tatsächlich krank, aber da dieser Gemütszustand so allgemein ist und uns so natürlich erscheint, nennen wir ihn nicht eine Krankheit. (Aus ähnlichen Gründen wurde die infantile Neurose des normalen Kindes bis vor wenigen Jahren nicht als Krankheit erkannt.) Um es klarer auszudrücken: In der Trauer macht der Trauernde einen modifizierten und vorübergehenden manisch-depressiven Zustand durch und überwindet ihn, indem er den Prozeß wiederholt, den das Kind normalerweise in seiner frühen Entwicklung durchlebt, obgleich die Umstände und die Anzeichen verschieden sind.«[41]

Da die psychischen Symptome sehr viel stärker das Krankheitsbild der Trauer bestimmen als die psychosomatischen, und die Symptomatik im psychischen wie psychosomatischen Bereich weitgehend mit der manisch-depressiven Verhaltensstörung übereinstimmt[42], ist uE. M. Klein zuzustimmen, daß die Trauer dem manisch-depressiven Formenkreis zuzuordnen ist, mit dem sie die wenn auch dann dauerhafte Selbstbegrenzung gemeinsam hat. Dabei überwiegt, wie bei der manisch-depressiven Erkrankung, die depressive Phase; Manie ist seltener (wobei dies davon abhängt, was man als Manie in der Trauer bezeichnet); ein zirkularer Ablauf in raschem Wechsel ist durchaus anzutreffen.
Es bleibt die Frage, was wir damit gewinnen, wenn wir die Trauer als eine sich selbst begrenzende Verhaltensstörung mit überwiegend psychischer Symptomatik bezeichnen. Man kann mit Recht fragen, ob man angesichts der Einstellung unserer Gesellschaft, die dem physisch Kranken einen

sozialen Status zuerkennt, nicht aber dem Verhaltensgestörten, mit einer solchen Definition dem Trauernden nicht eine zusätzliche Belastung auferlegt, die ihm erspart bliebe, wenn man ihn weiterhin als »normal« oder als nur im physischen Sinne krank bezeichnete[43]. Trauernde drücken nicht selten die Furcht aus, »verrückt zu werden«, und sind stolz darauf, wenn sie sich zumindest in der Öffentlichkeit kontrolliert und wie »normale Menschen« verhalten können.
Dies mag zutreffend sein. Es ist jedoch die Frage, ob es nicht eine dringende sozialpolitische Aufgabe sei, den sozialen Status des psychisch Erkrankten dem des physisch Kranken in der Öffentlichkeit anzugleichen. Auf professioneller Seite besteht Konsens, daß hier eine Bewußtseinsänderung der Öffentlichkeit herbeigeführt werden muß, um zu verhindern, daß der »Irre« weiterhin gegenüber dem »Kranken« abgewertet und isoliert wird. Eine solche Bewußtseinsänderung könnte dazu verhelfen, daß sich ein Trauernder, der mit sich selber nicht mehr fertig wird, statt an den praktischen Arzt eher an den Pfarrer, eine Beratungsstelle oder den Psychiater wendet, wo er qualifiziertere Hilfe erwarten kann. Daß diese Abneigung gesellschaftlich bedingt ist, zeigt sich daran, daß in den USA Trauernde viel selbstverständlicher die Hilfe des Therapeuten, Psychiaters, Counselors und Pfarrers in Anspruch nehmen.
Eine solche Bewußtseinsänderung vorausgesetzt, würde zunächst einmal bedeuten, daß der Trauernde auch an den Vorteilen partizipieren könnte, die der Kranken-Status mit sich bringt[44]. Zwar wird dem Hauptbetroffenen allgemein zugestanden, bis zur Beerdigung Urlaub zu nehmen, aber ein rechtlicher Anspruch darauf besteht nur selten[45]. Es wäre eine durchaus berechtigte soziale Forderung, die Hauptbetroffenen einem Kranken gleichzustellen und entsprechend Lohnfortzahlung zu gewähren. Arbeit mag eine Hilfe sein, über die Trauer hinwegzukommen, aber es muß in der Entscheidung des Trauernden stehen, welchen Weg er zur Bewältigung seines Verlustes einschlägt und wieviel Zeit er dafür benötigt. Die gesundheitliche Gefährdung, die bei einer unzureichenden Trauerarbeit droht, ist groß genug (insbesondere wenn in der Krankheitsbehandlung der präventive Gesichtspunkt die Beachtung gewinnt, die er verdient), um die Freistellung des Trauernden von beruflichen und anderen Verpflichtungen nicht nur zu einer sozial-, sondern auch gesundheitspolitischen Forderung zu erheben.
Für die Beratung des Trauernden hätte die Anerkennung des Kranken-Status eine Reihe von Vorteilen, die Engel aufzählt: (1) Es legt sich eher nahe, diese Krankheitsentität genauer zu erforschen, wie dies bei anderen Erkrankungen seit langem der Fall ist; (2) der Therapeut wird in einer ganz anderen Weise wie bisher gezwungen, bei Ätiologie und Therapie die Bedeutung des Verlustes und die mit ihm verbundene Lebensgeschichte zu

berücksichtigen, statt sich mit der Verschreibung von Beruhigungsmitteln und der Zitierung trostreicher Worte zufriedenzugeben; (3) die Therapie kann sich stärker darauf konzentrieren, wie weit es möglich ist, adäquat den Verlust zu restituieren[46].

3. DER VERLAUF DER TRAUER

3.1 Die vier Phasen der Trauer

Der amerikanische Psychologe Shand sagt in seinem Buch »The Foundations of Character« (1914): »Die Natur der Trauer ist so vielseitig, ihre Auswirkungen in den einzelnen Charakteren so unterschiedlich, daß es schwierig, wenn nicht unmöglich für jeden einzelnen Autor ist, volle Einsicht in jede von ihnen zu zeigen.«[1] Eine Möglichkeit, zu einer Systematisierung dieses komplexen Phänomens zu kommen, ist der Versuch, im Prozeß der Trauer Phasen zu unterscheiden. Sofern es zB. damit gelingt, den »typischen« Verlauf herauszuarbeiten, den der Heilungsprozeß nach dem Verlust eines nahestehenden Menschen nimmt, läßt sich zugleich besser erkennen, an welchen Punkten der Prozeß behindert ist und in ein pathologisches Trauerverhalten umschlagen kann[2].
Wir waren bereits bei der Behandlung der verschiedenen Theorien der Trauer auf Versuche gestoßen, die Trauer in Phasen einzuteilen. So spricht J. Bowlby von den drei Stadien des Protestes, der Desorganisation und der Reorganisation[3]. Bernadine Kreis und Alice Pattie sprechen von der Phasenfolge Schock, Leiden und Wiederherstellung[4]. Engel beobachtet, daß auf ein Stadium des Schocks zunächst die immer stärker werdende Erkenntnis des Verlustes eintritt, dem dann die Restitution folgt[5]. Pollock schließlich unterscheidet Schock, Trauer-Reaktion und eine abschließende Trennungsreaktion[6]. Während die Drei-Phasen-Einteilung die häufigste Unterteilung ist und das Schock-Erlebnis bei den meisten Autoren als erste Phase anerkannt wird, hängt es sehr stark von der jeweiligen Theorie eines Autors ab, wie die folgenden Phasen eingeteilt werden.
Bowlby ist orientiert an der Handlungsabfolge, die er bei Kindern beobachtete, die zeitweilig von ihren Müttern getrennt waren. Daher kann er zwar eine ausführliche Analyse des Protestes geben, zum Teil auch der auf die Trennung folgenden Depression, über die Reorganisation sind aber seine Daten recht dürftig. Pollock schließt sich eng an die Theorie Freuds von der allmählichen Ablösung der Libido vom verlorenen Liebesobjekt an. Engel, der von der Stress-Theorie bestimmt ist, versteht den Trauerprozeß in der Analogie zur Bewältigung anderer Stress-Situationen, wo es nach Wahrnehmung und Bewertung der gefahrbringenden Situation zu einer Adaptation kommt, wobei bei ihm mehr der kognitive Faktor eine Rolle spielt, während Kreis und Pattie die Trauer mehr als Leiden verstehen wollen.
Der Pastoraltheologe W. Oates geht in seiner eigenen Traueranalyse von

der Drei-Zahl der Phasen ab und nimmt sechs Stadien an: Schock, Betäubung, Kampf zwischen Phantasie und Realität, Durchbruch der Trauer, selektive Rückerinnerung, verbunden mit bohrendem Schmerz, und schließlich Annahme des Verlustes und Bestätigung des Lebenswillens[7], ein Phasenverlauf, der sich wiederum an Freud anschließt. Heije Faber geht von fünf Phasen aus, wobei sich bei ihm besonders deutlich zeigt, daß die Abgrenzung der Phasen um so schwieriger wird, je mehr Phasen man unterscheidet[8].

D. Fulcomer teilt den Verlauf des Trauerprozesses in vier Phasen auf. Die 1. Phase, die unmittelbar mit dem Erhalt der Todesnachricht beginnt, ist gekennzeichnet durch den Schock (»immediate stage«). Ihr folgt eine 2. Phase (»post-immediate stage«), die durch kulturell festgelegte Verhaltenskontrollen gekennzeichnet ist. In der 3. Phase (»transitional stage«) tritt ein »trial and error behavior« besonders hervor. Die 4. Phase (»repattering stage«) schließt den Trauerprozeß ab; hier wird wieder allmählich ein kontinuierliches, adaptives Verhalten möglich[9]. Mir scheint diese Einteilung bei der Überprüfung des vorliegenden Materials die sinnvollste zu sein, auch wenn einige Akzente anders zu setzen sind.

Die 1. Phase ist die des Schocks, der die Regression einleitet. Sie kommt aber noch nicht zum vollen Ausbruch, da in der 2. Phase der Kontrolle Familie, Umwelt und professionelle »Krisen« sie kurzfristig abfangen[10]. In den zwei abschließenden Phasen ist der Trauernde dagegen weitgehend sich selber überlassen. In der 3. Phase überwiegt regressives Verhalten, während in der 4. Phase schrittweise eine neue Anpassung an das gesellschaftlich Geforderte erreicht wird. *Wir sprechen also von einer Abfolge der vier Phasen des Schocks, der Kontrolle, der Regression und der Adaptation.*

Die Phase des Schocks hält meist nur für wenige Stunden an und ist auch bei längerer Dauer normalerweise nach ein bis zwei Tagen vorüber[11]. Die kontrollierte Phase erreicht ihr Ende mit der Beerdigung und der Abreise der Verwandten, also zwischen drei und sieben Tagen. Das regressive Stadium ist nach Lindemann bereits nach vier bis sechs Wochen durchgestanden[12], nach Clayton et al. nach sechs bis zehn Wochen[13]. In der Studie von Maddison und Viola gaben mehr als ein Drittel der Befragten an, innerhalb von drei Monaten hätten sich die Trauersymptome erheblich vermindert[14]. Ähnliches berichten Clayton et al.; bei der zweiten Befragung gab ein großer Teil der Verwitweten die Auskunft, er sei frei von Symptomen[15]. Marris, der sich auf ein ähnliches Sample wie Maddison und Viola stützt, fand dagegen bei den von ihm befragten verwitweten Frauen nur eine geringe Besserung ihres psychischen Zustandes[16]; bei allen Befragten wurden die Einzelinterviews nicht jeweils im gleichen Abstand zum Todesfall durchgeführt.

Die adaptive Phase schließlich endet nach Parkes rund sechs Monate nach dem Tod[17], während Hinton[18] und Peretz[19] von sechs Monaten bis zu einem Jahr sprechen. In allen Fällen handelt es sich um ungeprüfte Erfahrungswerte. Da die Spezifika der einzelnen Phasen sehr unterschiedlich definiert werden und keine Einmütigkeit über die Phaseneinteilung besteht, ist es ohnehin nicht möglich, Vergleiche durchzuführen.
Diese Phaseneinteilung ist natürlich nur für die modernen westlichen Gesellschaften zutreffend, in denen sich kirchliche Rituale[20] und dörfliche Sitten bereits weitgehend aufgelöst und die religiösen und gesellschaftlichen Normierungen nachgelassen haben, die eine sehr viel striktere Einhaltung bestimmter Trauerzeiten fordern. Viele nichtwestliche Gesellschaften pflegen die Trauerperiode in ganz anderer Weise zu strukturieren; man denke hier etwa an Volksstämme, die eine »doppelte Beerdigung« kennen[21]. Es ist deshalb kaum mehr als die sehr allgemeine Aussage zu machen, daß die Trauerperiode fast überall mit Jahresfrist nach dem Tode als abgeschlossen gilt und auch die Tabus aufgehoben werden, die insbesondere die Witwe betreffen[22].
Die Kenntnis des für unsere Gesellschaft »normalen« Trauerverlaufes kann gewisse Beurteilungskriterien dafür abgeben, wann eine Trauer als pathologisch eingestuft werden kann. Generell kann man sagen, daß dann von einer pathologischen Trauer gesprochen werden kann, wenn der Trauerprozeß in einer der drei erstgenannten Phasen hängenbleibt. Der Schock kann unter bestimmten Bedingungen so groß sein, daß die Regression der Trauer überhaupt nicht in Gang kommt (»Behinderte Trauer«)[23]. Pathologisch kann die Trauer auch dann werden, wenn der Trauernde sich am Ende der zweiten Phase als so hilflos erweist, daß er ohne die aktive und andauernde Unterstützung seiner Umgebung nicht leben kann oder wenn er in der regressiven Phase verharrt[24].

3.2 Die Phase des Schocks

In den westlichen Gesellschaften vollziehen sich mehr als die Hälfte aller Todesfälle im Krankenhaus. In den USA zeigt sich in den letzten Jahren ein stetiger Anstieg des Todes im Krankenhaus von 66% im Jahre 1955 zu 73% im Jahre 1967 des Anteils an den gesamten Todesfällen; der Anteil derer, die zu Hause sterben, sinkt entsprechend von 31% im Jahre 1955 auf 24% im Jahre 1967. Die Zahl der Todesfälle außerhalb von Krankenhaus und eigenem Heim ist mit durchschnittlich 3% relativ konstant über diesen Zeitraum hinweg[1]. Bei Unfällen erhält der Hinterbliebene meist die Nachricht durch die Polizei oder, zB. bei Arbeitsunfällen, durch den unmittelbaren Vorgesetzten. Da die überwiegende Mehrzahl der Todesfälle im Krankenhaus geschehen, fällt im allgemeinen dem verantwortlichen Arzt oder der Stationsschwester die Aufgabe zu, den Angehörigen den Eintritt des Todes mitzuteilen.

Wie D. Sudnow berichtet hat[2], ist die Ankündigung des Todes im Krankenhaus deutlich strukturiert. Sofern es dem Arzt zufällt, die Todesnachricht zu geben, kann es geschehen, daß das Krankenhauspersonal, das längst über den Tod Bescheid weiß, im Wartezimmer oder auf den Fluren hantiert, ohne die wartenden Angehörigen zu informieren. Wenn der Arzt erscheint, verrät sein Benehmen bereits, was zu erwarten ist; während er etwa bei der glücklichen Geburt eines Kindes mit raschen Schritten herankommt und die Mitteilung bereits aus einer gewissen Entfernung zuruft, schreitet er bei einer schlechten Nachricht in gemessenen Schritten bis dicht vor die Wartenden und macht dann zumeist in leiser Stimme seine Mitteilung. In Voraussicht der kommenden Reaktion geschieht dies wenn möglich nicht in aller Öffentlichkeit, sondern in einem Einzelzimmer oder einem abgetrennten Teil des Flures. Wie Sudnow beobachtet, ist die ärztliche Autorität so groß, daß die von dem Arzt gegebene Todesnachricht in keiner Weise bezweifelt und geleugnet wird; würde der Pförtner oder ein Krankenpfleger diese Mitteilung machen, wäre sie dagegen Zweifeln ausgesetzt.

Übernimmt der Arzt die Aufgabe der Information, so unterbleibt bei seiner Ankündigung zumeist der übliche Austausch von Höflichkeitsformen; die entscheidende Botschaft wird im ersten oder zweiten Satz gegeben und enthält zugleich eine medizinische Erklärung, warum der Tod eintreten mußte. Dann tritt ein Schweigen von seiner Seite ein, während sich unterschiedliche Reaktionen bei den Hinterbliebenen zeigen, die von lauter Klage bis zu schweigender, beherrschter Annahme reichen[3]. Obwohl ein Arzt auf Grund seiner Erfahrung generell die Reaktionen von Angehörigen einschätzen kann, kann er doch die folgende Interaktion mit ihnen nicht ausreichend strukturieren, da es in solchem Falle den Angehörigen sozial erlaubt ist, sich unkontrolliert zu verhalten, und keine Pflicht besteht, sich zusammenzunehmen. Die Pause ist jedoch begrenzt; sofern es dem unmittelbar Betroffenen schwerfällt, tragen weniger betroffene Angehörige zu dem Bemühen des Arztes bei, ein »Gespräch« zu beginnen.

Die erste Reaktion auf die Todesnachricht ist zumeist Ungläubigkeit, die besonders stark sein mag, wenn die Todesnachricht völlig unerwartet kommt und zudem der Betroffene keine Möglichkeit hat, sich von dem aktuellen Eintritt des Todes persönlich zu überzeugen, wie etwa bei einem Polizeianruf, der Ehegatte sei tödlich verunglückt. Thomas D. Eliot zitiert einige solcher Bemerkungen:

»Ihre Reaktion auf die Nachricht war Ungläubigkeit; noch einen Monat später fühlte sie, daß viele lebend herauskommen und nicht tot sind, weil irgendeine Fehlinformation vorlag« – »Ich fühlte, daß ich zu Eis erstarrte, ich war ganz kalt. Ich kann mich nicht daran erinnern, geweint zu haben zuerst, aber ich glaubte nicht, daß es wirklich geschehen war ... Ich sagte: ›Das kann einfach nicht wahr sein‹«[4].

Meist wartet der Arzt auf ein Zeichen, daß der Betroffene dazu bereit ist, ein Gespräch zu beginnen. Im allgemeinen sind drei Themen beherrschend, die Frage der Ursache, die Frage nach dem Leiden des Verstorbenen und die Frage der Unvermeidbarkeit. Der Betroffene eröffnet vielfach das Gespräch mit der Frage: »Woran ist er gestorben?« Bei plötzlichen Todesfällen, etwa auf Grund einer Herzattacke, mag der Arzt zurückfragen, ob solche Anfälle sich schon früher ereignet hätten. Es folgt eine Erörterung der Krankheitsgeschichte, die freilich nicht den Charakter einer diagnostischen Krankheitserhebung hat, sondern nur Material bringt, um auf die aktuellen Umstände des Todes eingehen und dem Trauernden deutlich machen zu können, daß die Ärzte alles ihnen Mögliche getan haben.
Ein wichtiges Gesprächsthema ergibt sich aus der Frage, ob der Verstorbene in besonderer Weise beim Sterben gelitten habe. Sie wird allgemein mit »Nein« beantwortet, etwa unter Hinweis auf die Sedation. Sudnow vermutet, daß Ärzte auch gegen besseres Wissen eine solche Antwort geben, ebenso wie die Betroffenen diese Frage stellen würden, auch wenn sie über das Leiden informiert waren.
Schließlich kommt zumeist auch die Frage nach der Vermeidbarkeit des Todes zur Sprache. Auch hier nimmt der Arzt meist die beschwichtigende Haltung ein, von seiten der Angehörigen sei alles getan worden, um den Tod zu vermeiden. Dies hat eine therapeutische Funktion, da die Trauernden sich mit großer Regelmäßigkeit Vorwürfe über gewisse Vernachlässigungen machen und sie zumeist in ihrer aktuellen Bedeutung bei weitem überschätzen.
Mit der relativ kurzen Phase des Schocks[5] und der im nächsten Abschnitt zu beschreibenden Phase der Kontrolle durch Familie, Nachbarschaft und »transition technicians« kann bereits regressives Verhalten einsetzen. Dabei kann ein rascher Zusammenbruch der psychischen Organisation in der zweiten Phase mit Hilfe von Angehörigen noch einmal kurzfristig unter Kontrolle gebracht werden. Es kann aber auch der Fall eintreten, daß der Betroffene entweder so durch den Schock betäubt ist oder so viel Selbstkontrolle aufbringt, daß in der Phase des Schocks regressive Züge kaum sichtbar werden. Die kontrollierte Phase kann dem Trauernden dann unter Umständen gestatten, auf die Selbstbeherrschung zu verzichten und sich gehenzulassen, weil er der Umwelt vertrauen kann, daß sie sich seiner annimmt. Schock oder Selbstkontrolle können aber auch in der von anderen kontrollierten Phase bestehen bleiben, wie andererseits ein Zusammenbruch in der Schock-Phase trotz aller Bemühungen der Angehörigen in der nachfolgenden Phase nicht unter Kontrolle gebracht werden kann.

Wie die Todesnachricht einen überwältigenden Schock auslösen kann, schildert Fulcomer in einem Fallbeispiel:

Die verwitwete Frau war 33 Jahre alt und Gattin eines Reporters, der acht Tage vor seinem Tod einen Autounfall hatte und seit dieser Zeit zwischen Leben und Tod schwebte. Beim Eintritt seines Todes waren seine Ehefrau, der Chefarzt, eine Krankenschwester und ein Bruder des Verstorbenen anwesend. Sobald der Arzt die Feststellung des Todes machte, stieß die Ehefrau einen schweren Seufzer aus und sank in einem Sessel zusammen. Ihr Schwager und die Schwester bewahrten sie davor, auf den Boden zu stürzen. Ihre Augen blieben offen, aber waren starr und auf keinen Gegenstand gerichtet. Krankenpfleger brachten sie in ein Bett im anliegenden Raum und gaben ihr Stimulantien.
Nach einer halben Stunde wurde der Schwager informiert, sie könne nach Hause gebracht werden, und zusammen mit einem weiteren Schwager, der inzwischen eingetroffen war, schafften die beiden es, sie zum Wagen zu bringen. Sie mußten sie dabei stützen und nahezu tragen. Während der Autofahrt weinte die Frau leise vor sich hin und sagte nichts. Einer der Schwager teilte später mit, auch zu Hause habe sie sich merkwürdig verhalten. Sie schien zu erkennen, was vorging, aber schenkte den Ereignissen keine Aufmerksamkeit. Der Schwager führte dies auf den Schock zurück und meinte, sie alle hätten sich wie in einem Zustand der Trance gefühlt.
Die Frau weigerte sich, das Mittagessen zu sich zu nehmen. Als ihr einziger Sohn am späten Nachmittag aus der Schule zurückkam, brach sie in Tränen aus und weinte mehr als zehn Minuten lang. Sie berichtete später über das Gefühl eines schrecklichen Schocks bei der Todesnachricht. Sie hatte keine Erinnerung an ihren Zusammenbruch, bis sie sich in dem Wagen wiederfand.[6]

Nicht immer vollzieht sich der Zusammenbruch in so sichtbarer Form. Der psychische Zusammenbruch kann sich auch in einem Ausbruch von Tränen zeigen, der vielfach mit Klagen und Selbstbeschuldigungen verbunden ist. Während eines solchen Zusammenbruchs sind die Trauernden schwer ansprechbar, sie scheinen die Umgebung, ihre Fragen und Antworten kaum wahrzunehmen. Vielfach sind sie wie benommen und unfähig, irgendwelche klaren Vorstellungen oder Gedanken zu fassen.
Der folgende Fallbericht Fulcomers zeigt dagegen einen Trauernden, der sich völlig kontrolliert verhält:

Der verwitwete Ehemann war 54 Jahre alt. Der Tod war von den Ärzten innerhalb weniger Stunden erwartet worden, der tödliche Charakter der Erkrankung war bereits seit drei Jahren bekannt. Zur Zeit des Todes waren der Ehemann, der Familienarzt, ein Nachbar mit seiner Frau und ein junges Mädchen im Hause anwesend, die schon seit langer Zeit Freundin des kinderlosen Ehepaares war.
Als der Tod eintrat, waren nur der Arzt und der Ehemann im Raum. Der Arzt teilte den Todeseintritt dem Ehemann in ruhiger Form mit. Dieser verließ darauf den Raum, um die anderen Anwesenden darüber zu informieren. Dabei war er völlig selbstbeherrscht und zeigte kein Anzeichen von Tränen, obgleich sein Gesichtsausdruck erheblich angespannt und wie versteinert war.
Während die zwei anwesenden Frauen in Tränen ausbrachen, saß der Ehemann in einem der Wohnzimmersessel, ohne irgend etwas zu sagen oder zu tun. Nach einer Weile begann er, mit dem Nachbarn den Bestattungsunternehmer aufzusuchen, und bat ihn, ihm bei der Abfassung der Mitteilung an die Verwandten zu helfen. Nachdem diese Notwendigkeiten erledigt waren, schlief er im Wohnzimmer für einige Zeit.

Der Hausarzt sagte zu einem Interviewer: »Er ist einer von den ruhigen Burschen, die einen Schock auf diese Weise hinnehmen können und ihn niemals offen zeigen. Er verhält sich so, als habe sich nichts Außergewöhnliches ereignet.«
Elf Tage nach dem Todesfall schrieb der verwitwete Ehemann den folgenden Kommentar: »Ich war nicht überrascht, als der Doktor mir sagte, sie sei tot. Ich konnte selber sehen, daß sie in den letzten Zügen lag. In den ersten Stunden habe ich mich nicht schlecht gefühlt. Merkwürdig, daß es mich so plötzlich traf.«[7]

Fulcomer nennt dies eine stoische Reaktion. Wie die Bemerkungen des Hausarztes andeuten, findet eine solche Reaktion Anerkennung in einer Gesellschaft, in der das Akzeptieren von Realitäten und die Unterdrükkung emotionaler Expression positiv bewertet werden.

3.3 Die kontrollierte Phase

Die kontrollierte Phase ist durch eine doppelte Form der Kontrolle gekennzeichnet, durch die Kontrolle, die der Trauernde sich selbst gegenüber ausübt, und die korrespondierende Kontrolle, die Angehörige, Freunde und die »transition technicians« fordern, um der Bestattung eine gesellschaftlich angemessene Durchführung zu sichern. In dieser Phase ist der Anteil der gesellschaftlichen Aktivität besonders hoch (s. Teil II), dem Trauernden wird jede mögliche Entlastung gewährt, um ihm seine Selbstkontrolle zu erleichtern. Er erfährt sich in dieser Phase im starken Maße als passiv und kaum in der Lage, eigene Entscheidungen durchzusetzen.
Gerade die Geschäftigkeit seiner Umgebung läßt den Trauernden spüren, wie groß die Distanz zwischen dieser und ihm selbst geworden ist. Die Phänomene, die die Depressionsforschung als Derealisation und Depersonalisation beschrieben hat[1], gelten in wenn auch verminderter Form für den Trauernden. Die Welt wird »unwirklich«, alles, was in ihr geschieht, vollzieht sich für den Trauernden in einem großen Abstand; er ist nicht darin verwickelt, sondern kommt darin nur als ein entfernter Beobachter vor.
Dem Verfasser schilderte ein neuzehnjähriges Mädchen sehr prägnant diese Derealisation: Die Vorbereitungen, ihre verstorbene Mutter aus dem Haus zu bringen, und das Abtransportieren des Sarges kommen ihr völlig unwirklich und wie ein Traumvorgang vor. Die damit verbundenen Geräusche scheinen stark gedämpft und die Menschen in großer Entfernung zu sein. Sie folgt dem Gottesdienst in der Kirche und der Beerdigung mit großer Gleichgültigkeit, weil sie absolut sicher ist, daß, wenn sie nach Hause zurückkehrt, sie die Mutter bei eben den Beschäftigungen vorfinden wird, die sie gewöhnlich zu dieser Tageszeit zu verrichten pflegte.
v. Gebsattel hat diesen Vorgang der Derealisation sehr eindrücklich an einer depressiven Patientin beschrieben und zitiert dabei ihre eigenen Äußerungen:

»Schrecklich tot ist die Beziehung zu meinem Mann und meinen Kindern – darum habe ich so furchtbare Angst vor dem Zusammensein mit ihnen, Angst, sie könnten es merken. Dieses entsetzliche Gefühl des Nicht-reagieren-Könnens. . . . Der Besuch der Meinen, das ist ein Nachtspuk, schemenhaft, die Kinder so blaß – so wunschlos von meiner Seite. Die Leere füllt den Zwischenraum zwischen mir und meinem Mann, so daß ich nicht hinüberkomme . . . Die Beziehungslosigkeit ist so groß, das Nichtdasein, das Nichtdabeisein; die Meinen sind mir verloren, ich bin mir verloren – eine furchtbare Qual. Man ist tot, alles ist tot, nichts regt sich, nichts rührt sich . . . Man weiß nicht, wo man ist.«[2]

v. Gebsattel faßt die Erfahrungen dieser Patientin unter dem Begriff der »Leere« zusammen, für sie ist die Welt nicht da, da ist nur Leere, sonst nichts, obgleich sie intellektuell durchaus die Existenz der Welt anerkennt. Trauernde berichten von ähnlichen Erfahrungen. Gerade Orte, an denen sie mit dem Verstorbenen besonders beglückende Erlebnisse gehabt haben, erscheinen als ausgeprägt unwirklich. Die Plätze und Straßen erscheinen als fremd und unbekannt, die Menschen, denen man begegnet, bewegen sich wie Schatten und Schemen.

v. Gebsattel als Psychiater, der besonders durch die Existentialphilosophie bestimmt ist, geht davon aus, daß es sich bei den Derealisationserscheinungen nicht um partielle Störungen kognitiver Akte handelt, sondern daß das Grundverhältnis »zu Mensch und Welt, das aller Erkenntnis und allem Wollen vorangeht, das den Boden bildet, auf dem sich alle kognitiven und willensmäßigen Akte erst entfalten, ja, das sogar den einzelnen Wahrnehmungen und Empfindungen vorgängig ist«, gestört sei[3]. Die Derealisation, die v. Gebsattel auf eine Unterbrechung der ontologischen »Totalitätsbeziehung« zur Welt zurückführt, kann nach J. Bowlby auf dem Abbruch von Interaktionen zwischen dem Ich und der Welt beruhen. Seiner Meinung nach laufen die Interaktionen mit dem Verlust eines Menschen ins Leere aus[4].

Die Erfahrung der Derealisation kann begleitet sein von dem Gefühl der Depersonalisation. Vorherrschend ist dabei das Gefühl der Distanz vom eigenen Ich, das dem Trauernden wie fremd und unbekannt erscheint. Die Patientin, von der v. Gebsattel berichtet, spricht von diesem Spaltungserlebnis: »Ich bin nicht ich selber, ich bin von meinem Dasein getrennt, bin ohne Verbindung mit mir selber.«[5] Das Ich bleibt aus seinen Weltbezügen herausgelöst, es schaut auf sich hin, ohne sich aber mit seinem Sprechen und Handeln identifizieren zu können. »Vielleicht handelt der Kranke – dann geht das Ich nicht in seine Handlungen ein, und die Handlung ist ihrem Daseinssinn nach wie nicht getan. Vielleicht spricht er mit Menschen, aber dann geht er als fühlendes, sich veränderndes Ich in seine Reden nicht ein, und das gesprochene Wort ist wie nicht gesagt, es bleibt tot, sinnlos, leer. Und entsprechend fühlt sich das Ich ›leer, tot, nicht da‹, seiner Daseinserfüllung, seines Ichvollzuges beraubt.«[6] Solche Erfahrungen zeigen, daß, genau betrachtet, Depersonalisation und Derealisation zwei Seiten der gleichen Kommunikationsstörung sind[7]. Freilich wird man auf Grund unserer vorangegangenen Überlegungen sagen müssen, daß nicht nur die Kommunikation des Trauernden zur Umwelt gestört ist, sondern daß er sich auch deshalb leer und minderwertig fühlt, weil die Liebeszuwendung und Stärkung des Selbstwertes mit dem Verlust des Liebesobjektes unterbrochen worden sind[8].

Ein wesentlicher Unterschied zwischen den depressiven Zuständen und der Trauer besteht darin, daß wegen der Plötzlichkeit der Todesnachricht der Trauernde die Desintegration seiner Welt und seiner selbst totaler erfährt als der Depressive, der schon seit längerer Zeit mit dieser Erfahrung leben muß. Der Trauernde erlebt meist sehr viel nachdrücklicher den Vorgang des »Zerbrechens« und »Auseinanderfallens«, des »going to pieces«, als der Depressive[9]. Während der letztere intensiver leidet, aber Erfahrung mit seinem Leiden hat, überfällt den Trauernden der Verlust als eine überwältigende Erfahrung, weil er zumeist nicht auf vergleichbare frühere Erlebnisse zurückgreifen kann. »In jeder Trennung liegt ein Keim von Wahnsinn; man muß sich hüten, ihn nachdenklich auszubrüten und zu pflegen«, sagte Goethe zum Tode seines Sohnes Karl August.

Die Erfahrung, an der Schwelle eines psychischen Zusammenbruchs zu stehen und diesem hilflos ausgeliefert zu sein, kann das Gefühl von Panik und extremer Angst hervorrufen[10]. Die Trauernden bezeichnen sich selbst als »Automaten« und »Roboter«. Sie fühlen sich »kalt« und »ungerührt«, sie berichten, »überhaupt keine Gefühle« zu haben[11]. Die Energie, die die Selbstkontrolle erfordert, zeigt sich zudem darin, daß das Sprechen mühsam ist und unterbleibt, wenn es nicht durch Fragen von anderen oder äußere Umständen notwendig wird.

Zu solchen abgeleiteten Symptomen gehört vor allem eine Überaktivität ohne sichtbares Ziel und anhaltende Absicht[12]. Dabei versucht der Trauernde so zu handeln, als sei der Verlust nicht eingetreten, verrät sich aber vor anderen und überführt sich selbst durch seine Unfähigkeit, die alltägliche Routine fortzusetzen[13]. M. C. Parkes spricht hier treffend von »vacuum activities«[14], Tätigkeiten, die kein Ziel mehr haben und keinen Empfänger finden. Ein anderes Symptom der Selbstkontrolle ist eine dem Trauernden oft selbst unerklärliche Reizbarkeit und Verletzlichkeit, manchmal auch ein tiefes unverständliches Mißtrauen gegen Verwandte und Freunde[15]. Trauernde bemerken sehr deutlich, daß sich die Beziehungen der Angehörigen zu ihnen verändern, sehen aber vielfach nicht, daß die Ursache bei ihnen selber liegt. Sie weisen unter Umständen angebotene Hilfe zurück, da dies ein Eingeständnis wäre, daß mit dem Tod eine wesentliche Veränderung eingetreten ist, und sehen in jeder Unterstützung einen unberechtigten Eingriff in die angeblich intakte Beziehung zu dem Verstorbenen[16].

3.4 Die Phase der Regression

Mit dem Verlust der Fülle der Beziehungen, die den Trauernden mit dem Verstorbenen verband, und mit der schrittweisen Erkenntnis dieses Verlustes läßt sich die bisherige psychische Organisation, die auf die Interaktion mit diesem Menschen eingespielt war, nicht mehr aufrechterhalten und bricht in sich zusammen. Sie greift auf Bewältigungsformen zurück, die weniger differenziert und unabhängiger von der Umwelt, dh. narzißtischer sind. Dieser Vorgang wird psychoanalytisch als Regression bezeichnet[1].

3.41 Zum Begriff der Regression

In den »Vorlesungen zur Einführung in die Psychoanalyse« (1916/1917) sagt Freud: »Bleibt die Realität unerbittlich, auch wenn die Libido bereit mit diesem Menschen eingespielt war, nicht mehr aufrechterhalten und endlich genötigt sein, den Weg der Regression einzuschlagen und die Befriedigung in einer der bereits überwundenen Organisationen oder durch eines der früher aufgegebenen Objekte anzustreben.«[2] Durch die Versagung, die durch die unbestreitbare Realität des Todes aufgezwungen wird, kann das Ich der Libido nicht mehr zu den bisher eingespielten Formen der Bedürfnisbefriedigung verhelfen. Es regrediert zu Entwicklungsstufen, in denen noch eine befriedigende Lösung möglich war. Die Regression greift insbesondere auf solche Entwicklungsstufen zurück, in denen sich die Realität der Umwelt noch nicht im gleichen Maße gegenüber dem Ich profiliert hatte wie im Zustand des Erwachsenseins und es daher leichter ist, den Verlust zu verleugnen.

In der »Traumdeutung« unterscheidet Freud drei Formen der allgemeinen Regression, die sich nicht nur im Traum, sondern auch in der neurotischen Symptombildung findet[3]: (1) *die topische Regression:* Vorgänge, die normalerweise in einem höheren System ablaufen, spielen sich jetzt in einem niedrigeren ab; (2) *die zeitliche Regression:* »insofern es sich um ein Rückgreifen auf ältere psychische Bildungen handelt«[4]; und (3) *die formale Regression:* dies gilt, »wenn primitive Ausdrucks- und Darstellungsweisen die gewohnten ersetzen«[5]. Worte werden als Bilder erlebt oder als etwas Lebendiges; »das Denken wird archaisch«[6]. Eine Art der Regression ist meist mit einer anderen verknüpft; zumeist treten alle drei Arten gemeinsam auf. Es handelt sich im Grunde um denselben Vorgang, nur von einem jeweils anderen Standpunkt betrachtet[7].

(1) *Topische* Regression bedeutet, daß wir es bei der Trauer mit Vorgängen zu tun haben, die sich nicht mehr unter der unbedrohten Kontrolle des Ichs vollziehen. Das Ich gesteht sich seine Hilflosigkeit ein

und ist bereit, sich dem Zusammenbruch zu überlassen. Weinen ist vielfach das Einverständnis, daß das Ich weder an der gewohnten Umwelt noch an dem vertrauten Selbst festhalten kann; es ist die Ergebung in einen Prozeß des Leidens, von dem das Ich nicht weiß, wieweit es noch Halt finden wird. Es gesteht sich ein, nicht mehr Herr der Lage zu sein. Zugleich aber aktiviert das Ich im System des Vorbewußten Abwehrformen, die die ausgefallenen Kontrollmöglichkeiten auf einer einfacheren Stufe, wenn auch unzureichend, ersetzen.

(2) Unter der *zeitlichen* Regression versteht man den partiellen Rückzug auf eine kindliche Phase. Dabei ist zu fragen, auf welche frühere Phase in der Trauer zurückgegriffen wird. Fenichel stellt generell drei verschiedene Möglichkeiten zur Diskussion[8]. Die erste Möglichkeit besteht darin, sich auf die Entwicklungsstufe zurückzuziehen, in denen das Ich hohe Befriedigung empfangen und die es nur mit Bedauern verlassen hat. Dies ist die Stufe des primären Narzißmus, dh. die Stufe, auf der dem frühkindlichen Ich im allgemeinen noch keine primären Kränkungen zugefügt werden und die Objektbeziehung so wenig entwickelt ist, daß Ich und Es noch nicht eindeutig differenziert sind[9]. Dieser Rückgang auf den primären Narzißmus wird für die Trauer vor allem von Abraham (und in Anlehnung an ihn auch von Freud, wenn auch beschränkt auf Depressionen) sowie von M. Klein vertreten. Im klinischen Bild läßt sich diese Form der Regression an der ausgeprägten Zurückgezogenheit und Ich-Bezogenheit des Trauernden erkennen.

Für die klassische psychoanalytische Schule fällt die Phase des primären Narzißmus weitgehend zusammen mit der oralen Entwicklungsstufe[10]. Die Annahme, der Trauernde regrediere auf die orale Phase, wird durch Symptome wie Anorexie, Gewichtsverlust, Verdauungsschwierigkeiten, aber auch durch auftretende Übelkeit und Schwierigkeiten beim Schlucken nahegelegt (Maddison und Viola)[11]. Nahrungsvermeidung scheint in westlichen Gesellschaften häufiger vorzukommen als eine exzessive Nahrungsaufnahme, die sich in Jäger-, Nomaden- und Bauerngesellschaften als Mittel der Trauerbewältigung findet. Immerhin zeigt sich in der oben genannten Untersuchung bei einem kleinen Prozentsatz der Trauernden erhöhter Appetit. Auch der verstärkte Gebrauch von Medikamenten, von Alkohol und vermehrtes Rauchen deuten (neben dem unbestreitbaren Effekt der Beruhigung und der Betäubung) nach der psychoanalytischen Theorie auf orale Fixierung[12].

Eine weitere Möglichkeit, die nach Fenichel den Anstoß abgibt, eine bestimmte Entwicklungsstufe zu wählen, ist der Rückgriff auf eine Phase einer starken Frustration oder eines traumatischen Erlebnisses. Der Trauernde kann auf frühere Verlusterlebnisse und auf die Mechanismen zurückgreifen, mit denen er damals den Verlust bewältigt hat. So sieht

Bowlby in der Trauer eine Regression auf die Trennungsangst, die das Kleinkind bei der Abwesenheit seiner Mutter erlebt.
Eine dritte Möglichkeit schließlich, die Fenichel für die Wahl des Fixierungspunktes erwägt, ist der Rückgang auf die Zeit, die im Gegensatz zu der jetzigen negativen Erfahrung die positivste und glücklichste war. Es gibt Verwitwete, die ganz in der Erinnerung an die glücklichste und intensivste Phase des gemeinsamen Zusammenseins leben unter Ausschluß anderer negativer Erfahrungen.
(3) Als letzte der drei Formen der Regression ist die *formale* zu nennen. Sie besteht im Rückgang auf archaische Vorstellungs- und Denkformen. Diese Form der Regression zeigt sich zwar am deutlichsten bei Schizophrenen und Zwangsneurotikern, findet sich aber in einfacherer Form auch bei Trauernden. Es werden magische Denkformen freigesetzt, die eine Mischung von Aberglauben, von unbewußtem Glauben an die eigene Allmacht und einer primitiven Furcht vor Bestrafung eingehen[13].

3.42 Der Trauernde in der regressiven Phase

Ohne Zweifel, die regressive Phase ist der kritischste Zeitraum im Prozeß des Trauerns. Hier steht der Trauernde Erfahrungen gegenüber, die für ihn selbst nicht nur äußerst schmerzlich, sondern oft auch von erschreckender Natur sind. Seine Reaktionen auf diese Erfahrungen befremden nicht nur ihn selber, sondern auch seine Familie und die soziale Umwelt. Der Trauernde weiß, daß er zum Teil die Kontrolle über sich verloren hat und einem Prozeß ausgeliefert ist, dessen Ausgang nicht voraussehbar ist.
Wenn man die Vorstellungswelt und die Verhaltensweisen von Trauernden zusammenfassend beschreiben will, so muß man sich erinnern, daß sie nicht nur einen Menschen verloren haben, sondern daß dieser Mensch zugleich eine gemeinsame Daseinswelt bedeutete, die nun zusammengebrochen ist. Dieser Zusammenbruch setzt in hohem Maße libidinöse und aggressive Energien frei, die bisher in den eingespielten Interaktionen mit dem Verstorbenen und der gemeinsamen Umwelt gebunden waren. Dies bedeutet eine stark erhöhte Emotionalität, die unvorhersehbare und unberechenbare Ausbrüche von Weinen, Klagen und Aggression hervorrufen kann bei oft für den Außenstehenden nichtigen Anlässen und Ereignissen, die in keinem direkten Zusammenhang zu dem Todesfall zu stehen scheinen.
Der Zusammenbruch der eigenen psychischen Organisation zusammen mit dem der »Daseinswelt« macht es für den Trauernden lebenswichtig, alle seine Energie dafür einzusetzen, ein gewisses Ausmaß an »normalem« Verhalten aufrechtzuerhalten, um nicht völlig in den Zusammenbruch

hineingezogen zu werden, was als extremes Ergebnis bedeuten würde, dem Toten nachzusterben. Nur ein Minimum von Energie kann für die Interaktion mit der Umwelt aufgewendet werden. Der Trauernde ist oft apathisch und zieht sich von allen Anforderungen, Entscheidungen und Gesprächen zurück, er steht unter starker Spannung, die eine erhöhte Reizbarkeit und Verletzbarkeit zur Konsequenz hat; er erscheint hilflos, weil er sich nicht mit äußerlichen Aufgaben befassen will; er vernachlässigt sein Äußeres, weil sich zu pflegen erhöhte Energie erfordern würde.

Um ein gewisses Ausmaß an »normalem« Verhalten aufrechtzuerhalten, zeigt der Trauernde Verhaltensweisen, die ihn als psychisch krank erscheinen lassen würden, wären sie nicht nach einem Todesfall zu erwarten und würden sie nicht toleriert angesichts der Erfahrung und des Wissens, daß ein solcher Zustand sich auf einen gewissen Zeitraum beschränkt. Vorstellungs- und Verhaltensweisen, die im alltäglichen Leben als unangemessen und irrational erscheinen, sind für den Trauernden in der regressiven Phase durchaus »rational«, dh., sie dienen dazu, den völligen Zusammenbruch zu verhindern. Sie sind für den Trauernden »vernünftiger«, als wenn er sich bemühen würde, durch eine überstarke Selbstkontrolle »vernünftig« wie im Alltagsleben zu denken und sich zu verhalten.

Ein durchgängiges Phänomen bei der Regression in der Trauer ist die *Vereinfachung komplexer Zusammenhänge.* Ein Aspekt dieser Vereinfachung ist die Personalisierung. Statt in Sachzusammenhängen zu denken, wird die Welt nur als Interaktion von einzelnen Personen vorgestellt (vgl. 6: Die narzißtischen Bewältigungsmechanismen). Dank der Personifizierung konzentriert sich der Trauernde vielfach ganz auf sein Verhältnis zu dem Verstorbenen, obgleich der Todesfall noch sehr viel weitreichendere Konsequenzen für den Trauernden hat. Auch freiwerdende Aggressionen werden stark personalisiert; statt sich bewußt zu sein, daß allgemein eine Mehrzahl von Faktoren zu dem Tode geführt hat, kann eine spezifische Person dafür verantwortlich gemacht werden, wie der Arzt, der Pfarrer, Angehörige und das eigene Ich des Trauernden; auch Gott wird persönlich verantwortlich gemacht (vgl. 7.2). Hilfe und Ersatz werden oft von einer bestimmten Person erwartet, statt alle verschiedenen Möglichkeiten zu erkennen und auszuschöpfen, die dem Trauernden zur Verfügung stehen.

Zur Vereinfachung komplexer Tatbestände gehört es auch, daß Sachverhalte direkt miteinander verbunden werden, die nichts miteinander zu tun haben, logisch auf verschiedenen Ebenen liegen oder nur durch eine Anzahl von Zwischengliedern miteinander vermittelt sind. So kann der Tod als unmittelbarer Eingriff Gottes für Sünden interpretiert werden, die der Hinterbliebene begangen hat oder als die Folge eines Todeswunsches;

er kann zurückgeführt werden auf bestimmte Nachlässigkeiten oder auf die Nichtbeachtung von Symptomen, die in keinem Zusammenhang mit dem tödlichen Ausgang stehen (vgl. 7.23).
Oft wird komplexes ethisches Verhalten zu einer Weltordnung vereinfacht, in der rigide moralische Prinzipien wie das ius talionis und ähnliche strenge Vorschriften gelten. Für eine solche Weltordnung gilt es etwa, daß ältere Menschen vor jüngeren und schlechtere vor besseren zu sterben haben. Daß der Fleißige und Strebsame anstelle dessen, der an einer Arbeit wenig interessiert ist, das begabte Kind anstelle des geistig oder körperlich verkrüppelten umkommt, ist ein Widerspruch in dieser Ordnung der Dinge, der Anlaß zu Anklagen und zu Zweifeln an der Verläßlichkeit der Welt und Gottes gibt. All diese Bewertungen dienen dazu, den Tod als nicht notwendig zu erweisen und mit der Bestreitung seiner Notwendigkeit auch seine Realität abzuwehren.
Gegenüber dem Verstorbenen scheint ein abgewogenes Urteil nicht möglich zu sein. In selteneren Fällen wird sein Tod begrüßt und als Erlösung bezeichnet; der Tote kann abgeschoben, gemieden und zwanghaft vergessen werden, weil er sich der Liebe nicht würdig erwiesen hat, die der nun Alleingelassene ihm geschenkt hat. Seine »Treulosigkeit«, den Trauernden allein zu lassen, kann ihm vorgeworfen werden. In der Mehrzahl der Fälle aber wird der Verstorbene glorifiziert; all seine negativen Seiten scheinen vergessen zu sein. Die Gründe für dies unbeschränkte Hochloben des Verstorbenen können vielfältig sein; der Tod mag deutlich machen, wie wenig tägliche Querelen gegenüber einer tiefen Verbundenheit bedeuten; von Schuldgefühlen, die wach werden, kann man sich durch das Lob befreien, oft wird dies Lob nur in der Öffentlichkeit vertreten, weil die Angehörigen verhindern wollen, daß Auseinandersetzungen bekannt werden. Sie wollen dem Toten den Zugang zum Himmel öffnen; es ist eine der wenigen Möglichkeiten, etwas für ihn zu tun (vgl. 8.2).
Die Vereinfachung komplexer Zusammenhänge gilt auch für das religiöse Verhalten. Es mag sich für den Trauernden die Frage stellen, was er für den Toten tun kann, denn der, für den man noch sorgen kann, kann nicht ganz tot sein. Biblische Vorstellungen über das Gericht, das Höllenfeuer werden zu drängenden Fragen, um sich über die Zukunft des Toten zu vergewissern. Sie mögen dem Theologen obskur erscheinen, aber für den Trauernden gewinnen sie eine unmittelbare Aktualität. Es mag sich dahinter Angst um den Toten verbergen, aber auch die Hoffnung, mit ihm wieder vereint zu sein, um auf diese Weise den Verlust ungeschehen zu machen. Für einen Trauernden, der vom christlichen Glauben bestimmt ist, mag es eine erschütternde Erfahrung sein, daß gerade in der Situation höchster Not ihn Zweifel an der Gerechtigkeit Gottes quälen und das Gebet nicht möglich ist, weil mit der Kommunikation mit der Welt auch

die zu Gott abgebrochen ist. Sowohl das plötzliche Interesse an religiösen Fragen wie die starken Glaubenszweifel sind bezeichnend für die regressive Phase, aber es ist keineswegs gesagt, daß beides von anhaltender Dauer ist.

Das Wachwerden solcher primitiven Religiosität vermittelt dem Pfarrer den vielfach irreführenden Eindruck, bei der Trauer sei ein besonderes Interesse des Hörers am Glauben angesichts der Verunsicherung durch den Tod zu finden, auch wenn diese Beobachtung meist mit der Klage verbunden wird, dieses religiöse Interesse bewege sich in magischen Bahnen. Bei der Analyse eines Gespräches mit Trauernden spricht H. J. Thilo davon, bei den Vorstellungen der Hinterbliebenen habe man theologisch so etwas wie eine Populartheologie vor sich, »die über infantile Kindheitsanschauungen über Gott und sein Walten kaum hinausgekommen« sei[14]. Er sieht den Gegensatz zwischen der in diesem Gespräch zutage tretenden akademischen Ausbildung und ihrer »Regression in Fragen theologischen Denkens gleichsam als Kennzeichen für einen großen Teil der Menschen unserer Zeit«[15]. Es wäre jedoch zu fragen, ob es sich hier nicht um eine durch den Todesfall verursachte und damit kurzfristige Regression handelt. Vielfach sinken diese primitiveren Glaubensvorstellungen wie die religiöse Frage wieder ins Unterbewußte zurück, sobald die psychische Organisation zu ihrer normalen Funktion zurückfindet.

Die Frage der *Schuld* gewinnt in der regressiven Phase ein erhebliches Gewicht. Selbst dort, wo kein Zusammenhang zwischen dem Tod des anderen und eigenem Vergehen hergestellt wird, sind Schuldgefühle wirksam. Sie können zB. von der Erleichterung herrühren, die man nach einer langen Pflegezeit empfindet, daß man sich wegen der Belastung den Tod gewünscht hat; sie können auf Vorwürfen beruhen, die gegenüber dem Toten, den Angehörigen, den »Todesagenten« ungerechterweise gemacht wurden. Die Schuld des Überlebens mag stark empfunden werden, wenn der Trauernde sich dem Verstorbenen gegenüber minderwertig und weniger wertvoll vorkommt und glaubt, eigentlich sei er es, der Hinterbliebene, der nach den oben beschriebenen moralischen Grundsätzen hätte sterben müssen (vgl. 7.3).

Auch das Problem der *Angst* spielt eine ausgeprägte Rolle. Es kann die Angst um den Toten und sein zukünftiges Schicksal sein, aber auch die Gewissensangst, durch die der Tote über den Hinterbliebenen herrscht. Zugleich werden die Ängste um die eigene Existenz lebendig, die eigene Bedrohung, die tägliche Möglichkeit, sterben zu müssen. Hinzu tritt die Angst, nicht von dem Toten freizukommen und in seinen Tod hineingezogen zu werden, weil das Leben ohne ihn sinnlos erscheint, er dies als Zeichen der Unterwerfung fordert oder die allgemeine Regression nicht zu einem Halt kommt. Schließlich kann der Trauernde eine Fülle von

Ängsten haben, ob er die Zukunft mit all ihren Problemen der Einsamkeit, der Adaptation an neue Familienverhältnisse, der finanziellen Sicherung bewältigen wird (siehe Exkurs III).

Das Selbstwertgefühl und die Selbstachtung des Trauernden ist in erheblicher Weise vermindert. Er fühlt sich durch den Verlust gedemütigt und beraubt. Es sind nicht nur Kinder, die sich minderwertig und unterlegen gegenüber ihren Altersgenossen empfinden, wenn sie keinen Vater und keine Mutter mehr haben; der Verlust des Ehepartners kann das gleiche Empfinden hervorrufen, zumal der Trauernde sehr stark von der Umwelt abgeschnitten ist und die Meidung der Umwelt spürt. Er mag sich wertlos fühlen, weil ein wesentlicher Teil seiner Tätigkeit auf den Verstorbenen gerichtet war und nun inhaltslos geworden ist. Er sieht keine sinnvolle Tätigkeit mehr für sein Leben, wobei dies zum Teil mit der bereits erwähnten Überbewertung der Beziehung zu dem Verstorbenen zusammenhängt.

Wer immer mit einem Trauernden in intensive Berührung kommt, wird zumindest in der regressiven Phase mit den Phänomenen zu tun haben, die sich zusammenfassend als Personalisierung, Präokkupation mit dem Verstorbenen, Vereinfachung komplexer Tatbestände und Wertsysteme, Fehlbewertung des Verstorbenen, Schuld- und Angstgefühle sowie Selbstwertminderung beschreiben lassen. Dies alles ist verbunden mit der Erfahrung erhöhter Emotionalität, die zu einem übermäßig anhänglichen oder aggressiven, zu einem von Verletzbarkeit, Empfindlichkeit und Mißtrauen geprägten Verhalten führen kann.

3.43 Die Funktion der Regression

Mit Redlich und Freedman läßt sich sagen, unter Regression sei die Verwendung von Verhaltensmodi zu verstehen, die zu einer früheren Zeit einmal zur Problemlösung angemessen waren. »Die Regression kann partiell und selektiv oder total und massiv, sie kann temporär oder dauerhaft sein. Sie kann jeweils die Wahrnehmung, einzelne kognitive Funktionen, die Affektivität, Anpassungs- und Abwehrmechanismen oder alle diese Funktionen gleichzeitig betreffen.«[16] Sie kann vom Organischen wie vom Psychischen her in Gang gesetzt werden, sie kann in geordneter oder in einer völlig chaotischen Form erfolgen. Regression in geordneter Form findet sich im spielerischen und künstlerischen Verhalten[17]. Beim Trauernden erfolgt sie, wo nicht Rituale strukturieren, zumeist in einer chaotischen Form, insbesondere dann, wenn keine Erfahrungen zur Verfügung stehen, einen Verlust dieses Ausmaßes zu bewältigen.

Regression kann sowohl die Reaktion auf ein traumatisches Erlebnis sein, als auch *darüber hinaus ein Mechanismus, dieses Erlebnis zu bewältigen.*

Indem die psychische Organisation auf eine einfachere Form regrediert, auf der der Verlust noch bewältigt werden konnte, schafft sie sich zugleich einen Ausgangspunkt, um von dort aus neue Beziehungen aufzubauen. Im letzteren Sinne kann man die Regression zu den Verteidigungsmechanismen rechnen. Es bleibt jedoch ein wesentlicher Unterschied zu anderen Verteidigungsmechanismen; in der Regression ist das Ich sehr viel passiver, Regression wird dem Ich zugefügt[18]. Daher ist es durchaus sinnvoll, Regression nicht nur als eine Desintegration der psychischen Organisation zu verstehen, sondern auch (mit Kris) von einer »Regression im Dienste des Ichs«[19] zu sprechen.

Am Beispiel der bei der Regression zu beobachtenden Hilflosigkeit läßt sich die doppelseitige Funktion erläutern. Einerseits ist die Hilflosigkeit ein Anzeichen, daß der Trauernde die Kontrolle über sich verloren hat. Zum anderen kann es auch ein Appell an die Umwelt sein, dem Trauernden Trost und Unterstützung zukommen zu lassen. Weinen und Klagen können also zugleich Ausdruck des Trauernden sein, daß alles verloren ist, und auch Ausdruck des Wunsches, sich aus der Umklammerung des Toten zu befreien und mit der Hilfe anderer Menschen zu einer Reorganisation des eigenen Ichs zu kommen. Erkrankungen, die nicht selten nach dem Tod eines nahestehenden Menschen auftreten, können die gleiche doppelte Funktion haben: indem der Trauernde krank wird, drückt er den Wunsch aus, dem Verstorbenen nachzusterben; zugleich aber gewinnt er in der Rolle des Kranken Befreiung von den alltäglichen Pflichten, erhält anders vielleicht nicht zu gewinnende Liebeszuwendungen und kann sich dank dieser Entlastung ganz auf die psychische Verarbeitung des Verlustes konzentrieren.

Ein anderes Beispiel für die doppelseitige Funktion der Regression ist die Apathie, die Trauernde oft zeigen, meist verbunden mit dem Wunsch, sich zurückzuziehen und von niemandem gestört zu werden. Die Apathie ist nach der psychoanalytischen Deutung auf der einen Seite ein Abbild des Gestorbenen und des Gestorbenseins. Der Trauernde hat sich selbst aufgegeben und sieht in seinem Leben keinen Sinn und keine Hoffnung mehr[20]. Der Rückzug von anderen Menschen sagt, daß sie für den Trauernden bedeutungslos geworden sind und daß er sie nicht mehr braucht, weil der einzige Mensch, von dem er etwas erhofft hatte, nun nicht mehr existiert. Zugleich bedeutet dieser Rückzug und die Selbstisolierung positiv, daß der Trauernde seine Kräfte zu konzentrieren sucht, um wenigstens auf diesem regredierten Niveau seine psychische Organisation aufrechterhalten zu können. Wie ein physisch Kranker schont er seine Kräfte, um zu einer seelischen Adaptation zu kommen. Zudem erlaubt ihm diese Apathie und der Rückzug, sich ganz auf den Verlust zu konzentrieren und für sich selber abzuklären, was er verloren hat und wie das Verlorene zu ersetzen sei.

Bei der Beobachtung der Ausweich- und Abwehrmanöver, die das Ich zur Wiedererlangung seiner Lebensfähigkeit durchführt, liegt es nahe, mit Caruso von »regressiven« und »progressiven« Manövern zu sprechen. »Diese strategische Terminologie ist insofern brauchbar«, schreibt er, »als das Ich seine Macht tatsächlich auf gewisse Bereiche einschränkt, um sich auf die dringendsten Aufgaben zu konzentrieren. Das Ich vollzieht – bildlich gesprochen – eine doppelte Bewegung: Einen Rückzug und eine neue Expansion... Dieses Zurückfluten der Libido und die Abwendung des Ichs von der Außenwelt – ja vom Kontakt zu sich selbst als Objekt – sind aber manchmal so massiv – etwa in der akuten tödlichen Katatonie oder auch in der sogenannten ›pathologischen Trauer‹ der Melancholie –, daß sie doch einer bedingungslosen Kapitulation gleichkommen, also dem Tode. Dies alles müssen wir vor Augen haben, wenn wir von scheinbar regressiven Maßnahmen des Ichs (so vom Totstellreflex), von seinen Ausweichmanövern und auch – auf der anderen Seite – von scheinbar progressiven Maßnahmen (so von der Ideologiebildung, zumal wenn eine solche von der Gesellschaft gutgeheißen wird) sprechen.«[21]

Bei jedem Trauerprozeß ist es zunächst unentschieden, ob sich auf die Dauer die regressiven Kräfte durchsetzen, ob es zu einer Reorganisation kommt, oder ob es im ungelösten Zwiespalt des Todes- und des Lebenstriebes zu einem Kompromiß kommt, der zu einer pathologischen Trauerfixierung führt[22]. Es gibt Dispositionen und gesellschaftliche Situationen, die dazu führen, daß das dem Tod analoge Verhalten in ein reales Sterben übergeht. Es gibt die unterschiedlichsten Formen des Nachsterbens[23]. Der Tod kann von dem Hinterbliebenen willentlich und aktiv im Selbstmord herbeigeführt werden[24], er kann aber auch nur vorbewußt beschlossen und passiv herbeigeführt werden[25]. Gesellschaftliche Vorstellungen, die von der realen Möglichkeit einer Wiedervereinigung ausgehen, die Devotion gegenüber dem Verstorbenen oder Unterwerfung unter ihn fordern, können ein Nachsterben sinnvoll erscheinen lassen[26], wobei wie bei der Sitte der Witwenverbrennung diese Vorstellungen durch sozialen Druck oder direkten Zwang verstärkt werden können.

Liliane Giudice hat diesen Zwischenzustand in aller Deutlichkeit beschrieben:

»Seitdem ich täglich Umgang habe mit einem Toten, stehe ich nicht mehr völlig in diesem Leben. Ich bin in einem Zwischenreich und suche nach einer neuen Orientierung. In diesem Zwischenreich gewinnt das Leben auf der Erde einen anderen Sinn, und der Umgang mit dem Toten macht auf eine seltsame Art stark: der Alltag berührt nicht mehr so sehr, er ist wichtig nur auf das Ende hin. Es ist, als ob mit dem Heimgang des Geliebten die Realitäten dieses Lebens an Gewicht verloren hätten und das Leben nach dem Tod im gleichen Maße an Realität gewonnen habe. Das Dasein auf der Erde wird wie ein Traum, in dem man plötzlich weiß, daß man mit dem Tod erwachen wird, um dann erst im Leben zu stehen. In diesem Zwischenreich schreitet man, obwohl noch tätig im Leben, auf den Tod in Heiterkeit zu, und die Freude ist größer als der Schmerz.«[27]

In diesem Übergang bleibt sozusagen offen, in welchen Bereich der Trauernde gehört, ob zu den Gestorbenen oder zu den Lebenden. Er hat sich noch nicht von dem Verstorbenen gelöst, und es ist nicht entschieden, ob ihm dies gelingen wird. Der Trauernde teilt diesen Zwischenzustand mit dem Toten, der nicht mehr in dieser Welt lebt, aber auch nicht zu der Realität des Erinnerns gehört. Gerade dies verleiht der Welt und dem Ich den Charakter der Unwirklichkeit. Das Bedürfnis- und Interaktionssystem des Trauernden mit dem Verstorbenen ist noch nicht wirklich tot, aber es ist auch nicht realistisch erfaßbar, wie die Welt nach einer angemessenen Trauerbewältigung sein wird.

3.5 Die Phase der Adaptation

Ein Trauerverlauf ist nicht voraussagbar, dazu sind die Formen der Beziehungen, die den Trauernden mit dem Verstorbenen verbanden, zu verschiedenartig; die Umwelt reagiert sehr verschieden, und die Ressourcen und Bewältigungsmechanismen, über die ein Trauernder verfügt, wechseln von Person zu Person. Es gibt weder *den normalen* Trauerverlauf noch *die angemessene* Readaptation. Das folgende Beispiel, das Fulcomer bringt, zeigt, wie ein »normaler« Trauerprozeß und eine »angemessene« Adaptation aussehen kann:

Die verwitwete Frau war die 42jährige Gattin eines College-Professors. Bei der Todesnachricht hatte sie viel geweint, später, während der Beerdigungsperiode, eine protestierende Haltung eingenommen. Am 16. Tage nach dem Tod ihres Gatten entschied sie mit Hilfe von Freunden, das Haus zu behalten, Zimmer an Studenten zu vermieten und sich eine eigene Tätigkeit zu suchen. Sie fand eine Stelle bei der Universitätsbibliothek.
Sie übernahm diese Stelle gerne, fand es aber schwer, sich bei der Arbeit zu konzentrieren. Ständig wanderten ihre Gedanken hinaus zu den Hörsälen, wo ihr Gatte mit den Studenten gearbeitet hatte, und wie er von ihnen und der Fakultät vermißt werde. Das waren erfreuliche Vorstellungen. Doch zuweilen seinen Namen auf irgendwelchen Katalogkarten zu finden, war weniger angenehm. Bei dem Anblick von Büchern, die er kurz vor seinem Tode entliehen hatte, fühlte sie schmerzlich den Verlust.
An ihren freien Abenden ordnete sie die zwei Zimmer, die sie vermieten wollte, und beschäftigte sich intensiv mit den Sachen ihres Mannes, wenn sie sie einpackte und wegräumte. Nahezu einen Monat nach dem Todesfall schrieb sie: »Meine Tage sind jetzt recht angenehm. Sie sind gefüllt mit Arbeit und Träumen und Erinnerungen. Wenn ich Dinge sehe oder denke, die ich mit ihm assoziiere, spüre ich heftige innere Schmerzen. Dann wieder erscheint es wie Tagträumen, und dies erleichtert mich von meinem Leiden ... Ich kann mich selbst nicht verstehen, denn offensichtlich erfreut es mich, an ihn zu denken und über ihn zu sprechen, und was er getan hat, und zur gleichen Zeit leide ich, wenn ich dies tue.«
Längere Zeit verhielt sie sich in der Bibliothek sehr zurückgezogen und nahm auch nicht an den gesellschaftlichen Verpflichtungen auf dem Campus teil. Einladungen nahm sie kaum an, schien aber über Besucher erfreut.

In der zwölften Nacht nach dem Tod ihres Gatten hatte sie begonnen, über ihn zu träumen. In ihren Träumen schien er lebendig, schien aber auch irgendwelche überirdischen Kräfte zu besitzen. Manchmal verschwand er und kehrte wieder zurück, zuweilen wurde sie durch diese Träume geweckt, in anderen Fällen hatte sie nur am Morgen die Erinnerung an sie. Nacht- und Tagträume wurden schwächer gegen Ende der ersten sechs Wochen nach dem Todesfall.[1]

Schrittweise können die regressiven Formen aufgegeben und durch adaptive ersetzt werden. Der Verlust wird in seinem vollen Ausmaß anerkannt, der Trauernde beginnt sich von dem Bild des Trauernden zu befreien[2]. Zugleich beginnt er, die Person, die er verloren hat, in sich selber wieder aufzubauen. Der Tote wird verdrängt, er braucht nicht mehr in dieser direkten Form erinnert zu werden, da er »Besitz« des Trauernden geworden ist. Guidice schreibt dazu:

»Irgendwann wird der Tote verdrängt. Mit der Zeit nimmt er immer weniger Platz ein; zuerst braucht man nur ein Fach und rückt seine Papiere ein wenig zur Seite; dann braucht man einen halben Schrank und hängt seine Kleider weg. Ich verdrängte dich, weil ich dir näher sein wollte, und es begann, als ich mich entschloß, in deinem Zimmer zu arbeiten ... Ohne hierüber nachzudenken, habe ich mit meinen Erinnerungen gelebt, als sei dies selbstverständlich. Mich erinnern zu dürfen, hatte ich nicht als ein Geschenk aufgefaßt, nun entsetzt mich der Gedanke, daß die Erinnerung eine Funktion des Gehirns ist, mit dessen Nachlassen ich dich noch einmal, dann aber entscheidend verlieren könnte.«[3]

Der Trauernde baut in einem »normalen« Trauerprozeß nicht nur die verstorbene Person in sich auf, sondern erneuert auch seine innere Welt, die so jäh zerbrochen war[4]. Er gewinnt das Gefühl für die Realität wieder und erhält sich selbst als Person zurück. Anne Philipe beschreibt diese Erfahrung:

»Ich weiß nicht, an welchem Tage ich zum erstenmal spürte, daß nicht alles unwiederbringlich verloren sei ... Eines Tages bemerkte ich, daß ich aufgehört hatte, nur Fassade zu sein. Ich existierte, ich atmete. Ich wollte auf die Ereignisse wieder Einfluß nehmen. Langsam kam ich wieder zu mir und sah, was noch von mir übriggeblieben war. Da begann ich, die Einsamkeit nicht mehr über mich ergehen, sondern mich von ihr zähmen zu lassen.«[5]

Auch wenn im »normalen« Trauerverlauf die adaptiven Bewältigungsmechanismen wirksam werden, so verläuft die Trauerbewältigung nicht kontinuierlich; vielmehr werden Tage, an denen der Trauernde sich einer positiven Bewältigung sicher ist, von erneuten Anfällen von Apathie und Verzweiflung abgelöst. Auf Perioden, in denen der Hinterbliebene das Gefühl hat, der Welt wiedergeschenkt zu sein, folgen andere, in denen die Welt so unwirklich erscheint wie zu Beginn des Trauerprozesses. Besonders Tage und Zeiten[6], die mit dem Verstorbenen verbunden sind, wie der Geburtstag, der Tag, an dem die Diagnose auf einen lethalen Ausgang sicher war, der Todestag, aber auch Zeiten, in denen sich das Totengedenken häuft, wie der November, können dann erneut die ganze Schwere der Trauer zurückrufen, auch wenn diese Perioden kurzfristiger sind und schneller abklingen. Giudice berichtet:

»In der ersten Zeit war der Schmerz an jedem Tag in der Todesstunde von Oki neu aufgebrochen, und es dauerte lange, bis ich diese Stunde ohne heftige Unruhe überstand. ... Ich habe seitdem immer wieder erfahren, auch jetzt, da ich gefaßt bin: der Schmerz kommt und geht, wann er will. Er ist in Tiefen versenkt, die wir in uns nicht ausloten können. Man ist ihm wehrlos ausgesetzt, muß dankbar sein, wenn er nachläßt, ergeben, wenn er kommt.«[7]

Es kann zur Erfahrung werden, daß gerade die regressive Phase der Trauer stärker von dem Verstorbenen trennt als die mehr adaptive. Die Mühe, den Verlust zu verleugnen und den Toten in Erinnerungen und aktivem Herumwandern wiederzufinden, bringt oft eine größere Entfremdung als das befreiende Gefühl, ihn nicht mehr an sich binden zu müssen und nicht mehr an ihn gebunden zu sein. Paradoxerweise ist es gerade diese Freigabe und Befreiung, die das Verlorene gegenwärtig hält. Clerk formuliert sehr eindrücklich diese Erfahrung:

»Wenn ich zurückschaue, so beobachte ich, daß ich vor gar nicht allzu langer Zeit sehr mit meiner Erinnerung an H. beschäftigt war und wie falsch sie werden könnte. Aus irgendwelchen Gründen – der heilsam gute Geschmack Gottes ist der einzige, an den ich denken kann – habe ich aufgehört, mir darüber Sorgen zu machen. Das Bemerkenswerte ist, daß, seit ich aufhörte, mir Sorgen zu machen, sie mich überall zu treffen scheint. *Begegnen* ist ein bei weitem zu starkes Wort. Ich meine nicht etwas Absonderliches wie eine Erscheinung oder eine Stimme. Ich meine noch nicht einmal eine emotionale Erfahrung, die mich an einem bestimmten Zeitpunkt trifft. Eher ist es das unaufdringliche, aber massive Gefühl, daß sie gerade so sehr wie bisher eine Tatsache ist, mit der ich rechnen muß.«[8]

Nach einer kurzen Skizzierung der vier Phasen des Schocks, der Kontrolle, der Regression und der Adaptation ist noch auf drei Themen einzugehen, die in engem Zusammenhang mit dem Trauerverlauf stehen. Einmal ist darauf zu verweisen, daß unter bestimmten Umständen der Trauerprozeß nicht erst mit dem akuten Eintritt des Todes beginnt, sondern vorweggenommen wird (3.6). Zum anderen kann der Fall eintreten, daß die volle Expression der Trauer behindert ist und der Trauerprozeß nicht in Gang kommt (3.7). Schließlich kann es geschehen, daß er in einer Phase steckenbleibt und eine pathologische Trauerverarbeitung droht. Dabei lassen sich gewisse Kriterien nennen, die eine solche pathologische Verarbeitung befürchten lassen; sie zeigen an, unter welchen Umständen ein Tod als besonders belastend empfunden wird (3.8).

3.6 Vorwegnahme der Trauer

Das Trauerverhalten nach einem seit langem erwarteten Tod stellt besondere Probleme[1]. Der anfängliche Schock ist zumeist nicht so ausgeprägt, da die Hinterbliebenen sich nicht plötzlich, sondern mit zunehmender Gewißheit mit dem Tod des Nächsten konfrontiert sehen. Die notwendigen Vorbereitungen sind getroffen; Verwandte und Freunde sind über das drohende Ereignis informiert. Allgemein hat der Höhepunkt der Trauerrekation schon einige Zeit vor dem aktuellen Eintritt des Todes stattgefunden und hat einer resignativen Akzeptierung Platz gemacht. Der aktuelle Todeseintritt kommt dann als etwas, was man seit langem erwartet hat.

Wieweit sich die Vorwegnahme der Trauer auf den Schock und auf die Intensität der Trauerreaktionen auswirkt, ist umstritten. Man kann als Erfahrungsregel aufstellen: »Ich kann sagen, je unerwarteter der Tod eintrat, desto intensiver und komplizierter war die Trauer; je länger die Krankheit andauerte, desto eher kann der Betroffene den schmerzlichsten Teil der Trauer in der Vorwegnahme des Todes hinter sich bringen« (H. R. Blank)[2]. Auch nach Clayton et al. zeigen sich in der Symptomatik gewisse Unterschiede. Immerhin zeigen sich für Trauernde Unterschiede von nahezu 20%, wenn die Krankheitszeit kürzer als sechs Monate war, und zwar hinsichtlich erhöhter Unruhe, depressiver Stimmung, Müdigkeit, einer aus diesen Symptomen resultierenden vermehrten Einnahme von Schlaf- und Beruhigungsmitteln und einer Gewichtsabnahme[3].

Nach längerer Krankheit, durch die der Trauerprozeß zu einem gewissen Ende gekommen ist, wird das Gefühl der Trauer für eine kurze Zeit reaktiviert, hat aber nicht mehr das volle Gewicht. Vielfach ist, besonders bei einer langen Pflegezeit, der Tod sogar mit dem Gefühl einer Erleichterung verbunden. Es kann als befreiend empfunden werden, wenn man nicht länger Tag für Tag auf das Ereignis warten muß. Wenn die Umwelt freilich kein Verständnis dafür zeigt, daß der Hinterbliebene nicht das Ausmaß an Trauer-Expression aufweist, das beim Tod eines geliebten Menschen zu erwarten ist, wird der Hinterbliebene, der bereits durch den Trauerprozeß hindurchgegangen ist, gezwungen, mehr Betroffenheit und Schmerz vorzutäuschen, als er wirklich empfinden kann[4].

Mit besonderen Schwierigkeiten ist die vorweggenommene Trauer verbunden, wenn die Krankheit chronisch, aber zeitweilig eine Hospitalisierung überflüssig und der lethale Ausgang zwar sicher ist, der Todestermin aber nicht prognostiziert werden kann.

Ein Patient litt seit zehn Jahren an der Hodgkinschen Krankheit. Bei der ersten Diagnose war angenommen worden, er habe nur noch wenige Monate zu leben, aber er erholte sich wieder und konnte nach Hause entlassen werden. Periodisch wiederholte sich die Verschärfung seines Krankheitszustandes, die dann eine Hospitalisierung für Wochen und Monate notwendig machte. Jedesmal wenn er nach Haus zurückkehren konnte, gab es erhebliche Krisen mit seiner Familie. Feindseligkeit schien sich in allen Richtungen auszubreiten. Seine Frau und seine Kinder hatten große Schwierigkeiten, ihn wieder in ihr Familienleben einzubeziehen. Erst in Gesprächen mit dem Psychiater wurde ihm deutlich, daß mit jeder Hospitalisierung seine Familie mit seinem Tod rechnete und mit der Trauer über den anscheinend unvermeidlichen Verlust im voraus begann. Wenn er nach langer Zeit nach Hause zurückkehrte, war die Familie mit der Schwierigkeit konfrontiert, den in ihr Leben zu reintegrieren, von dem sie sich innerlich bereits gelöst hatte[5].

Vorwegnahme der Trauer findet sich auch dort, wo kein aktueller Tod eingetreten, aber der Betrauerte besonderen Gefahren ausgesetzt ist, wie dies etwa bei einem Soldaten der Fall ist, der während eines Krieges einberufen wird[6]. Die Familie kann so präokkupiert sein mit dem möglichen Verlust des Ehegatten und des Vaters, daß sie alle Stufen des Trauerprozesses durchmacht. Diese vorweggenommene Trauer ist sicher ein Schutz, wenn die Familie tatsächlich eine Todesnachricht erhält, sie kann aber erhebliche Konflikte bei der Rückkehr schaffen. Sie werden verschärft sein, wenn der Wehrpflichtige als tot oder vermißt gemeldet worden war[7].

Für den Pfarrer stellt sich die wichtige Aufgabe, bei einer sich lang hinziehenden tödlichen Erkrankung sich nicht erst dann mit der Familie zu beschäftigen, wenn der Tod tatsächlich eingetreten ist. Er muß sich klar machen, daß Trauer unter solchen Umständen schon sehr viel früher beginnt[8]. Dabei ist zu bedenken, daß mit der Loslösung der Familie von dem Sterbenden dieser noch stärker isoliert wird, als dies ohnehin der Fall ist. Darin liegt eine besondere Gefahr der vorweggenommenen Trauer. Der Sterbende, der selbst mit der Lösung von dieser Welt und mit der Todesfurcht ringt, muß zudem die Trauer seiner Familie und ihre allmähliche Abwendung von ihm ertragen[9]. Wenn jedoch die Familie trotz des absehbaren Verlustes eine offene Einstellung zum Sterben und Tod hat, kann die beidseitige Isolierung von Sterbenden und Trauernden vermieden werden, die vielfach die Vorwegnahme schmerzhaft und schuldbeladen gestaltet[10].

3.7 Behinderung der Trauer

Es ist von entscheidender Bedeutung, daß die Trauer zu ihrer vollen Expression kommt und der Regression, die mit dem Verlust des Liebesobjektes verbunden ist, intellektuell und emotional Raum gegeben wird. Es lassen sich eine Anzahl Gründe nennen, die die »normale« Trauer behindern, ihre volle Expression zeitweilig verzögern und überhaupt unmöglich machen: (1) Widerstand, sich selbst aufzugeben; (2) unentwickelte Fähigkeit zu trauern; (3) eine Abfolge von Verlusten; (4) äußere Umstände, die den Trauernden zwingen, primär für sein eigenes Überleben zu sorgen; (5) Zweifel an der Realität des Todes; (6) ambivalente Haltung gegenüber dem Verstorbenen; und (7) gesellschaftliche und religiöse Normen, die dem Trauernden Selbstkontrolle auferlegen.

1 Der Widerstand gegen die Regression geht von der Angst aus, die kommende Situation nicht bewältigen zu können. »Sich fallen oder sich gehen zu lassen« bedeutet, einem Prozeß sich anzuvertrauen, über dessen Ausgang der Trauernde nicht sicher sein kann. Diese Inhibierung der Trauer entspricht dem Widerstand während der Analyse, von dem Freud sagte, er gehe vom Ich aus, das an seinen zum Zwecke der Angstvermeidung vorgenommenen Gegenbesetzungen festhalten will[1]. In der Trauer können erhöhte Geschäftigkeit und ein rascher Ersatz des Liebesobjektes etwa als eine solche Form der Gegenbesetzung verstanden werden.

2 Trauer setzt voraus, daß der Betroffene die Fähigkeit zu einer vollen Expression der Trauer entwickelt hat. Dies ist weitgehend nicht der Fall bei Kindern, die vielfach die Erwachsenen durch ihre scheinbare Indifferenz gegenüber der Todesnachricht irritieren. Daß Kinder dennoch betroffen sind, zeigt sich an anderen Veränderungen ihres Verhaltens. In den Worten von Helene Deutsch »ist das Ego des Kindes nicht genügend entwickelt, um die Belastung der Trauer zu ertragen, und es benutzt daher einige Mechanismen des narzißtischen Selbstschutzes, um den Prozeß zu umgehen«[2]. Dies liegt vor allem dann nahe, wenn der Tod besonders grausam war, wie beim Selbstmord des Vaters[3].

3 Ein früherer Todesfall oder ein anderer Verlust, der wegen besonderen Umständen nicht zureichend verarbeitet werden konnte, kann bei einem neuen Todesfall ebenfalls die Fähigkeit zu trauern behindern[4]. So berichtet Gorer von einer 41jährigen Lehrerin, deren Eltern wenige Wochen nacheinander gestorben waren. Sie zeigte sich unfähig, um sie zu trauern. Ihr erster Ehemann war am ersten Jahrestag ihrer Hochzeit getötet worden, und dies Ereignis war so traumatisch, daß selbst zwanzig Jahre später, obgleich inzwischen wieder glücklich verheiratet und Mutter von drei Kindern, sie von diesem zurückliegenden Ereignis nur mit Tränen in den Augen sprechen konnte[5].

4 Es gibt Situationen, in denen die äußeren Umstände es nicht erlauben, um den Toten zu trauern. Dies können kriegerische Ereignisse sein, die eine volle Expression der Trauer nicht gestatten. Darauf verweist Odysseus den trauernden Achilleus:

Gar zu viele sinken doch hintereinander tagtäglich
Tot zu Boden! Wann fände man da ein Ende im Jammern!
Nein, wer einmal gestorben, den soll man klagend beweinen
einen Tag und dann mit gehärtetem Herzen begraben.[6]

Naturkatastrophen oder die Situation in einem Konzentrationslager[7] können den Betroffenen zwingen, sich zuerst um das nackte Überleben zu kümmern[8]. Dabei wird es oft später schwierig, die durch die äußeren Umstände verhinderte Trauer nachzuholen[9].

5 Auch Zweifel an der Realität des Todes können die Trauer behindern,

zB. wenn es nicht möglich ist, den Verstorbenen zu sehen oder wenn es keine sichere Nachricht über seinen Tod gibt. Dies gilt vielfach für Gefallene, die in einem anderen Land umgekommen sind[10], und für Vermißte im Kriegsfalle oder bei Naturkatastrophen. Auch bei Hinterbliebenen, deren Angehörige in einem Konzentrationslager oder auf der Flucht verschollen sind, kann die Trauerexpression stark behindert sein. J. Fleming und S. Altschul schildern einen solchen Fall:

»Die 29jährige Frau war das einzige Kind und von ihren Eltern seit dem fünfzehnten Lebensjahr getrennt. Sie beschrieb ihre Unfähigkeit, intensivere Beziehungen zu anderen Menschen aufzunehmen. Sie vermied jeden engeren Kontakt und hielt ihre Freundschaften auf einer kameradschaftlichen Ebene. Die Analyse enthüllte, daß sie noch voll pubertärer Rebellion gegen ihre Eltern war, wie sie zur Zeit der Trennung bestanden hatten und die auch brieflich danach weitergegangen waren. Sie hörte erst von dem Schicksal ihrer Eltern, als ihre Briefe nicht mehr beantwortet wurden, hatte aber die Phantasie, die Eltern würden sie früher oder später besuchen, und sie wäre gezwungen, sie zu unterstützen.«[11]

(6) Einer der am besten analysierten Gründe für eine Trauerbehinderung ist eine starke Ambivalenz gegenüber dem Toten (die auch in dem zuvor genannten Fall zusätzlich eine Rolle spielte).
Helene Deutsch beschreibt den Fall eines 30jährigen Mannes, der bei der Beerdigung seiner geliebten Mutter sich erschreckt darüber zeigte, keinerlei Gefühle zu haben.

Er war von einer für ihn qualvollen Gleichgültigkeit befallen, trotz des Bemühens, irgendwelche Formen der Traurigkeit zu entfalten. In der Folgezeit machte er sich heftige Vorwürfe und versuchte, sich immer wieder an seine Mutter zu erinnern in der Hoffnung, endlich weinen zu können. Der Tod der Mutter kam zu einem Zeitpunkt, an dem der Patient in großen Schwierigkeiten steckte. Seine Potenz war gestört, er hatte Mißerfolge im Studium und war in allen seinen Beschäftigungen wenig effizient. In der Analyse zeigten sich schwere Konflikte mit der Mutter. Seine starke Abhängigkeit von ihr hatte wesentlich zu seiner passiven Haltung dem Leben gegenüber beigetragen. Beim Tod seiner Mutter wurden Gefühle des Hasses und des Ärgers reaktiviert. Seine aggressiven Impulse verursachten das Gefühl der Kälte und der Gleichgültigkeit und verhinderten die Expression der Trauer.[12]

(7) Die Trauer kann behindert werden, wenn besondere gesellschaftliche oder religiöse Normen bestehen, die Selbstkontrolle und Gefaßtsein als besonders vorbildlich ansehen. In der oben angeführten Fallbesprechung des »Stoikers« wird die Anerkennung der Umgebung deutlich ausgesprochen[13]; vielfach bedeutet es auch einen inneren Trost und bildet eine Quelle des Stolzes für den Trauernden, solche Selbstbeherrschung zu besitzen. Schließlich können auch religiöse Auffassungen, zB. daß Christen nicht trauern, weil sie eine sichere Hoffnung haben, eine Rolle spielen[14].
Es gibt bestimmte Umstände, die dazu verhelfen können, eine Behinderung der Trauer abzubauen. Wenn ein Hinterbliebener nicht zu einer vollen Expression der Trauer fähig ist, kann die Erfahrung weniger bedeu-

tender und entfernterer Verluste die Trauer auslösen, ein Vorgang, den man »Trauer auf Distanz« (»mourning at a distance«)[15] genannt hat. Das klassische Beispiel findet sich in Freuds »Geschichte einer infantilen Neurose«. Dort berichtet er vom »Wolfmann«, der bei der Nachricht vom Selbstmord seiner Schwester kaum eine Andeutung von Schmerz empfindet. Seine Trauerexpression ist nach Freuds Meinung in diesem Falle durch verdrängte inzestuöse Verliebtheit behindert. Wenige Tage nach dem Tode der Schwester sucht er in der Gegend, in der sie verstorben ist, das Grabmal Puschkins auf und vergießt heiße Tränen am Grab eines Mannes, der bereits seit mehr als zwei Generationen verstorben ist. Diese ihn selbst befremdende Reaktion findet ihre Erklärung in dem Augenblick, als er sich erinnert, daß sein Vater die Gedichte seiner Schwester mit denen dieses Dichters verglichen hatte[16].

Es gibt andere Anlässe, die eine Behinderung der Trauer abbauen helfen. Ein solcher Anlaß kann etwa der Jahrestag des Todesfalles oder ein neues Todeserlebnis sein[17]. So begannen Patienten in der Gruppenpsychotherapie, bei denen die Ermordung von Präsident Kennedy zum Auslöser wurde, den unbewältigten Tod des eigenen Vaters oder der eigenen Mutter durchzuarbeiten[18]. Wolfenstein berichtet von einem kleinen Jungen, der bei dem Tode seiner Mutter keine Trauer zeigte. Die einzige auffällige Veränderung bestand darin, daß er in seiner Freizeit intensiv und unablässig zu lesen begann. Durch die enge Identifizierung mit den Figuren seiner Lektüre kam es schließlich nach drei Jahren zu einem Durchbruch seiner behinderten Trauer. Als er an das Ende der Romanserie der »Drei Musketiere« kam, begann er heftig zu weinen und sagte: »Meine drei liebsten Personen sind tot« und kam damit zugleich zu einer Trauer über seine verstorbene Mutter[19].

In einem ähnlichen Fall handelt es sich um ein Mädchen, das auf den Tod seiner Mutter zunächst mit Ungläubigkeit und Verleugnung reagiert und keine offene Trauerreaktion zeigt. Zugleich aber ist es sehr betroffen über das Leiden von anderen und kann Tränen über ein verwaistes Bettlerkind vergießen, fühlt sich traurig, wenn jemand anderes einen Verlust erleidet und heiratet mit siebzehn Jahren einen Mann, der wie sie die Mutter im Alter von zehn Jahren verloren hatte. Erst als ihr in der Analyse deutlich wird, sie wolle die Mutter nicht sterben lassen, wird sie fähig zur Trauer[20].

Es ist für die Phase des Schocks entscheidend, daß die Trauerarbeit begonnen wird. Dies ist keine moderne Erkenntnis, wie die Reaktion Augustins beim Tode seiner Mutter und seine verzweifelten Anstrengungen zeigen, über sie trauern zu können.

»Als sich die Nachricht von ihrem Tode verbreitete, kamen viele unserer Brüder und frommen Frauen zu uns und während jene, deren Amt es war, nach herkömmlicher Sitte

das Begräbnis besorgten, unterredete ich mich abseits, wie es geziemend erschien, mit denen, die mich in meinem Schmerze nicht verlassen zu dürfen glaubten, wie es der Zeit angemessen war, und durch den Balsam der Wahrheit linderte ich die Pein, die nur dir bekannt war und nicht jenen, die aufmerksam mir zuhörten und mich ohne Schmerzgefühl wähnten. Aber zu dir, da niemand es vernahm, flehte ich um Linderung meines Schmerzes und staute der Trauer Flut zurück; sie wich mir auf Augenblicke, dann aber wiederholte sich ihr Anprall, zwar nicht bis zum Ausbruch der Tränen, nicht in der Veränderung der Mienen, aber ich wußte, was ich im Herzen zu unterdrücken hatte. Und weil es mir so sehr mißfiel, daß das Los der Menschheit, das nach dem Naturgesetz uns alle trifft, so viel über mich vermöge, so ward ich von doppeltem Schmerz gequält, denn mich schmerzte dieser mein weltlicher Schmerz.
Der Leib ward bestattet, ich ging und kehrte trockenen Auges zurück. Weder während der Gebete, die wir zu dir sandten, als das Opfer für sie dargebracht war, indes die Leiche neben das Grab hingestellt wurde, bevor sie hinabgesenkt wurde, wie es dort zu geschehen pflegt, noch bei den Gebeten weinte ich ...
Es schien mir gut, baden zu gehen, weil ich gehört hatte, daß das Bad daher benannt sei, die Griechen nennen es nämlich Balaneion, weil es die Angst aus dem Herzen entfernt. Auch dies bekenne ich deinem Erbarmen, Vater der Waisen, daß ich badete, ich blieb aber nach dem Bad derselbe wie zuvor. Es ward aus meinem Herzen die Bitterkeit der Trauer nicht entfernt. Darauf legte ich mich schlafen und erwachte und fand mein Inneres milder gestimmt, und da ich allein auf meinem Lager lag, erinnerte ich mich an die so viel Wahrheit entfaltenden Verse deines Dieners Ambrosius ...
Von da an führte ich mir, wie sonst, vor die Seele deine Magd, ihren frommen Umgang mit dir, den heilig freundlichen und uns willfährigen, dessen ich so plötzlich beraubt ward und um sie und für sie, um mich und für mich gewährte es mir eine Erleichterung, vor dir zu weinen. Ich ließ meinen Tränen freien Lauf, und die ich verhalten hatte, sie flossen, soviel sie wollten, sich meinem Herzen unterbettend, und ich ruhte auf ihnen, weil dort nur dein Ohr war und keines Menschen, der meine Tränen hart gedeutet hätte« (Bekenntnisse, Buch 9, Kap. 13)[21].

»Der Prozeß der Trauer als Reaktion auf einen wirklichen Verlust einer geliebten Person *muß*«, wie Helene Deutsch betont, *»zu einer vollständigen Durchführung kommen.«*[22] Sie spricht von einem »Bemühen zur Realisierung« (»striving for realization«)[23]. Was immer die Gründe für eine Behinderung der Trauer sind: ist eine volle Expression nicht möglich, so kommt es zu verschobenen, umgeformten oder zwanghaften Trauerreaktionen[24]. Goethe schrieb darüber nach dem Tode seines Kindes an Schiller:

»Man weiß in solchen Fällen nicht, ob man besser tut, sich dem Schmerz natürlich zu überlassen, oder sich durch die Beihilfen, die uns die Kultur anbietet, zusammenzunehmen. Entschließt man sich zu dem letzten, wie ich es immer tue, so ist man dadurch nur für einen Augenblick gebessert, und ich habe bemerkt, daß die Natur durch andere Krisen immer wieder ihr Recht behauptet.«[25]

3.8 Anzeichen pathologischer Trauerverarbeitung

Von einer pathologischen Trauerverarbeitung wird man dann sprechen müssen, wenn es nicht gelingt, den Trauernden aus der Fixierung auf eine der drei ersten Trauerphasen herauszubringen, dh. wenn der Trauernde sich trotz starker emotionaler Bindung an den Verstorbenen unfähig zeigt, mit dem Trauerprozeß zu beginnen, sondern unter dem Eindruck des Schocks verharrt, wenn er am Ende der kontrollierten Phase völlig hilflos und verwirrt ist und ohne die Hilfe der Umwelt nicht auskommt oder wenn er auch nach vier bis sechs Wochen auf die Verwendung regressiver Mechanismen nicht verzichten kann, muß man von einem pathologischen Trauerverhalten sprechen. Es zeigt sich in der Abwehr jeder äußeren Hilfe, anhaltender Apathie, Isolation und Abbruch aller Kommunikation, anhaltenden Wahrnehmungsstörungen wie Halluzinationen, Auditionen und Präsenzgefühlen, ohne daß diese unbedingt auf den Toten bezogen sind, andauernder Derealisation und Depersonalisation, Leugnung des Todes und affektiver Meidung von allem, was an ihn erinnert, Überaktivität und zwanghafter Fröhlichkeit, starken Beschuldigungen gegen die Umwelt und gegen sich selbst sowie paranoiden Ängsten und Sprechen von Selbstmord, intensivem Verharren in den Erinnerungen, anhaltender Schlaflosigkeit, aggressiven und destruktiven Träumen sowie einer generellen oder spezifischen Verschlechterung des Gesundheitszustandes und des allgemeinen Befindens, erhöhtem Nikotin- und Alkoholgenuß sowie vermehrter Einnahme von Beruhigungsmitteln.

Bei Kindern und Jugendlichen zeigt sich pathologisches Verhalten nach Kliman, wenn (1) sie regressive Phänomene für mehr als einige Wochen zeigen, zB. eine ungewöhnliche (manische) Fröhlichkeit; (2) eine Krankheit auftritt, die mehr als sechs Monate anhält; (3) neue Symptome nach einem gewissen Zeitraum auftreten, wie etwa Nachlassen der Schulleistungen (was für ein Kind in der regressiven Phase sehr häufig ist, aber keine ernsthafte Störung bedeutet); (4) Kinder oder Jugendliche sich weigern, zur Schule zu gehen (dies ist ein Anzeichen, daß sie sich nicht von dem überlebenden Elternteil entfernen können, aus Angst, auch von ihm getrennt zu werden, oder daß der Wunsch besteht, sich völlig zurückzuziehen); (5) Jugendliche in sexuelle Promiskuität verfallen[1].

Schließlich sind (6) die Selbstmorddrohungen zu nennen. Sie finden sich bei Kindern, die den Verlust einer nahestehenden Person erlitten haben, relativ häufiger als bei der generellen Population[2]. In der Literatur wird allgemein der Tod eines geliebten Menschen als einer der Gründe genannt[3], doch fehlt es an Arbeiten über die statistische Häufigkeit. Bei einer Studie über vier Fälle von Selbstmordversuchen bei Kindern im Alter zwischen 8 und 13 Jahren waren drei Selbstmordversuche mit dem Tod einer nahestehenden Person verbunden[4]. Bei der Bewertung, wie ernst solche Drohungen genommen werden müssen, spielt die Motivation eine entscheidende Rolle. So ist etwa die Begründung, mit dem Verstorbenen wieder vereinigt zu werden oder aus der Verzweiflung herauszukommen und Frieden zu finden, sehr viel gewichtiger zu nehmen als die Absicht, damit die Aufmerksamkeit der Erwachsenen auf sich zu ziehen[5]. Ernstzunehmen ist auch die Absicht, sich selbst wegen Wünschen und Vergehen zu bestrafen, die vorgeblich mit dem Tode in Beziehung stehen, wenn die Frustration zur innengewendeten Aggression wird oder wenn das Kind sich mit dem Toten identifiziert[6].

Erfahrungsgemäß erweisen sich spezifische Todesumstände in besonderer Weise als belastend und können pathogen wirken, insbesondere dann, wenn mehrere dieser Umstände zusammentreffen. Es lassen sich folgende besonders belastende Faktoren nennen:

(1) Ging der Tod auf einen Selbstmord zurück, so war allen Vermutungen nach der Hinterbliebene bereits lange Zeit vorher besonderen Spannungen ausgesetzt und ist nun zudem von besonderen Schuldgefühlen überwältigt[7];

(2) das gleiche gilt, wenn eine starke Ambivalenz zwischen dem Verstorbenen und dem Hinterbliebenen bestand; der intensive Widerstreit von Haß und Liebe kann es schwer machen, den Verstorbenen zu betrauern und ein unverstelltes Verhältnis zu ihm zu gewinnen;

(3) der Hinterbliebene ist in einem besonderen Ausmaß von dem Verstorbenen abhängig gewesen und/oder hat sich mit ihm stark von der sozialen Umwelt isoliert, so daß der Verstorbene faktisch sein einziger Bezugspartner war und nahezu kein Kontakt zu Familie oder Nachbarschaft bestand;

(4) der Tod war nur die letzte von mehreren Krisen, die wegen ihres raschen Aufeinanderfolgens nicht zureichend verarbeitet werden konnten (etwa wenn mehrere Todesfälle aus dem engeren Familienkreis kurz nacheinander erfolgen) oder der Tod fällt zusammen mit dem Höhepunkt einer Entwicklungs- oder einer »zufälligen« Krise (etwa mit einer kritischen Phase in der Adoleszenz, mit der Pensionierung, mit einer schwerwiegenden Operation);

(5) Verlust eines Kindes oder eines Jugendlichen, die kaum oder überhaupt nicht durch ein neues Kind ersetzt werden können; je älter der Jugendliche war, desto mehr Hoffnungen wurden auf ihn gesetzt, desto mehr Libido in ihn investiert und desto schwerer wird auch die Belastung durch seinen Tod sein;

(6) Krankheitsanfälligkeit oder bereits vorhandene offene Erkrankungen wie Herzerkrankungen, Diabetes und Magengeschwüre;

(7) allgemeine psychische Labilität, die auf die unzureichende Verarbeitung früherer, vor allem frühkindlicher Verluste zurückgeht;

(8) ein plötzlicher und unerwarteter Tod, besonders wenn er gewalttätig war, als »unzeitig« betrachtet wird und in keiner Weise durch das Glaubens- und Normensystem gerechtfertigt werden kann;

(9) besonders belastend ist schließlich, wenn die tödliche Erkrankung ein langes Siechtum mit sich brachte und mit starken Schmerzen und körperlicher Entstellung verbunden war; der Prototyp einer solchen Erkrankung ist der Tod durch Krebs, der zudem in besonderer Weise Ängste des Überlebenden weckt, an der gleichen Krankheit zu leiden oder leiden zu müssen; ähnlich belastend ist, wenn die Todesursache auf die gleiche Krankheit zurückgeht, an der auch der Hinterbliebene leidet.

Unter bestimmten Umständen kann nach klinischer Erfahrung kindliche Trauer pathogen sein. Sofern das Kind in einem Kindergarten mit therapeutisch geschultem Personal ist, kann hier zusätzlich zu den Eltern eine gewisse Hilfe geleistet werden. Als besonders belastende Faktoren bei der Trauer sind bei Kindern anzusehen, wenn (1) Selbstmord eines Elternteils vorliegt, (2) wenn eine schwierige Beziehung zu dem Verstorbenen oder dem überlebenden Elternteil bestand, (3) wenn einer von beiden psychische Verhaltensstörungen aufwies, oder wenn (4) ein Mädchen seine Mutter vor dem achten Lebensjahr verliert[8].

Nach der Meinung von Kliman können *zwei* der folgenden Faktoren zusammen eine ernsthafte gesundheitliche Gefährdung hervorrufen[9] und bedürfen einer präventiven Behandlung: Wenn das Kind, das den Verlust erleidet, unter vier Jahren alt ist, wenn bei ihm bereits eine psychische Verhaltensstörung vorliegt, wenn Wohnungswechsel notwendig wird, wenn der überlebende Elternteil ein pathologisches Trauerverhalten entwickelt, wenn sich eine zunehmende körperliche Intimität zwischen dem überlebenden Elternteil und dem Kind beobachten läßt, wenn die tödliche Krankheit eine erhebliche physische Entstellung oder eine psychische Veränderung mit sich brachte, wenn der Tod durch die Geburt eines Kindes verursacht wurde; und wenn die Familie die Krankheit vor dem Kind verbarg und die Todesnachricht erheblich später als anderen mitteilte[10].

3.9 Die Arbeit des Trauernden

Um einen »normalen« Trauerprozeß zu gewährleisten, muß der Trauernde eine Reihe von Aufgaben lösen, die sich zusammenfassend beschreiben lassen als Auslösung der Trauer, Strukturierung, Anerkennung der Realität, Entscheidung zum Leben, Aussprechen von gesellschaftlich unakzeptablen Gefühlen und Erfahrungen, Bewertung des Verlustes, Inkorporation des Toten, neue Lebensorientierung.

(1) *Auslösung der Trauer.* Wesentlich ist, daß der Trauerprozeß in Gang kommt, dh. der Betroffene sich nicht so verhält, als sei nichts geschehen, den Tod leugnet und sich zwanghaft kontrolliert verhält, sondern bereit ist, sich »gehen zu lassen« und seinem Schmerz und seiner Trauer freien Raum zu geben. Es fordert Mut, sich dem Prozeß der Regression zu über-

lassen, da der Trauernde nicht sicher sein kann, wo der Zusammenbruch seiner psychischen Organisation und seiner Daseinswelt enden wird. In einer Gesellschaft, in der Aktivität ein hoher Wert ist, mag es näher liegen, sich durch ständige Überbeschäftigung abzulenken. Aber ohne dies »Sich-fallen-Lassen« besteht die Gefahr, daß die Trauer behindert und verdrängt wird; sie kann sich dann in anderen Symptomen äußern. Sich gehen zu lassen setzt Vertrauen in das eigene Ich, die soziale Umwelt und in Gott voraus, daß sie dem Trauernden beistehen und ihm gestatten, seinen Gefühlen freien Lauf zu geben, seien es nun Klagen oder Anklagen.

(2) *Strukturierung:* Der Trauernde sieht sich einem emotionalen Chaos ausgesetzt. Er vermag in keiner Weise abzuschätzen, was er verloren hat; er wird von Liebe und Haß überwältigt, macht unbekannte Erfahrungen, mit denen er nicht umgehen kann. Da der Verlust in die verschiedensten Ebenen seiner Beziehung zu dem Toten und der sozialen Umwelt hineinreicht, ist die Aufgabe, sich hier überall neu zu orientieren, sehr umfangreich. Der Trauernde ist sich im Unklaren darüber, an welcher Stelle er die Aufgabe der Reorientierung beginnen soll; er beginnt viele Tätigkeiten, ohne sie vollenden zu können, da ihm entweder die Kraft dazu fehlt oder ihm die Erkenntnis kommt, daß diese Tätigkeit ohne den Verstorbenen so nicht durchzuführen oder überhaupt sinnlos ist. Es ist eine wesentliche Aufgabe, dieses Gefühlschaos zu strukturieren und bestimmte Prioritäten zu setzen. Dabei dürfte das Wesentliche sein, zunächst das Verhältnis zu dem Verstorbenen zu klären, bevor weitere praktische Entscheidungen zu fällen sind. Die bereits genannte Präokkupation mit dem Verstorbenen sowie die »Egozentrik« des Trauernden ist auch ein durchaus richtiger Versuch, die überwältigenden Erfahrungen und Gefühle zu strukturieren und Prioritäten in der Trauerarbeit zu setzen.

(3) *Anerkennung der Realität:* Eine unumgängliche Aufgabe in der Trauerarbeit ist die Anerkennung des eingetretenen Todes. Nur wenn der Tod anerkannt wird, kann er wirklich überwunden werden. Die Durchsetzung des Realitätsprinzips kann nur schrittweise erfolgen und ist immer durch Phasen der Verleugnung unterbrochen. Jede Form des Erinnerns, jeder Besuch des Grabes, jedes Aufsuchen eines Ortes, an dem der Trauernde mit dem Verstorbenen erfüllte Stunden verbracht hat, enthalten ebenso das Glück der Wiedervereinigung wie die schmerzvolle Erkenntnis, daß dies alles unwiederbringlich verloren ist. Diese Erfahrung ist nicht in ihrer Vollständigkeit ertragbar, sondern wird immer wieder zurückgenommen; zugleich unternimmt der Trauernde aber stets von neuem die Probe, wieweit er den Verlust ertragen kann. Das widersprüchliche Verhalten, sich einerseits zurückzuziehen und jede Kommunikation zu vermeiden, andererseits aber das starke Bedürfnis, über den Verlust zu sprechen, erklärt sich aus diesem Hintergrund: Der Trauernde möchte

nicht an den Verlust erinnert werden, wird aber immer wieder dazu getrieben, sich durch das Gespräch mit anderen zu überzeugen, ob der Verlust nicht doch eingetreten ist, denn es ist letztlich allein die soziale Umwelt, die diese Bestätigung geben kann.

(4) *Entscheidung zum Leben.* Je stärker die Einsicht in die Realität des Verlustes wächst, desto gravierender stellt sich für den Trauernden die Frage, ob es überhaupt noch Sinn habe weiterzuleben; ob es nicht besser sei, die Anstrengungen der Bewältigung aufzugeben und sich sterben zu lassen. In der regressiven Phase ist es eine Zeitlang unentschieden, ob der Lebens- oder der Todestrieb die Überhand gewinnen wird. Zuweilen gehen beide gewisse Kompromisse ein, die den Trauernden in dem regressiven Zustand auf Dauer fixieren und damit in eine pathologische Trauerarbeit hineinführen. Jedoch setzt sich in den meisten Trauerfällen der Lebenswille durch, aber wie entschieden und wie rasch dies geschieht, kann sehr unterschiedlich sein. Die Entscheidung zu leben ist freilich eine Aufgabe, bei der der Trauernde nicht nur auf die Hilfe der internalisierten guten Objekte, sondern auch auf äußere Unterstützung angewiesen ist.

(5) *Expression unakzeptabler Gefühle und Wünsche.* Der Trauernde ist oft erschreckt über die Fülle der negativen Gefühle und Wünsche gegenüber dem Verstorbenen, die ihm nun zu Bewußtsein kommen, nachdem mit dem Tod im starken Maße Emotionen freigesetzt wurden. Er muß mit diesen negativen Gefühlen auf irgendeine Weise fertig werden, wenn er das Ziel der Trauerarbeit, mit dem Verstorbenen in ein solidarisches Verhältnis zu treten, erreichen will. Er kann diese Gefühle durch ungerechtfertigte Erhöhung des Verstorbenen verdrängen; er kann sie gegen sich selber wenden und private Versuche der Sühnung durch verschiedene Formen der Selbstbestrafung unternehmen. Eine positivere Bewältigung ist jedoch das Aussprechen dieser ambivalenten Gefühle und Vorstellungen gegenüber einem neutralen Dritten.

(6) *Bewertung des Verlustes.* Ein weiterer Schritt in der Trauerarbeit, der aber erst gegen Ende der regressiven Phase möglich wird, ist die Bewertung des Verlustes. Erst wenn der Trauernde die erhöhte Emotionalität und die damit verbundene regressive Reaktionsform überwunden hat, wird es möglich, deutlicher als bisher abzuschätzen, was mit dem Verstorbenen verlorenging. Der Trauernde kann genauer beurteilen, ob ein Ersatz möglich ist und wie er aussehen könne; es wird möglich, Prioritäten aufzustellen, welche Substitutionen einer vorrangigen Lösung bedürfen. Auch dies ist ohne Komplikationen; es mag den Trauernden erschrecken, wie wenig auch mit einer Distanz gesehen der Verlust zu ersetzen ist, wie umgekehrt, in welch geringem Maße er faktisch auf den Verstorbenen angewiesen war.

(7) *Inkorporation des Verstorbenen.* Der »normale« Trauerprozeß geht

seinem Ende entgegen, wenn es dem Trauernden gelingt, seine innere und äußere Welt wiederaufzubauen, in der der Verstorbene integriert und weder gänzlich verstoßen ist noch ein »Schattendasein« in einem abgespaltenen Teil des Ichs führen muß. Dies kann nur gelingen, wenn die unausgeglichenen Gefühle des Hasses und der Liebe gegenüber dem Toten in der Vergebung in sich zusammenfallen und eine realistische Einsicht gewonnen wird über die Vorzüge und Schwächen dieses Menschen. Nur wo der Verstorbene in seiner vollen Menschlichkeit angenommen und weder glorifiziert noch verurteilt wird, kann er so in der Welt des Hinterbliebenen aufgenommen werden, ohne daß ein Zwang besteht, um seinetwillen die Realität zu verzerren. Nur so gewinnt er die Wirklichkeit, die sein Überleben im Trauernden sichert.

(8) *Chance der Neuorientierung.* Mit der Bindung an einen Menschen, sei es ein Ehepartner oder ein Kind, hatte sich der Hinterbliebene für eine mögliche Lebensform entschieden und sich gebunden. Mit dem Tod ist die Chance einer Neuorientierung gegeben. Der Hinterbliebene kann sich in einer positiven Weise von dem Verstorbenen emanzipieren, der bisher stets bestimmend in sein Leben eingegriffen und jede selbständige Verhaltensweise unterdrückt hat. Nicht selten werden zB. Kinder auch als Erwachsene niemals von ihren Eltern freigegeben, oder ein Ehepartner hat unter dem anderen gelitten, weil dieser keine Chance für eine Entfaltung bot. In solchen Fällen kann der Tod des dominierenden Subjekts dem Trauernden eine Neuorientierung ermöglichen. Es ist durchaus nicht selbstverständlich, daß repressive Beziehungen nach dem Tode aufgegeben werden; der Hinterbliebene mag sich aus Verpflichtung gegenüber dem Toten und seinen Kindern weiterhin gebunden und eingeengt fühlen, ohne eine Änderung herbeiführen zu können. Es gehört jedoch mit zu den Aufgaben der Trauerarbeit, die Chance einer Neuorientierung ernsthaft zu prüfen, auch wenn dies dem Trauernden zunächst als Verrat an dem Verstorbenen erscheint.

Diese Übersicht über den Trauerverlauf und seine Phasen muß in dieser Kürze nur recht skizzenhaft bleiben; die Aufgabe und die Mechanismen der Bewältigung werden vor allem in den Kap. 6 bis 8 genauer behandelt werden. Es wird dann auch im folgenden deutlicher werden, welche heuristische Funktion die Einteilung in Phasen hat, vor allem für den Zeitpunkt der Beratung und für die Beurteilung eines »normalen« bzw. pathologischen Trauerverlaufs.

TEIL II

Trauer – Der gesellschaftliche Aspekt

4. TRAUER ALS STATUSÜBERGANG

Im ersten Teil ist die Trauer unter dem Aspekt der individuellen Erfahrung behandelt worden. Trauer ist jedoch nicht nur ein persönliches Erlebnis, sondern vollzieht sich innerhalb eines Beziehungsfeldes. Der Trauernde muß seine Beziehungen zu dem Verstorbenen und zu seiner Umwelt neu gestalten, aber nicht er allein, auch seine Umwelt wird von einer solchen Statusveränderung betroffen. Sie aktiviert Hilfsmittel, um sich selbst und den, der den Statusübergang vollzieht, zu schützen und sicherzustellen, daß der Positionswechsel auf angemessene Weise geschieht.
Nach dem Konzept der Krisentheorie, die in *Exkurs II* behandelt wurde, läßt sich der Trauerprozeß als Interaktionsablauf zwischen einer psychosozialen Belastung und einem Individuum verstehen. Er vollzieht sich also in einem »Bereich«, doch erscheint die Krisensituation immer noch weitgehend als das Problem des einzelnen. Hier stellt sich die Frage nach einer umgreifenderen Konzeption.

4.1 Rites de passage

Um den Trauerprozeß wirklich als Interaktion verstehen zu können, ist es notwendig, auf eine Konzeption zurückzugehen, die zu Beginn unseres Jahrhunderts in der soziologischen Schule Durkheims entwickelt wurde und die erst in den letzten Jahren (nach langem Außenseiterdasein in der Ethnologie) zunehmend Eingang in die Sozialwissenschaften gefunden hat: Das Konzept der »Rites de passage«, das man in neuerer Zeit auch mit »Status-Übergang« bezeichnet.
Obgleich der Begriff der »Rites de passage« zuerst von Arnold van Gennep 1909 formuliert und zu einer Theorie ausgearbeitet wurde, sind die Grundeinsichten bereits durch Robert Hertz 1905 in seinem Beitrag über »Contribution à une étude sur la représentation collective de la mort«[1] entwickelt worden. Er geht davon aus, daß der Tod in einfachen Gesellschaften kein natürliches Ereignis ist, sondern Schrecken und Angst hervorruft; »es scheint, daß die gesamte Gemeinschaft sich als verloren fühlt, oder zumindest sich unmittelbar bedroht sieht durch die Gegenwart feindlicher Kräfte«[2]. Aus diesem Gefühl der Bedrohung schließen die meisten »primitiven« Stämme mit dem Eintritt des Todes den

Verstorbenen und seine Angehörigen als Opfer und Gefangene übelwollender Mächte aus ihrer Mitte aus.
Dieser Ausschluß ist jedoch nur ein vorübergehender, es sei denn, bei den Toten handelte es sich um Kinder, Ermordete oder Verbrecher. So wenig nach Hertz die »primitive« Gesellschaft an die Notwendigkeit des Todes glauben kann, so wenig betrachtet sie ihn als endgültig. Auf die Ausschließung erfolgt die Reintegration. Der Tote vereinigt sich mit denen, die vor ihm die sichtbare Welt verlassen haben; er tritt in diese Welt nicht unverändert ein: »Indem er sich seinen Vätern anschließt, wird der Verstorbene in verwandelter Form wiedergeboren, erhoben zur überlegenen Macht und Würde.«[3]
Diesen Übergang von der sichtbaren zu der unsichtbaren Gesellschaft vergleicht Hertz mit dem Übergang vom Jugendalter zum Status eines Erwachsenen. Der junge Mann, der sich dem Initiationsritus unterzieht, wird in die Geheimnisse der Erwachsenenwelt und in die gesellschaftlichen Normen eingeweiht, womit sich nach der Meinung der Eingeborenen eine wesentliche Persönlichkeitsveränderung vollzieht, ebenso wie bei der Geburt und der Verheiratung: »Dieser Übergang von einer Gruppe zu einer anderen, sei sie real oder nur vorgestellt, geht immer von einer tiefgreifenden Erneuerung des Individuums aus, die durch Riten wie die Verleihung eines neuen Namens, dem Wechsel der Kleidung oder der Lebensführung gekennzeichnet wird.«[4] Mit jedem Wechsel von einer sozialen Gruppe in eine andere vollzieht sich »ein Ausschluß, sozusagen ein Tod, und eine Reintegration, sozusagen eine Wiedergeburt«[5].
Ein solcher Vorgang beansprucht eine gewisse Zeitdauer: »Die nackte Tatsache des physischen Todes reicht nicht aus, den Tod im Bewußtsein aufzuheben.«[6] Dies verdeutlicht Hertz (und darauf liegt das Hauptgewicht seines ethnologischen Materials) an der »doppelten Beerdigung«, wie sie sich in Melanesien und Ozeanien findet. Dort erfolgt zunächst eine vorläufige Beseitigung des Leichnams, bis er sich weitgehend aufgelöst hat; dann erst folgt die endgültige Beerdigung der Knochenreste. Erst mit diesem Abschluß hat der Tote seinen Weg in das Totenreich gefunden. Der sichtbare Zerfall ist Ausdruck für die Loslösung aus dieser Welt. Die hinterbliebenen Familienmitglieder sind in diesen Übergang hineingezogen: »Ursprünglich ist die Trauer die notwendige Teilnahme der Hinterbliebenen an dem Todeszustand ihres Vaters oder ihrer Mutter.«[7] Ihre Trauer dauert ebensolange wie der Übergang des Toten in die andere Welt. Prinzipiell gesehen besteht der Tod als soziales Phänomen in der zweifachen und langwierigen Arbeit der geistigen Trennung und der Synthese. Erst dann, wenn diese Arbeit zu einem Ende gebracht ist, kann nach Hertz die Gesellschaft zu ihrem Frieden zurückkehren.
Das Hauptverdienst van Genneps besteht darin, dieses Konzept generali-

siert und begrifflich genauer bestimmt zu haben.An die Stelle des bei Hertz verfestigten Begriffes der Gesellschaft setzt er den Begriff der Familie. Er unterscheidet zudem zwischen solchen Übergängen, die sich im Verlauf des menschlichen Lebens ergeben (»les passages humaines«) und denen, die sich im Jahresverlauf ergeben (»le passage cosmique«)[8], wobei solche Riten zusammenfallen können[9], etwa dort, wo – wie bei uns – der Abschluß der offiziellen Trauerperiode mit dem alljährlichen Totengedenken angesetzt wird; ähnliches geschieht, wenn das Gedenken an einen bestimmten Todesfall durch eine alljährliche Totenmesse von einem einmaligen Ereignis in einem Lebenslauf zu einem periodischen Ereignis wird.

»Rites de passage«, mit denen ein Individuum von einer sozialen Gruppe zur anderen und von einer sozialen Situation zu der nächsten hinübergeht, können aufgeteilt werden in Rituale der Trennung (»séparation«), des Überganges (»marge«) und der Eingliederung (»agrégation«)[10]. Van Gennep macht dabei die Einschränkung, daß nicht in jedem speziellen Übergang alle drei Gruppen von Ritualen gleichermaßen ausgearbeitet sind; so überwiegen nach seiner Beobachtung zB. bei der Beerdigung die Rituale der Trennung. In seiner Darstellung des ethnologischen Materials haben diese Einteilungen keine analytische Bedeutung; nur in Einzelbemerkungen werden etwa Reinigungsriten insbesondere der Wiedereingliederung zugeordnet[11].

Obwohl in der Folgezeit das Konzept der »rites de passage« in einer Reihe von Einzelstudien unter stillschweigendem oder explizitem Bezug auf van Gennep aufgenommen wurde[12], ist es zunächst nur in der Arbeit von D. Chapple und S. Coon: »Principles of Anthropology« (1942) theoretisch erweitert worden. Sie griffen die Aufteilung von humanen und kosmischen Ritualen (letztere unter der Bezeichnung »rites of intensification«[13]) auf und machten neben der Periodizität das Ausmaß der Beteiligung zu einem zweiten Unterscheidungskriterium. Die individuellen »rites of passage« betreffen nur den einzelnen, während die »rites of intensification« die gesamte Gruppe umfassen[14].

In der Folge waren es besonders die Vertreter der von G. H. Mead herkommenden Schule[15] der »symbolic interactionists«, die die Frage des Statusübergangs in unserer Gesellschaft stärker theoretisch konzeptionalisiert haben[16]. Insbesondere A. Strauss[17] hat sich in seiner Studie »Spiegel und Masken« (dt. 1969) mit den »geregelten Statusübergängen« beschäftigt, die mit der Mitgliedschaft in einer dauerhaften Gruppe oder Sozialstruktur verbunden sind[18]. Sowohl im Verlauf des Lebenszyklus als auch innerhalb einer Organisation entstehen solche Statusübergänge; im Falle zB. der Pensionierung wird ein kompliziertes Ritual in Gang gesetzt, das einen Statusübergang in angemessener Form sichert. Pensionär zu werden bedeutet einen wesentlichen Wechsel der eigenen Identität, des eigenen Selbstverständnisses und einen Wechsel in der sozialen Umgebung. Je weniger die Beteiligten sich an bestimmte Regeln halten, desto größer ist die Unsicherheit im sozialen Feld, etwa dann, wenn der eine die Position nicht räumen will und sein Nachfolger allzusehr drängt; zugleich wissen die früheren Kollegen nicht, wie der Nachfolger sich ihnen gegenüber verhalten wird, so wie dieser selber auch noch nicht voll und ganz wissen und überschauen kann, welche Probleme und Anforderungen an ihn herankommen werden[19]. Der Statusübergang erfordert also eine gewisse Zeit, bis der neue Positionsinhaber weiß, was von ihm erwartet wird, mit wessen Loyalität er rechnen kann, und bis Vorgesetzte, Untergebene und Kollegen ihn in dieser Position voll akzeptieren.

Ein solcher Statusübergang vollzieht sich nach Strauss auch in der Trauer[20]. Der Verstorbene wird zum Toten, in einem festgelegten Prozeß, in dem er geehrt wird. Dem Trauernden wird erlaubt, gewisse tägliche Verpflichtungen wie die Ausübung seines Berufes zurückzustellen. »So werden die Toten geehrt und die Hinterbliebenen tatsächlich aus dem normalen sozialen Kreislauf gezogen. Gewisse Handlungen des Trauernden können nicht bewertet werden, da er nicht ›er selbst‹ ist, besonders während der frühen Phasen seines schmerzlichen Verlusts.«[21] Er darf sich zurückziehen, um zu einer neuen Orientierung finden zu können. Er kann damit rechnen, Vermittler in der Leidensperiode zu finden. Wenn der Hinterbliebene wieder anfängt, sich an den normalen Interaktionen zu beteiligen, trägt er ein Zeichen an seiner Kleidung, oder die Interaktionspartner sind auf andere Weise gewarnt, sich ihm gegenüber schonend zu verhalten.

Dabei spielen für die Interaktion mit den anderen sowohl zeitliche wie räumliche Faktoren eine Rolle. Der Trauerverlauf hat gewisse Phasen, die innerhalb einer Gesellschaft bekannt sind und das Gegenüber wissen lassen, wie es dem Trauernden zu begegnen hat. Das schrittweise Ablegen von Trauerkleidung oder anderen Trauersymbolen kann dies andeuten; heute kennzeichnet insbesondere die Teilnahme an sozialen Aktivitäten und das Verhalten dort den Beginn der Readaptation. Auch der Ort ist symbolhaft für die Trauer, so etwa symbolhafte Entfernung des Toten zunächst aus dem Haus in die Leichenhalle, von dort in den gottesdienstlichen Raum und schließlich zum Grabe.

Wie A. Hahn herausgestellt hat, hängt die Länge des Trauerritus und seine Intensität von der Bedeutung ab, die der Verstorbene für den Hinterbliebenen hatte. Je mehr Handlungen, Einstellungen und Gefühle, Pläne, Absichten und Wünsche, Neigungen und Abneigungen das Verhältnis bestimmten, desto stärker muß sich auch die Identität des Überlebenden ändern, die ja in wesentlicher Weise durch die Beziehungen zu dem

Verstorbenen bestimmt war. »Durch seinen Tod verlieren sie ihren ›Sinn‹. Sie müssen ›abgebaut‹ werden, dh. entweder gänzlich aufgegeben oder auf andere Personen übertragen werden. Das aber fordert vor allem Zeit. Denn die auf den Verstorbenen bezogenen Handlungsorientierungen und inneren Haltungen überdauern dessen Tod.«[22]
W. L. Warner hat, geschult an ethnologischem Material[23], in einer kleinen Stadt Neu-Englands das Verhalten der Trauernden gegenüber dem Toten und ihre Vorstellungen über sein Schicksal beschrieben[24]. Wie Hahn vertritt er die Meinung, daß für die dortigen Hinterbliebenen der Tod nicht das Ende der »sozialen Persönlichkeit«, dh. ihrer Identität bedeutet, die durch die Interaktionen mit anderen Personen bestimmt war. Die »soziale Persönlichkeit lebt so lange, wie die Erinnerung an sie bei den lebenden Mitgliedern der Gruppe erlebt wird«[25]. Der Verstorbene tritt in die geheiligte Welt der Toten ein. Er lebt fort mit seinem Grab auf dem Friedhof, der die unzertrennliche Verbindung der Lebenden und Toten mit ihren sozialen Rangordnungen, geschlechtlichen Differenzierungen und den gemeinsam geteilten Werten repräsentiert. Die »Stadt der Toten« ist ein ausgesonderter geheiligter Platz. Aber in der Anordnung und Dekoration der Gräber symbolisiert er die bleibende Einheit zwischen beiden Welten und affirmiert die Werte, die die soziale Welt der Lebenden bestimmen[26].
Stärker als in der psychoanalytischen Theorie wird mit dem Begriff des Statusüberganges der soziale Aspekt der Trauer angesprochen, ohne ihn vom psychologischen zu lösen. Ein Statusübergang setzt libidinöse und aggressive Gefühle frei, womit die notwendige Reorientierung und der unabdingbare Identitätswechsel erst möglich werden. Das Konzept des Statusübergangs erlaubt es in stärkerem Maße, die Interaktionen zwischen dem Trauernden und dem Toten, der sozialen Umwelt, vor allem der Familie, und der Gesellschaft in die Analyse des Trauerprozesses einzubeziehen. Es kann damit auch deutlich werden, welche Rolle die professionellen »Techniker des Übergangs« (»transition technicians«)[27], dh. die Ärzteschaft, die Geistlichen und die Bestatter in diesen »rites de passage« haben und worin ihre Funktion besteht. Zudem erlaubt die Konzeption vom Statusübergang, andere Statusübergänge innerhalb des Lebenszyklus, wie Geburt, Adoleszenz, Heirat, Verheiratung der Kinder, Pensionierung usw. heranzuziehen, um ein zusätzliches Verständnis durch eine Analogisierung zu erreichen[28]. Da die Konzeption ursprünglich mit aus den Trauerriten weniger differenzierter Gesellschaften gewonnen wurde, ermöglicht sie zudem, die Bedeutung der informellen und formellen Rituale zu verstehen, die mit dem Statusübergang verbunden sind[29].

4.2 Neustrukturierung

Für den Trauernden ist eine Welt zerbrochen, genauer wäre mit v. Gebsattel zu sagen, daß für ihn »nicht die Welt, sondern die ›Daseinswelt‹ gestört ist, dh. die Welt, soweit sie ›meine‹ Welt ist, die Welt, die Mittelpunkt, Sinn, Eigentlichkeit, Fülle, Wirklichkeit erst dadurch erhält, daß ich im Hinblick auf sie existiere«[1]. Ist die Interaktion mit einem nahestehenden Menschen abrupt unterbrochen, stirbt ein Mensch, der eng mit dem Leben des Hinterbliebenen verbunden war, dann ist nicht nur dieser Mensch gestorben, sondern die Welt, die mit ihm verbunden war, und ist nicht zuletzt auch der Trauernde der Welt und sich selber gestorben. Er ist tot für die Welt, wie die Welt für ihn gestorben ist.
Es sind eine Fülle von Beziehungen, die ihn mit dem Verstorbenen verbunden haben. Wir können diese Beziehungen in drei Gruppen aufteilen: (1) Die persönliche Beziehung mit den drei Ebenen des intimen, des vertrauten und des arbeitsteiligen Austausches; (2) die Beziehung zur Umwelt, die der Trauernde mit dem und durch den Verstorbenen hatte; und (3) die Beziehung zur Gesamtgesellschaft. Der Hinterbliebene mag mit dem Verstorbenen nicht in allen der drei Gruppen von Beziehungen in Interaktion gestanden haben, aber überall dort, wo solche Beziehungen bestanden, sind sie abgebrochen und müssen neugeordnet werden.
(1) *Die persönliche Beziehung:* Der *Verlust des intimen Austausches,* der hier nicht zu eng gefaßt wird, sondern die verschiedenen Formen libidinöser und aggressiver Beziehungen umfaßt, kann nicht nur bei dem Verlust eines Ehepartners erfahren werden; oft bestehen auch libidinöse Beziehungen zwischen einem Elternteil und einem Kind, oder zwischen Geschwistern; durch einen solchen Verlust kann auch ein Mensch außerhalb des engeren Personenkreises betroffen sein, der für den Verstorbenen ein intimer Freund oder eine intime Freundin war.
Der *Verlust des vertrauten Austausches* ist nicht einfach nur ein Verlust, bei dem etwas Wertvolles, aber nicht gerade Lebenswichtiges verloren geht. Er bedroht vielmehr das Ich an seinen Wurzeln und in seinem Selbstverständnis. »Es ist«, wie Caruso sagt, »nämlich eine ›Identität‹ zugrunde gegangen: eine Eigenidentität durch Identifikation mit dem anderen.«[2] Simone de Beauvoir hat diese Erfahrung ausgedrückt:

> »Nie mehr in der Wärme eines Körpers schlafen! Nie mehr: Ein Todesgeläute! Wenn diese Einsicht mich überkam, stürzte ich in den Tod. Ich hatte mich immer vor dem Nichts gefürchtet; doch bis dahin starb ich tagaus, tagein, ohne daß ich diesem Sterben viel Aufmerksamkeit schenkte. Jetzt plötzlich brach ein großes Stück meines Ichs zusammen; das war brutal wie eine Verstümmelung; und obendrein unerklärlich, weil sonst nichts mit mir geschah.«[3]

Der Tod stellt die Sinn-Frage für mein eigenes Leben. Es fehlt der Mensch,

»für den ich da war«, der meinem eigenen Tun, weil es zu einem starken Teil diesem Menschen galt, einen Inhalt gab. Es war sinnvoll, Mühen auf sich zu nehmen und Kränkungen zu ertragen, weil mit dieser Sorge um den Nächsten zugleich mir selbst bestätigt wurde, daß ich eine Berechtigung habe zu leben[4]. Ich mag noch soviel leisten und äußere Anerkennung finden, es ist allein die Anerkennung dieses Menschen, der nun für immer verloren ist, die mir etwas bedeuten und die ich annehmen konnte. Der Verlust der Anerkennung und Achtung läßt das Ich nun als wertlos erscheinen und demonstriert verstärkt die Sinnlosigkeit, weiterleben zu wollen[5]. Zugleich ist der »Halt« verloren, den der Trauernde am anderen hatte, sei es, daß nun niemand mehr Anweisungen erteilt und Entscheidungen trifft, sei es, daß nun der vertraute Mensch fehlt, an den man sich um Beratung und Hilfe wenden konnte. Es fehlt der, der einen seit langer Zeit kannte, von dem man sich weitgehend verstanden fühlte und vor dem man ohne Furcht vor Repressalien ganz offen über die eigenen Gefühle, Wünsche und Sehnsüchte sprechen konnte. Der Verlust liefert das Ich der Schutzlosigkeit und Heimatlosigkeit aus; die Welt wird fremd und unvertraut[6].

In vielen Fällen tritt auch der *Verlust eines arbeitsteiligen* Austausches ein. Es fehlt der Anteil, den der Verstorbene durch seine Arbeit zu der gemeinsamen Lebensgestaltung beigetragen hat. Es mag das Gehalt oder die Sorge um die Kinder gewesen sein, es können Tätigkeiten sein, die nur der Verstorbene »tun konnte«.

(2) Verlust eines nahestehenden Menschen bedeutet zumeist auch eine *Statusveränderung innerhalb der unmittelbaren sozialen Umwelt des Trauernden.* In jeder Familie findet eine bestimmte Rollenverteilung statt, die nun aufgehoben ist und der Reorganisation bedarf. Der Trauernde kann sich also nicht auf eine stabile Umwelt stützen, sondern sieht sich auch einer veränderten familiären Situation gegenüber. Vielfach ist der Hinterbliebene vermittels und zusammen mit dem Verstorbenen Mitglied eines Freundeskreises, eines gesellschaftlichen Zirkels oder einer Vereinigung und verliert dort den Status mit dessen Tod. Zu dem inneren Verlust tritt der äußere Wandel der sozialen Umgebung. Sie verunsichert den Trauernden, der nicht weiß, wie die Umwelt auf den Tod reagieren wird.

(3) In den meisten Fällen ist der Tod eines Menschen für die Hinterbliebenen auch mit einem *gesellschaftlichen Statuswechsel* verbunden. Die Ehefrau wird zur Witwe, das Kind zur Waise. Wie immer sich die unmittelbare Nachbarschaft und die Familie verhalten werden, so bedeutet dieser gesellschaftliche Statuswechsel zumeist eine gesellschaftliche Depravierung. Diese Depravierung zeigt sich nicht nur in der Meidung des Trauernden und in der allgemeinen Kontaktscheu vor ihm durch die Umwelt (s. u.), sondern hat auch längerfristige Auswirkung. Ein Kind kann sich

außerordentlich minderwertig vorkommen, da es den gesellschaftlichen Ansprüchen nicht genügt, nach denen man einen Vater haben muß; die junge verwitwete Ehefrau sieht sich vor Erwartungen gestellt, die aus gesellschaftlichen Vorstellungen über die »lustige Witwe« erwachsen und sie zum sexuellen »Freiwild« machen.

Daß ein Abbruch in allen drei hier genannten Gruppen von Beziehungen erfolgt und eine Neuorientierung notwendig macht, ist am ehesten der Fall bei dem Verlust eines Ehepartners in relativ frühen Jahren, wenn eine intensive Intimität, Vertrautheit und Arbeitsteiligkeit (vor allem angesichts von kleinen Kindern) bestand. Das Ausmaß des Verlustes wird meist erst schrittweise bewußt werden; die Bedeutung der gegenseitigen Bedürfnisbefriedigung und das Gewicht der gesellschaftlichen Anerkennung wird ja vielfach erst dann wahrgenommen, wenn der Verlust bereits eingetreten ist; was »man vom anderen hat«, wird erst dann deutlich, wenn dieser unwiederbringlich verloren ist[7]. Veränderung der Umwelt und der gesellschaftliche Statuswechsel entziehen sich ohnehin einer gefühlsmäßigen Vorauserfahrung, auch wenn sie intellektuell antizipiert und abgeschätzt werden können. Daher bedarf die Einsicht in das volle Ausmaß des Verlustes eines längeren Zeitraumes (dies ist der berechtigte Grund, warum S. Freud bei der Trauer so stark die Aufgabe der Realitätsprüfung herausstellt).

Diese Überlegungen mögen verdeutlichen, warum Trauer nicht allein als innerpsychischer Vorgang betrachtet wird. Es ist eben nicht nur die Verbindung zwischen zwei Personen zerbrochen. Der Tod trifft ein breites psychosoziales Umfeld, das bisher im allgemeinen geordnet war und dem Trauernden Sicherheit und Stabilität vermittelt hat.

Nicht klar aufzählen und voneinander unterscheiden zu können, was man verloren hat, liefert den Trauernden einem intellektuellen und gefühlsmäßigen Chaos aus. Angesichts einer solchen Situation ist es verständlich, daß das diffuse Gefühl, alles, aber auch alles verloren zu haben, die Überhand gewinnt. Es ist wie die Anmeldung eines völligen Konkurses, bei dem erst schrittweise bei der Aufklärung der verworrenen Situation erarbeitet und herausgefunden werden kann, was als Vermögen noch vorhanden ist. Dies ist verbunden mit der Hilflosigkeit, an welchem Punkte der Trauernde mit der Reorganisation beginnen soll, zumal dann, wenn er immer weitere Dinge entdeckt, die mit dem Tod des Nächsten verlorengegangen sind.

Es gibt zwar bestimmte Situationen, die dem Trauernden keine Wahl lassen und ihn zwingen, zunächst bestimmte Beziehungen zu reorganisieren und auf diese Weise die Verlusterfahrung zu strukturieren. Erwachsene mögen irritiert sein, wenn ein kleines Kind als erste Reaktion auf die Nachricht vom Tode seiner Mutter die Frage stellt: »Wer wird jetzt für mich sorgen?« Aber das Kind reagiert nicht gefühllos, sondern sieht sich, angesichts seiner Situation, ohne Hilfe der anderen mit einer unmittelbaren Existenzbedrohung konfrontiert und ist gezwungen, sich zuerst einmal Klärung über diese Seite des Verlustes zu verschaffen.

Im allgemeinen jedoch ist die Erfahrung des Verlustes so unstrukturiert, daß der Trauernde weder zureichend erfassen kann, was er verloren hat, noch weiß, welcher Verlustbereich besonderer Bevorzugung in der Durcharbeitung bedarf, und zumeist auch keinerlei Anleitung hat, wie die Trauerarbeit angesetzt und durchgeführt werden soll. Da er nicht abzuschätzen vermag, wie weit die Welt nur sinnvoll war durch den Verstorbenen, wird der Verlust überbewertet und überbesetzt, so daß zwangsläufig für den Trauernden der Eindruck entsteht, mit den Beziehungen zu diesem geliebten Menschen alle Beziehungen zu den Menschen und der Welt verloren zu haben.

4.3 Die Bedeutung des Rituals

Das Ritual der »rites de passage« kommt zur Anwendung, wenn der Statusübergang eines Individuums innerhalb einer sozialen Gruppe vollzogen wird. Der Statusübergang, der psychisch gesehen zumeist einen langwierigen Prozeß der Trennung von dem bisherigen und Adaptation an den neuen Status bedeutet, wird im Ritual vorweggenommen und symbolisch dargestellt, wobei derjenige vor allem zum Symbolträger wird, der den Statuswechsel vollzieht.

Das Trauerritual ersetzt zwar nicht den Trauerprozeß, stellt ihn aber als etwas dar, das der Tote, der Hinterbliebene und seine soziale Umwelt gemeinsam bewältigen müssen. Es ist ein expressiver Akt, der im idealen Fall die instrumentale Durchführung fördert[1]. N. Luhmann hat über soziale Systeme gesagt, eine Steigerung ihrer Komplexität sei »nur dadurch erreichbar, daß die Erfüllung mancher Bedürfnisse vertagt werden kann, vor allem solche der zwischenzeitlichen Systemerhaltung, der fortlaufenden Motivation, des Sicherheitsgefühls und der Vertrauensbildung. An Stelle der unmittelbaren Bedürfnisbefriedigung müssen jene Fernziele angestrebt und zugleich in der Gegenwart als sinnvoll verankert werden«[2]. Dies läßt sich übertragen auf die Komplexität der menschlichen Beziehungen, die bei einem Statusübergang neugeordnet werden müssen. Um den sich lange hinziehenden Prozeß der individuellen und sozialen Neuorientierung zu sichern, muß es »symbolisch-verstrickende Wirkungen«[3] geben, die nur über das expressive Handeln, das Ritual, zustandekommen.

Der Begriff des Rituals hat, wie Neidhardt betont, nicht unbedingt schon eine religiöse Bedeutung. »Auch ein Atheist kann sich daran beteiligen, ohne dabei unehrlich zu sein.«[4] Er bestreitet nicht, daß das Brauchtum religiöse (dh. theologisch nichtakzeptable) Elemente enthalten kann, sieht darin aber nicht das Wesentliche des Rituals. Es ist unrichtig, von vornherein den Beteiligten am Beerdigungsritual eine pseudoreligiöse Haltung zu unterstellen und etwa von einem Totenkult zu sprechen[5]. Wieweit abergläubische Motivationen mitspielen, ist schwer auszumachen[6]; jedenfalls ist es nicht berechtigt, sie grundsätzlich anzunehmen[7]. Die einzige uns bekannt gewordene Untersuchung über die Einstellung zur Beerdigung ist die von G. Kehrer über das religiöse Bewußtsein von Industriearbeitern. Danach deuteten nur 4% der Befragten mystische oder magische Furcht angesichts des Phänomens des Todes an[8]; im allgemeinen ist die Funktion der Beerdigung »völlig weltimmanent. Das Fehlen geeigneter gesamtgesellschaftlicher Ersatzinstitute bedingt ihre Aufrechterhaltung«[9].

Der offene Charakter des Rituals ist deshalb notwendig hervorzuheben, weil in der Literatur zu den Kasualien die Tendenz besteht, der Predigt als der Verkündigung des Evangeliums das Pseudo-Religiöse des Rituals gegenüberzustellen[10]. Besonders Rudolf Bohren hat die Wirkungslosigkeit der theologisch verantworteten Textauslegung betont; die Situation torpediert und neutralisiert die Wortverkündigung, »weil die Kasual*praxis* heute ein anderes Evangelium verkündigt als die Kasual*rede*«[11]. Eine solche Stellungnahme kann nur dann zustande kommen, wenn die Funktionen des Rituals nicht zureichend erkannt und unbefragt zur pseudoreligiösen Handlung deklariert werden. Die Beerdigungsansprache erscheint dann wie der Fels im anbrandenden Meer von heidnischer Magie und Totenverehrung.

Wir schließen uns im folgenden dieser Unterteilung in Verkündigung und Ritual nicht an. Soweit es sich aus Sammlungen von Beerdigungspredigten und aus Äußerungen von Pfarrern ergibt, mit denen wir in Seminaren zusammenarbeiteten, hat auch die Beerdigungsansprache einen stark rituellen Charakter. Da meist wenig Zeit für ihre Vorbereitung zur Verfügung steht und in der überwiegenden Zahl der Fälle der Pfarrer mit dem Leben des Verstorbenen nicht besonders vertraut ist, beschränken sich seine Ausführungen in der Kirche und Friedhofskapelle im allgemeinen auf nicht mehr als etwa ein Dutzend Aussagegruppen, aus denen je nach dem anliegenden Todesfall einzelne Aussagereihen kombiniert werden. Wir gehen deshalb davon aus, daß *in das Ritual der Beerdigung neben allen agendarischen Handlungen vom vorläufigen Aufbahrungsort an bis zur Beerdigung auch die Predigt und das Verhalten der an der Beerdigungsfeier und dem anschließenden Totenmahl Beteiligten eingeschlossen sind.*

Verglichen mit den Ritualen, die in weniger differenzierten Gesellschaften die Beerdigung begleiten, erscheinen unsere Begräbnisrituale als vergleichsweise einfach und unkompliziert, auch wenn sie vermutlich in der modernen Gesellschaft immer noch *das* Zeremoniell darstellen, das am intensivsten ausgearbeitet ist. Angesichts der Fremdheit, mit der heute nicht nur der Pfarrer[12], sondern auch die meisten seiner Gemeindemitglieder dem Ritual gegenüberstehen, sei noch einmal an ihre sozialpsychologische Bedeutung erinnert. Dabei sollen uns hier nur die »rites de passage« beschäftigen, nicht jene Riten, die im Jahreszyklus (zB. Weihnachten) oder angesichts besonderer krisenhafter Umstände gefeiert werden.

Wir stellen im folgenden zunächst die wesentlichen potentiellen Funktionen der »rites de passage« vor. Damit wird nichts darüber ausgesagt, wieweit die in einer Gesellschaft praktizierten Rituale des Statusüberganges alle diese möglichen Funktionen tatsächlich erfüllen. Selbst in weniger differenzierten Gesellschaften sind die gesellschaftlichen Normen in sich zu konfliktreich und die Bedürfnislagen der Individuen zu unterschiedlich, als daß ein Ritual des Übergangs Ausdruck des gemeinsamen Glaubens sein und zugleich alle individuellen Erwartungen erfüllen könnte. Bestimmte Funktionen können mehr betont werden als nötig gegenüber anderen, die vernachlässigt werden. Dennoch gibt die Analyse der Funktionen die Möglichkeit, die Rituale des Übergangs darauf zu prüfen, wieweit sie bestimmte Aufgaben erfüllen und wieweit nicht.

(1) *Ziel:* Bei jedem Statusübergang verläßt ein Individuum eine bestimmte, gesellschaftlich definierte Position und muß eine neue erreichen, die ihm aus eigenem Erleben noch nicht bekannt sein kann. Das Ritual hilft ihm, sich dieses Ziel gegenwärtig zu halten, indem es symbolisch den Weg vorzeichnet, den das Individuum zu gehen hat. Das Ritual verbindet dies mit der Aufforderung an die übrigen Mitglieder, sowohl der Status-Gruppe, die das Individuum verläßt, wie der Status-Gruppe, in die es eintritt, ihm in der Erreichung dieses Zieles behilflich zu sein, prüft aber auch, ob das Individuum die Anforderungen erfüllt, die an es durch den neuen Status gestellt werden.

(2) *Kontrolle von Emotionen:* Statusübergänge sind mit der Freisetzung starker Emotionen verbunden, die im alltäglichen Leben fest verteilt und gebunden sind. Diese Freisetzung ist notwendig, da Statusübergänge immer auch eine Neuverteilung der emotionalen Beziehungen bedeuten; Libido und Aggression, Zuwendung und Distanzierung müssen neu verteilt werden. Rituale dienen dazu, die Emotionen unter Kontrolle zu halten: Sie gestatten auf der einen Seite, daß diesen Emotionen voller Ausdruck gewährt wird, begrenzen sie aber zugleich, indem sie durch festgelegte Formen die gefühlsmäßigen Ausbrüche in bestimmte anerkannte Ausdrucksformen bringen und die Gefühlsausbrüche zeitlich beschränken[13].

(3) *Angstreduzierung:* Jeder Statusübergang ist mit Angst verbunden, ins-

besondere für den, der den Statuswechsel vollzieht, da er nicht weiß, ob er den neuen Status erreichen wird, aber auch für die Zurückgebliebenen, die um ihn sich fürchten, wie für diejenigen, die ihn aufnehmen, weil sie nicht im voraus wissen können, wie der Betreffende sich ihnen gegenüber verhalten und wieweit er die in der Gruppe geltenden Normen und informellen Spielregeln einhalten wird; er könnte ein Verhalten zeigen, das sich auf die Dauer als belastend oder destruktiv erweist. Hier ist es die Funktion des Rituals, Angst zu reduzieren und allen Beteiligten die beruhigende Sicherheit zu vermitteln, daß der Statusübergang gelingen werde.

(4) *Zuspruch des neuen Status:* Obgleich, wie bereits ausgeführt, der Statuswechsel einen längeren Zeitraum erfordert, spricht das Ritual dem Individuum, das den Übergang vollzieht, bereits den neuen Status zu, obgleich es ihn faktisch noch nicht erreicht hat. Dies wird jedoch zumeist mit der Verpflichtung verbunden, der Betreffende müsse sich bemühen und bewähren, ehe ihm der neue Status endgültig zugesichert werden könne.

(5) *Veröffentlichung:* Es ist das Individuum, das diesen Statusübergang zu vollziehen hat, aber es erfordert öffentliche Anerkennung durch die soziale Gruppe, in der er ihn vollzieht, und eine Proklamation, daß das betreffende Individuum ihn vollzogen hat und nun auf seinen neuen Status in Rechten und Pflichten angesprochen werden kann. Diese öffentliche Anerkennung und Proklamation geschieht im allgemeinen dadurch, daß dies Individuum in einer besonderen Weise hervorgehoben und geehrt wird.

(6) *Gruppenintegration:* Indem dieses Ritual des Überganges für ein Mitglied einer sozialen Gruppe vollzogen wird, schließt es sich an die vielen gleichartigen Übergangsrituale an, die Individuen zu einem spezifischen Anlaß durchlaufen haben und durchlaufen werden. Diese potentiell unendliche Wiederholung des Rituals festigt die gesellschaftliche Organisation, in der solche Übergänge stattfinden, und bestätigt die gemeinsamen Werte, die mit diesem Übergang bedroht waren.

4.4 Der Statusübergang des Toten

Das Ritual der Beerdigung symbolisiert einen doppelten Statusübergang. Der Verstorbene geht in den Status derer über, die auf die zukünftige »Neue Gesellschaft« warten. Der Trauernde vollzieht eine Veränderung im sozialen Status von zB. dem einer verheirateten zu einer verwitweten Frau. Diese theologische Aussage hat auch dann ihre Gültigkeit, wenn sich der Statusübergang nur im Gedenken und der Vorstellung des Hinterbliebenen vollzieht.

Im folgenden wird gezeigt, wie die oben entwickelten Funktionen der

»rites de passage« innerhalb des Begräbnisrituals wirksam werden *können*, ohne daß hier im einzelnen geprüft werden kann, wie Agende, Beerdigungsansprache und das Verhalten des Trauernden, der Angehörigen und Beerdigungsteilnehmer diese Funktionen tatsächlich ausfüllen. In diesem Abschnitt soll analysiert werden, wie das Beerdigungsritual dazu beiträgt, die Beziehungen zwischen dem Toten und dem Trauernden neu zu ordnen. Es tut dies, indem es (1) das Ziel definiert, das der Tote erreichen soll, (2) die Gefühle des Trauernden gegenüber dem Toten definiert, (3) die Angst um den Toten reduziert, (4) dem Toten den neuen Status zuspricht, (5) die Realität seines Todes veröffentlicht und (6) an die Gemeinsamkeit zwischen Toten und Lebenden erinnert.

4.41 Das Ziel

In der Volksfrömmigkeit wie in Todesanzeigen wird der Statusübergang des Verstorbenen gerne als ein Weg bezeichnet. Er »ist heimgegangen«, er »hat den Berg erstiegen, der euch noch Mühe macht«. Auch Agenden verwenden die Segensformel aus Psalm 121,8: »Der Herr behüte deinen Ausgang und Eingang von nun an bis in Ewigkeit.«[1] Es sind dies die gegenwärtigen Reste der in der ganzen Welt verbreiteten Anschauung, daß der Tote einen schwierigen und bedrohlichen Weg zurückzulegen habe, bis er zu dem ihm bestimmten Ort gelangt.

Heute läßt sich eine Konzeption wie die der »Himmelsreise der Seele« nicht vertreten. Die Verstorbenen treten ein in den Status der »Toten in Christus«, und stehen damit wie die Lebenden in der Erwartung der auf sie zukommenden »Neuen Gesellschaft«. Sie gehen nicht ein in ein Reich, das als »Paradies« beschrieben wird, sondern in einen Status der Erwartung, die erst mit der Verwirklichung des »Reiches Gottes« Realität wird[2]. Da für den christlichen Glauben der Körper keine bedeutungslose Hülle einer unsterblichen Seele ist, sondern ebenso Ausdruck der Person wie jede Weise des Verhaltens und Sprechens[3], kommt dem Verstorbenen die gleiche Anerkennung menschlicher Würde zu wie jedem lebenden menschlichen Geschöpf, mag es auch noch so der geistigen Tätigkeiten beraubt und körperlich defiguriert sein. Die Sorgfalt, mit der die frühen Christen ihre Toten behandelten, hat zur damaligen Zeit öffentliche Anerkennung gefunden, ebenso wie die Sorge für die Bestattung von Armen[4]. Josef von Arimathia und seine Sorge für den Leichnam Jesu wurden zur prägenden Typologie christlichen Verhaltens gegenüber dem Verstorbenen.

In der frühen Reformationszeit war die ehrfurchtsvolle Behandlung des Toten zeitweilig bedroht, weil mit der Abschaffung der Totenmesse es vielfach an liturgischen Vorlagen fehlte, wie der Verstorbene zu behandeln sei. Die Kirchenordnungen versuchten, gegen Mißbräuche anzugehen und neue Maßstäbe für die Behandlung des Toten zu setzen. So heißt es zB. in der Kirchenordnung von Halle aus dem Jahre 1543:

»Christus hat durch seine Auferstehung das Begräbnis aller derer, die an ihn glauben, so ehrlich und so herrlich gemacht, daß sie nicht sein soll eine verderbliche Grube, sondern eine göttliche Schlafkammer, darin man ruhet zu dem ewigen Leben und ein fruchtbarer Gottesacker, darin man vor Gott aufwächst und blühet zu der ewigen Seeligkeit. Darum sollen die Christen ihre abgestorbenen Mitglieder nicht als verstorbene Bestien unachtsam hinschlenkern, sondern als Erben des Himmelreichs ehrlich und ordentlich, so viel es sein mag, zum Begräbnis bestätigen, nicht solcher Meinung, als sollte der Lebendigen Dienst den Abgestorbenen in diesem Fall zur Erlösung nützlich und dienstlich sein, sondern daß hiermit die, so noch leben und mit der Leiche gehen, ihr christlich Mitleiden erzeigen und dabei der Auferstehung in unserem Herrn erinnert und im Glauben gestärkt werden.«[5]

Die Frage, wie der Leichnam zu behandeln sei, ist seit dem 18. Jahrhundert erneut aufgekommen an dem Problem der Kremation[6]. Wenn in der Beerdigung als neue Statusposition das »Ruhen in Christus« symbolisch dargestellt werden soll, ist zu fragen, ob eher die Beerdigung oder die Kremation dieser Symbolik einen angemessenen Ausdruck verleiht.

Die Feuerbestattung ist von Christen im Gegensatz zu etwa den römischen Praktiken nicht vollzogen worden. Sie folgten dabei weniger theologischen Erwägungen als dem jüdisch-synagogalen Brauch, der seinen tiefsten Ausdruck in der Aussage gefunden hat, daß Gott eigenhändig Mose begrub (Deut. 34,6). Auf ordnungsgemäße Bestattung wurde im alten Israel großen Wert gelegt. Wurde der Leib nicht bestattet oder wurde er verbrannt, so hatte die Totenseele keine Heimstatt mehr[7]. Die Kremation hat jedoch ursprünglich nichts mit der Auferstehung der Toten zu tun, die ja bekanntlich in der Synagoge umstritten war. Römische Behörden verbrannten jedoch zuweilen die Gebeine von Märtyrern in der gezielten Polemik, ihre Auferstehung unmöglich zu machen, was jedoch von den Christen als ein vergebliches Bemühen betrachtet wurde, so wie Augustin im »Gottesstaat« (I,12) bekennt: »Also hat zwar die Erde gar viele Leiber von Christen nicht bedeckt, aber keinen davon hat jemand losgerissen vom Himmel und von der Erde, die mit seiner Gegenwart ganz erfüllt derjenige, der da weiß, woher er das wiedererwecken soll, was er erschaffen hat.«[8]

Die Propagierung der Feuerbestattung in der Aufklärung begann unglücklicherweise in Verbindung mit einer bewußten Frontstellung gegen den christlichen Auferstehungsglauben. Während der Französischen Revolution wurde im Jahre 1797 der erste große, allerdings erfolglose Versuch unternommen, die Leichenverbrennung als obligatorische Bestattungsform einzuführen[9]. Im 19. Jahrhundert hat die Kremation bei Freimaurern, Freidenkern und Marxisten, aber auch bei liberalen Protestanten besondere Befürwortung gefunden[10]. Besonders heftige Opposition gegen sie ist von Kreisen des Judentums ausgegangen. Die katholische Kirche hat im

Canon 1203 CIC ebenfalls eine kirchliche Feier im Zusammenhang einer Verbrennung grundsätzlich untersagt; 1964 wurde eine Mitteilung des Heiligen Offiziums herausgegeben, wonach eine Leichenverbrennung mit einem kirchlichen Begräbnis verbunden werden kann, wenn sie nicht mit bewußter Absicht gegen das katholische Dogma angestrebt wird[11].
Die tragende ideologische Aussage über die Kremation ist die Vorstellung der reinigenden Kraft des Feuers, der Läuterung und Befreiung der Seele, wie sie über dem Eingang des Züricher Krematoriums zu lesen ist: »Flamme, löse das Vergängliche auf, befreit ist das Unsterbliche.«[12] Das Grab erscheint als Sinnbild der Ruhe im Dunklen, es ist Sinnbild des Todes. Das Feuer dagegen ist Sinnbild des Lebens, des Aufwärtsstrebens und des schaffenden Geistes[13]. Gründe mehr praktischer Natur sind Rücksicht auf Hygiene, die zunehmende Kostbarkeit insbesondere des städtischen Grund und Bodens und, teilweise damit zusammenhängend, die geringeren Kosten (ein Grund übrigens, warum zumindest in den USA die Bestattungsunternehmen eher gegen eine Kremation eingestellt sind); das Ausstreuen der Asche auf einer im Friedhof reservierten Rasenfläche kann neben dem praktischen auch den ideologischen Hintergrund haben, mit der Erde wieder vereinigt zu werden, im All der Natur aufzugehen und am Kreislauf alles Lebendigen zu partizipieren. Halbbewußte Ängste, lebendig begraben zu werden, und die abschreckende Vorstellung vom langsamen Verfall (ähnlich der Vorstellung, daß ein plötzlicher Tod einem langen Dahinsiechen vorzuziehen sei) spielen sicher ebenfalls eine Rolle. Erhöhte Mobilität in der modernen Gesellschaft bringen Umstände mit sich, den Toten über lange Strecken transportieren zu müssen, was durch eine Einäscherung erleichtert wird; eine Trennung vom Begräbnisplatz kann durch die Mitnahme der Aschenurne vermeidbar werden[14].
Praktische Einwände gegen die Feuerbestattung, insbesondere die Gefahr, einem Mordversuch nicht mehr nachgehen zu können, sind durch gesetzliche Vorschriften beseitigt. Entscheidender sind ideologische und therapeutische Einwände. Das Grab symbolisiert den Ort der Ruhe und des Friedens in der Erwartung des kommenden göttlichen Reiches. Es ist ein Ort der Erinnerung, zu dem man immer wieder zurückkehren kann (was freilich morbide Bindungen nicht ausschließt). Stärker als eine Verbrennung, die sich nicht vor den Augen der Hinterbliebenen vollzieht, bestätigt die Beerdigung die Realität des eingetretenen Todes. Dies hat auch Bedeutung hinsichtlich der gottesdienstlichen Gestaltung, da sich im Zusammenhang mit der Kremation gegenwärtig (vor allem in den USA) der Trend abzeichnet, erst nach der Verbrennung einen Gedächtnisgottesdienst abzuhalten, bei dem der Tote nicht mehr körperlich gegenwärtig ist[15]. Ein weiterer Grund, der für eine Beerdigung spricht, ist die gewisse Gleichzeitigkeit, mit der die Auflösung des Körpers und die notwendige Loslösung

des Trauernden von dem Toten erfolgt. Der Verbrennung haftet das Moment des Gewaltsamen an[16] – unbewußte Ängste über das Höllenfeuer werden aktiviert –, der Verfügbarkeit über Leben und Tod, das in den Kremationsöfen von Auschwitz seinen prägnantesten Ausdruck gefunden hat; es kann auch die Hinterbliebenen belasten, den Verstorbenen auf eine so rasche Weise aus der Welt geschafft zu haben. Ein Randproblem ist die zeitliche Begrenzung, unter der die gottesdienstliche Handlung vielfach in einem Krematorium steht.

M. E. sprechen vor allem die therapeutischen[17] und in zweiter Linie theologische Gründe dafür, der Beerdigung den Vorrang vor der Kremation zu geben. Dies gilt vor allem hinsichtlich der Wichtigkeit, sich von der Realität des Todes zu überzeugen, die schrittweise Ablösung, die nicht »gewaltsam«, sondern »natürlich« erfolgt, sowie das Grab als Ort des Erinnerns und der Ruhe.

Hinter diesen therapeutischen und theologischen Aspekten müssen die praktischen Gründe zurücktreten, deren Gewicht durch gezielte Maßnahmen vermindert werden könnte: Eine Kommunalisierung des Bestattungswesens (wie es in Süddeutschland vielfach üblich ist) könnte vermutlich dazu beitragen, die Kosten zu senken; der Verzicht von Kirchengemeinden und Kommunen, aus dem Verkauf von Grabplätzen ein Geschäft zu machen, könnte dies ebenfalls fördern. Friedhöfe könnten ein Teil der notwendigen »grünen Lunge« der Städte sein und damit verhindern, daß die Sichtbarkeit des Todes in unserer Gesellschaft weiter abgebaut würde.

4.42 Die Freigabe des Toten

Das Ritual hat bei der Beerdigung die Funktion, dem Trauernden eine Freigabe des Verstorbenen zu erleichtern und damit zu verhindern, daß die emotionale Bindung nicht einfach von dem Lebenden auf den Toten übertragen wird. Es hat die Aufgabe, die Emotionen zu kontrollieren, die diese Freigabe verhindern. Der gerne bei Begräbnisanzeigen verwendete Spruch: »Haltet mich nicht auf, da der Herr mich gerufen hat; lasset mich, daß ich zu meinem Gott ziehe« (als biblischer Text kaum wiederzuerkennen[18]) deutet darauf hin, daß der Hinterbliebene der Freigabe einen spürbaren Widerstand entgegensetzt. L. Giudice spricht den Wunsch, den Toten zurückzurufen, deutlich aus, um ihn zugleich zurückzunehmen:

»Unser Körper und unsere Liebe ist eine Stufe, die vergangen ist. Ich denke viel daran, aber ich will dieses Glück nicht wieder kosten, das einst, wenn uns Gott zu unerahnter Seligkeit führen wird, wie ein leiser Hauch erscheinen mag. Oki zurückzuerflehen würde unseren Weg verlängern. Ich bin ungeduldig, mich auf das Ende hin zu entwickeln, wie

Gott es will. Einem Heimgegangenen, der Gott so viel näher ist als wir, sollen wir nachschreiten, nicht ihn zurückrufen.«[19]

Psychologische Einsicht und theologische Aussage weisen in die gleiche Richtung. »Christen lernen es, ihre Toten (wie auch ihr eigenes Leben) herzugeben.«[20]
Der Vorstellung, den Toten festhalten zu wollen, steht als anderes Extrem das Bestreben gegenüber, den Toten möglichst rasch abzuschieben. Manche Begräbnisse vermitteln den Eindruck, als bestände eine stillschweigende Übereinstimmung zwischen dem Pfarrer und allen Anwesenden, diese als unangenehm empfundene Angelegenheit möglichst rasch hinter sich zu bringen. Der Verstorbene muß unter die Erde gebracht werden, und dies soll möglichst rasch und schmerzlos geschehen. Die Tendenz, das Beerdigungsritual zunehmend zu verkürzen, dient unter dem Deckmantel der »schlichten Feier« vielfach einer solchen Intention. Das Ritual geht dann an seiner Funktion vorbei, Emotionen zu kontrollieren, wenn es den Eindruck erweckt, der Tote solle verstoßen oder er dürfe nicht freigegeben werden.

4.43 Die Fürbitte für den Toten

Das Ritual soll der Angstreduzierung dienen[21]. An dieser Stelle geht es zunächst um die Angst, die man um den Weg des Toten hat. Die Frage, ob man etwas für den Toten tun könne, um ihm den Übergang zu erleichtern, ist von der alten und der mittelalterlichen Kirche positiv beantwortet worden. Die Taufe für die Toten[22], in der frühchristlichen Zeit noch sinnvoll, ist zwar später geschwunden, Gebete für die Toten blieben aber unbestritten. Sie wurden in der alten Kirche bereits gepflegt, bevor sich noch eine dogmatische Vorstellung über den Zwischenzustand nach dem Tode ausgebildet hatte[23]. Augustin begründete das Recht und die Bedeutung der Fürbitte, indem er zugleich ihre Wirkung auf gewisse Formen begrenzte. Seine Begründungen wurden für die römische Kirche maßgebend[24]. Die Fürbitte vermag nach Augustin das Erbarmen Gottes zu vergrößern, nicht jedoch ein pomphaftes Begräbnis, ein großes Leichengeleit und die Errichtung gewaltiger Gedenksteine, die zwar dem Trost der Lebenden, nicht aber den Toten dienen könnten[25]. Aus den Fürbittengebeten und der Kommunion an den Gräbern erwuchs die Seelen- oder Totenmesse.
Die Reformatoren haben sich mit aller Entschiedenheit gegen alles gewandt, was den Anschein erweckte, es könne die Daseinsweise des Verstorbenen im Jenseits beeinflussen. Mit der Lehre vom Fegefeuer fielen auch die Totenvigilien, die Seelenmessen und alles, was damit zusammenhing, fort. Luther schreibt:

»Demnach haben wir in unseren Kirchen die päpstlichen Greuel als Vigilien, Seelmessen, Begangnis, Fegefeuer und alles andere Gaukelwerk, für die Toten getrieben, abgetan und rein ausgefegt und wollen unsere Kirchen nicht mehr lassen Klaghäuser und Leidesstätten sein, sondern, wie es die alten Väter auch genannt, Koemeteria, das ist für Schlafhäuser und Ruhestätten, halten.«[26]

Die Fürbitte für die Verstorbenen ist weder von Luther selbst noch von seinen Nachfolgern völlig verworfen worden (»non prohibemus«, so die Apologie), es bestand jedoch die Tendenz, diese Fürbitte auf das private Gebet zu beschränken; entsprechend findet sich die Fürbitte für den Toten nur in wenigen Kirchenordnungen und Begräbnisagenden. Nach F. Schulz steht die Wendung Ps. 31,6 »In deine Hände befehle ich meinen Geist« im engen Zusammenhang mit der Sterbestunde, in der die Umstehenden stellvertretend für den Sterbenden diese Bitte aussprechen, »sozusagen betend *cum mortuo*, noch nicht *pro mortuo*«[27].

Im Luthertum des späten 19. Jahrhunderts war die Fürbitte Gegenstand heftiger Auseinandersetzungen[28]. Die derzeitig gültigen Agenden der VELKD und der EKU enthalten die Fürbitte um die Bewahrung im Gericht und um die Auferweckung. Purismus aus der ursprünglichen reformatorischen Sorge heraus, man könne Gott das Gesetz des Handelns aufzwingen, ist heute wohl unnötig. Fürbitte ist jedoch nur da verantwortbar, wo sie auch in anderen Krisensituationen benutzt wird; es darf nicht der Eindruck entstehen, wo anderen Ortes aktives Handeln etwas erreichen könne, helfe hier nur noch das Gebet. Fürbitte setzt ferner voraus, daß der Verstorbene auch als Toter in der gemeinsamen Erwartung der Neuen Gesellschaft existiert. Die Vorstellung des stellvertretenden Handelns, das die Lebenden für die Toten leisten, setzt ebenfalls eine solche Gemeinsamkeit voraus und kann als Brücke zu einem angemessenen Verständnis kirchlichen Handelns dienen[29].

Wie stark die Angst um den Toten heute ist, ist schwer abzuschätzen. Immerhin ist es bemerkenswert, was Giudice in ihren Aufzeichnungen schreibt:

»Die wenigen Stellen der Bibel über die Hölle brannten jetzt in meiner Seele. Wenn man glücklich ist, scheint das Paradies zum Greifen nah und die Hölle sehr fern, über die man gleichmütig gelegentlich liest ... Wir klammern die Hölle aus unserem Alltag aus, wie wir den Tod ausklammern. Ich aber weiß nur, daß ich Angst um Oki hatte. Wäre er mit einer Schuld gestorben – ich meine nicht die tausend läßlichen Verfehlungen, die wir alle begehen –, wäre er mit einer Schuld gestorben, so hätte ich dem Rachen der Angst nicht mehr entrinnen können. Nach der Beerdigung wich meine panische Angst. Es war mir, als hätte Oki sein Ziel erreicht, die Stätte, die Jesus ihm bereitet hatte ... Ob man für die Toten beten solle? Es war keine Frage, die ich stellte, denn ich *mußte* für Oki beten ... Ich rief Gott an, wie ich es fühlte, und fand so einen gewissen Frieden in meiner Not. Erst später, als ich wieder fähig war zu denken, bedrängte mich die Frage, ob ich für Oki beten durfte.«[30]

Die Angstreduzierung des Rituals bezog sich wahrscheinlich ursprünglich

auf die Furcht vor dem Toten[31], obgleich heutige Begräbnisrituale dies nicht mehr erkennen lassen. Zahlreiche Gebräuche einfacher Gesellschaften sind in diesem Zusammenhang zu erwähnen, wie die Meidung, seinen Namen auszusprechen und nichts Böses über ihn zu reden. Dazu gehört die nächtliche Wache am Sarge. Aus gleichem Grund wird etwa im deutschen Volksbrauch der Verstorbene aus einem Nebenausgang oder durch ein Fenster hinausgetragen, damit er nicht den Weg zurück findet. Beim Durchgang durch die Haustüre wird er mit den Füßen zuerst transportiert, damit sein Blick nicht auf den Eingang fällt. Das Kreuz auf dem Grab dient als Abwehrzeichen, und der Grabstein als Beschwerung, um den Toten im Grabe zu halten. Bekannt sind die zahlreichen Geschichten von dem Toten, der seine Ruhe nicht findet, weil ein Unrecht, das er getan hat oder das ihm von anderen zugefügt wurde, nicht gesühnt wurde. Das friedliche »requiescat in pace« als Grabaufschrift ist zweideutig; in diesem Segenswunsch kann zugleich die Neigung stecken, die Wiederkehr des Toten abzuwehren[32].
Die beschwörenden Bräuche sind heute geschwunden, aber die Ängste, die vielfach auf den Schuldgefühlen der Hinterbliebenen beruhen, sind geblieben. Die Vorstellung vom zerstörenden Höllenfeuer oder einer schmerzvollen Läuterung kann in der Situation der Trauer eine bedrängende Lebendigkeit erhalten. Es ist dieser Aspekt der Angstreduzierung, auf den Neidhardt besonders aufmerksam gemacht hat. Er stellt fest, durch die Zeremonie

»ist ein für den Ablauf des Lebens als bedrohlich empfundenes Ereignis geregelt. Damit wird den Hinterlassenen erleichtert, zu ihrem Alltag zurückzukehren. Viele Zeremonien haben nach Arnold Gehlen diesen Effekt. Sie stillen das Bedürfnis nach Stabilität des Ablaufs der Ereignisse. Alles Außerordentliche wird als Bedrohung empfunden und löst Angst aus. Das Zeremoniell, das für diese Fälle gebraucht wird, hilft, das Außerordentliche wie ein Regelmäßiges zu bewältigen. Das Zeremoniell hat damit eine Entlastungsfunktion.«[33]

4.44 Der neue Status

Das Ritual markiert, daß der neue Status erreicht ist, dh. im Falle der Bestattung, daß der Verstorbene wirklich den Status eines Toten einnimmt. Insbesondere von der Seite der amerikanischen Pastoraltheologie[34] ist dieser Gesichtspunkt betont worden angesichts der dortigen Gewohnheit, den Verstorbenen kosmetisch zu bearbeiten und ihm ein jugendliches Angesicht zu geben, aus dem die Spuren des Todes getilgt sind. Solche Gebräuche entsprechen einer Gesellschaft, in der Gesundheit, Sportlichkeit und Jugend ein vorrangiger Wert zukommt[35], sie verleugnen aber, daß sich ein realer Statusübergang vollzogen hat, der nicht aufzuheben ist.

Mit der Realität des Todes wirklich konfrontiert zu werden, ist eine wesentliche Funktion des Bestattungsrituals. Die Trennung bedarf einer sichtbaren Darstellung, damit jeder Versuch einer Verleugnung abgewehrt bleibt. Daher ist die Präsenz des Sarges bei der Trauerfeier wichtig, wobei der Sarg bereits geschlossen sein sollte, um die Unumkehrbarkeit anzuzeigen. Die stärkste Bekräftigung des Todes ist das Versenken des Sarges und der erste Erdwurf (wobei dieser Eindruck nicht dadurch gemildert werden sollte, daß statt der Erde Blumen auf den Sarg geworfen werden)[36].
Es ist weitverbreitete Überzeugung, daß Kinder nicht an einer Beerdigung teilnehmen sollten, da sie nicht in der Lage seien, die Schrecklichkeit dieses Ereignisses und die erhöhte Emotionalität der Hauptbetroffenen zu ertragen[37]. Die neuere Literatur nimmt hier auf Grund von Kinderanalysen eine andere Haltung ein[38]. Der Todesfall kann dem Kind nicht verborgen bleiben, jedenfalls konstatiert es die Abwesenheit einer wichtigen Person seiner Umwelt und wird erschreckt durch das ungewöhnliche Verhalten der Erwachsenen. Erwachsene, sofern sie besonders betroffen sind, sind emotional zu stark belastet, um mit Kindern über das Ereignis ausführliche Gespräche zu führen; da Kinder dies merken, stellen sie auch keine Fragen (zur stillschweigenden Erleichterung der Erwachsenen) oder geben sich mit ausweichenden Antworten (»Opa ist für lange verreist«; »die Mutter ist jetzt bei Jesus«) zufrieden. Da sie aber nur sehr vage Vorstellungen darüber haben, was der Tod eigentlich ist, wird der Phantasie keine Grenzen gesetzt. Kinder sind oft über Jahre hinaus auf Grund »kindgemäßer« oder verkürzter Antworten überzeugt, der Vater oder die Mutter hätte sie böswillig oder zu ihrer Bestrafung verlassen; sie werfen Jesus vor, ihnen das Liebste geraubt zu haben, obgleich »Jesus doch schon so viele Engel« hat. Die Teilnahme an der Beerdigung, die natürlich ergänzt werden muß durch ausführliche Gespräche, kann Kindern ein mehr realistisches Bild des Todes vermitteln. Je offener bereits vor dem akuten Trauerfall mit ihnen über den Tod gesprochen wurde (was heute selten geschieht, weil die Sozialisation der Todesverdrängung bereits mit der Kindheit beginnt)[39], desto leichter ist es, die überwältigenden Phantasien abzubauen. Ein Kind sollte allerdings auf keinen Fall zur Teilnahme gezwungen werden.

4.45 Die öffentliche Anerkennung

Das Ritual der Beerdigung bedeutet öffentliche Anerkennung des Statusüberganges, den der Tote vollzogen hat. In dem Wunsch, den Toten zu ehren, steckt ein Bündel von Motivationen. Der Grundsatz »de mortuis nil nisi bene« mag ursprünglich aus Sorge vor der Rache des Toten gesprochen worden sein, der unsichtbar noch unter den Lebenden weilt. Indem sie ihn loben, versuchen die Hinterbliebenen zudem, sich von Schuldgefühlen zu befreien. Mit dem Hinweis auf seine vorbildliche Lebensführung wollen sie zugleich den Übergang des Toten absichern[40]. Diese Motive sind an späterer Stelle noch auszuführen[41]. Die wesentliche Rolle scheint jedoch die öffentliche Ehrung im Zuge eines Statusüberganges vor einer Öffentlichkeit zu sein, die die Kirche hier stellvertretend für die Gesellschaft darstellt.

Es ist naheliegend, daß die Funktion der öffentlichen Anerkennung, die sich ja nicht nur auf den Toten, sondern auch auf seine Familie bezieht, durch diese selbst nicht zureichend wahrgenommen werden kann. Wenn in der BRD der Kirche zugefallen ist, diese öffentliche Ehrung auch bei Mitgliedern zu vollziehen, die dem christlichen Glauben fernstehen oder überhaupt kein Kirchenmitglied sind, so beruht dies weitgehend auf der öffentlich-rechtlichen Stellung, die sie innerhalb dieser Gesellschaft hat, also auf ihrem volkskirchlichen Charakter. Wäre sie eine reine Gemeindekirche, so könnte sie diese Funktion für die Gesamtgesellschaft nicht wahrnehmen.

Eins muß man sich freilich verdeutlichen: Die Kirche symbolisiert nur die Öffentlichkeit, sie ist es keineswegs. Je »öffentlicher« der Verstorbene ist, desto überflüssiger wird die Kirche für die Funktion der Ehrung. War der Verstorbene eine wichtige Person des öffentlichen Lebens, sei es in der Politik der Partei oder der Gewerkschaft, wird sehr rasch die Grenze des Pfarrers deutlich, Öffentlichkeit zu repräsentieren. Er muß dann die Rolle mit anderen Sprechern teilen oder ganz zurücktreten[42].

Daß die Kirche im Normalfall die Aufgabe der öffentlichen Anerkennung übernimmt, und nicht der Staat, hat auch einen funktionalen Aspekt. »Indem die Kirche hier eine öffentlich-relevante Aufgabe übernimmt, erspart sie dem Staat, selbst solche Rituale stellen und damit direkt in die private Sphäre eingreifen zu müssen. Ohne das Recht zu hoheitlichen Akten zu haben, ist die Kirche immer noch öffentlich genug, um Hilfe ohne Verpflichtung zu geben. Sie ermöglicht es dadurch, diesen Bereich der Familie von direkten Kontrollen freizuhalten« (Y. Spiegel)[43]. Dies ist eine wesentliche Voraussetzung, damit die Familie die Rolle der »Pufferzone« übernehmen kann, in der die Belastungen des Berufslebens abgefangen werden. Bezeichnenderweise haben auch im Dritten Reich und in den sozialistischen Ländern nicht der Staat selbst, sondern die führende Partei oder die ihr angeschlossenen Verbände Beerdigungsrituale angeboten[44]; in der DDR ist es in den letzten Jahren auch zunehmend die Betriebsgemeinschaft, die die Leistungen des Verstorbenen für den Betrieb und damit für die sozialistische Gesellschaft zur öffentlichen Anerkennung bringt.

Die Kirche gerät, indem sie diese Aufgabe der Beerdigung übernimmt, in eine vom Gesellschaftspolitischen her gesehen äußerst prekäre Lage. Was Chr. v. Ferber kritisch zum Bestattungsgewerbe gesagt hat, läßt sich ebenso von diesem Dienst der Kirche sagen: Es spiegelt sich hier das gesellschaftlich unbewältigte Verhältnis von Privatheit und Öffentlichkeit[45]. »Das Sterben gehört«, so Ferber, »zu den ganz wenigen Ereignissen im Leben eines jeden Menschen, bei dem seine Existenz als Persönlichkeit zum Gegenstand öffentlicher Beachtung wird.«[46] Während sonst der Mensch verschiedene Rollen aufnimmt und sich von ihnen trennt, ist mit dem Tod der Träger *aller* gesellschaftlichen Rollen nicht mehr vorhanden. Wo aber eine Gesellschaft ausgerichtet ist auf die Erbringung spezifischer Leistungen, wo die Lösbarkeit sozialer Beziehungen im Interesse des sozialen Wandels gefordert wird, kann kein Interesse an dem Persönlichen aufkommen und wird der Wunsch eines jeden Menschen, als individuelles, auf Sinnverwirklichung ausgerichtetes Dasein ernstgenommen zu werden, beiseite geschoben. »Die Kommunikation von Mensch zu Mensch, die schon im privaten Lebenskreis, in den kleinen Lebensgemeinschaften der Familie, der Freundschaften und der kleinen Gruppen so selten gelingt, stellt sich zur Öffentlichkeit auch im Tode nicht her.«[47]
Die Kirche steht in Gefahr, sich von einer Gesellschaft, die an der Person nicht interessiert ist, in Dienst stellen zu lassen, indem sie sich als Pseudo-Öffentlichkeit gibt. Sie kann aber auch in ihrer stellvertretenden Ehrung des Verstorbenen den Konflikt deutlich machen, daß selbst der Tod nicht die öffentliche Anerkennung bringt, dessen dieser Mensch bedürftig ist und die ihm zusteht. Um noch einmal Ferber zu zitieren: »Nicht die sich entäußernde Selbstentfremdung des Menschen offenbart sich im Tode, sondern die mangelnde Chance der Selbstverwirklichung, der durch die Sozialverfassung auferlegte Zwang zur Privatisierung und damit zur Hintergründigkeit des Persönlichen.«[48]
Von den neueren Autoren, die zur Beerdigung Stellung genommen haben, sind es vor allem Asmussen, Dehn und Krusche, die die Funktion der öffentlichen Ehrung anerkannt haben. Asmussen schrieb 1934, »daß die Beerdigung zur letzten Gelegenheit wird, *den Toten zu ehren* und seinen Verlust zu beklagen«[49]. In einer Situation, in der die »Diffamierung des Toten so herrschend geworden« ist[50], sei es Aufgabe des Pfarrers, »daß er gerade dann dem Toten eine letzte Ehre erweist, wenn er die Gefahr als besonders groß erachtet, daß dem Toten seine Ehre geschmälert werde, weil er vielleicht Ansichten vorgetragen hat, welche dem Zeitgeist widersprachen«[51]. Diese in einer bestimmten politischen Situation niedergeschriebenen Worte behalten auch dann ihren Sinn, wenn sie auf eine Gesellschaft bezogen werden, die Menschen die Anerkennung verweigert, wenn sie nicht zur Steigerung ihrer Produktivkraft beitragen, oder sie zu

Opfern gesellschaftlicher Irrationalismen (Verkehrsunfall, Arbeitsunfall, Kriegsopfer) macht.

4.46 Die Gemeinschaft der Toten mit den Lebenden

Das Beerdigungsritual ist in dieser oder einer leicht veränderten Form immer wieder vollzogen worden und wird in Zukunft immer wieder vollzogen werden. Es bestätigt damit die grundsätzlichen Vorstellungen, die in einer Gesellschaft über den Tod bestehen; es erinnert die Anwesenden an das große Heer der Toten, mit denen die am Grabe Anwesenden zusammenleben. Das Ritual erneuert die Einstellung, die gegenüber den Toten einzunehmen ist. Es bestätigt die Gemeinschaft zwischen den Lebendigen und den Toten. »Es besteht auch eine gewisse Art von Verwandtschaft«, schreibt Warner, »die Toten von heute sind die Lebenden von gestern, und die Lebenden von heute sind die Toten von morgen. Jeder ist identifiziert mit dem Schicksal des anderen. Niemand kann entfliehen.«[52] Gerade diese generelle Aussage wird durch das Ritual von neuem vor das Bewußtsein gestellt.
Freilich wird die generelle Aussage über die Stellung der Toten nie eindeutig sein können; dazu sind die Todesbilder in unserer Gesellschaft zu unterschiedlich. Carlin spricht davon, daß bei der Beerdigung eine vierfache Deutung des Todes in das rituelle Verhalten eingeht: Die Interpretation, die die Familie dem Tod gibt, die theologische Deutung, wie sie die Liturgie und die Ansprache des Pfarrers geben, die kulturelle Stellung zum Tode, die keinen unbeeinflußt läßt, schließlich die eigene Haltung dessen, der an einer Beerdigung nur beobachtend oder aus sozialer Verpflichtung teilnimmt[53]. Zwar setzt sich in der Liturgie und der Predigtansprache die theologische Deutung durch, aber wieweit sie handlungsbestimmend wird, bleibt zu fragen.

4.5 Der Statusübergang des Trauernden

Das Beerdigungsritual hat nicht nur die *potentiellen* Funktionen, den Wechsel in den Beziehungen zwischen dem Verstorbenen und dem Trauernden zu symbolisieren, sondern auch zwischen dem Trauernden und seiner Umwelt. (1) Es stellt den Weg dar, den er zu gehen hat, (2) hält seine Emotionen unter Kontrolle, (3) reduziert seine Angst, die neuen Situationen zu bewältigen, (4) spricht ihm den neuen Status zu, (5) proklamiert diesen auch in der Öffentlichkeit und (6) sichert dem Trauernden zu, er werde wieder in die Welt der Lebenden aufgenommen, der Zwischenzustand seiner Isolierung sei kein permanenter.
Die Zweiseitigkeit des Rituals, die bei der Beerdigung sichtbar ist, findet

sich in allen Statusübergängen. Die Konfirmation zB. zeichnet nicht nur symbolhaft auf, wie Kinder zu Erwachsenen werden, die dem Einfluß der Eltern entzogen sind und ihren eigenen Weg gehen und ihre eigene Anerkennung vor sich selbst und vor der Umwelt finden müssen, sondern auch, wie Eltern, durch dies Erwachsenwerden als »Hinterbliebene« zurückgelassen, in einen Status hineinfinden, der nicht mehr durch die Kinder bestimmt ist, und lernen, in den Kindern nicht mehr länger den Mittelpunkt ihrer Interaktionen zu sehen.

4.51 Die Ablösung von dem Toten

Für die Hinterbliebenen symbolisiert das Ritual der Beerdigung den Weg und das Ziel der allmählichen Ablösung vom Toten. Die Handlungsabfolge von Einsargung, Schließung des Sarges und sein Versenken in das Grab oder den Keller des Krematoriums sind Schritte, die andeuten, daß sich der Weg der Trennung nicht abrupt, sondern allmählich vollziehen wird.

4.52 Die kontrollierte Klage

Das Ritual kontrolliert die Expression von Gefühlen in verschiedener Beziehung. Es kann sowohl Gefühlsausbrüche unterdrücken wie verstärken; es bestimmt den Zeitpunkt, an dem der Gefühlsausbruch besonders intensiv sein muß; es definiert häufig ein unterschiedliches Verhalten entsprechend der Geschlechtsdifferenz; schließlich wird im Ritual definiert, wer als dem Toten besonders Nahestehender intensive Trauer zeigen muß, während anderen Anwesenden als bloßen Teilnehmern nur gewisse Verhaltensschranken auferlegt werden.
Vergleicht man die Beerdigungsrituale, die heute in den modernen westlichen Gesellschaften Verwendung finden, mit denen in weniger differenzierten Gesellschaften mit ihren lauten Klagen und Protesten[1], so scheint bei den ersteren Apathie die normale Verhaltensform zu sein, die nur durch vereinzelte »Ausbrüche«, besonders bei der Herabsenkung des Sarges, unterbrochen wird. Schon der Begriff des »Ausbruchs« deutet die starke Zügelung an, die dem apathischen Verhalten auferlegt wird; die Züge der protestlosen Unterwerfung überwiegen.
Wenn in den modernen westlichen Gesellschaften die schweigende, schmerzvolle Annahme die Klage und den Protest verdrängt hat, so ist dies sicher auf die prägende Kraft christlicher Tradition zurückzuführen. Sie bedeutet Ergebung in den göttlichen Willen[2]. Ist der Verlust auf ihn zurückzuführen, muß jeder Protest und jede Klage als Zeichen mangelnden Vertrauens erscheinen, und zwar gleichgültig, ob man sich

mit der Hoffnung auf ein Weiterleben nach dem Tode trösten kann oder nicht[3]. Dabei mag zugleich ein stärkeres Realitätsbewußtsein eine Rolle spielen, wonach es nicht als statthaft und sinnvoll angesehen wird, um etwas, was unbestreitbar verloren ist, zu protestieren und zu klagen. Wille Gottes und gesellschaftliches Realitätsbewußtsein stehen in einer Koalition gegen die Expression von Gefühlen.

Es fehlt im modernen Beerdigungsritual die Möglichkeit, Aggressionen gegen den Verstorbenen und die Umstände des Todes auszuagieren. Mercedes B. Concepcion schildert, wie die Begräbnisriten eines katholischen Dorfes auf den Philippinen an drei Zeitpunkten gestatten, ein Verhalten zu zeigen, bei dem die Trauernden heulen, schreien und den Verstorbenen laut beschuldigen dürfen, die Arme klagend erheben, ohnmächtig und starr werden und sich gewalttätig verhalten können. Dies geschieht auf dem Wege vom Sterbehaus in die Kirche, bei der Schließung des Sarges nach der priesterlichen Segnung und bei der Versenkung des Sarges und wird als das Zeichen genuiner Verehrung, Trauer und kindlicher Pietät gegenüber der Person betrachtet, die hier zu Grabe getragen wird[4]. Concepcion zitiert den Bericht eines Priesters, der eine Beerdigung dort beobachtete:

»Schrille Schreie waren nun von der ›ermita‹, dh. der Begräbniskapelle zu hören. Dies war eine weitere Beerdigung, das betroffene Ehepaar stammte aus Barrio Baras. Sie hatten ein Kind von etwa 20 Monaten mit dem Namen Domingo verloren. Da ich nahe beim Eingang des Friedhofs und damit auch nahe an der ›ermita‹ stand und die Ehefrau offensichtlich ohnmächtig geworden war, ging ich näher an die Stelle heran, an der sie sich befand. Während ich dies tat, wurde der Ehemann von zwei Männern fortgezogen. Er schrie fortwährend unzusammenhängend und schlug sich mit ihnen, aber seine Beine waren schwach. Plötzlich wurde er steif. Ohne darüber zu diskutieren oder alarmiert zu sein, packten ihn die zwei Männer unter den Ellbogen wie einen Stampfpfahl und schlugen seine Füße gegen den Boden, wobei sie ihn jedesmal hochhoben wie ein Seil, das vertikal zwischen ihnen gespannt war. Einige der Herumstehenden begannen darüber zu lachen. Nachdem dies vier- oder fünfmal gemacht worden war, lockerte er sich und begann von neuem zu schreien und auf die beiden Helfer einzuschlagen. Sie brachten ihn aus dem Friedhof heraus auf die Straße und von dort die wenigen Schritte zu seinem Haus in Baras.«[5]

Für unseren Zusammenhang ist es wichtig zu sehen, daß eine solche gewaltsame Expression nur auf eine bestimmte, zeitlich begrenzte Phase beschränkt ist; sie kann nicht ausufern, sondern wird durch andere rituelle Akte abgelöst. Aber nicht nur die Möglichkeit, Aggressionen abzureagieren, ist in den gegenwärtigen Ritualen unterdrückt, sondern auch die Expression anderer Gefühle, vor allem des Weinens. Im Verlauf dieses Jahrhunderts läßt sich eine zunehmende Entemotionalisierung des Begräbnisrituals feststellen[6]. Dies gilt insbesondere für die Predigt, bei der Pfarrer, die »die Tränen fließen lassen«, von ihren Kollegen erheblich diskreditiert werden[7]. Die Gründe, die zu einer solchen Herabsetzung von expressiven Gefühlsakten geführt haben, sind unterschiedlich: man glaubte, nur auf diese Weise der Verkündigung die nötige Aufmerksamkeit sichern zu können; die Angehörigen, die befürchten, die Kontrolle über sich zu verlieren, bitten darum, es »kurz und schmerzlos zu machen«; der Pfarrer selbst fühlt sich hilflos angesichts etwaiger Gefühlsausbrüche, zudem gibt es eine Norm, nach der Expression von Gefühlen in der Öffentlichkeit als unpassend gilt und in den privaten Raum verbannt wird.[8] Trotz dieser teils akzeptablen teils auch fragwürdigen Argumente scheint es doch notwendig zu sein, insbesondere diesem Aspekt der Entemotionalisierung und der damit verbundenen Verkürzung des Beerdigungsrituals erhöhte Aufmerksamkeit zu schenken. Entemotionalisierung und verkürzte Rituale bewirken den fatalen Eindruck, hier solle der Tote möglichst rasch abgeschoben werden.

Es ist offensichtlich, daß keine Übereinstimmung darüber vorhanden ist, ob öffentliche Rituale Emotionen unterdrücken und ins Private abdrängen, oder ob sie ihre Expression fördern sollen. Trauernde selbst vertreten oft die Meinung, jede Form öffentlichen Trauerverhaltens sei für sie belastend und erscheine ihnen wie ein »Theater spielen«; die private Trauer in unritualistischer Form gilt dagegen als »echt«[9]. Trauernde, die während des Begräbnisses viel weinen und am Grabe zusammenbrechen, gelten als »heuchlerisch«, obgleich gewisse Trauerreaktionen erwartet werden; wenn ein naher Angehöriger sich völlig ungerührt zeigt, findet dies soziale Mißbilligung. Unter therapeutischen Aspekten werden allgemein solche Ausbrüche befürwortet, da sie die Trauerarbeit erleichtern[10]; generell sollte dem Trauernden die Freiheit zustehen, daß er sich nach seinem eigenen Empfinden verhalten kann, sei es, daß er keine Trauer empfindet oder seine Trauer nicht ausdrücken kann, obgleich er es gerne möchte, sei es, daß er seine Trauer nicht öffentlich zeigen will.

Ein Pfarrer allein wird kaum ein gesamtgesellschaftliches Verhalten ändern können, das auf die Unterdrückung der öffentlichen Expression von Gefühlen ausgerichtet ist, selbst wenn er den therapeutischen Wert einer freien Expression anerkennt. Er kann aber darauf verzichten, diese Unterdrückung zu verstärken und durch Erläuterungen und seine eigene Reaktion auf solche Ausbrüche zu erkennen geben, daß hier nichts Peinliches und Unwürdiges geschieht. Deshalb wird der Pfarrer als Leiter dieses Rituals darauf achten müssen, daß die Beerdigungsliturgie und seine Ansprache eher Trauerreaktionen freisetzen als, wie dies derzeit zumeist der Fall ist, behindern. Nicht trauern zu dürfen, ist unter theologischem Aspekt ebenso »Gesetz« im negativen Sinne, wie nicht trauern zu können, wenn Schuldgefühle und Ressentiments gegenüber dem Toten der Expression im Wege stehen. Das Handeln des Pfarrers ist Evangelium, wenn es unbehinderte Trauerarbeit freisetzt. Zu ihr zu verhelfen, ist ein wesentlicher Schritt zur neuen Adaptation an die Umwelt. Das Ritual kann dazu helfen, soweit es die Emotionen nicht unterdrückt, sondern ihnen freien Lauf läßt, um zugleich die Ausbrüche durch den Fortgang des liturgischen Verlaufs aufzufangen.

4.53 Reduzierung der Angst

Von der Angst, die von einem rachsüchtigen Toten ausgehen kann, und von der Sorge für den Toten ist bereits oben gesprochen worden. Aber es gibt auch die Angst der Hinterbliebenen, sich nicht von dem Toten lösen zu können und in seinen Tod hineingezogen zu werden. Es besteht die Sorge, nicht fähig zu sein, den Verlust zu bewältigen und aus dem Zustande der Desorganisation nicht herauszukommen. Die Zukunft der Familie in finanzieller Hinsicht mag bedroht sein. Schließlich macht der Tod des anderen die eigene existentielle Bedrohtheit unausweichlich sichtbar. Es ist eine der Funktionen des Rituals, die Angst der Trauernden zu reduzieren.

Es ist zunächst die Struktur des Rituals selbst, das zur Angstreduzierung beiträgt. Indem es die disrupten und zerstörerischen Folgen eines Todesfalles in eine geordnete Abfolge von Ereignissen bringt, setzt es dem inneren Chaos und dem Gefühl des Verlorenseins ein Gefüge von Ordnung entgegen. Es liefert ein Verhaltensmuster der »kleinen Schritte«, das zwar nicht ohne weiteres in den Alltag der Trauerarbeit übertragen werden kann, aber doch zeigt, daß es gelingen wird, sich von dem Toten zu lösen ohne ihn zu verlieren. Da das Ritual zeitlich begrenzt ist, zeigt es, daß Trauer nicht ewig währen wird.

Daneben verweist das Ritual auf eine Anzahl von möglichen Bewältigungsmechanismen. Es kann dem Trauernden die Zuwendung Gottes zusichern und auf die Hilfe der Nächsten verweisen, die ein Zeichen der Solidarität setzen, wenn sie sich um den Trauernden am Grabe versammeln. Verzweifelten kann es Mut machen, nicht länger den Tod verleugnen zu müssen, sondern sich ihm voll zu stellen. Es erinnert an das vergangene gemeinsame Leben und fördert den Prozeß des Rückerinnerns, der zur Lösung von dem Toten beiträgt. Wenn es zeigen kann, daß dem Hinterbliebenen genug sinnvolle Aufgaben verbleiben und Substitution möglich ist, eröffnet es den Weg in die Zukunft[11].

Das gegenwärtige Beerdigungsritual könnte stärker zu Angstreduzierung beitragen, wenn es sich auch der Schuldgefühle annehmen würde, die bei dem Trauernden nicht selten sind. Prüft man die Agenden und die Grabpredigten, so zeigt sich, daß diesem Aspekt der Trauerbewältigung kaum Aufmerksamkeit geschenkt wird[12]. Vergebung für den Hinterbliebenen bleibt auch in der Totenmesse nur eine Randerscheinung. Dagegen kennen die Begräbnisrituale weniger differenzierter Gesellschaften eine Fülle von Reinigungsriten. Die agendarischen Aussagen: »Das macht dein Zorn, daß wir so dahinmüssen« oder »der Tod ist der Sünde Sold« versuchen zwar, generell zu erklären, weshalb der Verstorbene wie jeder Mensch unter dem Totenverhängnis steht[13], sie geben aber keine sinnvolle Hilfe, wie der Trauernde mit seinen individuellen Schuldgefühlen fertig werden soll. Schuld und Schuldgefühle stehen unverbunden nebeneinander; gerade die Betonung der allgemeinen Sündhaftigkeit verhindert, daß die aktuellen Schuldgefühle des Trauernden zur Sprache kommen[14]. Vergebung auszusprechen, kann dazu verhelfen, die Mauern aufzubrechen, die den Trauernden von seiner Umwelt trennen.

4.54 Der neue Status

Das Beerdigungsritual verweist nicht nur auf den Weg der Ablösung und der Readaptation, sondern spricht dem Trauernden bereits den neuen Status zu. Es spricht von der Ehefrau, die ihren Mann verloren hat, als Witwe und von ihren Kindern als Waisen. Es symbolisiert jedoch nicht nur die äußere soziale Statusveränderung, sondern auch den inneren Wandel, der mit dem Trauerprozeß ausgelöst wird; gerade diese neue Identität sichert das Ritual dem Trauernden zu. Er ist nicht mehr der, der diesen spezifischen Menschen geliebt hat, der nun verloren ist, sondern jemand, der ohne diesen Menschen leben wird, was immer an Erinnerungen mit dem Toten verbindet. Das Ritual stellt die Ablösung als eine vollzogene dar und hilft damit, von der Herrschaft und dem Bilde des Toten freizukommen. Menschen werden nicht mehr nur deswegen geliebt, weil sie dem Verstorbenen ähnlich sind. Das Ritual kann deutlich machen, daß der Trauernde ein anderer Mensch geworden ist, dem der Verstorbene früher oder später ein anderer, ein fremder Mensch sein wird, auch wenn er ihn in sich erhält und seiner gedenkt[15].

4.55 Die Veröffentlichung des neuen Status

Das Ritual der Beerdigung macht den neuen Status des Hinterbliebenen öffentlich und stellt ihn unter besondere Rechte und unter besonderen Schutz, wie dies die biblischen Weisungen hinsichtlich der öffentlichen und rechtlichen Anerkennung der Witwen und Waisen immer wieder betonen. Der Trauernde wird in gewisser Weise durch das Ritual tabuisiert, in der doppelten Bedeutung, die ein Tabu ausmacht: Man begegnet ihm auf der einen Seite mit einer gewissen Scheu; auf der anderen räumt die Gesellschaft ihm einen Schutzraum ein.
In dem Zwischenzustand zwischen Todesfall und Reintegration in die

soziale Umwelt wird der Trauernde in besonderer Weise gemieden, nicht anders als der Tote[16] und der Kranke, vor allem der, bei dem mit einer Heilung nicht mehr zu rechnen ist[17]. In weniger differenzierten Gesellschaften sind vor allem die Witwe, aber auch die nächsten Angehörigen des Verstorbenen strengen Restriktionen unterworfen[18]. Eine Meidung des Trauernden findet sich aber auch in der westlichen Welt.

In einer Untersuchung wurde anhand einer Skala die Distanzierung von bestimmten Personengruppen erfaßt, die Meidung des Sterbenden mit der Meidung anderer Gruppen verglichen. Unter die Untersuchten waren nicht die Trauernden aufgenommen, wohl aber Personen, die an einer anhaltenden Erkrankung leiden. Mit der Skala wurde erfragt, ob man bereit sei, ein Mitglied eines dieser Personenkreise durch Heirat in die Familie aufzunehmen, sich mit ihm zu einem »date« zu treffen, sich mit ihm anzufreunden, in einer Straße mit ihm zu wohnen, es zu beschäftigen, es als Bürger der USA oder nur als Besucher zu akzeptieren. Für Nazis, Drogensüchtige, Kriminelle und Alkoholiker wurde eine besonders starke Meidung angegeben. Am wenigsten Vorbehalte zeigten sich gegenüber Amerikanern mexikanischer Herkunft, Juden, Franzosen und Kanadiern. Selbstmordgefährdete, Spieler, chronisch Kranke, geistig Gestörte und Sterbende bildeten zusammen die Mittelgruppe. Weniger als 40% der männlichen und 30% der weiblichen Befragten wollten mit diesen Gruppen in einen Kontakt kommen, der über einen Besuch in den USA und die Gewährung der Bürgerrechte hinausging[19].

Nach einer Befragung von G. M. Vernon würden nur 25% der Befragten, wenn sie zum ersten Mal einen Hinterbliebenen nach dem Todesfall treffen würden, auf den Tod zu sprechen kommen, 37% würden von sich aus nicht das Thema anschneiden, 24% würden es vorziehen, wenn keine Seite auf den Tod einginge, während der Rest keine Antwort geben konnte oder sie verweigerte[20]. Diese Meidung des Trauernden beschreibt Clerk aus seiner eigenen Erfahrung heraus:

»Ein häßliches Nebenergebnis meines Verlustes ist dies, daß ich gewahr werde, wie sehr ich jedermann lästig bin, dem ich begegne. Bei der Arbeit, im Klub, auf der Straße, überall sehe ich Leute, die, wenn sie mir begegnen, versuchen, ihre Haare zurechtzulegen, gleichgültig, ob sie ›ein Wort darüber sprechen‹ oder nicht. Ich hasse es, wenn sie es tun, und wenn sie es nicht tun. Manche drücken sich völlig drumherum. R. hat mich seit einer Woche gemieden. Am liebsten sind mir die gut erzogenen jungen Männer, fast noch Jugendliche, die auf mich zugehen, als sei ich ein Zahnarzt, rot werden, es hinter sich bringen und dann um die nächste Ecke rasch in eine Wirtschaft flüchten, so rasch es der Anstand ihnen erlaubt. Vielleicht sollte der Trauernde in besonderen Siedlungen isoliert werden wie Aussätzige ... Für manche bin ich schlimmer als nur eine peinliche Belästigung. Ich bin ein Totenkopf. Immer, wenn ich ein glücklich verheiratetes Paar sehe, kann ich fühlen, wie sie beide denken: ›Einer von uns muß eines Tages in dem gleichen Zustand sein, in dem er nun ist.«[21]

J. R. Lifton hat das gleiche Phänomen gegenüber den Überlebenden der Atom-Katastrophe von Hiroshima beobachtet. Er charakterisiert diese Haltung als »Ansteckungsangst« (»contagion anxiety«), der die symbolische Bedeutung zugrunde liegt, der Überlebende sei ein Todesträger. Sie fürchten, daß der Überlebende sie beneidet und Todeswünsche gegen sie hegt, weil sie nicht den Verlust erlitten haben wie er. Der Trauernde wird gemieden, weil er an die Möglichkeit des eigenen Sterbens erinnert[22]. Das gilt besonders, wenn dieser Tod ein gewaltsamer oder unzeitiger und mit langem Leiden verbunden war. Daß der Tod uneingestandene eigene Ängste erweckt, mag einer der Gründe sein, warum die wissenschaftliche Forschung sich bis vor wenigen Jahren so wenig mit der Thematik von Tod und Trauer beschäftigt hat[23].

Das Ritual sondert aber wie das Zeichen des Kain nicht nur den Trauernden ab, sondern stellt ihn zugleich unter göttlichen Schutz. Das Tragen von Trauerkleidung ist ein sichtbarer Ausdruck dieser Funktion des Rituals L. Giudice berichtet, wie sehr sie sich zunächst wehrte, Trauerkleidung zu tragen:

»Es war mir schwergefallen, Trauerkleidung anzulegen, es fiel mir fast noch schwerer, sie abzulegen. Jetzt hing ich am schwarzen Jackenkleid, in dem ich alle Phasen der Qual durchlitten hatte, wollte es nicht mehr weglegen. Im trennenden Schmerz hatte ich mich beengt gefühlt wie in einem Panzer, der mir manchmal aber auch Schutz gewährte. Von Schwarz und Leid umhüllt, nahm ich in der Stadt Menschen und Dinge kaum gewahr, und niemand hätte gewagt, mich mit Nichtigkeiten anzusprechen. Wenn ich auf der Straße fühlte, daß mir die Tränen kamen und ich sie hilflos rollen lassen mußte, hätte ich mich sogar hinter einem jener dichten Witwenschleier verbergen mögen, die mir früher so theatralisch erschienen waren«.[24]

Daneben fördert die Anerkennung, die der Verstorbene durch die Öffentlichkeit des Rituals erfährt, zugleich die Anerkennung der Hinterbliebenen. Es verschafft ihnen das Gefühl, daß sie trotz dieses Verlustes und trotz des Statuswechsels weiterhin anerkannte Mitglieder der Gesellschaft bleiben[25]. Gerade weil Trauer oft mit einem Gefühl der Wertminderung verbunden ist, kann schon die Ehrung des Verstorbenen dem Hinterbliebenen helfen. Was Irion als »service of memories«[26] bezeichnet hat, die öffentliche Herausstellung gemeinsamer Erlebnisse und Erfahrungen, ist Hilfe für den Trauernden.

Die Veröffentlichung des neuen Status kann schließlich bei dem Trauernden bewirken, daß sich das Gefühl der Endgültigkeit durchsetzt. Indem es den Tod öffentlich bekannt macht, gibt es für den Trauernden kein Zurück mehr; er kann sich nicht an die irreale Hoffnung klammern, dies alles sei nur ein wüster, unwirklicher Traum.

4.56 Die Gemeinschaft des Trauernden mit den Lebenden

Schließlich kann das Ritual der Beerdigung die Funktion haben, generell den Trauernden zu bestätigen, daß der Verlust eines Menschen und die Trauer um ihn nicht allein von diesem Betroffenen bewältigt werden müssen, sondern daß es vor ihm Trauernde gegeben hat, die mit dieser Belastung fertig wurden, und daß dies auch weiterhin geschehen wird. Die Beerdigung ist nicht der Ort, an dem ganz allgemein darüber gesprochen werden kann[27], was eine Prüfung durch Gott bedeutet und worin ihr Sinn liegen könnte. Aber die Erfahrung des Schmerzes wird generalisiert, erscheint nicht mehr nur als das individuelle Problem dieses einen Betroffenen, sondern schließt ihn ein in die Schar derer, die mit der Hilfe des Glaubens oder durch psychische Techniken die Krisis bewältigt haben. Das Ritual bestätigt damit die Werte, die generell von einer Gesellschaft zur Überwindung eines solchen Verlustes eingesetzt werden.

5. DIE KRISENAGENTEN

Mit »Krisenagenten« soll der Personenkreis bezeichnet werden, der im Englischen als »care giving agents«[1] oder »transition technicians«[2] bezeichnet wird. In der Krise der Trauer sind eine Reihe von gesellschaftlichen Agenten tätig, deren Funktion es ist, dem Trauernden in der Bewältigung seiner Situation behilflich zu sein. Dazu gehört der behandelnde Arzt im Krankenhaus, der Arzt in der örtlichen Praxis, der Bestatter und der Pfarrer zusammen mit ihrem entsprechenden Personal (Krankenschwestern, Personal zur Einsargung, Fahrer des Leichenwagens, Sargträger, Totengräber, Organist, Küster)[3]. Im folgenden soll kurz analysiert werden, in welcher Funktion und zu welchem Zeitpunkt sie mit dem Trauernden zusammenkommen und wieweit sie ihm neben der Durchführung spezieller Tätigkeit beratend beistehen können.

5.1 Der Arzt im Krankenhaus

Allgemein fällt es dem behandelnden Krankenhausarzt zu, den Angehörigen die Mitteilung über den eingetretenen Tod zu machen (das folgende gilt in gewissem Sinne auch für die Stationsschwester, wenn ihr diese Aufgabe übertragen wird). Er steht in einem beruflichen Rollenkonflikt[4], der sich auf sein Verhalten gegenüber den Hinterbliebenen auswirkt[5]. Seine Berufsaufgabe ist darauf ausgerichtet, Schmerz zu lindern, den Tod zu verhüten und das gesellschaftlich anerkannte Recht auf Gesundheit zu verwirklichen. Er ist mit Autorität und Macht ausgestattet. Dazu treten von seiten des Patienten und seiner Angehörigen die realistische Hoffnung auf seine Fähigkeit zu heilen, aber auch die magischen Erwartungen an seine Allmacht und Unfehlbarkeit. Der Arzt selbst mag empfänglich sein für Herrschaft, Kontrolle, Macht und für die Gratifikation, die dann entstehen, wenn jemand abhängig ist. Ein weiterer Faktor, der das Verhalten des Arztes bestimmt, ist das Bewußtsein, Kontrolle über den Tod zu haben. Nach H. Feifel spielt es schon in der Berufswahl eine Rolle, die eigene Furcht vor dem Tode durch die Herrschaft über den Tod zu bewältigen. Er belegt dies durch eine Untersuchung, wonach Ärzte mehr Angst vor dem Tode haben als Kranke selbst und eine Kontrollgruppe von Gesunden[6]. Alle diese Erwartungen, die andere an ihn stellen und die er an sich selbst stellt, werden durch den eingetretenen Tod zunichte gemacht.

Nach einer Beobachtung von Easson reagiert ein Arzt mit dem Gefühl des Zornes auf den Tod und sieht sich im ständigen Kampfe mit ihm, je jünger er ist, während ältere Ärzte die Unvermeidbarkeit emotional besser verarbeitet haben[7].
Angesichts dieser Niederlage fällt nun dem Arzt die Aufgabe zu, sie öffentlich vor den Angehörigen »bekennen« zu müssen, eine Aufgabe, bei der er emotional zwangsläufig stark behindert ist und zuweilen überfordert sein mag. Sein Ziel muß es zudem sein, die Übermittlung der Todesnachricht möglichst schonend durchzuführen, um einen allgemeinen emotionalen Zusammenbruch bei den Hinterbliebenen zu vermeiden, schon deswegen, da die Information nicht selten in Sicht- und Hörweite anderer Besucher und Patienten übermittelt werden muß. Meist fehlt es zudem an Zeit, sich länger mit den Hinterbliebenen zu beschäftigen. Da jedes Sterben ein Versagen und eine Niederlage bedeutet, ist der Arzt bis zu einem gewissen Grade in einer apologetischen Situation[8]. Sie drängt ihn dazu zu versichern, daß alle Möglichkeiten ausgeschöpft wurden, daß das Sterben nicht qualvoll vor sich ging, aber doch eine Erlösung war. Er mag beruhigend hinzufügen, daß mit dem Ende schon lange zu rechnen war, und sich doch verwundert zeigen, daß er so schnell eingetreten ist. Meist wird er den Tod als natürlich und unausweichlich darstellen. In jedem Fall ist seine Funktion aber auf die Phase des Schocks beschränkt. Die gelegentliche Praxis in den USA, in solchen Fällen den Krankenhauspfarrer heranzuziehen, ist mW. in der BRD noch nicht systematisch versucht worden.

5.2 Der praktische Arzt

Als zweiter der »care giving agents« ist der Arzt in der lokalen Praxis zu nennen. Er kommt mit den Trauernden auch nach der Phase der Kontrolle relativ häufig in Kontakt, teils, weil er um die Verschreibung von Schlaf- und Beruhigungsmitteln gebeten wird, teils, weil die psychosomatischen Symptome einen offiziell gebilligten Anlaß abgeben, eine »Sorgeperson« aufzusuchen, teils auch, weil bereits ein Routinekontakt besteht, der oft durch die Erkrankung des nun Verstorbenen intensiviert worden war.
Einen weiteren möglichen Grund, warum eine verwitwete Frau den Arzt häufiger als sonst aufsucht, sieht C. M. Parkes in der Unterstützung, die dieser gewährt. »Sie ist in einem abhängigeren geistigen Zustand, und es mag sein, daß sie dadurch motiviert ist, Hilfe bei einem praktizierenden Arzt zu suchen, der an ihrem Los teilnimmt und darauf vorbereitet ist, mehr Zeit für ihre Pflege zu widmen, als er es in anderen Fällen tun würde.«[1] Was immer der Grund sein mag, zum Arzt zu gehen, so ist es doch bemerkenswert, daß nach der Untersuchung von Clayton et al. 44% der von ihnen befragten verwitweten Frauen den Arzt aufgesucht hatten[2].

Von ärztlicher Seite wird man, zumindest in den USA, zunehmend aufmerksam auf die Gesundheitsprobleme, die sich mit der Trauer stellen[3]. Dabei ist eine wesentliche Voraussetzung, wie oben ausgeführt wurde, daß die Trauer als eine selbständige Krankheitsentität anerkannt ist[4]. Ärzte, die mit Trauernden konfrontiert sind, sehen allgemein nur die körperliche Unruhe und Spannung sowie die Schlafstörungen, die mit Beruhigungs- und Schlafmitteln angegangen werden[5]. Wieweit dies eine wesentliche Hilfe ist oder nur den Trauerprozeß behindert, ist bisher nicht zureichend untersucht.

Die generellen Schwierigkeiten des praktischen Arztes liegen ähnlich wie beim Pfarrer, selbst wenn der Arzt den Trauernden länger kennen mag als dieser. Einmal sind praktizierende Ärzte wenig geschult, psychologische Aspekte der Krankheit anzugehen, auch wenn sie eine gewisse Lebenserfahrung erwerben können, die dem Trauernden hilfreich sein kann. Zum anderen fehlt es auch ihnen zumeist an Zeit, ausführlicher auf die Probleme des Trauernden einzugehen, die sich etwa aus Schuldgefühlen ergeben. Das kollegiale Verhältnis mag verbieten, die Anklagen des Hinterbliebenen gegen die behandelnden Ärzte ernsthaft aufzugreifen. Generell wird man sagen können, daß die Rolle des praktizierenden Arztes darauf hinausläuft, die kontrollierte Phase durch Medikation zu stärken und zu verlängern.

5.3 Der Bestatter

Der Bestattungsunternehmer[1] ist der Krisenagent, der in der kontrollierten Trauerphase gegenwärtig den intensivsten Kontakt zu den Trauernden hat[2]. Er ist zumeist über den Tod des Gemeindegliedes früher informiert als der Pfarrer und hat entscheidenden Einfluß auf die Ausstattung der Beerdigung[3]. Er verfügt über das Wissen, wie im Falle einer Beerdigung vorzugehen ist, welche amtlichen Schritte zu unternehmen sind, und kann definieren, was eine schlichte, mittlere oder kostspielige Beerdigung ist. Er mag erwarten, in diesem seinem professionellen Wissen anerkannt zu werden, und reagiert mit Unwillen auf Sonderwünsche, die von der geschäftlichen Routine abweichen.

Der Angehörige oder der Freund, die für den unmittelbar Betroffenen die Absprachen über die Beerdigung treffen, haben kaum eigene Maßstäbe für das, was als angemessene Beerdigung betrachtet werden kann. Für die Familie ist in den meisten Fällen bestimmend, die letzte Ehrung nicht unter die Normen einer angemessenen Beerdigung fallen zu lassen, sie ist aber meist in ihrer Bestimmung auf den Bestatter angewiesen. Ein wichtiger Faktor sind neben der Ehrung die Schuldgefühle; die Ausschmükkung der Beerdigung ist ein finanzielles Opfer, frühere Vernachlässigun-

gen zu sühnen[4]. Das außergewöhnliche Ereignis des Todes läßt finanzielle Erwägungen zurücktreten. Eine Entscheidung muß rasch getroffen werden, so daß wenig Möglichkeit besteht, vergleichende Angebote einzuziehen. Dies alles gibt dem Bestatter eine günstigere Verhandlungsbasis als den Leidtragenden[5].
Dennoch handelt auch ein Bestattungsunternehmer nicht auf einer rein geschäftlichen Ebene. Er versteht seine Tätigkeit als »Dienstleistung« und sieht sich nicht nur als Lieferant von Sarg, Totenhemd und als Organisator von Grabstätten, Einsargung, Transport zum Friedhof oder zur Kirche und von Trägern. Er übernimmt auch emotionale Funktionen. Er muß den Angehörigen den Eindruck vermitteln, daß er mit dem Leichnam sorgsam umgehen wird; er wird in vielen Fällen auch gewisse Formen von Trost spenden. Ein Pfarrer berichtete dem Verfasser zB., daß ein Bestatter einer Kleinstadt innerhalb weniger Jahre seine Konkurrenten aus dem Felde schlug, nicht weil die Durchführung der Beerdigung selbst sich vorteilhaft von der anderer unterschied, sondern weil er es verstand, auf eine verständnisvolle Art und Weise mit den Leidtragenden umzugehen[6]. Die Beratung mag auch solche Bereiche wie kommunale Zuschüsse zur Beerdigung, Beihilfen von Betrieben und Genossenschaften, Auszahlungen von Versicherungen usw. umfassen. Da der Bestatter bei der Auswahl der Bibelverse und Gedenksprüche und bei der Formulierung der Todesanzeigen und -briefe behilflich ist, bestimmt er die Vorstellungen mit, in denen Tod beschrieben und begriffen wird[7]. Dies berechtigt zur Aussage, daß »im Bestattungsgewerbe ... einer der wichtigsten sozialen Faktoren aufgefunden (sc. wird Y. S.), der die Geltung des Bildes vom natürlichen Tod verhindert«[8].
Zwischen der Aufgabe des Bestatters und der des Pfarrers besteht eine Reihe von Rollenkonflikten[9]. Der amerikanische Pastoralpsychologe C. C. Bachmann hat nach einer gemeinsamen Konferenz zwischen Pfarrern und Beerdigungsunternehmern die folgenden kritischen Anliegen von Bestattern gegenüber den Pfarrern formuliert: Die Bestatter bedauern das pathetische und statusbewußte Auftreten des Pfarrers. In ihren Augen werden zu viele Dinge getan und Worte wiederholt, die weder eine innere Bedeutung haben noch irgendeine Wirkung erzielen; die Pfarrer mieden die Trauerfamilien und zeigten einen Mangel an Verständnis für die Gefühle von anderen. Schließlich glauben die Bestatter, eine gewisse Feindseligkeit beobachten zu können, die hinter einer kühlen, unpersönlichen Miene verborgen sei, so als wolle der Pfarrer die Beerdigung rasch hinter sich bringen, um möglichst schnell zu angenehmeren Aufgaben überzugehen[10]. Solche Meinungen lassen sich sicher nicht generalisieren und verraten auch einige Ressentiments gegenüber der höheren sozialen Anerkennung des Pfarrerstandes verglichen mit dem des Bestat-

ters, ohne Zweifel lassen sich solche kritischen Beobachtungen aber auch bei den hiesigen Verhältnissen machen.

5.4 Der Pfarrer

5.41 Die soziale Position

Als vierter der »care giving agents« ist der Pfarrer zu nennen. Er wird allgemein erst durch die Angehörigen, den Bestatter oder die Gemeindeschwester von dem Tod informiert; zum Sterbenden wird er von der Familie, es sei denn, es handele sich um eine katholische, nur in den seltensten Fällen herbeigerufen. Obwohl zu der offiziellen Aufgabenbeschreibung des Pfarrers auch die Seelsorge in Trauerfällen gehört, beschränkt sich im allgemeinen seine professionelle Tätigkeit auf einen kurzen Besuch im Trauerhaus, bei dem überwiegend die kommende Beerdigung und ihre Durchführung besprochen wird.
Zumindest in der Bundesrepublik ist der Pfarrer, soweit es sich um eine kirchliche Beerdigung handelt, der Leiter dieses Rituals. Unter gewissen Umständen muß er die leitende Funktion jedoch mit Gruppen teilen, auf deren Einstellung zur christlichen Verkündigung er keinen Einfluß hat, wie etwa einer Gruppe von Verbindungsbrüdern, den Gewerkschaftskollegen oder dem Kegelverein. Seine Stellung ist jedoch nicht in der Weise verunsichert wie bei amerikanischen Beerdigungen. Diese finden in den meisten Fällen im »funeral home« des Bestatters statt, der praktisch das gesamte rituelle Arrangement übernimmt und den Pfarrer nur für die Beerdigungsansprache und die Gebete engagiert. Dem Geistlichen ist kaum häufiger als in der BRD der Trauernde bekannt, zumal wenn der Verstorbene nicht Mitglied seiner Kirche war[1]. Viele Beschwerden, die Pfarrer in den USA gegenüber den Bestattern äußern[2], treffen in der BRD nicht in gleicher Weise zu. Hier ist der Pfarrer stärker Herr im eigenen Haus und kann dadurch, wenn auch nur in Grenzen, die Ausgestaltung der Kirche oder Friedhofskapelle bestimmen. Auch die amerikanische Sitte der Einbalsamierung und die Gewohnheit, den Sarg erst nach der Trauerfeier zu schließen, betreffen ihn nicht.
Aber auch Pfarrer in der BRD sind nicht frei von Vorwürfen und Ressentiments gegen die Bestattungsunternehmer. Sie stehen, nicht anders als ihre Kollegen in den USA, dem Aufwand kritisch gegenüber, der mit Sarg, Blumenschmuck, Kerzen und den musikalischen Arrangements getrieben wird und nach ihrer Meinung einen dem christlichen Auferstehungsglauben entgegengesetzten pseudoreligiösen Anstrich trägt. Sie sind verärgert, weil es zumeist der Bestatter ist, der den Termin für die Beerdigung setzt. Da sie keine Gebühren für die Beerdigungsfeier mehr zu erheben brau-

chen, fällt es ihnen um so leichter, den Bestattern einseitiges Geschäftsinteresse zu unterstellen. Besonders allergisch zeigen sich Pfarrer, wenn Bestatter Aufgaben wie Seelsorge und geistlichen Zuspruch übernehmen, was sie als ihre eigene legitime Aufgabe ansehen. Die Gespräche, die wir in den Pfarrergruppen führten, zeigten aber, daß die Pfarrer in den wenigsten Fällen einen persönlichen Kontakt zum Bestatter haben und auch keinen Versuch unternehmen, hinsichtlich zB. der Auswahl der Beerdigungsverse auf den Bestatter Einfluß zu nehmen.

Nach der Meinung von M. Bowers et al. sind vor allem zwei Gründe für die Antipathie und die Ressentiments des Pfarrers gegenüber dem Bestatter von Gewicht. Zum einen steht der Pfarrer bei der Beerdigung nicht wie bei den übrigen Kasualien im alleinigen Mittelpunkt des Interesses, sondern muß dies mit einem anderen teilen. Zum anderen »ist der Bestattungsunternehmer der letzte Affront für die ungelösten Ängste des Pfarrers und deshalb das Ziel der Haßgefühle und Antipathien, die mit der Vorstellung vom Tod als einem Feind zusammenhängen. Wenn man schon den Tod nicht besiegen kann, dann kann man wenigstens versuchen, dem Menschen das Leben zur Qual zu machen, der einen an sein persönliches Versagen erinnert«, sofern der Pfarrer selbst mit dem Problem des Todes nicht fertig wird[3].

Beide Gründe, die M. Bowers et al. hier nennen, sind durch ihre Erfahrungen in den USA geprägt. Da die Pfarrer in der BRD weniger Anlaß haben, ihre eigenen unbewältigten Ängste in Form von Ressentiments auf den Bestatter zu projizieren, sind es nach den Erfahrungen, die wir in der Arbeit mit Pfarrergruppen gemacht haben, vor allem die Hinterbliebenen selbst, an denen Ressentiments abreagiert werden. Es war vielfach eine bedrückende Erfahrung, in welch abfälliger Weise Pfarrer über die Teilnehmer an einer Beerdigungsfeier sprechen[4]. Sie werden abgewertet, weil sie den Toten nur verherrlichen wollen, ohne daß die Pfarrer die Funktion des Abwehrmechanismus der Glorifizierung durchschauen. Den Trauernden wird unterstellt, nur am Erbe interessiert zu sein, und der Streit darüber entstehe schon am Grabe; die Beerdigung sei für sie kein Akt des Glaubens, sondern sie wünschten allein eine schöne Feier mit viel Aufwand, um ihre Pietät gegenüber dem Verstorbenen demonstrativ zu belegen, schlimmer noch, hier gehe es um einen unchristlichen Totenkult. Den Trauernden wird Pseudoreligiosität vorgeworfen, ohne daß die Pfarrer reflektieren, wieweit Sentimentalität die einzige religiöse Ausdrucksform ist, die den Betroffenen in solchen Situationen zur Verfügung steht. Sie hinterfragen nicht die Legitimität ihrer eigenen Theologie, die sie solches Verhalten der Trauernden als pseudoreligiös bezeichnen läßt.

Eine solche Verzerrung der Situation des Trauernden und seiner psychischen Verfassung, die auf der Unfähigkeit des Pfarrers beruht, mit seinen eigenen Ängsten und Verlegenheiten angesichts des Todes fertig zu werden, erschwert zugleich die Hilfe an Trauernden, zu denen der Pfarrer von seiner sozialen Position her ausgezeichnete Möglichkeiten haben würde. Zwar kann diese mögliche Hilfe erst in der regressiven und adaptiven Phase effektiv werden, aber die institutionalisierte Tätigkeit in der Phase der Kontrolle schafft wesentliche Voraussetzungen für eine wirksame Hilfe in den folgenden Phasen. Gelingt es dem Pfarrer, in der Phase der Kontrolle das Vertrauen des Trauernden zu finden, dann ist einer späteren Arbeit mit ihm der Weg eröffnet[5]. Ohne Zweifel hat ein Pfarrer nicht die gleichen, aber auch nicht weniger Möglichkeiten als der Bestatter und der Arzt, einer trauernden Familie Hilfe zu bringen, wenn auch diese Chancen zum Teil freilich an eine Reihe von Voraussetzungen gebunden sind, die bisher im pfarramtlichen Dienst noch unzureichend verwirklicht wurden[6].

(1) Er ist zumindest mit einigen der Familien bekannt, von denen er nun einen Angehörigen zu beerdigen hat[7]. Aber auch wenn die Familie ihm unbekannt war, so haben sich doch durch das der Bestattung vorangegangene Beerdigungsgespräch erste Kontakte ergeben. Der Pfarrer hat seine Beobachtungen machen können, wie die einzelnen Familienmitglieder den Verlust aufgenommen haben[8].

(2) Weitgehend besteht noch die an sich für einen professionellen Berater einmalige Situation, daß der Pfarrer Mitglieder seiner Gemeinde zu Hause aufsuchen kann (auch wenn er eine gewisse Sensibilität entwickeln muß, wo solche Hausbesuche als angemessen empfunden werden, bzw. wo irgendeine Form der Anmeldung erwartet wird). Dies ist deshalb so wichtig, weil Trauer, sowohl einfache wie pathologische, weder als ein medizinisches noch als ein soziales Problem gilt, dessentwegen man von sich aus einen Spezialisten aufsuchen würde. Trauer gilt auch nicht als ein Problem der Lebensführung, wie eine Ehekrise oder Alkoholismus, für die man bei einer Beratungsstelle Hilfe sucht. Die Möglichkeit des Hausbesuches gibt folglich eine unvergleichliche Chance zu helfen.

(3) Der Pfarrer ist ein Außenseiter; er ist emotional distanziert von den Ängsten und Spannungen in der Familie. Er steht außerhalb der Trauersituation und kann gerade angesichts der bei der Trauer nicht selten ausbrechenden Irrationalität eine objektive Haltung bewahren.

(4) Der Pfarrer gilt, ob ihm das lieb ist oder nicht, als der Vertreter moralischer Werte. Das mag das Gespräch erschweren, wenn der Pfarrer nicht von vornherein (etwa in der Ansprache) deutlich machen kann, daß er sich nicht als »Verstärker« der Erwartungen der sozialen Umwelt oder der gesellschaftlichen Normen versteht. Er sollte aber zu dieser generellen Rollenerwartung stehen. Dies erlaubt ihm zB., Fragen der Beziehung des Trauernden zum Toten anzusprechen, wie dies keiner der anderen »care

giving agents« vermag. Da Vorwürfe gegen den Verstorbenen und sich selbst in der emotionalen Erregung der Trauer oft übertrieben werden, kann er solche Vorwürfe in den richtigen Proportionen sehen. Sofern er genügend Einsicht hat in das, was die soziale Umwelt vom Trauernden erwartet (Erwartungen, die dieser zwar zum Teil bejaht, denen er sich aber nicht gewachsen fühlt), kann der Pfarrer die moralischen Fremd- und Eigenerwartungen relativieren und den Trauernden freimachen von der Belastung, den Normen seiner Umgebung entsprechen zu müssen. Wenn der Betroffene keine Trauer empfinden kann, auch wenn die Umwelt es von ihm erwartet, kann die Versicherung des Pfarrers, daß nicht trauern zu können noch kein Anzeichen von Pietätlosigkeit oder gar Unglauben sei, befreiend wirken.

(5) Der Pfarrer ist, wiederum ob ihm das lieb ist oder nicht, der Spezialist für religiöse Fragen. Zwar bestehen in unserer Gesellschaft keine allgemein anerkannten Ansichten über das Schicksal des Toten und über ein Weiterleben nach dem Tode. Es findet sich aber eine Vielzahl von Meinungen, die stark genug sind, den Trauernden anhaltend zu beschäftigen, obgleich sie oft konfus und widersprüchlich sind, so daß große Hemmung besteht, darüber öffentlich zu sprechen. Der Trauernde mag die Präsenz des Toten intensiv spüren, Illustrierten-Berichte über spiritistische Sitzungen fallen ihm ein, Fragen, wie man sich die Auferstehung vorzustellen habe, werden wichtig; da ist die Angst vor der Rache des Toten, seiner nächtlichen Wiederkehr. Man kann vom Pfarrer erwarten, daß er von alldem gehört hat und zu einer Klärung beitragen kann. Er ist einer der wenigen, mit dem solche Fragen zu bereden sind, sobald er bereit ist, auch die verwirrteste Meinung ernst zu nehmen.

(6) Der Pfarrer kann ein »Mann des generellen Vertrauens« sein, und zwar um so mehr, als er keine spezifisch evangelistischen Ziele durchzusetzen versucht. Da er weder materielle Interessen zu vertreten braucht, noch (abgesehen von der Leitung der Beerdigung) mit der professionellen Durchführung einer bestimmten Aufgabe für den Trauernden beauftragt ist, ist er freier als andere »care giving agents« für alle Probleme des Trauernden. Er braucht nicht immer Lösungen für diese Probleme zu wissen, aber er kann das Vertrauen und den Ruf erwerben, er wisse, wie man »die Dinge anpackt« und wie man sie einer Lösung näher bringt. Die Position der Interessenfreiheit, des generellen Vertrauens und der Vermittlung kann sich auf die Arbeit mit Trauernden hilfreich auswirken.

(7) Der Pfarrer kann schließlich von seinen beruflichen Gegebenheiten her jemand sein, der im Gegensatz zu anderen Professionen über das verfügt, was zu einem der am schwersten erwerbbaren Dinge in einer durch Rationalität und wachsende Bedürfnisse bestimmten Gesellschaft gehört: Er hat Zeit. Eine solche Aussage mag angesichts der allseitig

beklagten Zeitbedrängnis, in der der Pfarrer steht, als blanker Hohn erscheinen, dürfte aber eines der wichtigsten Ziele sein, die eine Neuorganisation der kirchlichen Arbeit anstreben muß.

5.42 Pfarrer und Beerdigung

Vielfach wird die Beteiligung des Pfarrers an der Beerdigung von ihm negativ beurteilt. Es kursiert das böse Wort unter den Pfarrern, er werde dort nur als »Zeremonienmeister« gebraucht. Mit diesem abwertenden Urteil wird zum Ausdruck gebracht, die Beerdigung sei keine wesentliche Aufgabe der Kirche oder sei doch nur bei denen berechtigt, die sich am Gemeindeleben aktiv beteiligt hätten. Der Pfarrer sieht sich bei der Beerdigung unter starken Fremderwartungen, die er von seinem theologischen Standpunkt aus nicht billigen kann; zudem hat er den nicht unberechtigten Eindruck, er werde nur bei der Beerdigung benötigt, weil niemand diese feierlicher und angemessener durchführen könne als er.
Dem abwertenden Urteil, der Pfarrer sei bei der Beerdigung nur »Zeremonienmeister«, liegen eine Reihe von Mißverständnissen zugrunde, die im folgenden näher besprochen werden sollen: (1) Daß der Pfarrer als »transition technician« herangezogen wird, ist keine Mißachtung seines Berufes, sondern entspringt der generellen Tendenz zur Arbeitsteilung in unserer Gesellschaft; (2) im geschichtlichen Rückblick zeigt sich, daß die Kirche sehr zielgerichtet die ihr von der Gesellschaft zugewiesene Aufgabe der Beerdigung übernommen und für ihre Zwecke ausgebaut hat; (3) der Pfarrer ist sich nicht im klaren über die therapeutische Funktion des Rituals und ist geneigt, es deshalb abzuwerten; darüber ist oben schon gesprochen worden, es braucht hier nicht wiederholt zu werden.
(1) Wenn Pfarrer darüber klagen, nur als »Todesagenten« und »Todesspezialisten« in Anspruch genommen zu werden, so ist darauf zu verweisen, daß es diese auch in früheren Zeiten in Gesellschaften mit geringerer Arbeitsteilung gegeben hat. Dies läßt sich zB. an einer Institution wie der der Klagefrauen belegen, die im Alten Israel eine offizielle Gilde bildeten[9]. In neutestamentlicher Zeit fiel eine solche Aufgabe offenbar den älteren verwitweten Frauen zu[10]. In den letzten Jahren ist es vor allem W. Neidhardt gewesen, der auf diesen Aspekt der Arbeitsteiligkeit hingewiesen und betont hat, man könne es nicht negativ beurteilen, wenn der Pfarrer als Zeremonienmeister fungiere: »Der Dienst des Zeremonienmeisters ist bei dieser Veranstaltung so wichtig wie der des Totengräbers oder des Wirtes, der das Beerdigungsmahl zubereitet.«[11] Als Leiter des Rituals ist der Pfarrer zunächst einmal ein Fachmann, der ebenso wie der Bestatter oder der Standesbeamte für eine spezielle Funktion herangezogen wird. Sich in eine solche funktionale Arbeitsteilung einzufügen, hat in den

Augen der Umwelt keineswegs etwas Erniedrigendes[12]. Es wäre eher zu fragen, ob ein Pfarrer nicht unevangelisch denkt, wenn er glaubt, und sei es um der Verkündigung willen, die Szene beherrschen zu müssen.

(2) Weiter ist zu bedenken, ob Theologie und Kirche nicht selbst dazu beigetragen haben, daß dem Pfarrer zunehmend die Aufgabe der Beerdigung zufiel, indem zB. die Theologie seit der Aufklärung[13] zunehmend den Tod als das letzte Unverfügbare in einer von Menschen beherrschten Welt betont und sich damit gegen das der Welt optimistisch gegenüberstehende Bürgertum wandte, indem sie evangelistisch auf den Tod verwies, der jede Chance der Umkehr unmöglich macht, indem sie den Himmel als das eigentliche Ziel allen menschlichen Arbeitens herausstellte. Während sich zunehmend die übrigen Wissenschaften von der Todesfrage weitgehend abwendeten, mußte die Theologie zwangsläufig zu der Instanz werden, die speziell auf die Fragen des Todes eingeht.

Das gleiche läßt sich von der kirchlichen Praxis sagen. Es muß daran erinnert werden, daß es von reformatorischen Zeiten an durchaus nicht selbstverständlich war, Verstorbene mit geistlichem Beistand, geschweige denn mit einer gottesdienstlichen Feier zu beerdigen[14]. Rietschel und Graff sprechen vorsichtig davon, das Begräbnis sei »meist« von Geistlichen begleitet worden[15]. Auch während des 19. Jahrhunderts war die Beerdigung in der Begleitung eines Pfarrers nicht selbstverständlich. Irle berichtet etwa aus dem Siegerland, daß das Mitwirken des Pfarrers bei der Beerdigung bis in die achtziger Jahre des vorigen Jahrhunderts durchaus nicht die Regel war. Die Synodaltagung des Jahres 1885 stellt fest, daß Beerdigungen unter Mitwirkung des Pfarrers zunehmend begehrt würden. Während sich nach Irle die Pfarrer bis zu dieser Zeit kaum um die Beerdigungen gekümmert hatten, wirkten sie nun auf eine Begräbnisordnung hin, die die Vornahme religiöser Begräbnisfeierlichkeiten nur den staatlichen anerkannten Religionsgesellschaften gestattete, was zu zahlreichen unerfreulichen Konflikten mit den vielen kleinen Gemeinschaften führte[16]. Das zunehmende Interesse, an den Beerdigungen beteiligt zu werden, zeigt sich mit zeitlichen Verschiebungen auch in anderen Gebieten Deutschlands, obgleich einige Pfarrer gegen den häufiger werdenden Friedhofsdienst Bedenken erhoben[17]. Die allgemeine Tendenz ging jedoch auf eine liturgisch ausgebaute Kasualhandlung mit Ansprache auf dem Friedhof. Sie lief parallel zu der Einführung eines allgemeinen Totenfestes (Totensonntag), in dem der in der Gemeinde Verstorbenen gedacht wurde[18]. Wenn Annemarie Burger in ihrer Studie über die Religionszugehörigkeit hinsichtlich der kirchlichen Bestattung sagt, »daß es bis zur Gegenwart fast bei allen Evangelischen und Katholiken Sitte ist, ihre Angehörigen kirchlich bestatten zu lassen«[19], so unterliegt sie einem weitverbreiteten Irrtum. Die kirchliche Begleitung bei der Beerdigung war durchaus keine allgemein verbreitete Sitte. Erst seit den 80er Jahren des letzten Jahrhunderts liegen uns allerdings zuverlässige Daten vor. Sie zeigen entgegen allgemeiner Annahme, daß die Zahl der kirchlichen Beerdigungen bis zur Gegenwart in der BRD stetig zugenommen hat. Selbst in den letzten Jahren zeichnet sich in der BRD eine bescheidene Steigerung ab. In Berlin etwa, wo um 1880 nur 20% der Beerdigungen von Evangelischen mit kirchlicher Assistenz erfolgten, waren es 1900 52%, 1920 77% und 1960 rd. 80%, 1969 86%[20]. Um die Entwicklung in einer mehr ländlich bestimmten Landeskirche zu belegen, seien als Ergänzung die Zahlen für Schleswig-Holstein genannt, wonach 1900 75% aller evangelischen Verstorbenen kirchlich beerdigt wurden, 1920 84%, 1960 90% und 1969 91%[21]. Schleswig-Holstein beginnt zwar nicht auf einem so niedrigen Stand wie Berlin, aber auch hier ist die Zunahme bis zur Gegenwart kontinuierlich.

Hierbei handelt es sich nicht um eine zufällige Entwicklung vereinzelter Landeskirchen (Tab. 3)[22] (wenn die Zahlen zum Teil über 100% liegen, so liegt es daran, daß gelegentlich Angehörige der katholischen Konfession evangelisch beerdigt und damit mehr evangelische Beerdigungen vollzogen werden, als evangelische Verstorbene vorhanden sind).

Alle Anzeichen deuten darauf hin, daß die Zunahme der kirchlichen Beerdigung von der Kirche gefördert und keineswegs abgelehnt wurde[23], so sehr Pfarrer heute vielfach eine solche Aufgabe als eine fremde und unnötig zeitraubende auffassen[24].

5.43 Emotionale Probleme des Pfarrers bei der Beratung

So sehr in der theologischen Literatur beklagt werden mag, unsere Gesellschaft wage nicht mehr, sich der Einsicht zu stellen, daß jeder Mensch dem Tode entgegengehe, so ist doch auch ein Pfarrer Teil dieser Gesellschaft, in der die Sichtbarkeit des Todes stark vermindert ist[25]. Der Tod des anderen betrifft auch ihn, und auch dann, wenn er entschlossen ist, auf die Mechanismen der Verleugnung zu verzichten, steht er doch vor der kreatürlichen Angst des Sterbenmüssens. Ähnlich wie der Arzt ist er ständig mit dem Faktum des Todes konfrontiert, und theologisches Wissen über die Auferstehung Jesu und auch die glaubensmäßige Bejahung der Auferstehung der Toten hebt die Erkenntnis nicht auf, daß der Tod eine unausweichliche Realität ist. Er erlebt, wie Menschen einsam und isoliert in den Krankenhäusern dahinsiechen, und identifiziert sich mit dieser Einsamkeit des Sterbens, die einmal seine eigene sein kann. Er sieht die Verzweiflung eines Menschen, der seinen liebsten Angehörigen verloren hat, und muß dessen Verhalten unweigerlich mit den Reaktionen vergleichen, die er vermutlich haben würde, wenn ein ihm nahestehender Mensch sterben müßte. Wie

Tabelle 3[22]: Beerdigungsziffern der EKiD 1900, 1925, 1950

Gliedkirchen der EKU	1900	1925	1950
Berlin-Brandenburg	60	83	–
Pommern	78	88	–
Schlesien	77	91	103
Provinz Sachsen	74	86	–
Westfalen	94	91	84
Rheinland	82	91	89
Übrige unierte Landeskirchen			
Hessen-Nassau	88	99	94
Kurhessen-Waldeck	91	86	103
Baden	98	97	92
Pfalz	90	86	101
Anhalt	70	93	–
Bremen	58	102	92
VELKD			
Sachsen-Land	99	96	–
Hannover	94	94	92
Bayern	100	98	100
Schleswig-Holstein	75	88	über 90
Thüringen	–	93	94
Mecklenburg	84	–	–
Hamburg	–	79	99
Braunschweig	58	87	92
Lübeck	66	86	100
Schaumburg-Lippe	98	–	88
Übrige lutherische Landeskirchen			
Württemberg	86	95	94
Oldenburg	92	92	104
Eutin	–	–	116
Reformierte Landeskirchen			
Lippe	93	93	101
Nordwestdeutschland	–	–	95

Bowers und ihre Mitautoren schreiben, ist der Pfarrer in einer paradoxen Situation: »Er versucht, das Göttliche zu repräsentieren, während er doch menschlich ist und versuchen möchte, eine Einsicht in die Geheimnisse zu vermitteln, die für ihn letzten Endes genauso geheimnisvoll wie für die anderen sind. Er spricht von der Unsterblichkeit und ist sich tief in seinem Inneren doch seiner eigenen Sterblichkeit bewußt.«[26]

In ihrem Buch »Conflict of the Clergy« schildert Bowers den Fall eines Pfarrers, der heftig darunter litt, wenn er das Abendmahl auszuteilen hatte. In der Psychotherapie kam zutage, daß sein Vater, ein Pathologe, ihn als Kind mit in das Labor genommen hatte, weil keine andere Möglichkeit zur Beaufsichtigung bestand. So wurde das Kind unbeabsichtigt Zeuge vieler post-mortem-Untersuchungen und gewann den Eindruck, der Vater verletzte hier in mörderischer Absicht die Körper von Menschen, so daß das Kind den Vater zunehmend verabscheute und es vermied, mit ihm allein zu sein. Er wurde Geistlicher, um die Beziehung zu einem guten Vater zu festigen, anstatt zu einem, der zu fürchten war. Aber in der Kommunion wurde er mit dem gleichen Konflikt konfrontiert, daß hier ein Vater seinen Sohn opfert. Dies brachte die tiefsten Ängste in ihm hervor, und es bedurfte eines langen therapeutischen Prozesses, um die Furcht vor dem Tod zu überwinden[27].

Unbewältigte ältere Trauererfahrung mag hinzukommen, wenn einem Pfarrer die Beratung der Hinterbliebenen schwer oder unmöglich wird. Bachmann schildert den Fall eines jungen Pfarrers, der unaufhörlich mit dem Problem seines eigenen Todes beschäftigt war. Er setzte seinen letzten Willen auf und machte ausgearbeitete Vorschriften über seine Beerdigung. Diese Beerdigung sollte sich in äußerst schlichter Form vollziehen, in einem einfachen Fichtensarg und ohne jedes äußere Zeremoniell. Niemand sollte über ihn trauern. Eine einfache Gedenkfeier sollte heiter und voll Hoffnung sein und auf die christliche Zusage auf Unsterblichkeit verweisen. Dies alles war gegen die Bestatter gerichtet, die nach seiner Überzeugung allzusehr die Hinterbliebenen ausbeuten. Bei Gesprächen wurde jedoch deutlich, daß der Tod seiner Mutter und die Form ihrer Beerdigung großen Widerwillen in ihm wachgerufen hatten und er zugleich nicht zu einer echten Trauerarbeit hatte gelangen können[28].

Es gibt eine ganze Reihe von »ecclesiastical defense syndromes« (Carlozzi)[29], um sich von den Ängsten der Nicht-Existenz zu distanzieren. Solche Abwehrhaltungen verhindern den freien und offenen Austausch von Gedanken und Gefühlen zwischen dem Pfarrer und dem Trauernden und machen ihn zu einer tieferen Seelsorge unfähig.

Ein solches defensives Syndrom ist die Maske der Absonderung. Dank der Ordination ist der Pfarrer Amtsträger, der über ungewöhnliche sakramentale Möglichkeiten verfügt, die auch gegen den Tod wirksam sind. Bowers glaubt auf Grund mehrerer Fälle, daß ein Grund zur Entscheidung, Pfarrer zu werden, darin liegt, daß man nun in ganz anderer Weise als normale Menschen Macht über den Tod erlange. »Sie können nun Beerdigungen abhalten, ohne jemals selbst beerdigt zu werden. Sie konnten am Rande des Grabes stehen und wieder weggehen. Die sich häufig wiederholende symbolische Haltung gab ihnen gefühlsmäßige Sicherung.«[30] Die beson-

dere Betonung seines Amtes erlaubt dem Pfarrer, hoch über der Verzweiflung der Trauernden zu stehen, weil der Tod ihm nichts anhaben kann.
Eine andere Form der Abwehr ist die Maske der rituellen Handlung. Bei dem Gespräch mit den Angehörigen beschränkt sich der Pfarrer darauf, ihnen den rituellen Ablauf der Beerdigung zu erläutern. Er fragt nicht danach, wie sie mit dem Verlust fertigwerden, sondern begnügt sich mit einer formelhaften Versicherung wie »Nun ist Ihr Mann ja viel besser dran«, »er ist zu seiner ewigen Ruhe eingegangen«, Formeln, die weder auf die harte Realität des Todes eingehen noch auf die Gefühle der Betroffenen. Bachmann hat für diese Situation die Wendung der »Silberwolken-Begegnung« gebraucht[31]. Ein kurzes Gebet, abrupt eingesetzt, schließt alle weiteren Fragen aus und ermöglicht es dem Pfarrer, mit Anstand und vielleicht sogar mit gutem professionellem Gewissen das Trauerhaus zu verlassen.
Auch die Sprache der Verkündigung kann als eine solche Abwehr fungieren. »Ungebräuchliche Worte, denen der traditionelle Brauch Gewicht verliehen hat, die aber nur wenig persönliche Bedeutung haben, können eher eine Trennwand aufrichten als eine Brücke bilden.«[32] Die Sprache der Verkündigung gehört vielfach zu den Mitteln, eine Distanz zwischen dem Pfarrer und dem Trauernden herzustellen.
Weiter weisen Bowers et al. auf die Maske der Geschäftigkeit. Sowohl der Besuch bei den Hinterbliebenen wie die Trauerfeier werden kurz gehalten; das Verhalten des Pfarrers deutet an, daß er mit außerordentlich vielen Aufgaben belastet ist und es sich um eine Gefälligkeit handelt, wenn er so rasch und ohne große Verhandlungen den Besuch und die Beerdigung übernommen hat. Sich selber vermittelt er zugleich den Eindruck, den vielfältigen Pflichten seines Amtes korrekt nachgekommen zu sein; angesichts des Beschäftigtseins muß dieser kurze Besuch und die abgekürzte Feier für die Bedürfnisse des Trauernden ausreichen.
Nicht weit davon liegt das Verhalten der Routine[33]. Man ist sicher, schon auf den ersten Blick die Situation zu durchschauen. »Man kann die Varianten der Agende und den Schatz der vorrätigen Predigtgedanken nach Bedarf mischen. Die Register orthodoxer Objektivität und freundlicher Mitmenschlichkeit stehen zu Gebote« (Maser)[34]. Eine solche Routine ist nur durch eine immer neue Rechenschaft über den Aussagegehalt dessen zu überwinden, was man am Sarge gemacht hat; das Gespräch mit Kollegen, auch eine gelegentliche Teilnahme an anderen Beerdigungen kann vorbeugend wirken.
Ein nicht selten benutzter Ausweg ist die Sentimentalität, die Leere und Unsicherheit überdeckt. Selbst sehr rational eingestellte Pfarrer entwickeln in solchen Situationen ein bemerkenswertes Geschick, durch ein ausführliches Beharren auf dem stets treusorgenden Vaterherzen und den nimmer-

müden Mutterhänden sentimentale Gefühle hervorzurufen. Maser sagt von solchen Predigten zu Recht, daß sie »voll machen, aber nicht satt«[35]. Sentimentalität verrät, daß der Pfarrer gerne die eigene Verschlossenheit und die der Anwesenden durchbrechen möchte, aber die tiefere Ebene der Gefühle nicht erreicht.

Schließlich ist es notwendig, daß der Pfarrer sich bewußt hält, daß auf ihn besonders in der Trauerberatung libidinöse und aggressive Gefühle übertragen werden und er gegenüber dem Trauernden nicht selten eine Gegenübertragung vornimmt. Die positive Transferenz bildet eine notwendige Brücke zwischen dem Trauernden und ihm; ohne sie ist keine Beratung möglich. Der Hinterbliebene ist eines Liebesobjektes beraubt und überträgt nun die Zuneigung auf einen Menschen, der ihm Wärme und Verständnis entgegenbringt[36]. Der Pfarrer muß aber wissen, daß diese Zuneigung im Grunde genommen nicht ihm, sondern dem Verstorbenen gilt, daß er als Substitut für das verlorene Liebesobjekt verwendet wird. Hat er keine Erfahrung mit dem Übertragungsphänomen, besteht die Gefahr, daß er das seiner Person und der Kirche entgegengebrachte Interesse für gemeindliche oder evangelistische Zwecke benutzt. Dies wird vielfach mit einer gegenseitigen Enttäuschung enden, sobald der Trauernde die regressive Phase überwunden hat und frei geworden ist, seine Gefühle auf die Personen und Dinge zu richten, die für ihn einen wirklichen Ersatz bieten[37].

In gleicher Weise kann es in der regressiven Phase zur negativen Übertragung kommen. Der Pfarrer zieht den Haß auf sich, weil er die Realität des Verlustes repräsentiert und durch seine Handlung den Trauernden endgültig und unausweichlich von seinem geliebten Menschen trennt[38]. Wenn die Unterwerfung unter den göttlichen Willen oder die Unsichtbarkeit Gottes es dem Trauernden unmöglich macht, seine Vorwürfe gegen Gott zu richten, so können sie sich gegen seinen irdischen Repräsentanten wenden. Bei dem Versuch eines Gespräches mag ein Pfarrer auf die Wand eines feindseligen Schweigens stoßen; der Hinterbliebene mag kleinliche Kritik über die Durchführung der Beerdigung äußern oder über die Vernachlässigung des nun Verstorbenen, obgleich der Angehörige selbst nichts unternommen hatte, den Pfarrer zu informieren. Der Pfarrer gerät in die Gefahr, unangemessen darauf zu antworten, teils weil er sich ungerecht behandelt fühlt, teils weil er sich selbst vorwirft, sich nicht rechtzeitig um den Sterbenden gekümmert zu haben. Er reagiert verletzt und durchschaut nicht die Projektion, die hinter solchen Gefühlsäußerungen steht. Er wird jedoch solche aggressiven Gefühle ernst nehmen müssen und im Gespräch nach ihrem Ursprung fragen; es kann sich dahinter eine wirkliche Glaubenskrise verbergen; es kann sich hier aber auch um aggressive Übertragung handeln, die eigentlich dem eigenen Vater gilt[39].

Der Pfarrer steht aber seinerseits, wie schon ausgeführt, in der ständigen Gefahr, seine negativen Gefühle gegenüber seinem Dienst der Beerdigung auf die Trauernden zu übertragen[40]. Die oben zitierten Beobachtungen sind an sich nicht falsch; was oft einseitig ausfällt, ist ihre Interpretation. Der Pfarrer projiziert allzu oft seine eigene Angst und Unsicherheit in die Trauernden und behindert sich selbst dadurch, die verschiedenartigen Formen, Trauer zu bewältigen, zu verstehen. Die pauschale Kritik macht ein Gespräch darüber unmöglich, wieweit bestimmte Formen der Verlustbewältigung theologisch und therapeutisch (was ja wohl nicht im Widerspruch stehen dürfte) legitim sind, wo sie durch den Pfarrer zu fördern sind oder kritisch korrigiert werden sollten.

Faßt man die Tätigkeit der »care giving agents« zusammen, so wird man von ihnen nach dem derzeitigen Stand der Dinge sagen können, daß sie zwar insbesondere in der Phase des Schocks und der Kontrolle eine wesentliche Funktion für den Trauernden erfüllen, daß aber jeder der Krisenagenten den Schwerpunkt seiner professionellen Tätigkeit nicht in der psychologischen Beratung des Trauernden sieht. Soweit sie emotionale Zuwendung leisten, sind sie darin nicht spezifisch geschult und sehen diese, trotz mancher normativer Appelle und Beteuerungen nur als eine Nebenaufgabe an, die vornehmlich dazu dient, emotionale Zusammenbrüche zu verhindern. »Nur selten werden Fragen der geistigen Gesundheit des Klienten oder Folgerungen für ein professionelles Vorgehen, die sich daraus ergeben, zum Gegenstand ausdrücklichen Interesses gemacht« (G. Caplan)[41]. Mit anderen Worten: Wir stehen vor der Situation, daß der Krankenhausarzt dem Hinterbliebenen die endgültige Ergebnislosigkeit seiner Bemühungen mitteilt, der Bestatter die Beerdigung und die damit verbundenen Formalitäten arrangiert, der Pfarrer die Beerdigung durchführt und der praktische Arzt Beruhigungsmittel verschreibt. Jede dieser professionellen Gruppen verbindet dies mit einer menschlich-teilnehmend-verständnisvollen Haltung, aber niemand sieht sich von seinen primären professionellen Pflichten her gedrängt, sich der besonderen emotionalen Probleme und Schwierigkeiten anzunehmen. Zugleich besteht jedoch ein verstecktes Mißtrauen jeder dieser hier genannten Professionen, die anderen könnten ihre Grenzen überschreiten und sich der Fragen annehmen, die in ihr eigenes Fachgebiet fallen. Dies gilt in besonderer Weise für den Pfarrer, der die Beratung des Bestatters und der Ärzte disqualifiziert, aber selbst kaum vermehrte Anstrengungen macht, mehr Zeit auf die Besuche von Trauernden nach der Phase der Kontrolle zu verwenden[42].

5.5 Die Beratung

Theologisch-rational läßt sich bei den Amtshandlungen nur von der Taufe sagen, daß sie eine genuin kirchliche Aufgabe darstelle. Daß die Beerdigung durch den Pfarrer durchgeführt werden muß, läßt sich weder neutestamentlich noch mit der Tradition belegen. Es ist eine Aufgabe, die ihm zum Teil von der Gesellschaft zugewiesen, zum Teil von ihm selbst gesucht wurde. Arbeitsteiligkeit erscheint durchaus angebracht; die Situation am Grabe ist, so kann man zugespitzt sagen, zu ernst, als daß sie Dilettantismus gestatten würde. Dies wäre vermutlich angesichts der Entwöhnung von jeder ritualistischen Form bei den Kirchenmitgliedern der Fall, wenn diese selbst diese Aufgabe übernehmen müßten. Die Beerdigung ist daher keine Aufgabe, die sich mit leichter Hand beiseite schieben ließe. Daß die Kirche diese Aufgabe so stark an sich gezogen hat, bringt allerdings auch die Gefahr mit sich, daß die Aufgabe, sich der Verstorbenen anzunehmen, in starker Weise das öffentliche Bild von der Kirche prägt. Das hat Auswirkungen bis in das Gottesbild hinein, wie sich anhand von Todesanzeigen deutlich machen läßt[1]. »Gott rief in sein Reich ...« bedeutet dann, daß das Reich Gottes erst mit dem Sterben beginnt und ein Reich der Toten, nicht aber der heute Lebenden ist. Es besteht also die akute Gefahr, daß eine Kirche, die in diesem Maße auf den Tod spezialisiert ist, den Lebenden nicht mehr viel zu sagen hat.

Gerade deshalb, so scheint uns, ist die kirchliche Begleitung der Trauernden so wichtig, weil hier zu zeigen wäre, wie der Weg durch den Tod der Trennung zum erneuerten Leben führt. Hört der Dienst der Kirche mit der Beerdigung auf, so sagt der Pfarrer damit unausgesprochen aus, daß er das Seine getan hat; ob und wie das Leben weitergeht, ist nicht seine Sache. Aus dem Blickpunkt des Trauernden ist dann zwischen dem Arzt im Krankenhaus, dem Bestatter und dem Pfarrer als »Todesagenten« kein Unterschied, ihre Aufgabe ist beendet, wenn der Tote unter der Erde ist. Daß Gott nicht nur ein Gott der Toten, sondern auch der Lebenden ist, ist unter solchen Umständen am Verhalten des Pfarrers nicht abzulesen.

Darum kann die Hilfe der Kirche im Prozeß des Trauerns nicht, wie es heute weithin noch Praxis ist, mit dem Todesfall beginnen und nicht, wie dies leider oft genug geschieht, beendet sein, wenn der Pfarrer gemessenen Schrittes das Grab verläßt. (1) Die Beratung der Trauernden beginnt bereits dort, wo in der Predigt und in Gemeindekreisen über Tod und Trauer gesprochen wird. (2) Die praktische Arbeit mit dem Trauernden muß dort anfangen, wo ein Gemeindeglied seit längerer Zeit erkrankt ist und mit einem fatalen Ausgang zu rechnen ist. (3) Sie setzt sich fort in dem Gespräch mit dem Trauernden vor der Beerdigung. (4) Die Beerdigung selbst ebenso wie (5) die sich anschließende Nachfeier ist weiterer Anlaß, mit dem Trauernden und seiner Familie in Berührung zu kommen. (6) Schließlich kann sich daran eine Anzahl von Gesprächen anschließen, bis der kirchliche Mitarbeiter den Eindruck hat, der Trauernde werde seinen Verlust ohne weitere Komplikation bewältigen.

Die Beerdigung selbst und damit auch die Beerdigungsgespräche sind bisher weitgehend dem Pfarrer überlassen. Es soll hier aber keineswegs der Eindruck erweckt werden, als sei allein der Pfarrer berechtigt, beratende Hilfe für Trauernde zu geben. Andere kirchliche Mitarbeiter haben oft näheren Kontakt zu dem Sterbenden und seiner Familie, so vor allem die Gemeindeschwester. Bei einer dringend fälligen Neustrukturierung des kirchlichen Dienstes muß es eine Selbstverständlichkeit werden, daß auch andere Akademiker, wie zB. Psychologen, im kirchlichen Dienst solche Aufgaben übernehmen, wie auch andere kirchliche Mitarbeiter. Außer dem sozialen Prestige hat der Pfarrer, was die Arbeit mit Trauernden angeht, den übrigen Mitarbeitern nicht viel voraus; er ist genauso ungeschult wie sie im Umgang mit Hinterbliebenen. Erst eine verbesserte Ausbildung in der Beratung, die auch die besondere Situation des Trauernden einschließt, kann zu einer angemessenen kirchlichen Arbeit führen. Wir sprechen im folgenden der Einfachheit halber vom Pfarrer, möchten aber ausdrücklich betonen, daß das im weiteren Ausgeführte in gleicher Weise auch für die übrigen kirchlichen Mitarbeiter zutrifft, soweit sie für die Arbeit in Krisenfällen besonders ausgebildet sind.

Bei der Arbeit mit Trauernden ist es notwendig, *die Gespräche mit Rücksicht auf die jeweilige Trauerphase zu führen, in der der Hinterbliebene steht*[2]. Gespräche haben eine andere Zielsetzung, einen anderen Charakter und eine andere Methodik, je nachdem, ob sie in der kontrollierten Phase stattfinden, in der der Trauernde noch unter dem Eindruck des Schocks steht, kaum zur Besinnung kommen kann und durch Familie und »care giving agents« betreut wird, oder in der regressiven Phase, in der der Trauernde besonders mit seinen Beziehungen zu dem Verstorbenen präokkupiert ist, oder in der adaptiven Phase, wo es möglich wird, realistisch den Verlust abzuschätzen und Bewältigungsformen auf Dauer anzugehen. Ähnliches gilt für die obengenannten acht Aufgaben, die der Trauernde zu bewältigen hat; in den verschiedenen Phasen ist die Lösung jeweils bestimmter Aufgaben vorrangig, und die Gesprächsthematik ist von daher bestimmt. Ebenso ist die spezifische Form des Kontaktes daraufhin zu prüfen, bei welcher Aufgabe sie besonders hilfreich sein kann.

5.51 Erziehung zur Trauer

Es bieten sich in den Gottesdiensten und in den Gemeindekreisen vor allem in dem »Trauermonat« November mit seinen verschiedenen Gedenktagen genügend Gelegenheiten, über Tod, Weiterleben und Trauer zu sprechen. Predigt und Gespräche müssen allerdings sehr stark basieren auf den persönlichen Erfahrungen und Vorstellungen der Gemeindeglieder; anstatt zu indoktrinieren, ist es die erste Aufgabe eines Pfarrers, zunächst zu erfahren, wie Gemeindeglieder über die Probleme denken und wie sie sich vorstellen, mit einem Verlust fertig zu werden. Natürlich ist mit einer gewissen Kommunikationsbarriere zu rechnen, aber diese ist nicht überaus hoch. Es wäre im Hinblick auf den Trauernden wichtig, seine besondere Situation und seine Verhaltensweise verständlich zu machen, aber auch die Bedeutung des Beerdigungsrituals zu erläutern. Es ist eine wesentliche theologische Aufgabe, Maßstäbe und Kriterien über einen angemessenen Tod zu erörtern; dabei wird es vielfach notwendig sein, darauf hinzuwirken, die Ambivalenz-Toleranz zu erhöhen, damit rigide Reaktionen über Gut und Schlecht, Wertvoll und Nicht-Wertvoll abgebaut werden. In solchen Gesprächen kann auch über die soziale Stellung des Trauernden gesprochen werden, etwa die Frage seiner Meidung und die sozialpolitische Forderung seiner Freistellung vom Arbeitsprozeß.

5.52 Beratung bei vorweggenommener Trauer[3]

Der Pfarrer wird bei seinen Krankenbesuchen auch in Familien kommen, die mit dem Tod eines ihrer Angehörigen zu rechnen haben. Es ist wichtig, daß er sich deutlich macht, daß hier bereits der Trauerprozeß begonnen hat. Seine Sorge um den Sterbenden sollte sich unmittelbar verbinden mit der Sorge um die Familie, da im Verlauf des Trauerprozesses die Familienglieder sich von dem Sterbenden bereits lösen und damit dessen ohnehin starke Isolierung verstärken. Dies führt hinein in die Frage über den Umgang mit Sterbenden, die nicht Thema dieser Studie ist. Es ist aber wichtig, den Familienangehörigen, die bereits im Trauerprozeß stehen, zu verdeutlichen, daß ihr verändertes Verhalten dem Sterbenden spürbar ist und sein Gefühl erhöht, bereits abgeschrieben und begraben zu sein.
Wenn der Verlust nicht abrupt eintritt, sondern vorausgesehen werden kann, vollzieht sich die Ablösung schrittweise und meist ohne tiefere Komplikationen. Freilich kann die Pflege zur Last werden, so daß es zu ambivalenten Gefühlen gegenüber dem Dahinsiechenden und zur Erleichterung bei seinem Tode kommen kann, was dann oft Schuldgefühle aktiviert. Stärkere Aufmerksamkeit bedarf die Trauerarbeit, wenn die fatale Krankheit bei einem Kind oder einem jüngeren Menschen auftritt; hier kann die Belastung besonders groß sein, denn die schrittweise Verschlechterung des Zustandes bringt eine längere Leidensperiode mit sich, die die Eltern zu den obskursten Mitteln greifen läßt, um ihr Kind zu retten. Hier ist die Versicherung, alles richtig gemacht und nichts versäumt zu haben, äußerst wichtig.

5.53 Der Besuch vor der Beerdigung (Phase des Schocks)

Der Besuch der Hinterbliebenen vor der Beerdigung steht unter einer sehr widersprüchlichen Beurteilung. Für manche Pfarrer ist er kaum mehr als ein Akt der Kondolenz, den sie möglichst rasch hinter sich bringen; der seelsorgerliche Wert wird äußerst gering eingeschätzt. Für andere ist er die wesentliche und häufig einzige Form der persönlichen Seelsorge, nach der sich ein weiteres individuelles Bemühen um den Trauernden erübrigt. Beides sind extreme Haltungen, die an den bestehenden Möglichkeiten eines solchen Besuches vorbeigehen[4].

Der Besuch vor der Beerdigung vollzieht sich in der kontrollierten Phase des Trauerprozesses und hat seinen wesentlichen Bezugspunkt in der Beerdigung selbst. Er dient ihrer sachgerechten Vorbereitung und soll mit dazu beitragen, daß die spirituelle und therapeutische Funktion der Beerdigung auf die bestmögliche Weise zum Tragen kommt. Darüber hinaus kann ein solcher Besuch die Notwendigkeit einer nachgehenden Beratung eruieren und erste Ansätze dazu schaffen. Der geschulte Beobachter mag feststellen, daß der Trauerprozeß mit Komplikationen belastet sein wird; aber das Gespräch selbst sollte realitätsnah sein und tieferliegende Faktoren aussparen. Das bedeutet, daß ein intensiver Gebrauch einer nicht-direktiven Methode ebenso wenig angebracht ist wie die Erläuterung von psychologischen wie exegetischen Problemen. Zeitlich sollte der Besuch eher ferner von der Phase des Schocks und näher an dem Zeitpunkt der Beerdigung liegen.

Findet das Gespräch im Pfarrhause statt, wird es sich zumeist als Einzelgespräch gestalten. Da aber die äußere Organisation der Beerdigung allgemein einem Familienmitglied übertragen wird, das weniger betroffen und damit funktionsfähiger ist, wird es der Pfarrer zumeist nicht gerade mit den Hauptleidtragenden zu tun haben[5]. Zudem sind die Störungen im Pfarrhaus sachfremder als die, die sich im Trauerhaus durch das Kommen und Gehen von Familienangehörigen und Kondolierenden ergeben. Das Gespräch im Trauerhaus hat demgegenüber den Vorzug, einen Eindruck über den Unterschied in der Betroffenheit und über die unterschiedlichen Reaktionen einzelner Familienmitglieder zu vermitteln. Da ein individuelles seelsorgerliches Gespräch ohnehin nicht den Skopus des Besuches bildet, ist der Besuch des Pfarrers im Trauerhaus dem Besuch der Trauernden im Pfarrhaus vorzuziehen.

Der Pfarrer muß sich bei seinem Besuch darüber im klaren sein, daß die Hinterbliebenen von ihm abhängig sind. Sie haben den Wunsch, daß die Beerdigung in angemessener und für alle Beteiligten befriedigender Form durchgeführt wird. In den meisten Fällen überschätzen die Angehörigen die Kenntnis, die er von dem Verstorbenen hat, und wünschen, ihn dazuzubringen, für sie peinliche Sachverhalte über den Verstorbenen und ihre Beziehungen zu ihm nicht in die Ansprache miteinzubeziehen. Hinzu kommt nicht selten das Bedürfnis, vor dem Repräsentanten Gottes den Verstorbenen in gutem Licht erscheinen zu lassen. Die Angehörigen müssen den Pfarrer angesichts ihrer unzureichenden Kirchlichkeit zufriedenstellen. Sie sind daher allzu geneigt – bewußt oder unbewußt –, seinen Ansichten und Interpretationen zuzustimmen, auch wenn sie über einzelnes ganz anders denken. Der Pfarrer muß sich diese seine Situation bewußt halten; jede Form der Indoktrination wird für die Angehörigen zu einer Pflichtübung, mit der sie den Dienst des Pfarrers erkaufen. Er sollte deswegen den größeren Teil seines Besuches auf Zuhören verwenden. Die Situation ist freilich anders, wenn er mit der Familie vertraut ist und praktisch als Freund angesehen wird, oder wenn er nur zu einer Dienstleistung aufgefordert wird von jemandem, der nach eigenen Worten »so viel Kirchensteuern zahlt, daß er sich einen eigenen Pfarrer halten könnte«.

Weniger selbst zu reden, ermöglicht ihm, der Umgebung größere Aufmerksamkeit zu widmen. Wie intensiv sind die Trauerreaktionen der einzelnen Familienmitglieder und wie unterscheiden sie sich; in wessen Hand liegt die allgemeine Organisation; wie macht sich die Gegenwart des Verstorbenen bemerkbar, wie wird über ihn gesprochen, welche Beachtung findet er, soweit er im Hause selbst aufgebahrt ist; sind Nachbarn da, die die Haushaltsführung übernehmen; dies alles sind Beobachtungen, die mehr aussagen können als die Berichte der Angehörigen. Sprech- und Verhaltensweise der Betroffenen geben weitere Hinweise, wie der Tod aufgenommen worden ist.

Es ist dabei zu bedenken, daß die wesentliche Hilfe oder Behinderung des Trauernden von seiner unmittelbaren Umgebung, also seiner Familie und den übrigen Verwandten kommt. Für eine sachgerechte Beratung ist es daher notwendig, auch gewisse Informationen über Familienangehörige und Freunde zu haben, die nicht in so unmittelbarem Maße von dem Todesfall betroffen sind. Die Form des Familienzusammenhalts ist von Bedeutung, wenn es um die Sorge für den Trauernden geht; starke Spannungen in der Familie lassen den Trauerprozeß nicht unbeeinflußt. Familie und unmittelbare Umwelt setzen weitgehend die Normen, wie ein Trauernder sich zu verhalten habe; sie haben ihre spezifischen Formen, ihn zu unterstützen.

Selbst innerhalb des engeren Familienkreises wird die Trauer sehr verschieden verarbeitet. Geschwister reagieren zB. auf den Tod ihrer Mutter nicht in der gleichen Weise, weil sie in einem unterschiedlichen Verhältnis zu ihr gestanden haben und Verluste nicht identisch verarbeiten; die Lieblingstochter wird möglicherweise den Vater mehr betrauern als ein Sohn, dessen adoleszente Rebellion zu seiner Verstoßung geführt hat. Da der zeitliche Ablauf der Trauer innerhalb einer Familie unterschiedlich ist, können sich leicht Spannungen und Konflikte ergeben, so zB., wenn einige Familienmitglieder bereits in der adaptiven Phase des Trauerprozesses sind, während andere noch in der regressiven sich befinden. Das gleiche gilt für verschiedene Bewältigungsmechanismen; wenn sich ein Familienmitglied in eine Reihe von Aktivitäten stürzt, um auf diese Weise seinen Schmerz zu bewältigen, kann dies zu starker Mißbilligung durch andere Familienmitglieder führen, die ihre Trauer mit anderen Mechanismen überwinden.

Ein guter Familienzusammenhalt garantiert noch nicht eine adäquate Hilfe für die Hauptbetroffenen[6]. Eine Familie kann sehr gut zusammenwirken, wenn es um finanzielle und berufliche Fragen geht, sie mag aber völlig hilflos sein, wenn emotionale Probleme aufbrechen. Die Überzeugung, daß man sich außerordentlich gut verstehe, kann sehr behindernd wirken auf die Bedürfnisse, auch negative Gefühle über den Toten auszudrücken. Insbesondere der erhöhten Reizbarkeit und dem nicht seltenen generellen Mißtrauen, der Abweisung aller Hilfe und ähnlich ungewohnten Verhaltensweisen des Trauernden stehen die Angehörigen vielfach irritiert und ohne Verständnis gegenüber; hier ist es unumgänglich, auch sie in den Kreis der zu Beratenden einzubeziehen.

Weiterhin ist gegenüber der Familie und der sozialen Umwelt zu bedenken, daß »Nähe« und »Ferne« zu dem Verstorbenen ein relativer Begriff ist. Es sind nicht immer die nächsten Angehörigen, die die am meisten von dem Verlust Betroffenen sind. Ein Kind kann von dem Verlust einer Großmutter, die es stets verwöhnt hat, mehr betroffen sein als seine Eltern, die mit diesem Tode schon lange gerechnet hatten. Zuweilen ist es ein Freund oder eine Freundin, die mit dem Verstorbenen mehr verliert als die Familie selber; dies gilt zB. dort, wo sich enge Freundschaften unter älteren Menschen entwickelt haben, die mit anderen kaum noch soziale Kontakte unterhalten. Es gibt ältere Menschen, die für Jüngere gewisse Mutter- oder Vaterfunktionen übernommen haben, obgleich diese nur im gleichen Haus wohnten; auch hier kann der Fall eintreten, daß der Verlust von dem, der diesen Schutz verloren hat, schmerzlicher empfunden wird als von den Familienangehörigen.

Die Individuen, die bei einem Todesfall am meisten vernachlässigt werden, sind die Kinder. Sie werden über den Tod nicht aufgeklärt und mit Klischeeformeln abgespeist; sie werden zu Verwandten geschickt und können keine unmittelbare Erfahrung machen. Sie beobachten, daß die vertrauten Personen sich sehr verwirrend verhalten und kaum ansprechbar sind; daß ihre Fragen abwehrend beantwortet werden und schmerzliche Gefühle wachrufen. Aber niemand scheint bereit, sich die Zeit und Mühe zu machen, sie über die Vorgänge aufzuklären und damit zu verhindern, daß sie phantastische Vorstellungen darüber entwickeln. Entgegen der allgemeinen Ansicht sollten Kinder auch zu der Beerdigung mitgenommen werden, um sich von der Realität des Todes zu überzeugen, freilich nicht gegen ihren Willen.

Diese wenigen Hinweise müssen hier genügen, um zu begründen, warum die Beratung der Trauernden nicht nur eine Angelegenheit zwischen dem Hauptbetroffenen und dem Pfarrer ist, sondern auch die Familie einbezogen werden muß. Es ist wichtig zu wissen, welche Hilfe der Trauernde von der Familie erfahren kann und wie generell eine Familie einen Verlust verarbeitet.

Der naheliegendste Einsatzpunkt für ein Gespräch ist die Erzählung über den Vorgang des Sterbens und des Todes. Dies zu berichten, hat in sich bereits eine therapeutische Bedeutung. Für die Beurteilung ist es nicht unwichtig, wie lange sich der Krankheitsprozeß hingezogen hat und wie unerwartet der Tod war. Körperliche Entstellung durch Krankheitsverfall oder durch einen Unfall lösen allgemein einen tiefen Schock aus. Nicht selten scheinen Sterbende einen völligen Persönlichkeitswandel durchzumachen; sie erkennen ihre Angehörigen nicht mehr oder, gravierender noch, sind voller Fremdheit und Feindseligkeit ihnen gegenüber; hier mag ein Pfarrer dank seiner größeren Erfahrung gewisse Richtigstellungen vollziehen. Dies gilt auch für den Fall, daß die Angehörigen sich irrationale oder begründete Vorwürfe machen, Wesentliches versäumt zu haben, oder zur Todesstunde abwesend gewesen zu sein; die Korrektur sollte jedoch mehr in einer affirmierenden Weise geschehen als in einer dozierenden.

Wenn das Gespräch auf die biographischen Daten übergeht, die ein Pfarrer für seine Ansprache zu benötigen glaubt, so wird er oft die Feststellung machen, daß es den Angehörigen schwerfällt, eine solche Biographie anhand von genauen Daten zusammenzustellen. Es scheint wichtiger, sich entscheidende Familienereignisse, gute wie böse, berichten zu lassen, das Kennenlernen und die Heirat, die Kriege, die Zeit der Depression, Jahre, in denen die Kinder heranwuchsen, besonders erlebnisreiche Ferien, die Goldene Hochzeit, die Feier beim Arbeitsjubiläum; dies alles ist für die Erinnerung wichtiger als Jahreszahlen. Menschliches Leben gliedert sich nach Krisen und Aufschwüngen, nicht nach Jahrzehnten. Solche Berichte können manches darüber aussagen, wie Liebe und Haß in der Familie verteilt sind, aber auch wie eine Familie ihre Krisen bewältigt hat. Der Pfarrer sollte es aufmerksam zur Kenntnis nehmen, wenn die familiären Spannungen groß waren, wenn sich in kurzer Zeit eine Abfolge von Krisen ereignet hat, von denen der aktuelle Tod nur die letzte war. Eine Frage nach den vermutlichen Schlafschwierigkeiten kann dazu verhelfen, die körperliche Symptomatik der Trauer zur Sprache zu bringen. Unter allen Umständen muß die Art der Information der Kinder und ihre Teilnahme an der Beerdigung zur Sprache kommen[7].

Ein weiterer wichtiger Gesprächspunkt ist der Verlauf der Beerdigung selbst. Der Wunsch nach einem bestimmten Text für die Ansprache, etwa der Konfirmations- oder der Trauspruch, der Wunsch nach bestimmten Liedern und Vorspruch und Formulierung der Todesanzeige können Ansatzpunkte bilden für ein religiöses Gespräch im engeren Sinne. Pfarrer sollten dabei Abwehrreaktionen vermeiden, wenn die Angehörigen die Erlösung von langem Leiden mit der Erlösung durch Christus, die tätige Liebe für die Familie als Opfer und Garantie für ein ewiges Leben und den Willen Gottes mit der eigentlichen Todesursache gleichsetzen. Unsere Sprachformen sind nicht reich, wenn es gilt, ein solches Ereignis zu beschreiben; auch die des Pfarrers ist nicht reicher, wenn er nicht auf biblische Sprachformen ausweicht. Aber es ist durchaus in einem solchen Gespräch möglich, genauer auf den Sinn einzugehen, den die Trauernden mit diesem spezifischen Tode verbinden, ob sie ihn als zeitlich oder unzeitlich, als gerecht oder ungerecht empfinden, als Bestrafung oder als Erleichterung. Auch hier gilt der Grundsatz, den Angehörigen zu helfen, sich selbst zu formulieren; es ist nicht der Ort, an dem der Pfarrer die theologische Richtigkeit oder Häresie feststellt[8].

Ein letzter Themenkreis ist schließlich die unmittelbare Zukunft. Verwitwete ziehen nicht selten eine Zeitlang zu einem ihrer Kinder; verwitwete ältere Männer brauchen, wenn sie in der eigenen Wohnung bleiben, jemanden, der sie versorgt; es mögen Kinder ohne Eltern zurückbleiben. Es kann eine schwierige finanzielle Situation entstehen, bis die Rente »durch« ist. In jedem Fall sollte sich das Gespräch auf die unmittelbare Zukunft beschränken.

Auch wenn die hier genannten vier Themenkreise: Umstände des Todes, Biographie, Beerdigung und nähere Zukunft noch nicht auf die Tiefendynamik der Trauer eingehen, so sind sie doch für den Trauernden belastend, so sicher das Aussprechen in nahezu allen Fällen zugleich als Hilfe empfunden werden wird. Das Gespräch mag durch heftige Tränenausbrüche unterbrochen werden, dem Trauernden mag jedes Wort unendlich schwer fallen. Ein Pfarrer fühlt sich häufig in einer solchen Situation äußerst unbehaglich, führt dies auf sein eigenes Ungeschick zurück und mag den sehnlichen Wunsch haben, sich diskret und unanstößig zurückziehen zu können. Aber Tränen lösen die Erstarrung des Todesschocks, und mühsames Sprechen ist besser als apathisches Verstummen.

Ob nun ein Pfarrer späteren Gesprächen vorarbeiten möchte oder sich auf dieses eine beschränkt, er sollte jedenfalls gewisse therapeutische Hinweise geben. Zu den wesentlichen Punkten gehört die Versicherung, daß Weinen und die Abwesenheit von Trauer ebensowenig ein Grund moralischer

Verurteilung sind wie die Erleichterung angesichts des Todes; er sollte zu verstehen geben, daß auch feindselige und vorwurfsvolle Gefühle gegenüber dem Verstorbenen nichts Ungewöhnliches sind. Schließlich sollte er den Trauernden ermutigen, sich wenn nötig von den Erwartungen der Umgebung über ein angemessenes Verhalten freizumachen, wenn er glaubt, es nicht erfüllen zu können.

Für weitere Gespräche können zudem gewisse diagnostische Beobachtungen von Bedeutung sein, auch wenn sie in diesem ersten, auf die Beerdigung ausgerichteten Gespräch nicht voll exploriert werden können. Einmal läßt sich unter Umständen bereits entscheiden, ob weitere Gespräche überhaupt sinnvoll sind. Die Hinterbliebenen mögen bald nach der Beerdigung die Gemeinde verlassen; sie mögen aber auch entschieden jedes Gespräch ablehnen oder zumindest ihre Unwilligkeit dazu zu erkennen geben und es als Einbruch in die Intimsphäre deuten. Zum anderen läßt sich vermuten, mit welcher Hilfe von Verwandten und von der Nachbarschaft der Trauernde rechnen kann. Eine Mutter kann vielleicht ihre Tochter viel besser über den Verlust eines Kindes hinwegtrösten als jeder Pfarrer. Wertvorstellungen und Erwartungen der Dorfgemeinschaft können sich als wirksamer erweisen als sein Bemühen. Weiter läßt sich aus diesem ersten Gespräch zuweilen entnehmen, welche Mechanismen der Bewältigung die Hinterbliebenen einschlagen werden. Was schließlich noch in die diagnostische Bewertung hineingehört, ist eine Beurteilung der Ich-Stärke in ihren einzelnen Faktoren wie die Anpassungsfähigkeit an veränderte Situationen, die Fähigkeit der Realitätsprüfung, der Impuls-Kontrolle, die Fähigkeit, mit anderen Menschen in Beziehung zu treten, der Grad der Unabhängigkeit, der Motorik und Wahrnehmung usw. von psychischen Konflikten. Hier wird der Pfarrer sich jedoch auf Einzelbeobachtungen beschränken müssen.

Dieses erste Gespräch kann nicht nur diagnostische Funktionen erfüllen, sondern bereits eine Form der Behandlung darstellen. G. Jacobson und seine Mitarbeiter[9] stellen fest, daß vielfach Patienten, die nur eine diagnostische Behandlung erfahren hatten, bereits zu dem Eindruck kamen, ihnen sei ausreichend in ihren Problemen geholfen worden. Die Autoren empfehlen daher, jede Behandlungssitzung so zu betrachten, als sei hier die letzte Gelegenheit zur Therapie gegeben[10]. In der Tat kann das bloße Nachfragen nach den Todesumständen, der gemeinsamen Lebensgeschichte und der näheren Zukunft kathartische Effekte haben; das Interesse, das der Pfarrer zeigt, wird als Gratifikation aufgenommen. Dennoch ist hier kritisch zu bedenken, daß dem Trauernden in der Phase des Schocks seine Probleme noch nicht ausreichend bewußt geworden sind und er noch nicht voll in den schmerzhaften Prozeß der Trauerverarbeitung eingetreten ist. Welche Wege und Irrwege der Bewältigung er einschlagen wird, ist für ihn noch offen und muß es deshalb auch zum Teil für den Beobachter bleiben. Eine sachlich-gefaßte Haltung gegenüber dem Todesereignis mag eine Woche später einem völligen Zusammenbruch voll mit feindseligen Vorwürfen und Selbstmordgedanken gewichen sein. Daher dürfen die diagnostischen Beobachtungen unter allen Umständen nur vorsichtig interpretiert werden.

Wesentliches Anliegen muß es für den Pfarrer sein, das Vertrauen des Trauernden und seine Offenheit und Bereitschaft für weitere Gespräche zu gewinnen. Bestimmte Verhaltensweisen und Redewendungen können das Gespräch von vornherein blockieren. Die wenigsten Pfarrer sind sich im klaren, wie sie in ihrem Verhalten und ihrer Sprechweise dominieren, moralische Urteile aussprechen, bestimmte Reaktionen erwarten und ohne zureichende Grundlage bereits interpretieren. Vertrauen läßt sich aber nur gewinnen, wenn man sich in die Situation des Trauernden stellt und seine Hilfe anbietet, ohne irgend etwas zu fordern.

Für einen teilnehmenden Beobachter würde vermutlich das Gebet am Ende des Besuches den besten Aufschluß über die Haltung des Pfarrers geben. Es ist zumeist nicht leicht für ihn zu entscheiden, ob überhaupt ein Gebet angebracht ist. Eine direkte Anfrage wird angesichts der pfarramtlichen Autorität nahezu ausnahmslos bejaht werden. Voraussetzung ist, daß eine beidseitige Offenheit erreicht worden ist und erhalten bleibt; das Gebet darf nicht so erscheinen, als schirme sich der Pfarrer vor peinlichen Eindrücken ab, ziehe die Summe seines Bemühens oder wolle das Redebedürfnis des Trauernden beschneiden. In bestimmten Fällen kann es, wenn dem Trauernden das Sprechen schwer fällt, zu einem wichtigen Verständigungsmittel werden. Es sollte nicht die theologischen Ansichten zusammenfassen, mit denen der Pfarrer während des Gespräches nicht so recht zum Zuge gekommen ist, sondern stärker den Charakter der Klage tragen, mit der sich der Trauernde identifizieren kann. Es soll die Schwierigkeiten nennen, die dem Trauernden bevorstehen, seinen Ängsten, auch seinen Vorwürfen Ausdruck verleihen; es soll Gott nicht als den unberührten Herrn über Leben und Tod proklamieren, sondern als denjenigen, der in das grenzenlose Elend seiner Geschöpfe eingegangen ist.

5.54 Die Zielgruppe bei der Beerdigung (Kontrollierte Phase)

Es ist oben dargestellt worden, welche Funktionen das Beerdigungsritual haben kann. Dies wurde an bestimmten Fragestellungen und unterschiedlichen rituellen Formen zu belegen versucht. Es ist naheliegend anzunehmen und ist leicht zu erkennen, daß in der praktischen Durchführung nicht alle genannten Funktionen das gleiche Gewicht haben werden. Wir mußten weitgehend darauf verzichten, die derzeit gebräuchlichen Beerdigungsagenden und -entwürfe daraufhin zu überprüfen, welche Funktionen sie jeweils in besonderer Weise akzentuieren. Es ist jedoch die Frage zu stellen, an wen sich das Beerdigungsritual vor allem wendet, (1) an den Toten, (2) an die weniger betroffenen Beerdigungsteilnehmer oder (3) an den Trauernden. Dabei ist damit zu rechnen, daß der Pfarrer mit seiner Beerdigungsansprache anderer Akzente setzt, als sie sich durch den agendarischen Verlauf ergeben.

(1) Die katholische Totenliturgie besagt schon durch die Bezeichnung »pro defunctis«, für wen sie primär bestimmt ist. Ähnlich sind auch die gegenwärtig gültigen Agenden der VELKD und der EKU gestaltet, die damit wohl auch den allgemeinen Ansichten der Volksfrömmigkeit entgegenkommen. Der Trost für den Trauernden wird nur in einer indirekten Form ausgesprochen. Indem das Ritual versichert, der Tote sei nicht verloren, sondern ruhe in der Hand Gottes, indem es die Erwartung auf Auferstehung und Wiedervereinigung betont, wird dem Trauernden zugleich gesagt, er brauche sich nicht um den Verstorbenen zu sorgen. Es wird ihm zudem empfohlen, diesen Tod als ein über die Menschheit verhängtes Schicksal und als Ausdruck des göttlichen Willens zu akzeptieren. Aus der Ehrung des Toten mag der Hinterbliebene ebenfalls einen gewissen Trost empfangen. Aber er selbst und seine Probleme werden vielleicht in der Ansprache und den Bemühungen der Verwandtschaft um ihn, nicht aber in dem agendarischen Verlauf thematisch.

Es ist naheliegend, daß Theologien, die sich an den gegenwärtigen Agenden orientieren, auch theoretisch vertreten, der Tote stehe im Mittelpunkt der Beerdigung[11]. Nach B. Bürki gilt das Begräbnis »zuerst dem Verstorbenen. Der Kasus ist für uns nicht nur Anlaß oder gar Vorwand, wir vollziehen eine Kasualhandlung im strengen Sinne des Wortes. Unsere Liebe richtet sich auf den Leib und die Person des abgeschiedenen Bruders, unsere Hoffnung ist Hoffnung für ihn«[12]. Vor allem unter dem Gesichtspunkt der »Ehrung« sind Theologen wie Dehn für die bedeutende Rolle eingetreten, die der Verstorbene für die Beerdigung hat. Für Dehn ist es reine Theorie, wenn man glaubt, man solle sich primär an die Hinterbliebenen wenden. Der Verstorbene ist da und stellt seine Ansprüche: »Die Kirche gibt dem Toten, was des Toten ist ... Jede Leichenfeier ist eine Ehrung des Verstorbenen, und das gilt auch für das kirchliche Begräbnis.«[13]

(2) Dagegen liegt dort, wo die Verkündigung in besonderer Weise hervorgehoben wird, der Akzent des kirchlichen Rituals vor allem auf den an der Beerdigung Beteiligten[14]. Für Harbsmeier ist Beerdigung im christlichen Sinn »nichts anderes als ... Wortverkündigung aus Anlaß des Todes eines Gliedes der Gemeinde ... Der Tote ist tot. Er ist dahin, Gott weiß, wo und wie.«[15] In der Beerdigung ist es »geboten, den Unterschied zwischen uns

und dem Toten so gering als möglich zu machen und in dem Bild des Dahingegangenen unser eigenes Bild erscheinen zu lassen: Das sind wir!«[16] Er geht davon aus, daß der Tod, wie fern oder nahe die Teilnehmer dem Verstorbenen auch gestanden haben, sie im Innersten trifft.

In den Erörterungen zur Beerdigung wird in ziemlicher Übereinstimmung konstatiert, die dort Versammelten seien sehr stark den Worten der Ansprache aufgeschlossen[17]. Ob dies für die unmittelbar Betroffenen gilt, muß man dahingestellt sein lassen; sie mögen viel zu sehr mit ihrem Verlust beschäftigt sein, um in besonderer Weise auf die einzelnen Aussagen der Ansprache zu achten. Auch bei den anwesenden Berufskollegen oder Clubkameraden, Nachbarn und Freunden kann eine solche Betroffenheit nicht unbedingt angenommen werden, da sie oft nur aus Gründen der »Pietät« anwesend sind. Unter besonderen Umständen, etwa dann, wenn es sich um einen besonders beliebten Kollegen gehandelt hat, wenn er einen »allzu frühen« Tod gestorben ist, wenn der Tod gewaltsam oder vielleicht durch die Kollegen mitverschuldet war, etwa bei Arbeitsunfällen, dann mag die Betroffenheit auch über die von der »Pietät« geforderten Emotionen hinausgehen und ein Gefühl für die eigene existentielle Bedrohtheit wach werden. Dies ist besonders bei alten Menschen zu bedenken, da beim Tod eines Altersgenossen die Frage unvermeidbar ist, wie lange man selbst noch dem Tode entgehen kann, und wo wiederum ein Stück Welt verloren ist. Es ist die Erfahrung, die S. de Beauvoir bei der Bestattung ihrer Mutter sagen läßt, sie wohne einer Generalprobe bei[18].

Ob die Betroffenheit angesichts des möglichen eigenen Todes den Ansatz zur Verkündigung gebe, hat Asmussen positiv beantwortet: »Der Pastor ist bei der Beerdigung vor allem Diener der Kirche, die ihn mit dem Auftrag der Belehrung und der Berufung ins Volk sendet.«[19] Entsprechend hat er den Tod als Sold der Sünde zu bezeugen. Durch diese Bezeugung wird der Tod zur großen Berufung. Die Belehrung erstreckt sich in besonderer Weise auf das Leben nach dem Tod, wobei zu bezeugen ist, daß mit dem Tode die Entscheidung über die nach dem Tode bestehende doppelte Möglichkeit gefallen ist. »Das Kernstück der biblischen Lehre ist die Lehre von der Auferstehung.« Noch entscheidender hat sich H. Flemming ausgesprochen: »Wer hier die evangelistische Form nicht anwendet, versündigt sich an seiner kirchlichen Aufgabe aufs gröblichste ... das Begräbnis ist der Kirche überragende Evangelisationsmöglichkeit.«[20]

Will man der Todesverdrängung entgegenwirken und auf den Ernst der Entscheidung hinweisen, die jeder Tod stellt, dann muß aber gleichzeitig die Frage gestellt werden, ob genügend therapeutische Mittel zur Verfügung stehen, um eine solche Verstärkung der existentiellen Todesangst wirksam abzufangen[21]. Genausowenig, wie man eine Tiefentherapie unternehmen kann, wenn nicht ausreichend Zeit zur Verfügung steht, die dann unweigerlich aufsteigenden Grundängste durchzuarbeiten, sowenig kann Todesangst provoziert werden, wenn jede nachfolgende Arbeit unterbleibt. Das Ritual der Beerdigung symbolisiert einen Statusübergang und will die damit wachwerdenden Ängste beruhigen; es ist nicht der Ansatz zu einer Bekehrung[22]. Die Erschütterung durch einen Todesfall mag der Anlaß zu einer grundsätzlichen Neuorientierung werden, sie aber als solche systematisch auszubeuten, ist seelsorgerliche Verantwortungslosigkeit[23].

W. Krusche möchte vermeiden, daß die Beerdigung einen missionarisch-evangelistischen Aspekt bekommt, ihm geht es nicht darum, angesichts eines Todesfalles mahnend zu erinnern, daß jedermann ebenso schnell vom Tode überrascht werden könne und daher eine Umkehr zu Gott dringlich sei; aber auch er wendet sich an alle Anwesenden, um ihnen den Tod und die Auferstehung Christi zu verkündigen. Er geht dabei von der angenommenen psychischen Grundsituation eines jeden bei der Beerdigung Anwesenden aus: »Es sind auf alle Fälle und in allen Fällen Menschen, die wie ich ratlos sind vor dem Sterben, die wie ich in Gefahr sind, die ihnen gegebene Lebenszeit nicht als die Zeit des Angebots der rettenden Gnade zu erkennen, die wie ich unter der Verheißung stehen, daß alle, die an Jesus Christus glauben, nicht verloren gehen, sondern das ewige Leben haben sollen.«[24] Er möchte die Situation in den Blick bekommen, nicht »um als Psychotherapeut zu fungieren und den Hörern ihre Traurigkeit ›wegzumachen‹, sondern um das *Wort* gezielt sagen zu können«[25]. Ähnlich meint Harbsmeier, kein Prediger kenne das Labyrinth eines trauernden Menschenherzens, das nur Gott allein kenne. Was aber alle Gemüter bewege, sei die Frage nach dem Tode, und es gelte aufzuweisen, wie gerade in der Betroffenheit die Frage nach Gott stecke[26].

Die Frage, ob die Beerdigung mit ihrer Ansprache nicht vor allem den Hauptleidtragenden gelte, wird von beiden Autoren abgewehrt. W. Krusche hält die Seelsorge für wichtig, sieht dazu aber die wesentliche Gelegenheit in dem Gespräch vor der Beerdigung. »Was man im Gespräch nicht zu sagen wagte, kommt dann – im Schutz von Talar und Beffchen – zu spät.«[27] Harbsmeier weicht dieser Frage aus, indem er erklärt, »das Allerpersönlichste ist gerade auch das Allgemeinste«[28], während die individuellen Differenzen der Trauernde allein mit Gott auszumachen habe, da niemand als Gott und der Betroffene darüber etwas wissen könnten.

(3) Die Position, daß es in der Beerdigung primär um den Trauernden gehe, ist in den letzten Jahren verstärkt vertreten worden. Als Beispiel sei nur die Überlegung von H.-J. Geischer genannt: »Der Tote ist und bleibt tot. Die Frage nach dem Danach und Wohin entfällt. Der Tote ›ist‹ bestenfalls in Erinnerung. Das, was den Sinn seines Lebens ausgemacht

hat, verpflichtet die Lebenden.«[29] Es ist daher der Wille Gottes für die Lebenden konkret zu formulieren; es kann Dank für das Vergangene ausgesprochen und die Aussage gemacht werden, daß Gott in der Schwachheit mächtig gewesen sei[30]. Die Beerdigung aber soll sich nach Geischer ganz auf den Trauernden ausrichten, indem sie versucht, zum Teil mit Hilfe des vergangenen Lebens des Toten, die Frage des Sinns des Lebens für den Hinterbliebenen zu verdeutlichen. Dabei wäre dieser Sinn als »in Christus sein« näher zu bestimmen.

Dieser Meinung H.-J. Geischers möchten wir uns weitgehend anschließen. Im Mittelpunkt des Beerdigungsrituals sollte der Trauernde stehen. Er ist es, der am meisten betroffen ist, ihm gilt es zur Erkenntnis und Anerkenntnis zu verhelfen, daß sich sein Verhältnis zu dem geliebten Menschen und zu seiner Umwelt verändert hat. Der Beerdigungsvorgang muß eine Unterstützung sein, die Beziehungen zwischen ihm und dem Toten und ihm und der Umwelt neu zu ordnen. Dabei kann man die unbestreitbare Tatsache, daß der Trauernde sehr stark mit sich selber beschäftigt ist, nicht zum Vorwand nehmen, um evangelisierend oder verkündigend über ihn hinweg zu den übrigen Anwesenden über Tod und Auferstehung Christi und unser existentielles Betroffensein zu sprechen; ein Ritual hat keinen Raum für Darlegung und Diskussion. Das wenige, was an Worten und Handlungen zu dem Trauernden durchdringt, hat mehr Gewicht als jede Form verkündigender Unterrichtung. Im angespannten Zustand der Trauer genügen wenige markante Zeichen, die Sorgfalt des liturgischen Handelns, der Ton der Stimme, mit der der Pfarrer spricht, die Nennung des vollen Namens[31], der noch einmal voll und ganz diesen unverwechselbaren Menschen repräsentiert. Was Evangelium ist, zeigt sich in dieser Situation darin, wie es dem Trauernden hilft, mit diesem ihn überwältigenden Verlust fertig zu werden. Um Mißverständnisse zu vermeiden: Dies gilt für diesen Zeitpunkt, nicht für die kommenden Phasen der Trauerverarbeitung.

5.55 Die Beerdigungsnachfeier

Wie häufig ein Pfarrer zum Beerdigungsmahl eingeladen wird, ist schwierig zu sagen; die Gebräuche sind regional sehr unterschiedlich und wechseln von Gemeinde zu Gemeinde[32]. Die Häufigkeit der Einladungen ist nicht nur ein Kennzeichen einer positiven oder negativen Einstellung zu Pfarrer und Kirche, sondern ist auch von der jeweiligen Beliebtheit des Pfarrers und der sozialen Distanz zu ihm abhängig; Akademiker laden den Pfarrer generell häufiger ein als untere Schichten, soweit sich dies beobachten läßt. Auch die Rolle, die dem Pfarrer auf der Trauermahlzeit eingeräumt wird, ist unterschiedlich; in vielen Fällen wird er direkt neben den Hauptbetroffenen placiert und es wird erwartet, daß er eine Ansprache hält oder wenigstens ein Tischgebet spricht; in anderen Fällen kann eine große Unsicherheit darüber herrschen, wo er seinen Platz haben soll, da er weder bei der Familie noch bei den Nachbarn und Bekannten des Verstorbenen recht einzuordnen ist. Zuweilen wird jemand, der es »gut mit der Kirche kann«, zu seiner Betreuung abgestellt, zuweilen muß er sich aber auch erst selbst die Orientierung über die Anwesenden beschaffen.

Wie sich aus den Gesprächen mit Pfarrergruppen ergab, sehen die meisten Pfarrer dies als eine lästige Pflicht an, der sie sich vielfach unter dem Hinweis auf den Terminkalender entziehen. »Es kommt für die Gemeindearbeit dabei nichts heraus«, ist sicher eine einsichtige Begründung für den, der den Terminkalender eines Pfarrers kennt. Die meisten Anwesenden stammen nicht aus der Gemeinde des Pfarrers, vielfach noch nicht einmal aus der gleichen Stadt; hier geknüpfte Kontakte führen nicht weiter. Es ist schwer, den Gesprächen einen gewissen Tiefgang zu geben; der Pfarrer kann die Szene und die Gespräche nicht beherrschen und sieht sich zu einer dekorativen Figur degradiert. Oft wird auch der Unterschied zwischen den ernsten Trauermienen am Grab und der jetzt ausbrechenden Heiterkeit und Gelöstheit als unangemessen empfunden. Schließlich kommt der Pfarrer sich überflüssig vor, weil er sich inmitten einer Familienversammlung findet, wo viele erfreut sind, sich nach langer Zeit wieder einmal zu sehen.

Alle diese Gründe sind nicht unberechtigt, es bleibt aber die Frage, ob ein Pfarrer, wenn er von gewollter oder unbeabsichtigter Mißachtung seiner Rolle und seiner Person absehen kann, sich nicht eine wesentliche Chance vergibt, Einblick in die familiäre Situation zu erhalten. Man gewinnt aus Gesprächen mit Pfarrern über diese Frage den Eindruck, daß sie zumeist die Teilnahme an der Nachfeier nicht mit einer klaren Absicht verbinden (abgesehen von denen, die allzu genau wissen, was sie wollen), sondern sich von Zufälligkeiten leiten lassen.

Soweit es in der freien Entscheidung des Pfarrers liegt, eine Einladung anzunehmen oder abzulehnen, kann ein wesentliches Entscheidungskriterium sein, ob der Pfarrer diesen Trauerfall weiterbegleiten will und kann oder nicht. Hat er noch keine genügende Klarheit gewonnen oder glaubt er, daß weitere Gespräche sinnvoll und notwendig sind und sich in seinem Terminplan auch ermöglichen lassen, so sollte er eine Einladung nach Möglichkeit annehmen, dann aber seine Teilnahme gezielt darauf ausrichten, sich genauer über die Familiensituation und über die Haltung der Hauptbetroffenen gegenüber dem Verlust Klarheit zu verschaffen.

Zumeist lassen sich bei einer solchen Familienversammlung eine oder mehrere ältere Personen finden, die nicht zu den unmittelbar Betroffenen gehören, aber doch ein relativ objektives und selbstdistanziertes Bild von der Familiensituation geben können. Besonders hilfreich sind Geschwister des Verstorbenen oder dessen Eltern oder Schwäger und Schwägerinnen. In der Mehrzahl der Fälle wird der Pfarrer bereitwillige Auskunft erhalten über den Zusammenhalt der Familie, etwa über ihre gemeinsame Geschichte, ihre besonderen Vorzüge und Schwierigkeiten und die spezielle Situation der Hauptbetroffenen. Uns scheint immer noch gewisse Gültigkeit zu haben, was der Kieler Archidiakon Claus Harms in seiner »Pastoraltheologie« (1831) zur Trauermahlzeit sagt:

»Wenn es nur nicht wie bey den Irokesen zugeht, wo die Leichenbegleiter den ganzen Nachlaß des Verstorbenen verzehren, dessen Verwandten nichts übrig lassend; wenn es nur bey dem Brodte bleibt für die Klage, Jer. 16, und bey dem Trostbecher über Vater und Mutter; wenn nur irgend der Magen es verträgt, nach Ortsgebrauch, wie in S., von den dickgekochten gelben Erbsen zu essen unter Bier und Brandtewein, so schlagen wir die Einladung zur Trauermahlzeit nicht aus. Man kann auch, wie der Engel Raphael an Tobias Tisch, zum Schein essen und trinken. Ein Landprediger, der zur Trauermahlzeit geladen wird, *soll* dabey seyn, um das Gespräch zu beherrschen und die gute Sitte zu behüten, um da auch guten Samen auszustreun und sich in der Bekannschaft mit seiner Gemeinde zu erhalten.«[33]

Der Pfarrer muß sich dabei jedoch im klaren sein, daß seine Anwesenheit nicht verfehlt ist, wenn er nicht »das Gespräch beherrscht« und die »gute Sitte behütet«. Seine Anwesenheit wertet das Totenmahl auf, auch in dem theologischen Sinn, wie wir es unten bei dem Mechanismus der Inkorporation darstellen werden[34]. Mit den Trauernden zu essen und zu trinken ist zudem in sich eine theologisch geforderte Haltung. Auch dann, wenn es für die weiteren Gespräche nichts erbringt, ist die Teilnahme des Pfarrers ein Akt der Solidarität.

5.56 Die Besuche nach der Trauerfeier (Regressive Phase)

Soll die Beerdigung deutlich machen, daß der christliche Gott nicht nur ein Gott der Toten ist, sondern auch ein Gott der Lebenden, ein Gott derer, die Leben zu gewinnen suchen, dann kann der Dienst der Kirche nicht am Grabe endigen. Im Grunde genommen sollte zumindest ein Besuch nach der Beerdigung stattfinden. Daß er zumeist unterbleibt, ist unserem Eindruck nach oft nicht so sehr bestimmt durch Zeitmangel als dadurch, daß der Pfarrer nicht weiß, was für ein Ziel ein solcher Besuch hat und wie er sich dabei verhalten soll. Im Grunde ist aber gerade der Zeitpunkt des Überganges in die regressive Phase für den Trauernden mit besonderen Schwierigkeiten verbunden. Gerade dann, wenn die Angehörigen den Trauernden verlassen haben und abgereist sind, wenn die Tochter, die einige Tage bei der verwitweten Mutter verbracht hat, zu ihrer Familie zurückkehrt, sieht sich der Trauernde einer großen Einsamkeit und dem

Gefühl ausgesetzt, von allen verlassen zu sein. Deshalb ist der Besuch des Pfarrers besonders notwendig; er ist der einzige der »care giving agents«, dessen Aufgabe mit der kontrollierten Phase nicht zu Ende ist, aber auch der einzige, der sich professionell in eigener Initiative um den Trauernden kümmern kann[35]. Wann dieser Zeitpunkt ist, kann in den vorangegangenen Gesprächen eruiert werden. Dabei kann auch ein Termin abgesprochen werden. Unter keinen Umständen darf der Pfarrer dem Trauernden noch eine weitere Enttäuschung bereiten, indem er sein Versprechen eines Besuches, und sei er noch so unverbindlich angedeutet, nicht einlöst.

Die ganze Absicht der hier vorgelegten Untersuchung läuft darauf hinaus, daß ein einzelner Besuch in der Krisenberatung zu wenig ist. Das gilt nicht nur für den Fall der Trauer, sondern auch bei anderen Krisen, die ähnliche Phasen durchlaufen und wo der Skopus eines Gespräches von dem Zeitpunkt der Bewältigung abhängt, an dem sich ein Betroffener befindet. Es wäre aber immerhin ein Fortschritt, wenn wenigstens ein Besuch nach der Beerdigung zur pfarramtlichen Pflicht würde und die Pfarrer über soviel Informationen verfügten, daß ein solches Gespräch sinnvoll gestaltet werden könnte.

Sollte es dem Pfarrer aus zeitlichen Gründen unmöglich sein, alle seine Gemeindeglieder nach dem Todesfall zu besuchen, so könnte er eine Auswahl treffen und auf diejenigen Fälle intensiver eingehen, bei denen eine besonders schwere Belastung vorliegt. Die Kriterien für eine solche Belastung sind oben genannt worden (3.8). Es kann hier nicht der Ort sein, speziell auf die Methodik der Gesprächsführung einzugehen, die für die meisten Fälle von Krisenberatung gleichermaßen gilt; eine ausführliche Diskussion darüber findet sich bei H. Clinebell[36]. C. C. Bachmann nennt eine Reihe von Grundsätzen, die insbesondere im Falle der Trauer zu beachten sind[37]. Einige von ihm genannte Punkte scheinen von besonderer Wichtigkeit zu sein:

Wesentliches Anliegen vor allem dieses, aber auch der folgenden Gespräche ist es, dem Trauernden das Aussprechen all dessen zu erleichtern, was ihn bewegt. Sprechen befreit den Trauernden aus der Isolation und schafft die Kommunikation, die ihn als Menschen ernst nimmt. Stockendes Sprechen und längere Gesprächspausen sollten den Berater nicht veranlassen, die Initiative durch intensives Fragen an sich zu nehmen; er muß ausdrücken, daß diese Pausen für ihn nicht unbehaglich, sondern der Situation entsprechend »natürlich« sind. Es ist Aufgabe, den Trauernden zu ermutigen, auch gesellschaftlich unakzeptable Gefühle auszusprechen. Auf religiöse Fragen um Tod und Weiterleben, die den Trauernden vielfach unablässig beschäftigen, ist ruhig und sachlich einzugehen; der Pfarrer muß alles vermeiden, was den Eindruck erweckt, er trete hier als »moralischer Polizist« und »Verstärker« sozialer Normen auf oder als theologischer Spezialist, für den die oft verwirrten religiösen Vorstellungen des Trauernden weit unter seinem Niveau liegen. Es ist zu Beginn der Gespräche meist nicht abzuschätzen, ob sich hinter moralischen Fragen religiöse Probleme oder umgekehrt hinter religiösen Diskussionen Fragen der Schuld gegenüber dem Verstorbenen verbergen. Es ist wichtig, die private Welt des Trauernden ernstzunehmen, zu respektieren und nicht in ihn einzudringen, wenn er selbst den Einblick verwehren will. Er sollte auch nicht in die Verteidigung getrieben werden.

Da angesichts der erhöhten Emotionalität sowohl die Beziehungen des Trauernden zum Verstorbenen wie zu seinen Angehörigen mit Schwierigkeiten belastet sind, wird der Berater ständig stillschweigend und ausdrücklich aufgefordert, Partei zugunsten des Trauernden zu ergreifen. Der Berater sollte sich nicht zu einer Parteinahme drängen lassen, bevor nicht die Umstände wirklich geklärt sind und deutlich ist, ob sich hinter den Anklagen und Beschwerden nicht Schuld- oder Angstgefühle ganz anderer Natur verbergen. Er kann vorsichtig auf den eigenen Anteil des Trauernden an diesen Schwierigkeiten zurücklenken und ihm dazu verhelfen, eine gewisse Distanz zu gewinnen. Dies ist vielfach eine Frage der Zeit; mit dem Ende der regressiven Phase verschwinden meist Verletzbarkeit und Mißtrauen, die das Verhältnis zu dem Toten und den Angehörigen belastet hatten.

Der Pfarrer sollte darauf hinwirken, daß keine Entscheidungen über die Verteilung des Erbes und über die weitere Zukunft des Betroffenen gefällt werden, die sich in der adaptiven Phase überhaupt nicht oder nur schwer rückgängig machen lassen, um eine vorschnelle Substitution zu verhindern[38]. Das beinhaltet auch, die soziale und räumliche Umwelt in der regressiven Phase nach Möglichkeit konstant zu halten; wenn dem Trauernden eine Welt zerbricht, sollte er nicht noch dadurch zusätzlich belastet werden, daß er sich an eine völlig neue Umgebung und neue Menschen gewöhnen muß. Das gilt insbesondere für Kinder, die häufig zu Verwandten geschickt werden, aber auch für ältere Menschen, denen eine Readaptation besonders schwer fällt. So richtig es ist, in der kontrollierten Phase etwa eine verwitwete Frau im Haus ihres Sohnes oder ihrer Tochter aufzunehmen, so sollte sie während der regressiven Phase doch möglichst in den Räumen leben können, die ihr vertraut sind und in denen sie ihre Erinnerungen ungehindert durcharbeiten kann. Erst in der adaptiven Phase kann eine Übersiedlung in ein Heim oder zu den Kindern erwogen werden (vgl. 8.4).

Ein Gespräch mit Trauernden erfordert viel Geduld, gerade weil für ihn selbst seine Situation so unstrukturiert und schwer übersehbar ist. Der Berater sollte nicht den Versuch machen, das Gespräch so rasch voranzutreiben. Der Trauernde braucht Zeit, um sich über seine Situation klar zu werden. Im Gegensatz zu anderen Krisensituationen geht es bei dem Trauergespräch meist nicht um die Aufdeckung verdrängter und unterdrückter Erfahrungen, sondern um den Prozeß des Bewußtwerdens von Situationen und Beziehungen, die sich verändert haben; der Widerstand gegen das Bewußtwerden ist allgemein wesentlich geringer als etwa in der Trennungserfahrung eines Geschiedenen. Der Pfarrer kann sehr viel stärker mit der Selbsteinsicht des Trauernden rechnen und sollte sich daher bei den Versuchen der Interpretation in besonderer Weise zurückhalten.

Unvermeidlich wird, besonders in den späteren Gesprächen, daß der Pfarrer auch in praktischen Fragen um Rat angegangen wird, etwa der Umsiedlung, der finanziellen Versorgung u. a. In jedem Fall wäre es begrüßenswert, wenn der Pfarrer für solche anfallenden Probleme über gewisse Informationen verfügt und zumindest Personen weiß, an die er den Trauernden verweisen kann, bzw. selbst gegebenenfalls Schritte unternimmt, die eine praktische Hilfe für den Trauernden bedeuten.

Über die zeitliche Terminierung des Einzelgespräches ist bei einem Trauerfall besonders schwierig zu entscheiden. Wo ein starker Widerstand im psychoanalytischen Sinne vorliegt, hat eine zeitliche Terminierung die Funktion, auf den Klienten einen bestimmten Druck auszuüben, die Zeit nicht nutzlos verstreichen zu lassen. Auch bei anderen Fällen der Krisenberatung wird ein Hinweis des Pfarrers hilfreich und oft notwendig sein, daß er nur eine gewisse Zeit, zumeist etwa eine Stunde, für das Gespräch zur Verfügung hat. Generell wird man dies auch für das Gespräch mit Trauernden sagen müssen. Es ist aber stets zugleich zu bedenken, daß angesichts der Zurückgezogenheit des Trauernden ein Gespräch erst sehr langsam in Gang kommt. Das, was sich generell im Trauerprozeß zeigt, wiederholt sich auch im Trauergespräch während der regressiven Phase: Der Trauernde erzählt seine Erinnerungen immer wieder von neuem, und die Art und Weise, wie Erinnerungen erzählt werden, verändert sich nur langsam. Für den Gesprächspartner ist es oft schwer zu entscheiden, ob es sich nur (im Freudschen Sinne) um Wiederholungen handelt oder ob wirklich ein Fortschritt im Durcharbeiten von Erinnerungen erreicht wird[39]. Bei beratenden Gesprächen ist die beginnende Wiederholung bereits besprochener Themen ein Kriterium, es abzubrechen, dies Kriterium gilt hier nicht. Daher muß bei Trauergesprächen eine gewisse Flexibilität vorhanden sein, dh. der Pfarrer sollte grundsätzlich eine Terminierung ansetzen, aber die Bereitschaft mitbringen, ein einmal in Fluß gekommenes Gespräch nicht abzubrechen, auch wenn die gesetzte Zeit verstrichen ist.

Abschließend sind Kriterien zu nennen, unter welchen Umständen ein Pfarrer, der therapeutisch nicht geschult ist, einen Trauernden an einen Therapeuten überweisen sollte. Es handelt sich dabei zum einen um formale Kriterien, die dem Pfarrer deutlich machen, daß hier seinen Möglichkeiten Grenzen gesetzt sind, zum anderen die schon beschriebenen objektiven Kriterien, die eine pathologische Trauerverarbeitung anzeigen (vgl. 3.8).

Die formalen Gründe[40] für einen Pfarrer, eine Überweisung zu veranlassen, sind dann gegeben, wenn der Trauernde unter einer schweren Belastung steht, der Pfarrer aber keine Zeit zur Verfügung hat, eine Reihe von Gesprächen zu führen. Führt er diese Gespräche durch und zeigt sich nach vier oder fünf Gesprächen kein erkennbarer Fortschritt, ist ein weiteres Kriterium zur Überweisung gegeben. Schließlich sollte ein Pfarrer überweisen, wenn die emotionalen Probleme des Trauernden ihn persönlich so belasten und beschäftigen, daß eine notwendige seelsorgerliche Distanz nicht mehr gewährleistet ist.

TEIL III

Die Mechanismen der Bewältigung

6. DIE NARZISSTISCHEN BEWÄLTIGUNGSMECHANISMEN

6.1 Übersicht

6.11 Die Abwehrmechanismen in der Trauer

Die Mechanismen der Bewältigung, wie sie in dieser Untersuchung genannt werden, finden sich in der psychoanalytischen Literatur allgemein unter dem Begriff der Abwehrmechanismen[1]. Der ältere Begriff war insofern angemessen, als die klassische psychoanalytische Forschung sich vor allem auf die innerpsychische Konfliktsituation konzentrierte und insbesondere mit der Frage beschäftigt war, welche Verteidigungsmechanismen das Ich anwendet, um sich gegen das Andrängen des Es und die Forderungen des Über-Ichs zur Wehr zu setzen. Erst in seinen späteren Jahren sah S. Freud in den Verteidigungsmechanismen Formen der Vermittlung zwischen dem innerpsychischen Apparat und der Außenwelt. So schreibt er in »Die endliche und die unendliche Analyse« (1937):

»Von allem Anfang an muß ja das Ich seine Aufgabe zu erfüllen suchen, zwischen seinem Es und der Außenwelt im Dienst des Lustprinzips vermitteln, das Es gegen die Gefahren der Außenwelt behüten. Wenn es im Laufe dieser Bemühung lernt, sich auch gegen das eigene Es defensiv einzustellen und dessen Triebansprüche wie äußere Gefahren zu behandeln, so geschieht dies wenigstens zum Teil darum, weil es versteht, daß die Triebbefriedigung zu Konflikten mit der Außenwelt führen würde. Das Ich gewöhnt sich dann unter dem Einfluß der Erziehung, den Schauplatz des Kampfes von außen nach innen zu verlegen, die *innere* Gefahr zu bewältigen, ehe sie zur *äußeren* geworden ist, und tut wahrscheinlich zumeist gut daran. Während dieses Kampfes auf zwei Fronten – später wird eine dritte Front hinzukommen – bedient sich das Ich verschiedener Verfahren, um seiner Aufgabe zu genügen, allgemein ausgedrückt, um Gefahr, Angst, Unlust zu vermeiden. Wir nennen diese Verfahren ›Abwehrmechanismen‹.«[2]

Vor allem die Untersuchung an Kindern und die Stressforschung wandten sich aber zunehmend der Frage zu, wie das Ich bei Konflikten mit der Außenwelt reagiert und mit diesen fertig wird. So spricht etwa Lazarus als Stressforscher von »coping-reaction patterns«[3]. Im folgenden werden *Abwehrmechanismen, defensive Mechanismen und Bewältigungsmechanismen synonym gebraucht, um den gesamten Prozeß der Trauerverarbeitung zu bezeichnen*[4]. Über Benennung, Zahl und Einordnung der Abwehrmechanismen besteht in der Literatur keine Übereinstimmung[5]. Auch eine zusammenfassende Darstellung der Mechanismen, die bei der Trauerbewältigung verwendet werden, liegt bisher nicht vor. G. Krupp bietet die ausführlichste Aufzählung; er nennt hier Suchen nach dem verlorenen Objekt, Ärger, Verleugnung, Substitution und Identifikation[6]. Hier wird auf Grund der Beobachtungen an dem vorliegenden Material von elf defensiven Mechanismen gesprochen: (1) Abbau der Realitätskontrolle; (2) Verleugnen und Verdrängen; (3) Suchen; (4) Manie; (5) Protest; (6) Suche nach dem Schuldigen; (7) Identifikation mit dem Aggressor; (8) Hilflosigkeit; (9) Erinnern; (10) Inkorporation; (11) Substitution.

Einer Anregung von E. Bibring[7] folgend, sind die defensiven Mechanismen zu untergliedern entsprechend den Triebbedürfnissen, gegen die sie sich wenden. Danach würden Abbau der Realitätskontrolle, Verleugnen und Verdrängen, Suchen und Manie zu den *narzißtischen*, Protest, Suche nach dem Schuldigen und Identifikation mit dem Aggressor zu den *aggressiven* und Hilflosigkeit, Erinnern, Inkorporation und Substitution zu den *objekt-libidinösen Bewältigungsmechanismen* gehören.

Alle hier genannten Bewältigungsmechanismen haben unterschiedliche Funktionen, je nachdem, ob sie mehr dazu dienen, die Position zu halten, auf die die psychische Organisation regrediert ist, oder mehr dazu dienen, eine Ausgangsbasis zu schaffen, um neue Beziehungen aufzubauen und zu einer Wiederherstellung der bisherigen Funktionsfähigkeit zu kommen. Im ersten Falle, so könnte man mit Miller und Swanson sagen, sind sie einfacher, bringen eine starke Verzerrung der Realität mit sich, sind wenig zielgerichtet und schaffen soziale Schwierigkeiten. Im zweiten Falle sind die Bewältigungsmechanismen eher komplex, verzerren in geringerem Maße die soziale Wirklichkeit, sind stärker auf die Bewältigung ganz spezieller Probleme gerichtet und entsprechen eher den Verhaltenserwartungen und -normen der sozialen Umwelt[8]. Jeder der Abwehrmechanismen, die in der Bewältigung der Trauer eine wichtige Rolle spielen, kann je nach der Funktion, die er erfüllt, entweder *stärker regressiven oder stärker adaptiven* Charakter haben.

Das hier Gemeinte soll an zwei Bewältigungsmechanismen verdeutlicht werden, dem des Erinnerns und dem der Substitution. Erinnern als regressiver Mechanismus ist ganz auf die Erinnerung des Verstorbenen konzentriert, der Hinterbliebene ist völlig mit ihm beschäftigt, sein Bemühen ist darauf gerichtet, durch die zwanghafte Wiederholung jeder Erinnerung, die mit dem Toten verbunden ist, sich zu versichern, daß der Betreffende nicht tot, sondern nur abwesend ist und jederzeit zurückgeholt werden kann. Zugleich ist die Erinnerung sehr verzerrt, es werden zumeist nur die positiven Züge erinnert: Der Tote wird glorifiziert. Erinnern als adaptiver Mechanismus bringt mit sich, daß ein realitätsgerechtes Bild des Verstorbenen mit seinen Vorzügen und Nachteilen erinnert wird, daß wesentliche Erinnerungen von unwesentlichen geschieden werden, daß der Trauernde seine Erinnerungen nicht mehr allein mit dem Verstorbenen verbindet und von dem Zwang der Wiederholung frei wird[9].

Gebraucht der Trauernde den Mechanismus der Substitution als einen regressiven, so versucht er, mit großer Intensität sich einen Ersatz für das verlorene Objekt zu schaffen. Er kann sich rasch wiederverheiraten, nur weil der neue Ehepartner entfernte Ähnlichkeit mit dem früheren aufweist, oder sich in einer intensiven Pflege anderer Menschen engagieren, nachdem er das Liebesobjekt nicht mehr länger pflegen kann. Der adaptive Mechanismus der Substitution ist nicht mehr von dem Zwang bestimmt, genau diesen verlorenen Menschen ersetzen zu müssen, sondern macht frei, den neuen eventuellen Ehepartner in realistischeren Perspektiven und in seiner Eigenart und Unverwechselbarkeit zu sehen. Der Trauernde wird dann vielleicht entdecken, daß andere Menschen zu pflegen doch etwas anderes ist, als einen ganz bestimmten geliebten Menschen zu pflegen, und wird sich andere, ihm angemessenere und passendere Tätigkeiten als Ersatz suchen[10].

Im Trauerprozeß überwiegen anfänglich die narzißtischen Bewältigungsmechanismen, da sie primär darauf ausgerichtet sind, das eigene Ich aufrechtzuerhalten, wenn dies auch mit einer weitgehenden Isolierung von der sozialen Umwelt bezahlt werden muß. Die aggressiven Bewältigungsmechanismen setzen bereits eine gewisse Interaktion zwischen dem Ich, dem verlorenen Liebesobjekt und der Umwelt voraus. In der Endphase des Trauerprozesses dagegen bestimmen die objekt-libidinösen Abwehrmechanismen das Bild; sie sind stärker darauf ausgerichtet, sich der Umwelt und des verlorenen Liebesobjektes zu bedienen, um an einen Wiederaufbau der psychischen Organisation zu kommen.

Regressive Bewältigungsmechanismen haben primär eine entlastende Funktion. Sie erlauben es, die volle emotionale Anerkennung des eingetretenen Objektverlustes zu verschieben und aufzuteilen. Man kann sich zB. von dem quälenden Problem, ob man nicht selbst den Tod verschuldet habe, für eine Zeitlang befreien, wenn man die Schuld dem behandelnden Arzt zuschiebt; die Glorifizierung des Toten gestattet es, die Aufarbeitung der feindseligen Gefühle, die der Trauernde gegen den Verstorbenen hatte, auf einen späteren Zeitpunkt zu verschieben, an dem das Ich einer realistischeren Bewertung fähig ist und auch die negativen Züge des Verstorbenen als einen Teil seiner Menschlichkeit akzeptieren kann. Die Leugnung des Todes ermöglicht es, erst schrittweise zu einer vollen Anerkennung dessen zu kommen, was verloren ist.

Was Caruso über die innerpsychischen Abwehrmechanismen sagt, gilt auch für die Abwehrform der Regression, die mit dem Verlust des Liebesobjektes eintritt: »Indem die Abwehrmechanismen die Konflikte zu unterdrücken oder zu vermeiden bemüht sind, sind sie *sowohl* gegen den Triebanspruch *als auch für* ihn tätig, *sowohl gegen* den Anspruch der Außenwelt *als auch für* ihn. Sie sind von Grund auf ambivalent, sie dienen dem Eros *und* dem Thantos, dem individuellen und dem sozialen Anspruch.«[11]

Dies alles ist im einzelnen noch auszuführen; wichtig ist hier nur zunächst der Gesichtspunkt, daß die regressiven Mechanismen, so wie wir sie hier definiert haben, in ihrer Irrationalität und mangelhaften Realitätsanerkennung zwar die Regression der psychischen Organisation aufhalten können, aber nur um den Preis, daß sie den Trauernden von seiner Umwelt isolieren. Der Trauernde kann nicht damit rechnen, daß sein regressives Verhalten auf längere Zeit gesellschaftliche Duldung findet. Wer anerkannte Realitäten leugnet, wer keine klare Scheidung zwischen Innen- und Außenwelt anerkennt, wer psychische Energien allzu sehr verschiebt und zudem »egozentrisch« sich nur auf sein eigenes Leiden konzentriert, wird auf die Dauer damit rechnen müssen, als pathologischer Fall eingestuft und entsprechend behandelt zu werden. Selbst in der unmittelbaren Trauerperiode werden solche von der Gesellschaft als irrational definierten Erfahrungs- und Verhaltensweisen oft nicht als legitim anerkannt, was die Kommunikation mit dem Trauernden außerordentlich erschwert. In der Erwartung allgemeiner Mißbilligung wagt er nicht, von Erfahrungen zu reden, die auch für ihn selbst vielfach von bestürzender Natur sind.

Es ist nicht verwunderlich, daß über die regressive Phase sehr viel mehr Material vorliegt als über die adaptive. Das Verhalten des Trauernden in der regressiven Phase weicht stärker vom gewöhnlichen, »normalen« Verhalten ab und ist daher wesentlich auffälliger; zudem beruhen die Beobachtungen vielfach auf Patienten, denen es nicht gelungen ist, über die regressive Phase hinauszukommen und bei denen deshalb regressives Verhalten persistent geworden ist. Die vorsichtigen Schritte, mit denen ein Trauernder erprobt, wieweit er die volle Realität des Verlustes ertragen kann, die ersten neuen Kontakte, um das Verlorene zu ersetzen, der allmähliche Aufbau der eigenen psychischen Organisation und die Inkorporierung des Verstorbenen sind wesentlich unauffälliger und ihr Gelingen ist weniger gefährdet.

Auf Grund des vorliegenden Materials wird es daher in den folgenden drei Kapiteln vor allem um die Darstellung regressiver Verhaltensweisen unter weitgehender Vernachlässigung der adaptiven Formen gehen. Dies ist aus zwei Gründen von Bedeutung. Einmal kann auf diese Weise ausführlich erläutert werden, welche positiven Funktionen regressive Verhaltensweisen haben können; ein Verständnis für sie kann nicht ohne weiteres bei der sozialen Umwelt als gegeben vorausgesetzt werden. Zum anderen kann, und dies ist ein entscheidender therapeutischer Gesichtspunkt, stärker herausgestellt werden, wie pathologische Trauer sich aus regressivem Trauerverhalten entwickelt.

6.12 Gesellschaftliche Förderung und Behinderung der Trauerarbeit

Die soziale Umwelt des Trauernden (Familie, Freunde, Kollegen) spielt bei der Trauerarbeit eine gewichtige Rolle, nicht weniger wie die gesamtgesellschaftlichen Normen und Verhaltensweisen. Sie können die regressiven und adaptiven Formen der Bewältigungsmechanismen des Individuums sowohl fördern wie hemmen. Die soziale Umwelt kann an den Trauernden Erwartungen über sein Verhalten herantragen, denen er sich in der regressiven Phase noch nicht gewachsen fühlt. Einem Verwitweten eine Wiederverheiratung anzuraten, ist in der adaptiven Phase eine Hilfe; in der regressiven Phase, in der der Trauernde sich noch nicht zureichend von seinem Ehepartner gelöst hat, muß es ihm als Zumutung und als Verrat an dem Verstorbenen erscheinen. Die Angehörigen können aber auch umgekehrt den Trauernden unter ihre ständige Sorge nehmen und auf diese Weise verhindern, daß er zu selbständigem Handeln zurückfindet. Mit der Beendigung der kontrollierten Phase ist der Trauerprozeß sehr wenig strukturiert; die bestehenden allgemeinen Regeln können von der sozialen Umwelt so forciert werden, daß sie der Trauernde als Belastung empfindet. Die soziale Umwelt kann unter dem Gesichtspunkt, daß jeder selbst am besten wissen müsse, was gut für ihn sei, aber auch auf jede Unterstützung verzichten, was wiederum nicht unbedingt hilfreich für den Trauernden ist.

Allgemein wird man sagen können, daß die Gesellschaft als ganze, insbesondere aber der Bereich der Arbeit, wenig Rücksicht auf die psychische Verfassung des Trauernden nimmt. Daß der Trauernde zur konzentrierten Arbeit nicht fähig ist und keine volle Aufmerksamkeit in gefährlichen Arbeits- und Verkehrssituationen aufbringen kann, wird kaum in Rechnung gestellt. Der engere Zusammenhang zwischen Unfall und Trauer ist bisher nicht systematisch untersucht worden; aber eine so sorgfältige Studie wie von R. Silverman[12] zeigt an einer ganzen Reihe von Fallbeispielen, wie das Zusammenfallen von stressvollen Arbeitsbedingungen und der zusätzlichen Präokkupation durch die Trauer Individuen in neurotische Verhaltensstörungen drängt.

Im folgenden wird bei jedem der zu behandelnden Bewältigungsmechanismen in einem besonderen Abschnitt jeweils geprüft werden, wie weit Normenvorstellung und Praxis der sozialen Umwelt und der Gesamtgesellschaft diesen unterstützen oder behindern.

6.13 Die dreifache Zielrichtung eschatologischer Aussagen

Die Entwicklung der Abwehrmechanismen geht eng mit der Ausbildung religiöser Vorstellungsformen zusammen. Während bisher nur die gemeinsame Genese herausgestellt wurde[13], soll in den folgenden drei Kapiteln versucht werden, zu jedem der hier behandelten Bewältigungsmechanismen zu erarbeiten, wie Theologie und kirchliche Praxis auf die vom Individuum verwendeten und von sozialer Umwelt und Gesellschaft gestützten bzw. behinderten Mechanismen Bezug nehmen. Es macht sich an dieser Stelle als Schwierigkeit besonders bemerkbar, daß die Theologie sich wenig mit spezifischen psychischen und gesellschaftlichen Abwehrreaktionen beschäftigt hat und keine Untersuchungen über die kirchliche Praxis vorliegen, wieweit sie in Beerdigungsansprache, Liturgie und Gespräch theologisch auf diese Abwehrmechanismen eingeht und sie unter theologische Kriterien stellt.

Vor allem ist es weithin ungeklärt, welche eschatologischen Aussagen für theologisch legitim zu gelten haben, insbesondere, wenn es um das individuelle Todesgeschick und um die Beziehung des Toten zu dem Lebenden geht. Wir betrachten hier nur solche eschatologischen Aussagen als legitim, die einer dreifachen Aussagerichtung gerecht werden: (1) Sie müssen einen Aspekt enthalten, der auf das Kommen des Reiches Gottes hinweist; (2) sie müssen sich kritisch gegen bestimmte repressive gesellschaftliche Verhältnisse und gegen religiöse Vorstellungen wenden, die diese rechtfertigen, entschuldigen oder verhüllen; (3) sie müssen dazu motivieren, die als unhaltbar erkannten gesellschaftlichen Ideologien und Verhaltensweisen und die sie stützenden religiösen Auffassungen und kirchlichen Verhaltensweisen zu verändern.

(1) Der christlichen Eschatologie ist oft und vielfach zu Recht vorgeworfen worden, sie beschränke sich darauf, den Leidenden auf eine bessere Welt zu vertrösten und damit die irdischen Herrschaftsverhältnisse zu stabilisieren. Das »Reich Gottes« kann so aufgewertet und in leuchtenden Farben geschildert werden, daß der Glaubende veranlaßt wird, dieser Erde untreu zu werden oder in einem überstarken Heilsegoismus alles darauf zu richten, ohne Rücksicht auf das Leid dieser Erde und die Freude, die sie bringen kann, sich allein auf die Erlangung des Himmels zu konzentrieren. Ein bestimmtes eschatologisches Symbol ist aber nur legitim, wenn es nicht nur die Daseinsnegativa präzise beschreibt, sondern auch motiviert, gegen sie anzugehen.

(2) Eschatologische Aussagen dürfen sich andererseits auch nicht darauf beschränken, allein die Daseinsnegativa kritisch zu beschreiben, ohne zugleich eschatologische und praktisch durchführbare Aussagen darüber zu machen, wie die bestehenden negativen gesellschaftlichen Verhältnisse überwunden werden können. Es ist dabei gleichgültig, ob diese Daseinsnegativa als radikaler Unglaube oder totale gesellschaftliche Entfremdung beschrieben werden, hier wird auf ein Wunder gewartet, weil das Elend des Menschen so groß ist, daß nur Gott eine revolutionäre Wendung

herbeiführen kann. Es entstehen Wunschphantasien, die ihres realen Hoffnungskerns beraubt sind. Solange die eschatologische Aussage in ihrem utopischen Aspekt sich darauf beschränkt, es werde alles ganz anders sein, und der motivierende Aspekt ohne Zielangabe bleibt und zur spontanen, interpersonalen Hilfe aufruft, kann die entsprechende eschatologische Aussage nicht als theologische anerkannt werden.
(3) Eine eschatologische Aussage ist auch dann unzureichend, wenn sie sich nur auf die Motivation beschränkt, die Welt durch Liebe und Mitmenschlichkeit zu verbessern. Wo nicht präzise spezifische Herrschaftsverhältnisse kritisch angegangen werden können und zugleich keine utopische Zielvorstellung entwickelt wird, hängt die Motivation im leeren Raum. Wo keine »Neue Gesellschaft« erwartet wird, da »arbeiten die Bauleute vergebens«, dh., der umfassende Charakter des Gottesreiches kommt nicht mehr zum Zuge. Kurzfristige Aktionen müssen ausreichen, um partikuläre Zielsetzungen abzudecken; es besteht die Gefahr, vorgeblichen technologischen Sachzwängen nachzugeben, die keinen Überschuß an Hoffnungen zulassen.
Zugleich kann die einseitige Betonung des motivierenden Aspektes der eschatologischen Aussage dazu führen, die Daseinsnegativa, seien sie nun Rebellion gegen Gott oder Entfremdung der Gesellschaft, nicht ernst genug zu nehmen. Es mögen die Machbarkeit von Änderungen überschätzt und Mythologeme nicht kritisiert werden, die unbestreitbar notwendige gesellschaftliche Veränderung zu Veränderungen hochstilisieren, die den totalen Umbruch herbeiführen.
Eschatologische Aussagen müssen sich in den drei hier skizzierten Aussagerichtungen der *Utopie*, der *Kritik* und der *Motivation* bewähren. Es muß jeweils geprüft werden, wieweit dies bei spezifischen Aussagen gewährleistet ist und wieweit Korrekturen notwendig und möglich sind; es gibt eschatologische Symbole, die nicht zu halten sind. Ein gutes Beispiel einer in jeder dieser drei Aussagerichtungen vollständigen eschatologischen Aussage gibt E. Jüngel mit dem Symbol der Gleichheit. Als kritische Aussage verweist es auf die Ungleichheit und Entfremdung, unter der die menschliche Gesellschaft steht. Es motiviert, die Gleichheit im gesellschaftlichen Prozeß zu verwirklichen. Es setzt ein utopisches Ziel, das sich kritisch gegen diejenigen wendet, die Gleichheit für ein undurchführbares Ziel halten, wie gegen diejenigen, die diese Gleichheit bereits verwirklicht sehen[14].
In diesem wie in den nächsten zwei Kapiteln wird in insgesamt elf Abschnitten der Versuch gemacht, zunächst einen spezifischen Bewältigungsmechanismus der individuellen Trauer in seiner regressiven und seiner adaptiven Phase zu analysieren. Als zweiter Schritt werden soziale Faktoren herausgestellt, die diesen Abwehrmechanismus fördern oder

behindern können, was oft davon abhängt, in welcher Phase der Trauerarbeit sich der Trauernde befindet. Dabei werden Wertvorstellungen und Verhaltensweisen der übrigen Familienmitglieder, der sozialen Umwelt und der Gesellschaft herangezogen. In einem dritten Schritt wird schließlich versucht, kirchliche Theorie und Praxis in Beziehung zu den jeweiligen defensiven Mechanismen und den gesellschaftlichen Vorstellungen und Verhaltensweisen zu setzen und sie mit diesen zu konfrontieren, wobei Kritik an kirchlicher Theorie und Praxis dort einsetzen muß, wo sie die dreifache Aussagerichtung der Eschatologie verfehlen und Einzelaspekte übersehen oder einseitig betonen.

6.2 Der Mechanismus: Abbau der Realitätskontrolle

6.21 Psychologische Aspekte

Der Bewältigungsmechanismus: Abbau der Realitätskontrolle ließe sich durchaus unter den des Verleugnens einordnen. Abbau der Realitätskontrolle wird aber hier gesondert behandelt, um den spezifischen Charakter der Wahrnehmungsstörungen hervorzuheben, die als (1) Halluzinationen, als (2) Auditionen und als (3) Gefühl auftreten, der Verstorbene sei präsent. Es legt sich nahe, hier auch (4) die Träume über den Verstorbenen einzuordnen, die möglich werden, weil im Schlaf die Realitätskontrolle stark vermindert ist.

Wahrnehmungsstörungen im Zusammenhang mit dem Verlust des Liebesobjektes gehören zu den Derealisationserfahrungen, die mit dem Trauerprozeß verbunden sind. Die Welt, in der der Trauernde mit dem Verstorbenen lebt, scheint noch nicht tot zu sein, aber sie hat an Realität verloren. Verzerrung der Realität ist ein Versuch, den Toten in der gemeinsamen Welt festzuhalten.

Die Störung der Wahrnehmung bei der Trauer kann sich vollziehen, ohne daß der Tote als lebend wiederkommen würde. Zuweilen erscheinen Dinge und Menschen kleiner oder größer, als sie tatsächlich sind[1]. v. Gebsattel berichtet die Erfahrung einer (allerdings eindeutig depressiven) Patientin, die auch Trauernde gelegentlich machen:

> »Die Gesichter der Menschen sehe ich nicht plastisch – das ist so eine Störung des geistigen Sehens – sie sind mir fremd, sie sind so flach wie Pfannenkuchen, genau so flach wie die Bretter an der Wand, auf denen die Gläser stehen, die müßten eigentlich herunterfallen ... Die Bretter sind nur Striche, ebenso das Bett, wenn ich daraufsehe – es hat keine Länge und keine Tiefe ... Die Menschen, obwohl ich sie noch erfasse, noch meine Menschenkenntnis behalten habe, sind doch wie Luft, die ein- und ausgeht, – gespenstisch – phantomhaft.«[2]

(1) In seinem Beitrag »Die psychische Sehstörung in psychoanalytischer

Auffassung« (1910) hat S. Freud, dort allerdings auf den verdrängten Sexualtrieb bezogen, über Wahrnehmungsphänomene geschrieben: »Es ist die Rache, die Entschädigung des verdrängten Triebes, daß er, von weiterer psychischer Entfaltung abgehalten, seine Herrschaft über das ihm dienende Organ nun zu steigern vermag. Der Verlust der bewußten Herrschaft über das Organ ist die schädliche Ersatzbildung für die mißglückte Verdrängung, die nur um diesen Preis ermöglicht war.«[3] Freuds Interpretation läßt sich auf das »Sehen« des Verstorbenen übertragen: Die Bedürfnisbefriedigung im weiteren Sinne und die Interaktion, die von dem Verstorbenen ausging, ist abgebrochen, aber das Unbewußte hat sich nicht damit abgefunden, sondern benutzt gerade die Organe, die wesentlich an der Bildung des Realitätsprinzips beteiligt sind, um sich eine Scheinbefriedigung zu verschaffen.

Nicht selten kommt es bei Trauernden vor, daß sie mit Tätigkeiten für den Verstorbenen beginnen, bevor es ihnen klar wird, daß er nicht mehr da ist, so etwa den Tisch für zwei Personen zu decken. Eine junge verwitwete Frau berichtet Marris: »Ich pflegte den Wasserkessel aufzusetzen und ihm Tee zu machen. Wenn ich nach Hause komme und ihn dort nicht finde, glaube ich, er sei gerade einmal fortgegangen – er ging ziemlich oft abends fort. Wenn bei der Arbeit die Mädchen irgend etwas bereden, dann denke ich gewöhnlich: ›Das muß ich Harry erzählen, wenn ich nach Hause komme‹.«[4] Es ist gerade der Zeitpunkt der Rückkehr, der Anlaß zu Tagträumen gibt: Der Trauernde hört die Schritte des Verstorbenen auf der Treppe, hört den Kies vor dem Haus knirschen und glaubt, die Tür öffne sich: »Ich sah Kay, wie er innerhalb der Haustür stand. Er sah aus, wie er immer aussah, wenn er von der Arbeit zurückkam. Er lächelte und ich rannte in seine ausgestreckten Arme, wie ich es sonst immer tat, und lehnte mich gegen seine Brust. Ich öffnete die Augen, und das Bild war verschwunden.«[5] Eine Mutter, die ein Baby verloren hat, mag es im Halbschlaf weinen hören und zu seinem Bett stürzen, bevor sie realisiert, daß dies alles nur ein Wunsch war.

Fast die Hälfte der verwitweten Frauen in einer Gruppe, die C. M. Parkes befragte, gaben an, vor allem in den ersten Monaten nach dem Todesfall immer wieder Personen mißidentifiziert und in ihnen ihren verstorbenen Gatten wiedererkannt zu haben. In vielen Fällen glaubten sie, sein Gesicht in der Menge auf der Straße oder in einem vorüberfahrenden Wagen zu sehen. Eine junge Frau aus Nigeria meinte ihm gegenüber: »Überall, wohin ich sah, sah ich sein Bild. Ganz gewöhnliche Dinge konnten seine Gesichtszüge tragen.«[6]

Mina Curtiss schreibt:

»Zuerst hatte ich die Phantasie, du seist im Zimmer nebenan, daß du es zufällig verlassen hattest, als ich hineintrat. Dann pflegte ich gewöhnlich zu erwarten, dich auf der Straße zu treffen ... Ein anderes Mal, Alice (sc. eine Freundin Y. S.) und ich waren in einem Süßwarengeschäft, als ein Mann mit deinem Gang, deiner Gestalt, deiner Gesichtsfarbe, deiner Art von Kleidung, sogar mit dem Stil deines Mantels hereinkam, um eine Schachtel Pralinen zu kaufen. Ich würde ihn sofort angesprochen haben, hätte sein Blick nicht einen müden, enttäuschten Ausdruck gehabt, so verschieden von deiner Wachheit und Lebendigkeit. ›Jack ist gerade zurückgekommen‹, sagte ich, ›der Tod hat ihn müde gemacht. Er kennt mich nicht, aber ich muß sofort mit ihm sprechen‹.«[7]

Wenig später verliebt sie sich in einen Mann, der ihrem verstorbenen Gatten ähnlich sieht, bis ihr schließlich deutlich wird, daß er wirklich tot ist:

»Für ein Jahr oder so phantasierte ich mich selbst in eine Liebschaft mit einem Mann, weil irgend etwas im Ton seiner Stimme war, in seinen Handbewegungen, was mich an dich erinnerte. Aber Tonfall und Gesten sind kein Prüfstein für Herz und Geist. Es warst du, den ich liebte, nicht er, und nun, wo ich plötzlich weiß, daß du tot bist, ist meine Freiheit, dich zu lieben, dich selbst und nicht irgendeinen anderen, wiederhergestellt.«[8]

Tagträume sind in den Berichten oft schwer von wirklichen Halluzinationen zu unterscheiden. Wretmark berichtet von einem Fall behinderter Trauer; eine 21jährige Frau hatte ihren neun Monate alten Sohn verloren. Sie konnte sich zunächst kontrolliert verhalten und ihre Fabrikarbeit nach drei Tagen wieder aufnehmen.

»Die ersten Manifestationen der Trauer (sc. Druck an der Kehle, ein Gefühl der Leere, ein Gefühl der Schwere und drückende Schmerzen an Händen und Füßen) wurden jedoch durch eine apathische Haltung abgelöst und sie fand es zunehmend schwierig, ihre Arbeit zu tun. Arbeiten, die sie früher leicht und nahezu automatisch tun konnte, erschienen nun sehr viel schwerer in dem normalen Ausmaß zu tun, ohne dabei zu denken. Es wurde beobachtet, daß sie sich weigerte, das Bett des Kindes zu entfernen. Kleidung und Spielzeug blieb an der gleichen Stelle. Sie wurde zunehmend still, begann andere Menschen zu meiden, gab Monate später ihre Arbeit auf. In der Zwischenzeit hatte sie fünf Kilo an Gewicht verloren und war körperlich erschöpft. Nach der Aufnahme in die Klinik berichtete sie, sie sähe den Jungen jede Nacht in seinem Bett, aber sobald sie die Arme nach ihm ausstrecke, verschwände er. Manchmal hat sie das bestimmte Gefühl, ihn an ihrer Brust zu haben. Sobald sie nicht in irgendeiner Weise beschäftigt war, gingen ihre Gedanken unmittelbar auf das Kind zurück.«[9]

Besonders häufig berichteten Kinder, die den Vater oder die Mutter verloren haben, in anschaulicher Weise, wie diese am Bettrand sitzen und mit dem Kinde sprechen[10]. Fast die Hälfte der Patienten, die Parkes untersucht hatte, berichteten von ähnlichen Sehstörungen. Oft werden Schatten als Erscheinung des Verstorbenen wahrgenommen[11].

(2) Nicht ganz selten sind Auditionen; man hört ein Knacken oder Klopfen, von dem man glaubt, es rühre von dem Toten her. Eine Patientin von Parkes berichtet, wenn sie in einem Stuhl säße, habe sie das Gefühl, der Verstorbene streichle ihr Ohr und flüstere ihr zu, sie solle sich ausruhen[12]. In einer anderen Studie berichten verwitwete Frauen u. a., sie hörten ihren verstorbenen Gatten in der Nacht husten oder wachten auf im Glauben, er habe nach ihnen gerufen.

(3) Neben Halluzinationen und Auditionen findet sich fast noch häufiger das Gefühl, der Verstorbene sei präsent[13]. Parkes gegenüber erzählten verwitwete Frauen: »Ich habe immer noch das Gefühl, er ist in der Nähe, und da ist irgend etwas, was ich für ihn tun soll oder ihm erzählen soll ... Er ist mit mir jederzeit. Ich höre ihn und sehe ihn, obgleich ich weiß, daß es nur eine Vorstellung ist«; »wenn ich meine Haare wasche, dann habe ich das Gefühl, er ist da und beschützt mich, im Falle, jemand käme durch die Tür.« Für einige ist die Gegenwart des Toten besonders stark an seinem Grab. In dem bereits früher genannten Roman von J. Agee wird eine solche Erscheinung des bei einem Autounfall umgekommenen Ehemannes beschrieben:

»Es schien für Mary (sc. der verwitweten Ehefrau Y. S.), wie für Hannah (sc. einer Tante Y. S.), daß da jemand im Hause war, der nicht zu ihnen gehörte. Sie dachte an die Kinder; sie hätten aufgewacht sein können. Aber obgleich sie so intensiv lauschte, wie sie konnte, sie war nicht sicher, ob es überhaupt ein Geräusch war, und wer immer oder was immer es sein mochte, sie wurde zunehmend sicher, daß es nicht ein Kind sein konnte, denn sie fühlte darin eine schreckliche Kräftigkeit, ein Betroffensein, eine Ruhe, die nicht von einem Kind ausgehen konnte. ›Da *ist* etwas‹, flüsterte Andrew (sc. ein Onkel Y. S.). Was immer es sein mochte, es blieb keinen Augenblick ruhig an einer Stelle. Es war im Nebenzimmer; es war in der Küche; es war im Eßzimmer ...
Als sie (sc. Mary Y. S.) durch die Tür in das Kinderzimmer kam, konnte sie seine Gegenwart so stark im ganzen Raum spüren, als hätte sie eine Ofentür geöffnet: die Gegenwart der ganzen Kraft seiner Männlichkeit, von Hilflosigkeit und reiner Ruhe. Sie fiel mitten im Zimmer auf den Fußboden und flüsterte: ›Jay. Mein Liebling. Mein einziger Liebling. Es geht dir gut, Liebling. Du brauchst dir keine Sorgen mehr zu machen, nicht wahr, mein Liebling? Überhaupt keine mehr, niemals mehr, Liebster. Ich kann fühlen, wie es um dich steht, ich weiß es, Liebster. Es ist schrecklich, fortzugehen. Du willst es nicht. *Natürlich* willst du nicht. Aber du mußt es tun. Und du weißt, es wird ihnen gut gehen. Alles wird gut gehen, mein Liebling. Gott nimmt dich auf. Gott behält dich, mein geliebter Mann. Gott läßt Sein Licht auf dich scheinen‹. Und während sie flüsterte, begann seine Gegenwart schwächer zu werden, und in einem Augenblick schrecklicher Angst schrie sie auf ›Jay!‹ und rannte zu der Wiege ihrer Tochter. ›Bleib bei mir noch eine Minute‹, flüsterte sie, ›nur eine Minute, mein Liebling‹; und von irgendeiner Gewalt getrieben, kam er zurück; sie fühlt ihn zusammen mit ihr das Kind betrachten ...
›Sei mit uns allen, wenn du es kannst‹, flüsterte sie. ›Dies ist der Abschied‹. Und wieder ging sie in die Kniee. Auf Wiedersehen, wiederholte sie in sich selber; aber sie war nicht fähig, allzuviel zu fühlen. ›Gott helfe mir, es *wirklich* wahrzunehmen‹, flüsterte sie und schlug die Hände vor ihr Gesicht: Aber sie konnte nur spüren, wie er dahinschwand, und daß dies wirklich der Abschied war, und daß sie in diesem Augenblick unfähig war, dies in einer besonderen Weise zu spüren. Und dann war es völlig aus dem Raum gegangen, aus dem Haus, und aus dieser Welt.«[14]

(4) Zu der Kategorie des Mechanismus, durch Abbau der Realitätskontrolle den Verlust abzuwehren, gehören auch die Träume über den Verstorbenen[15]. In der Untersuchung von Gorer erinnerten sich etwa 40% der Befragten an solche Träume, wobei verwitwete Frauen im Durchschnitt häufiger Träume über den Verstorbenen hatten als die unter-

suchte Gruppe der Verwitweten insgesamt[16]. Freud hat mehrfach auf die Traumserie hingewiesen, mit denen Konflikte angedeutet und bewältigt werden[17]. Im Traum des Trauernden wird ein bemerkenswerter Kompromiß geschlossen zwischen dem Wunsch, der Verstorbene möge wieder lebendig sein, und der Anerkennung der Realität, daß er verloren ist[18].

Für den psychoanalytisch Geschulten sind die Träume von Trauernden ein wichtiger Hinweis über den Verlauf der Trauerarbeit. Die ständige Wiederholung des gleichen Traumes kann andeuten, daß aus einem zunächst nicht ersichtlichen Grunde der Trauerprozeß behindert ist und sich nicht fortentwickeln kann. Träume, in denen der Verstorbene in angsterregender, drohender oder entstellter Form erscheint, deuten im allgemeinen auf Ambivalenzkonflikte hin, die zwischen dem Verstorbenen und dem Trauernden bestehen. Spätere Träume, die den Verstorbenen in freundlicher Gestalt erscheinen lassen, geben zu der Hoffnung Anlaß, daß die Feindseligkeit zugunsten eines positiven Gefühles sich aufzulösen beginnt und der Trauerprozeß zu einem positiven Abschluß kommt.

Ch. Anderson schildert die Traumserie eines Mannes, der seine Frau bei einem deutschen Bombenangriff auf England verloren hatte. Seine pathologischen Trauerreaktionen machten eine Hospitalisierung notwendig. Im Verlauf seiner Wiederherstellung kam es zu der folgenden Traumfolge.

»Während der ersten Zeit seiner Erkrankung erschien seine Frau als verletzt, bedeckt mit Schutt und voll ständiger Vorwürfe für seine Verzögerung, ihr zu folgen; ohne Ende beschuldigte sie ihn, er habe sie getötet. Was besonders auffiel, war die Tatsache, daß auch alle anderen Dinge, die er in seinem Hause schätzte, wie verletzt erschienen, krank und rachsüchtig. Alle seine vier Kinder, die in Wirklichkeit bei guter Gesundheit waren, erschienen in seinen Träumen in verschiedensten Formen der Entstellung. Sein ältester Sohn, von dem er wußte, daß es ihm gut ging, erschien in seinen Alpträumen als ertrunken, verkrüppelt und mit einer zerstörenden Krankheit behaftet ... Selbst der Haushund, an dem der Patient sehr hing und der bei guter Gesundheit war, erschien als krank, räudig, abgezehrt und böswillig. Allmählich und über die Monate wandelten sich Inhalt und Gefühlsausdruck der Träume. Seine Frau wurde gesund und freundlich, sowohl die Kinder wie der Hund verloren ihre Böswilligkeit. Zur gleichen Zeit ging es meinem Patienten immer besser.«[19]

Ch. Anderson teilt die Träume der Trauernden in zwei Gruppen ein. In der einen ist die tote Person von neuem lebendig und gesund, und die vergangenen glücklichen Erfahrungen können wiederholt werden. In der anderen Gruppe erscheint der Tote als verletzt und verletzend, verfolgt oder verfolgend, er trägt das Leichenkleid und hat die Zeichen seiner Krankheit oder seiner Verletzung an sich. Er ist darauf ausgerichtet, den Träumenden zu zerstören, oder dieser vollführt die schrecklichsten Taten gegen den bereits Verletzten. Anderson glaubt daraus schließen zu können, daß im ersten Fall eine überwiegend harmonische Beziehung zwischen dem Verstorbenen und dem Hinterbliebenen bestand und die

Trauer einen angemessenen Verlauf nimmt, während die Trauerarbeit in der zweiten Gruppe der Träumenden offensichtlich durch den Ambivalenz-Konflikt belastet und der Ausgang unsicher ist[20].
Das Ausbleiben von Träumen nach einem Trauerfall ist ebenfalls ein gewisses Anzeichen, daß, weil der Verlust so schwerwiegend ist, der Trauerprozeß nicht in Gang kommt; der Trauernde verhält sich in seinem Traum, als sei nichts geschehen. So hatten nach Gorer keine der sechs Eltern, die ein heranwachsendes Kind verloren hatten, irgendwelche Träume[21]. Auch Kinder haben oft trotz ihrer sonst vielfältigen Traumaktivität nach dem Tode der entscheidenden Pflegeperson einen traumlosen Schlaf. Zuweilen schaffen sich die unterdrückten Träume gewaltsamen Ausdruck, wie Gorer von einem Ladenhändler berichtet, der nach dem Tode seiner Frau niemals von ihr geträumt hatte:

»Ich konnte nicht einschlafen, nachdem meine Frau gestorben war. Ich war oben im Haus, nachdem sie gestorben war, und hatte das Fernsehen zum ersten Mal an, nachdem sie gestorben war; und plötzlich sah ich meine Frau, als sei nichts geschehen, in einem dieser Sessel sitzen. Ich floh die Treppe herunter und bin nie mehr in dies Zimmer gegangen. Es war sehr erschreckend. Es ist ein so hübscher Raum.«[22]

Es kann weiter sein, daß der Verleugnung des Todes durch destruktive Träume quälend widersprochen wird. Die Träume können in aggressiver Weise immer wieder den Tod präsentieren, indem die vorgeblich nicht Gestorbenen sich mit äußeren Verletzungen zeigen oder bei Unfällen ums Leben kommen. Die aktuelle Bestattung, aber auch andere Beerdigungen werden immer von neuem geträumt. Der Traum spricht gewissermaßen den Wunsch aus, den Toten sterben zu lassen und ihm seine Ruhe zu geben, die ihm durch die Verleugnung seines Todes vorenthalten wird[23].
Die Realität des Todes kann im Traum auf verschiedene Weise anerkannt werden. G. K. Krupp berichtet folgenden Fall:

»Frau C., 40 Jahre alt, war mit einem sehr viel älteren Mann verheiratet, doch die Ehe war glücklich. Ihr Gatte starb sehr plötzlich. Sie war außerordentlich von der Trauer überwältigt. Noch innerhalb achtundvierzig Stunden träumte sie: ›Er erschien, und ich hatte Zahnschmerzen. Ich erzählte es ihm. Er war sehr besorgt, wie ein Vater. Ich zeigte nach hinten, als ob dort irgend etwas repariert werden konnte‹. Die Patientin wachte auf und war aufs äußerste enttäuscht, als sie merkte, daß es sich nur um einen Traum gehandelt hatte.«[24]

In diesem Fall wird die Realität des Todes durch das Aufwachen herausgestellt; es gilt hier, was Freud über den Angsttraum sagte: »Wir pflegen den Schlaf zu unterbrechen, ehe der verdrängte Wunsch des Traumes seine volle Erfüllung gegen die Zensur durchgesetzt hat.«[25] Zwar ist die Leistung des Traumes mißglückt, aber sein Wesen hat sich darum nicht verändert. In einem anderen Falle, den G. K. Krupp beschreibt, wird ein ähnlicher Traum immer wiederholt, unterbrochen durch Erwachen, das

mit erheblicher Enttäuschung verbunden ist[26]. Wie von einem Nachtwächter wird der Schlafende geweckt, wenn eine Wahrnehmungsstörung droht, die die Traumzensur nicht allein vertreiben kann[27].
Andere Formen der Realitätsanerkennung im Traum bestehen darin, daß der Verstorbene als schwach und krank erscheint. Zuweilen weiß der Träumende, daß der im Traum Erscheinende wirklich tot ist, ist aber traurig darüber, daß dies der Betreffende offenbar noch nicht zu wissen scheint. Manchmal erscheint der Verstorbene zwar als lebend, ist aber auf irgendeine merkwürdige Weise nicht ansprechbar und wie abwesend[28].
Im allgemeinen erfüllen die Träume, wie Gorer beobachtet hat, ihre positive Funktion als Bewältigungsmechanismen. In nahezu allen Fällen waren die Träume tröstlich (negative Träume richteten sich mehrfach gegen tote Eltern). Zumeist wurde der Verstorbene jünger gesehen, als er bei seinem Tode war. Es wiederholen sich freundliche Gespräche, und gemeinsame Aktivitäten werden erinnert. Ein 72jähriger Fliesenleger erzählte Gorer:

»Ich träume auch über sie, sie kommt oft zu mir, wissen Sie; wir lachen miteinander und so; wir sind ständig zusammen und arbeiten zusammen in meinen Träumen. Weil wir manchmal zusammen draußen auf dem Feld vor vielen Jahren arbeiteten, und gewöhnlich hatten wir viel Spaß und machten Albereien draußen in den Feldern; und ich sehe sie in diesem Feld, Sie verstehen, und die Spielereien, die wir gewöhnlich machten.«[29]

Wie der Traum den Trauernden Trost bringen kann, den Verstorbenen wiederbelebt und den Trauernden mit diesem vereinigt, alle diese Motive faßt der letzte Vers des berühmten Gedichtes Edgar A. Poes von der »schönen Annabel Lee« zusammen, die dem Liebenden geraubt wurde:

For the moon never beams without bringing me dreams
Of the beautiful ANNABEL LEE;
And the stars never rise but I see the bright eyes
Of the beautiful ANNABEL LEE;
And so, all the night-tide, I lie down by the side
Of my darling, my darling, my life and my bride,
In her sepulchre there by the sea –
In her tomb by the side of the sea.[30]

Die Halluzinationen und Auditionen wie auch das Gefühl der Präsenz des Verstorbenen und die Träume über ihn gehören überwiegend der regressiven Phase der Trauerbewältigung an. Wie Caruso sagt, tritt an die Stelle des Geliebten »ein *Bild* des Geliebten – ein verblaßtes Bild, ein aufgewertetes Bild, zugleich auch ein abgewertetes Bild, aber kein wirklich lebendiges mehr«[31]. Ähnlich klagt Clerk darüber, sich nicht an das Gesicht seiner verstorbenen Ehefrau erinnern zu können. Er erklärte es jedoch so:

»Wir haben die Gesichter von denen, die wir am besten kennen, so unterschiedlich gesehen, von so vielen Seiten, in so verschiedener Beleuchtung, mit so vielen Gesichtsausdrücken

– wachend, schlafend, lauschend, weinend, essend, sprechend, denkend – so daß all diese Eindrücke sich in unserer Erinnerung übereinanderhäufen und in eine bloße Verschwommenheit hinein aufheben.«[32]

Ähnliches läßt sich vom Traumprozeß sagen. Anfänglich sind die Träume sehr lebhaft und deutlich, werden aber in der adaptiven Phase zunehmend blasser und undeutlicher[33].

6.22 Soziologische Implikationen

Nach der Ansicht von D. W. Rees »sehen« eine große Anzahl der Trauernden ihre toten Verwandten, nachdem sie beerdigt oder verbrannt worden sind. Visionen dieser Art sind nicht ungewöhnlich für Hinterbliebene, die im übrigen ihre Trauer auf eine »normale« Weise bewältigen. Aber es ist eine Erfahrung, über die Trauernde nur dann sprechen, wenn sie danach gefragt werden. Rees gesteht, daß er in den ersten zehn Jahren seiner ärztlichen Praxis dieses Phänomen nicht bemerkt habe, weil solche Erfahrungen spontan weder dem Arzt, dem Pfarrer, Verwandten oder Freunden enthüllt würden[34].
Man wird Rees zustimmen müssen, daß hier ein Bewältigungsmechanismus, der vielen Trauernden Hilfe und Halt bedeutet, kaum bekannt ist, »weil das intellektuelle Klima in der modernen westlichen Zivilisation offensichtlich so beschaffen ist, daß viele Menschen das Gefühl haben, anderen eine der interessantesten und wichtigsten Erfahrungen in ihrem Leben verhüllen zu müssen«[35]. Soziale Normen erlauben es nicht, volle Unterstützung aus diesem repressiven Mechanismus zu ziehen, da der einzelne isoliert wird und zusätzlich den belastenden Eindruck hat, gesellschaftlich unakzeptable Erfahrungen zu machen. Solche Wahrnehmungsstörungen sind ein sprechendes Beispiel dafür, daß sie nur deswegen als psychiatrische Erkrankung gelten, weil ihre weite Verbreitung nicht öffentlich bekannt und anerkannt ist.
Demgegenüber wird in weniger differenzierten Gesellschaften zugestanden, daß die »Seele« des Verstorbenen sich zunächst nicht von ihrem ursprünglichen Wohnort lösen kann und einige Zeit braucht, sich wirklich von ihrer Familie und ihrem Stamm zu trennen. W. L. Warner, um nur ein Beispiel aus dem umfangreichen ethnologischen Material zu nennen, schilderte ausführlich die Rituale der Murgins, die alle zur Aufgabe haben, die Beziehungen zwischen dem Verstorbenen und den Lebenden allmählich zu lösen. Als Seele muß der Tote mit aller Vorsicht behandelt werden. Die Zeremonien gehen in zwei Richtungen. Sie dienen einmal dazu, die Trennung herbeizuführen, zum anderen, den Geist zu versöhnen und ihm nahezulegen, ruhig zu seiner Toten-Quelle zu wandern und nicht die Lebenden zu verletzen und zu stören. Die Formen, die auf die zweite

Funktion ausgerichtet sind, sind besonders vielfältig und benötigen längere Zeit, als seien die Lebenden unwillig, die Seele des Verstorbenen freizugeben. In den Liedern, die während der Beerdigungszeremonien gesungen werden, wird nicht nur der Unwille der verstorbenen Ahnen ausgedrückt, weil dem Verstorbenen nicht eine angemessene Behandlung gegeben wurde, sondern auch die Klage, die weiblichen Verwandten würden die Gebeine nicht freigeben[36]. Es wird also deutlich mit einem Zwischenzustand gerechnet, in dem der Verstorbene für den Trauernden noch gegenwärtig ist, während unsere Gesellschaft dem Trauernden die Anerkennung der Erfahrung verweigert, er nähme den Toten wahr. Obgleich dies zumindest für die regressive Phase vielfach belegt ist.

6.23 Gleichnis oder »Nacht der Bildlosigkeit«

Im Verlauf der Trauerarbeit wird es, wie Caruso und Clerk vermerkt haben, schwerer, sich das Gesicht des Verstorbenen vorzustellen. Dieses Verblassen seines Bildes ist für Trauernde oft eine erschreckende Erfahrung; den Toten sich nicht mehr vorstellen zu können, erscheint als Verrat und unerträglicher Verlust. Angemessener aber wäre zu sagen, der Verstorbene gehe in die Welt auf, die der Hinterbliebene mit ihm gemeinsam erlebt hat und nur mit ihm erleben konnte. Der Tote und der Lebende finden sich zusammen in den *Bildern des Glücks vergangener Tage;* es ist die Allee des gemeinsamen abendlichen Spazierganges, ein gemeinsamer heiterer und gelöster Abend irgendwo auf dem Lande, der Moment der Rückkehr nach einer langen, schmerzlichen Trennung. Es sind bestimmte Gesten und Bewegungen, die dem Trauernden vertraut waren. Versöhnung nach einem heftigen Streit, eine irrationale, aber liebenswerte Gewohnheit. Es ist die Geste des Brotbrechens, an dem die Jünger von Emmaus den Auferstandenen erkennen; es ist die tägliche Mahlzeit mit Brot und Fisch, in dem sein Weiterleben festgehalten wird. Die Erinnerung an den Verstorbenen wird nicht erhalten in den einzelnen Gesichtszügen, Worten und Handlungen. Es sind Bilder, in denen das Wesen eines Menschen aufgehoben und bewahrt wird.

Was für vergangenes Glück Gültigkeit hat, gilt auch für zukünftiges Heil. Das Wesen des Reiches Gottes und der Herrschaft Christi kann nur in Bildern ausgedrückt werden. Nur in der Bildhaftigkeit ist Heil präsent, nur Schauen im Gegensatz zum Glauben und Hoffen drückt die Erfüllung dessen aus, was geglaubt und erhofft wird. Das Alte und Neue Testament scheuen sich nicht, in zahlreichen Bildern die »Neue Gesellschaft« zu beschreiben; die Reich-Gottes-Gleichnisse werden nicht nur zum Vergleich erzählt, sondern dem Hörer wird im Erzählen des Gleichnisses zugleich dessen Inhalt versprochen und zugesprochen[37]. Dennoch hat sich in der

Theologie weitgehend eine starke Ablehnung aller Bildhaftigkeit durchgesetzt. E. Hirsch spricht von der »Nacht der Bildlosigkeit«[38], die über uns gekommen ist und die er positiv bewertet. Die Stellungnahme Bultmanns drückt sich in dem inzwischen klassisch gewordenen Satz aus: »Die christliche Hoffnung weiß, daß sie hofft, sie weiß aber nicht, was sie erhofft.«[39] Vor kurzem hat er noch einmal betont, der Übergang von der Zeit in die Ewigkeit könne nicht als ein dem irdischen Leben analoges, also als ein zeitliches vorgestellt werden, sondern stelle sich »totaliter aliter« dar. Er wird allein erfahren in Grenzsituationen, in denen wir unser Leben nicht als wirkliches empfinden, sondern als ein vom Tode gezeichnetes[40]. Es kann für Bultmann nur soviel gesagt werden, daß einer leidvollen Gegenwart eine leidlose Zukunft folgen werde[41]. K. Barth hat vom Kommenden als dem »Jenseits Gottes« gesprochen[42] und damit die Frage eines Hoffnungsinhaltes ebenso abgewehrt wie F. Gogarten und E. Fuchs[43].

Zwei wesentliche Gründe, die Hedinger für diese Beschränkung auf die Bildlosigkeit nennt, sind nach ihm die Abwehr der »eudämonistischen« und der »nomistischen« Erwartungen. Die eudämonistische Erwartung projiziert ihre eigenen Wünsche und Bedürfnisse in die Zukunft, ohne sie am Willen Gottes zu prüfen, und ist damit nicht mehr offen für eine von ihm bestimmte Zukunft; die »nomistische« Erwartung entwirft die Zukunft auf der Basis der eigenen Leistung und eigenen Verpflichtung und greift in Gottes Rechte ein[44]. Dabei mögen gesellschaftliche Einflüsse eine solche theologische Haltung gefördert haben, denn die »Theologie der Krise« ist eng verbunden mit der Krise der bürgerlichen Gesellschaft, die für sich keine Zukunftsaussichten mehr sah und damit auch keine Bilder eines permanenten Fortschrittes zeichnen konnte[45]. Die positive Beurteilung der Bildlosigkeit begründet E. Hirsch mit der Meinung, es gelte »der modernen Verwechslung von Ewigkeitsglauben und Urzeitphantasien entgegenzuarbeiten. Handeln wir anders, so werden wir mitschuldig an der Verdiesseitigung alles menschlichen Selbstverständnisses«[46]. Die Unfähigkeit, in Bildern zu denken, kann aber auch, wie bei K. Mannheim, aus dem Argument abgeleitet werden, daß die ideologischen und technisch-instrumentalen Zwecksetzungen allmächtig geworden seien und ihre Unbildlichkeit, Unvorstellbarkeit und Komplexität das utopische Vermögen absorbiere[47].

»›Religiöser Puritanismus‹«, so Hedinger, »zeitigt die ›purifizierte‹ Hoffnung, die von ihrem Was und ihrem Zielinhalt ›gereinigte‹, die zur ›Entscheidung‹ und ›Bewährung‹ gewordene Hoffnung.«[48] Ebenso wendet sich G. Sauter gegen einen »Puritanismus einer Theologie des Wortes Gottes«, die »unter anderem von einem bedingten Reflex (sc. lebt Y. S.), der zwangsläufig Abwehrreaktionen gegen alles Ästhetische auslöst, mit der Witterung einer permanenten griechischen Häresie«[49]. Er verweist darauf,

daß im Hebräischen das Hoffen geradezu als »spähende Zuversicht« umschrieben werden kann, und auf die prophetischen Zeichenhandlungen, die nach v. Rad »schöpferische Präfiguration des Kommenden (sc. sind Y. S.), dem die Verwirklichung auf dem Fuße folgen mußte«[50], und kommt zu dem Schluß: »Daß wir *zum Sehen gerufen* sind, um *hoffen* zu lernen, ist möglicherweise ein elementar eschatologischer Leitsatz.«[51]
Ähnlich spricht H. Gollwitzer von den Vorstellungen des Unvorstellbaren. Der Mensch »wird, wenn er sich dessen bewußt ist, diese Vorstellungen locker handhaben, nicht als Beschreibungen, sondern als Bilder seiner Hoffnung«[52]. »Wenn etwa Paulus sagt, er habe ›den Herrn gesehen‹ (1. Kor. 9,1), dann ist damit nicht irgendeine optische Feststellung einer wunderbaren Erscheinung gemeint, sondern Sehen des Eschatons: ›wie er ist‹, nicht Feind, sondern Freund; Glauben ist Hoffnung auf dieses Sehen im Einklagen der Verheißung, Vorwegnahme in Hoffnung, wie der Hebräerbrief (11,27) von Moses sagt: ›Er hielt sich an den, den er nicht sah, als sähe er ihn‹«[53]. Er verweist auf die Utopie Blochs, die Hoffnungen radikaler Marxisten vom Jenseits einer Gesellschaft, in der der Mensch endlich zu seiner Totalität kommt, auf die Vorschau Teilhard de Chardins auf den erfüllenden Punkt Omega. Dies sind für ihn »das Hiesige transzendierende, immer nur Einzelaspekte bietende, unzulängliche und doch unerläßliche Versuche, messianische Sinngebung, die in der Überwindung der Todeswelt geschieht, der Verheißung entsprechend in unsere Vorstellung zu rücken, damit zu einer gegenwärtigen Kraft der Hoffnung zu machen«[54].
Begriffe der Eschatologie in der Abstraktheit wie »das Jenseits Gottes«, »mit Christus sein«, das »totaliter aliter« erfüllen zwar die utopische Funktion eschatologischer Aussagen, ihnen geht aber weitgehend eine motivierende Kraft ab. Man müßte auch fragen, ob nicht schon der kritische Impuls eschatologischer Aussagen unterbleibt, weil die Kritik bestehender Verhältnisse so radikal ausfallen muß, daß sie nichts Spezifisches mehr trifft.
Es lassen sich zwei »anschauliche« eschatologische Bilder nennen, die einerseits nicht der Privatheit verfallen, die der Eschatologie der Familie anhaftet, zum anderen aber auch nicht einen solchen Abstraktheitsgrad erreichen wie das »Reich Gottes« oder die »Neue Gesellschaft«. Das eine Bild ist die »Stadt«, das andere der »Garten«.
Im Alten und Neuen Testament ist die Stadt das Symbol des erfüllten Lebens. Jerusalem wiederzusehen und wiederzugewinnen, ist ein Jahrtausende altes Anliegen, es zu vergessen heißt, sich selbst zu vergessen und damit zu sterben. Die Johannes-Apokalypse sieht das neue Jerusalem vom Himmel herabfahren, die Stadt wird zum sichtbaren Zeichen des göttlichen Reiches. Damals wie heute hatte die Stadt ihre Attraktivität. Wie die

irdische Stadt ist das himmlische Zion geschmückt mit prachtvollen Mauern, Straßen und Gebäuden. Hier findet der Austausch der Waren und des Wissens statt, hier ist der Mittelpunkt der Macht, wenn die Könige nach Zion ziehen.

Es ist das besondere Verdienst von H. Cox, das eschatologische Symbol der Stadt in seiner umfassenden Bedeutung erneut bewußt gemacht zu haben, man mag dabei zu seiner Säkularisierungsthese stehen, wie man will[55]. Er hat die Theologen auf die immensen Möglichkeiten und Hoffnungen aufmerksam gemacht, die in dem Bild der Stadt liegen[56]. Das Symbol der Stadt hat für ihn auch kritische Funktion; er verweist darauf, welche Verarmung das Leben mit sich bringt, das sich in die Suburbs zurückzieht und dem Familiarismus verfällt mit all seinen psychischen Schwierigkeiten. Er erneuert das negative Gegenbild, die Anti-Stadt, wie es Babylon und Rom für die Bibel waren. Cox hat darauf verwiesen, welche Aktivität und welche Phantasie freigesetzt worden sind, um das pragmatische Ziel der Stadterneuerung zu erreichen. Die Satellitenstadt, so scheußlich sie im einzelnen ausfallen mag, ist ohne die Hoffnung auf die Verheißung nicht zu verstehen, unter der die Stadt nach der biblischen Aussage steht, so sehr technische und ökonomische Zwänge auch dazu geführt haben, den Faktor menschlicher Kommunalität zu mißachten. Cox hat gerade in der Kritik und der Korrektur solcher Hoffnungen eine der wesentlichen Aufgaben der Kirche gesehen. So wie das Symbol der Stadt kritisch und motivierend wirkt, so setzt es theologisch auch eine Utopie, die ausgerichtet ist auf die Stadt voller Leben, voller Austausch, voller Schönheit und Aufhebung der Einsamkeit. Ziel ist »die von aller Schwere, Not und Angst befreite heitere Kommunikation aller mit allen in der Freude aneinander: im freudigen Schauen Gottes sind sie nicht voneinander isoliert, sondern miteinander besser, mehr denn je vereinigt«[57]. Auf diesem Hintergrund gilt die Botschaft am Grabe von Menschen, die in Einsamkeit gestorben sind und die der Kommunalität entbehren mußten, gilt sie den Trauernden, die sich vor ihrer Einsamkeit fürchten, indem sie ihnen die Verheißung deutlich macht, unter der die irdische Stadt mit ihren Möglichkeiten an Kommunalität steht und auf die utopische Stadt mit ihrem Überfluß an erfülltem Leben verweist[58].

Das zweite eschatologische Symbol, das des »Gartens«, scheint dem der »Stadt« zu widersprechen. Ist die Stadt nicht das Schreckensbild, dem wir mit aller Macht entfliehen wollen, selbst wenn wir uns damit eine Verkümmerung unserer Möglichkeiten einhandeln? Auch das Bild des Gartens hat eine fest biblische Tradition[59]; die Wiederherstellung des Gartens Eden mit der Mühelosigkeit des Lebenserwerbs, der Schmerz- und Todeslosigkeit und des alltäglich-selbstverständlichen Umganges mit Gott ist eine Hoffnung gewesen, die nicht nur ins Jenseits projiziert wurde, sondern

auch menschliches Bemühen aktiviert hat. Das Bild des Gartens schildert, im Gegensatz zum Bild der Wildnis und des Dschungels, die Versöhnung von menschlicher Arbeit mit den Gegebenheiten der Natur, wohl nie vollkommener ausgedrückt als im englischen Park, der bei allem menschlichen Bemühen den Eindruck hervorrufen will, dieser Garten in seiner Mannigfaltigkeit, mit seinen Ausblicken, seinen Seen und Gebäuden sei »natürlich«, ohne menschliches Eingreifen entstanden. Er ist »befriedete Natur«, die Vorstellungen der Ruhe, der Gelassenheit und der Wehmut über die Vergänglichkeit wach werden läßt. Darin liegt begründet, daß der Friedhof sich immer mehr bemüht, sich diesem Symbol des Gartens anzugleichen und zum Park zu werden. Man mag das als Verdrängung des Todes bezeichnen, aber es scheint, daß gerade so das eschatologische Symbol von der befriedeten Natur seine Verwirklichung findet. Er kennzeichnet das, was Marx genannt hat: »Die *Gesellschaft* ist die vollendete Wesenseinheit des Menschen mit der Natur, die wahre Resurrektion der Natur, der durchgeführte Naturalismus des Menschen und der durchgeführte Humanismus der Natur.«[60]
Nicht, daß heraus wäre, was »Garten« und »befriedete Natur« wirklich sind. Aber den Garten, wie dies in vielen Kirchenliedern geschieht, allein in das Jenseits zu verlegen, macht dieses Symbol als eschatologisches zunichte. Wie man Natur bei allem Stolz, sich die Welt untertan zu machen, überfordern und vergewaltigen kann, wissen wir inzwischen, und es ist die kritische Aussagerichtung dieses eschatologischen Symbols, das dagegen angeht. Die Welt zum Garten zu machen, lernen wir nur mühsam. Noch haben wir nicht zureichend begriffen, daß nicht die Stadt als solche ein Gegensymbol zur »befriedeten Natur« ist, sondern nur die Stadt, in der die Natur unter Beton begraben wird und private Interessen die Grünflächen verbannen, ebenso, wie wir noch nicht gelernt haben, unseren Garten nicht ausschließlich als meinen Garten zu betrachten. Die säuberlichen Hecken um die einzelnen Gräber, die Grabeinfassungen, das Familiengrab spiegeln die gegenwärtigen gesellschaftlichen Verhältnisse wider, gegen die sich das eschatologische Symbol des »Gartens« und der »befriedeten Natur« wendet.

6.3 Der Mechanismus: Verleugnung

6.31 Psychologische Aspekte

In der Literatur über die Trauerarbeit wird der Mechanismus der Verleugnung als einer der wesentlichen Bewältigungsmechanismen angesehen. So hat G. Krupp herausgestellt: »Der Abwehrmechanismus der Verleugnung kann vielfach das Individuum vor einem völligen Auseinanderfallen angesichts des umfassenden Eindrucks des Schocks bewahren.«[1] Im allgemeinen wird in der psychoanalytischen Literatur von Verleugnung gesprochen, wenn ein Vorgang in der Außenwelt, der unangenehme Folgen für das Ich hat, entweder überhaupt nicht gesehen, nicht anerkannt oder in seiner Bedeutung herabgesetzt wird[2].

Nun handelt es sich bei der Verleugnung eines Todesfalles nicht nur um eine Verleugnung der äußeren Realität, sondern auch um eine Verleugnung von nunmehr unerfüllten Triebansprüchen des Es, ein Vorgang, der im allgemeinen als Verdrängung bezeichnet wird. Verleugnung der äußeren Realität und Verdrängung der Triebansprüche wirken in der Trauer eng zusammen[3], wobei je nach Individuum stärker der Bewältigungsmechanismus der Verleugnung oder der Verdrängung eingesetzt wird.

Verleugnung und Verdrängung sind in der Trauer so universal[4], daß sie faktisch in jedem der hier behandelten Bewältigungsmechanismen, insbesondere den narzißtischen, vorkommen. Abbau der Wahrnehmungskontrolle kann als eine Verleugnung der Realität bezeichnet werden, soweit sie durch die Sinnesorgane Sehen, Hören und Fühlen wahrgenommen wird. Die an dieser Stelle zu behandelnden Abwehrmechanismen der Verleugnung und Repression sind hier definitorisch beschränkt auf die kognitive und emotionale Funktion der psychischen Organisation. Stärker als bei dem Abbau der Wahrnehmungskontrolle wird der Tod intellektuell akzeptiert, aber in seiner emotionalen Bedeutung verdrängt und verleugnet oder umgekehrt. Folgende Kombinationen von Verdrängung und Verleugnung sind in der Trauer zu beobachten:

(1) *Meidung:* Der Trauernde kann die Realität des Todes nur dadurch weiterhin leugnen, daß er alles meidet, was ihn an den Verlust erinnern könnte; (2) *Mumifizierung:* Der Tod wird akzeptiert, aber es wird geleugnet, daß sich damit auch eine Veränderung der Umgebung ergibt; der Tote wird »mumifiziert«; (3) *Kognitive Verleugnung:* Der Tod wird intellektuell nicht akzeptiert, wohl zeigt sich aber eine Traurigkeit, ohne daß ihr Ursprung bewußt wird; (4) *Emotionale Repression:* Der Tod wird intellektuell anerkannt, aber der Hinterbliebene fühlt sich unfähig, irgendwelchen Schmerz zu empfinden; (5) *Verschiebung:* Der Verlust wird intellektuell akzeptiert, kann aber emotional nicht verarbeitet werden und wird auf sekundäre Trauersymptome (u. a. somatischer Natur) verschoben; (6) *Leugnung in der Phantasie:* Zwar wird der Tod intellektuell und zum Teil auch emotional akzeptiert, zugleich entwickelt sich daneben eine üppig wuchernde Phantasie, er sei doch nicht eingetreten; (7) *Ichspaltung:* Der Tod wird voll akzeptiert, aber in einem abgegrenzten Bereich der psychischen Organisation geleugnet; der Tote wird weitgehend von ihr isoliert.

(1) Meidung: Hat der Abwehrmechanismus des Verleugnens überwie-

gend die Form des Meidens[5], dann bedeutet dies, daß der Trauernde versucht, allem aus dem Wege zu gehen, was ihn an den Verlust erinnern könnte. Er verzichtet darauf, den Verstorbenen noch einmal zu sehen und wünscht, daß die Beerdigung möglichst kurz gehalten wird. Er versucht, den Kontakt mit dem Pfarrer und dem Arzt nach Möglichkeit zu vermeiden, weil sie für ihn den Tod repräsentieren und er befürchten muß, daß sie auf den Verstorbenen zu sprechen kommen[6]. In der Familie und seiner sozialen Umwelt zieht er sich zurück, wenn das Gespräch auf den Toten kommt, und kann im Extremfall verbieten, daß in seiner Umgebung überhaupt über diesen gesprochen wird.

Während in der regressiven Phase die Meidung eine sinnvolle Verhaltensweise sein kann, um den massiven Schock des Todes abzufangen, führt sie in der adaptiven zu einem Verhalten, das die Angehörigen als unangemessen oder merkwürdig empfinden. Der Trauernde verzichtet zB. darauf, die Grabstätte zu besuchen. G. Wretmark berichtet von einem jungen Mädchen, das sich weigerte, an den Tod seiner Mutter zu glauben, da es sie nie im Sarg gesehen habe. Wenn es den Friedhof besuchte, ging es am Grab seiner Mutter vorbei, als habe es nichts mit ihr zu tun, und legte Blumen auf das Grab seiner Großeltern, das nicht weit davon entfernt war[7]. In einem Seminar mit Pfarrern wurde von einem verwitweten älteren Mann berichtet, der seine Angehörigen zwar im Auto begleitete, wenn sie das Grab seiner Frau besuchen wollten, aber dann vor dem Friedhof auf ihr Zurückkommen wartete. Pollock berichtet von weiteren Fällen einer solchen Meidung, bei denen ein Elternteil vor dem sechsten Lebensjahr verstorben war. In jedem dieser Fälle besuchten die Patienten niemals den Friedhof, auf dem ihr Vater oder ihre Mutter begraben waren. Sie hatten zudem eine Amnesie, die bis zu mehreren Monaten nach der Todesnachricht anhielt[8].

(2) Mumifizierung: Eine Verleugnung liegt auch dort vor, wo der Tod zwar akzeptiert wird, aber zugleich die Umgebung, in der der Tote gelebt hat, unverändert erhalten wird und zum Teil auch Verhaltensweisen beibehalten werden, die vorgeben, er sei nicht gestorben. Gorer spricht hier von »mummification« in einem übertragenen Sinne[9]. Das Haus wird so gehalten, wie es der Verstorbene verlassen hatte, und jedes Stück bleibt an seinem Platz, als sei es ein Schrein, der jeden Augenblick wiederbelebt werden könnte. Das bekannteste Beispiel aus der englischen Geschichte ist Queen Victoria, die nicht nur alle Gegenstände so beließ, wie Prinz Albert sie hinterlassen hatte, sondern auch auf dem täglichen Ritual bestand, daß seine Kleidung zurechtgelegt, das Rasierwasser gebracht und beim Essen zwei Gedecke aufgelegt wurden[10].

Ein typischer Fall von »Mumifizierung« wird bei Jackson berichtet. Zwei Schwestern hatten ihr ganzes Leben zusammengelebt. Als die eine der beiden Damen starb, die stärker die männliche Rolle übernommen hatte, war die Überlebende von ihrem Tod nicht zu überzeugen:

»Sie ging durch alle Ereignisse der Beerdigung und durch die nächsten Tage mit einem Lächeln und einem ermunternden Wort für jedermann. Immer wieder hörte der Pfarrer, wie sie zu ihren Freunden sagte: ›Ruth ist nicht wirklich tot. Mein Glaube läßt sie nicht sterben. Ich glaube, sie ist immer noch hier um mich herum, auch wenn ich sie nicht sehen kann. Warum sollte ich traurig sein? Wir werden immer zusammen sein!‹
Als die Zeit verging, wurde das Muster ihrer Lebensführung deutlich. Sie behielt das Spiel von der Anwesenheit ihrer Schwester in voller Ehrlichkeit und Aufrichtigkeit aufrecht. Am Tisch wurden stets zwei Plätze gedeckt, und obgleich kein Essen der verstorbenen Schwester gereicht wurde, erklärte sie: ›Im Geistkörper brauchen wir keine Nahrung. Wir wollen nur nicht übergangen werden.‹ Frische Blumen standen stets in dem Schlafzimmer ihrer Schwester. Ihre Kleider hingen unberührt im Schrank, außer wenn sie gelegentlich gereinigt wurden. Soweit dies bewerkstelligt werden konnte, wurde die geistige Gegenwart der Schwester vorausgesetzt. Wenn Gäste kamen, pflegte sie zu sagen: ›Ich weiß, Ruth würde mich bitten, Euch für Euer Kommen zu danken.‹ Wenn Weihnachtsgeschenke und -karten versandt wurden, waren sie gezeichnet mit ›Minnie und Ruth‹.«[11]

Der Verfasser erinnert sich aus seiner praktischen Tätigkeit an ein anderes Beispiel dieser Art. Eine Mutter hatte durch einen Unfall ihren 20jährigen Sohn verloren, der als Radsportler eine große Anzahl von Siegeskränzen mit nach Hause gebracht hatte. Sie hingen in seinem Zimmer, an dem Jahre hindurch nichts verändert worden war. Dadurch gewann das Zimmer den Eindruck einer Grabkammer, in der die Siegeskränze zu Totenkränzen geworden waren.
In der regressiven Phase der Trauerarbeit ist es durchweg therapeutisch wertvoll, die äußeren Umstände nicht zu sehr zu verändern. Das Ich des Trauernden muß so viele Umstellungen vornehmen, daß es eine Entlastung bedeutet, wenn seine unmittelbare Umwelt konstant bleibt. Das gilt vor allem für Kinder, die zusätzlich belastet werden, indem man sie während der ersten Trauerzeit zu Freunden oder Verwandten schickt, aber auch für alte Menschen, deren Adaptationsfähigkeit gemindert ist. Für sie kann eine Umsiedlung die Sterblichkeitsrate signifikant erhöhen[12]. In der adaptiven Phase dagegen muß sich die Erkenntnis durchsetzen, daß auch die Umwelt sich verändert hat, nicht nur das Verhältnis zum Verstorbenen.
(3) Kognitive Verleugnung: Es kann der Tod dadurch verleugnet werden, daß er intellektuell nicht anerkannt wird. Der Betroffene empfindet eine tiefe Traurigkeit, kann sich aber ihre Ursache nicht erklären. Daß Konflikte der Kindheit verdrängt werden, indem sich der Patient nicht mehr erinnern kann, ist ein aus der psychoanalytischen Arbeit bekannter Vorgang[13]. Oft kann ein Patient in der Analyse große Teile seiner Kindheit mit vielen Einzelheiten sehr lebendig erinnern, während er bei anderen, gerade den konfliktträchtigen und pathogenen, einer totalen Amnesie unterliegt[14].

Helene Deutsch berichtet von einer Patientin in den mittleren Jahren, die aus unerklärlichen Gründen zu Beginn jeder analytischen Sitzung bittere Tränen vergoß. Ihr Weinen war nicht zwanghaft, sondern ruhig und sanft, aber ohne Bezug. In Situationen dagegen, in denen man Trauer hätte erwarten können, war ihr Verhalten extrem kontrolliert und ausdruckslos. Sie zeigte sich überaus bereitwillig, die traurigen Erfahrungen mit anderen zu teilen und konnte in eine tiefe Depression verfallen, wenn einem Bekannten etwas Unglückliches zustieß. Sie reagierte mit intensiver Besorgnis und Sympathie, besonders wenn es sich um Krankheit oder Tod in ihrem Freundeskreis handelte. In der analytischen Arbeit ließ sich diese Traurigkeit zurückführen auf eine Trauererfahrung in ihrer Jugend; allerdings war nicht der Tod, sondern die Scheidung ihrer Eltern das traumatisierende Ereignis, das für sie aber in keinem Zusammenhang mit ihren Gefühlen stand. Deutsch hält das Verhalten dieses Mädchens für extrem, glaubt aber, daß eine solche Reaktionsweise auf einen bedeutenden Verlust in abgeschwächter Form nicht selten vorkommt[15].

(4) Repression von Emotionen: Eine weitergehende Verleugnung des Todes liegt dann vor, wenn zwar die Tatsache des Todes rational anerkannt wird und der Trauernde sich entsprechend verhält, sie aber emotional verdrängt und darum auch keine Traurigkeit empfindet. Der Vorstellungsinhalt bleibt bewußt, aber der dazugehörige Affekt oder die Bedeutung dieser Bedrohung wird verdrängt[16].

Was W. Schulte als einen Kern melancholischen Erlebens bezeichnet, trifft auch in bestimmten Fällen für Trauernde zu: Nicht-traurig-sein-Können. Schulte berichtet von einem Melancholiker, dessen Sohn Selbstmord beging. Den Versuch des Arztes, seine Anteilnahme auszusprechen, wehrt er ab: Es sei ja das Furchtbare, daß er gerade nichts empfinden könne. Erst bei Abklingen der depressiven Phase kann der Betreffende weinen und Trauer ausdrücken, ähnlich, wie dies bei einem Hinterbliebenen erst in der adaptiven Phase möglich ist, wenn seine gefühlsmäßige Verleugnung nicht mehr von seiner rationalen Einsicht getrennt ist[17]. Es ist die »Nichterfüllung gleichsam eines Gefühlssolls«, die als quälend empfunden wird[18]. In diesem Beispiel wie in ähnlich gelagerten Fällen ist der Trauerprozeß auf längere Zeit hindurch inhibiert geblieben. Die Trauerarbeit ist nicht in Gang gekommen, aus Gründen, die sich bei dem vorliegenden Bericht nur vermuten lassen.

(5) Verschiebung: Die Verneinung des Todes und die Unfähigkeit zu trauern können sich darin ausdrücken, daß die Trauerexpression sich allein in psychosomatischen Symptomen oder in einer Erkrankung manifestiert[19]. Dies ist durch Karl Stern et al. bei älteren Menschen beobachtet worden. Stern schreibt: »Unter bestimmten Umständen ist der alte Mensch eher geneigt, Material, das offen emotionalen Konflikt hervorru-

fen würde, in somatische Erkrankung zu kanalisieren.«[20] Freilich ist seine Argumentation an diesem Punkt nicht kohärent. Er sieht zwar einerseits den Grund einer solchen Verschiebung darin, daß das Ich des alten Menschen Verlust nicht mehr angemessen verarbeiten könne. Ich-Schwäche würde danach die Verleugnung in Gang setzen, die dann Trauer nur in Gestalt von Erkrankung gestattet. Andererseits erwägen Stern et al. die Erklärung, es handele sich hier entweder um Strafbedürfnis oder Identifikation mit dem Toten[21]; dann würde der Untersuchungsbefund bedeuten, daß ältere Menschen anstelle der Verleugnung eher andere defensive Mechanismen verwenden[22].

(6) *Leugnung in der Phantasie:* Insbesondere bei Kindern, bei denen die Realitätskontrolle noch nicht zur vollen Durchsetzung gekommen ist, kann es geschehen, daß die Realität zwar wahrgenommen, aber in der Phantasie verneint wird[23]. S. Freud formuliert diesen Vorgang in den »Zwei Prinzipien psychischen Geschehens«: »Mit der Einsetzung des Realitätsprinzipes wurde eine Art Denktätigkeit abgespalten, die von der Realitätsprüfung freigehalten und allein dem Lustprinzip unterworfen blieb. Es ist dies das *Phantasieren,* welches bereits mit dem Spielen der Kinder beginnt und später als *Tagträumen* fortgesetzt die Anlehnung an reale Objekte aufgibt.«[24] Edith Jacobsen hat in ihrer umfangreichen Fallbeschreibung »The Return of the Lost Parent«[25] den Weg der Entwicklung verfolgt, die diese Form der Verleugnung bis ins Erwachsenenalter hinein nimmt.

(7) *Ichspaltung:* Freud hat in seinen fragmentarischen Manuskripten »Die Ichspaltung im Abwehrvorgang« (1938) und »Abriß der Psychoanalyse« (1938) auf den Vorgang der Verleugnung durch eine Ichspaltung hingewiesen[26]. Am Beispiele des Kindes macht er deutlich, wie das Ich einen Konflikt zwischen Triebanspruch und Einspruch der Realität lösen kann: »Es antwortet auf den Konflikt mit zwei entgegengesetzten Reaktionen, beide giltig und wirksam. Einerseits weist es mit Hilfe bestimmter Mechanismen die Realität ab und läßt sich nichts verbieten, anderseits anerkennt es im gleichen Atem die Gefahr der Realität.«[27] Beide Parteien bekommen ihr Recht, aber zugleich besteht die Gefahr einer Ichspaltung. Die partielle Verleugnung der Wirklichkeit demonstriert Freud vor allem am Fetischismus, aber weist sie auch in Trauerreaktionen auf. Er erwähnt den Fall eines Zwangsneurotikers, der in allen Lebenslagen zwischen zwei Voraussetzungen schwankt, der einen, »daß der Vater noch am Leben sei und seine Tätigkeit behindere, und der entgegengesetzten, daß er das Recht habe, sich als den Nachfolger des verstorbenen Vaters zu betrachten«[28].

Besonders in dem defensiven Mechanismus des »Suchens«, über den unten noch zu sprechen sein wird[29], wird diese Ichspaltung deutlich. Der Tote wird von der restlichen psychischen Organisation isoliert[30] und führt dort ein eigenes Leben, das kaum mit dem übrigen Denken und Fühlen in Zusammenhang steht. Im Gegensatz zur »Mumifizierung« benötigt eine solche Isolierung des Toten keine unveränderte Umwelt; das Leben scheint ungestört weiterzugehen, während der Hinterbliebene den Toten »für sich« behält.

6.32 Soziologische Implikationen

Wie bereits ausgeführt, kann die Leugnung des Verlustes vielfach eine positive Funktion haben, indem sie den Trauernden von der allgemeinen Konfrontation des vollen Ausmaßes des Verlorenen mit allen seinen Folgen verschont und ihm erlaubt, sich schrittweise der vollen Belastung auszusetzen. Sie muß auch in der adaptiven Phase nicht ein Verhalten zur Folge haben, das von der Umwelt als krankhaft anzusehen ist. Es mag aber zu erheblichen Konflikten mit der Umgebung führen. H. H. Brewster schildert den Fall einer verheirateten Frau, der es nicht gelingt, sich von dem Tod ihres Bruders zu überzeugen und die eine lebhafte imaginäre Beziehung mit ihm unterhält. Dies führt zu erheblichen Störungen im Verhältnis zu ihrem Ehemann und ihren drei Kindern[31]. Wie Helene Deutsch ausführt, kann die Anstrengung, den Toten am Leben zu erhalten, soviel psychische Energie in Anspruch nehmen, daß die dadurch gewonnene Gratifikation durch eine Ich-Verarmung verloren geht[32]. In einem anderen von ihr geschilderten Fall führt die enge Bindung an den Toten dazu, keine neue Bindung eingehen zu können; der Trauernde bleibt für die Anknüpfung neuer sozialer Kontakte blockiert[33]. Eine erhöhte Reizbarkeit und Mißtrauen gegen die Umwelt, die die Überzeugung des Trauernden nicht teilt, können ihn in eine soziale Isolierung treiben; Krankheiten, die zunächst nur eine Verschiebung darstellten, können chronisch werden[34].

Dies muß aber nicht notwendig der Fall sein. Aber die Verleugnung des Todes bleibt vielfach mit ihren neurotischen Störungen unerkannt[35]. Es gibt Fälle schizoider Persönlichkeiten, die die Weiterexistenz des Verstorbenen so für sich behalten können, daß es selbst der Familie nicht auffällt. Die Verwandten mögen gewisse skurrile Verhaltensweisen konstatieren, ohne jedoch die Notwendigkeit zu empfinden, hier intervenieren zu müssen. Es bleibt dem Trauernden überlassen, allsonntäglich lange Gespräche am Grabe zu führen oder seine eigene Wohnung so zu erhalten, wie sie zu Lebzeiten des Verstorbenen war.

Der Mechanismus der Verleugnung wird sozial dadurch gestützt, daß in den modernen westlichen Gesellschaften keine einheitlichen Vorstellungen darüber bestehen, was der Tod eigentlich sei. Vorstellungen an ein Weiterleben sind weit verbreitet. Sie kommen sehr oft vor zusammen mit dem Glauben an die Existenz eines Gottes, aber auch ohne Glauben an Gott wird an einer Weiterexistenz oft festgehalten. Weder der Spiritismus noch die Lehre von der Wiedergeburt sind an den Glauben an Gott gebunden[36]. Auch darüber, ob der Tod wirklich Ende, Warten auf eine allgemeine Totenauferstehung oder ein Übergang in eine vom Leibe befreite Existenzform bedeutet, besteht kein gesellschaftlicher Konsens[37]. Die Toten haben, metaphorisch gesprochen, keinen Ort, an dem sie aufzufinden wären, weder in der Unterwelt noch im Himmel, noch einen »Ort der Ruhe in der Erwartung des kommenden Reiches«. Daß weder der Tod als endgültiges Ende noch die Auferstehung noch die Weiterexistenz im Himmel »bewiesen« werden können, ist ja nur der Ausdruck dafür, daß über diese Frage kein gesellschaftlicher Konsens erreicht werden kann[38].

6.33 Die Realität des Todes

Die Theologie hat vielfach zur Verleugnung des Todes beigetragen. Von Verleugnung des Todes *in der Theologie* ist vor allem dann zu sprechen, wenn der Tod als ein Ereignis ohne jeden spezifischen Sinngehalt und als ein problemloser Übergang in eine besondere Welt postuliert wird; Verleugnung des Todes *in der Praxis der Kirche* kann darin bestehen, von den Hinterbliebenen entweder ein sehr kontrolliertes, emotionsloses Trauerverhalten oder sogar einen Ausdruck von Freude zu erwarten[39]. Dies mag angehen, wo solche Forderungen mit der inneren Erfahrung des Trauernden zusammentreffen[40]; wenn sie jedoch repressiv werden, kommen sie einer philosophischen Weltanschauung wie der stoischen nahe, die die Bedeutung des Todes bestreitet und jede Trauerreaktion unterdrückt.

Bachmann berichtet in einer Fallbeschreibung von einer Pastorengattin, die ihren Vater vor einigen Jahren verloren hatte. Dieser Vater hatte für sie große Sicherheit bedeutet, sie aber zugleich auch immer wieder aufgefordert, auf ihren eigenen Füßen zu stehen. Ebenso wie ihre Mutter hatte auch er darauf bestanden, keine Gefühle zu zeigen und nicht zu weinen. Diese Haltung wurde bestärkt durch ihren Gatten, der ihr gesagt hatte: »Trage den Verlust mit einem Lächeln auf dem Gesicht, anderenfalls verleugnest du deinen Glauben.« Sie hatte seiner Predigt über den Tod zugehört und daraus für sich den Schluß gezogen, sie habe kein Recht zu weinen. Seit dem Tod ihres Vaters hatte sich ihr Verhalten stark verändert und war durch Reizbarkeit, Verletzbarkeit und Unsicherheit gekennzeichnet. Erst als sie nach einigen Gesprächen mit einem beratenden Pfarrer den Tod akzeptieren und ihre Trauer über den Verlust voll ausdrücken konnte, normalisierten sich ihre Beziehungen zu ihren Angehörigen[41].

Minimalisierung des Todes findet sich besonders ausgeprägt bei bestimmten christlichen Sekten, wie den Spiritisten und den Vertretern der Christlichen Wissenschaft. Hier kommt es einer Verleugnung des Glaubens gleich, Zeichen von Trauer zu zeigen. Es handelt sich um Anschauungen, in denen ältere religöse Vorstellungen mit »wissenschaftlichen« Belegen abgesichert werden, und die unter solchen Bedingungen die Festigkeit des Unsterblichkeitsglaubens erneut sichern können, die der traditionelle Glaube vielfach verloren hat. Ein Vertreter des Spiritismus berichtet in seinem Gespräch mit Gorer:

»Der Verlust hat Sie getroffen, aber es ist nur ein körperlicher Verlust. Sie fühlen sich nicht traurig, denn wir sehen es an und behandeln es auf eine Weise, die wir für den normaleren Weg halten ... Das Wissen, das ich heute habe, ich wiederhole: das Wissen, es ist nicht ein Glaube, das Wissen, das ich heute habe, zählt so viel in meinem Leben, daß es Furcht und Zweifel und, wie Sie es nennen würden, Trauer zerstreut, sie werden völlig nichtig.«[42]

Soweit die Kirche an der Zukunftsdimension der Hoffnung festgehalten hat, ist ihr der Vorwurf nicht erspart geblieben, Religion trage dazu bei, den Tod zu verleugnen oder jedenfalls nicht voll anzuerkennen. Diese Kritik ist richtig, insbesondere dort, wo zB. die Eschatologie distanzlos von der Philosophie eine Lehre von der Unsterblichkeit der Seele übernommen hat und wo, durch kirchliche Praxis nicht gedeckt oder zurückgewiesen, sich eine Reihe von Gebräuchen und Gewohnheiten hereindrängten, die auf eine kultische Verehrung des Toten hinauslaufen. Dabei muß gesagt werden, daß die Grenze zwischen Achtung und Pietät gegenüber dem Verstorbenen und einem Totenkult oft schwer zu ziehen ist.

Mit dem Neuansatz evangelischer Theologie Anfang der zwanziger Jahre hat sich ein grundsätzlicher Wandel vollzogen. Gegenüber der Transzendenz Gottes wird die Nichtigkeit menschlichen Lebens und Sterbens herausgestellt; der Tod wird zur letzten und das heißt grundlegenden Entscheidung für oder gegen Christus. Die These von der modernen Verdrängung des Todes, die heute weitgehend Allgemeingut des theologischen Bewußtseins sein dürfte, hat eine spezifische ideologische Funktion. Sie hat die Aufgabe, gerade die Unerträglichkeit und Schärfe des Todes sicherzustellen, um bewußt zu machen, daß der Mensch mit seinen utopischen und reformerischen Vorstellungen scheitern müsse und daß es nur eine Lösungsmöglichkeit gebe, die nicht auf eine Verdrängung, sondern auf eine Akzeptierung des Todes als letzte Grenze menschlichen Bemühens hinauslaufe.

Die Betonung der Realität und Unausweichlichkeit des Todes akzentuiert die Erfahrung von Todesangst und hält diese Erfahrung für etwas tief Menschliches. Die Theologie möchte also dem Menschen diese Erfahrung freihalten und ihn nicht dem Zwang überlassen, diese Angst vor dem Tode verleugnen zu müssen; dem Menschen soll die Realität seines Enden-Müssens nicht verstellt werden. Sie glaubt, daß erst in dem Ansichtigwerden dieser Realität die Kräfte zum Zuge kommen können, die anstelle der niemals zu verdrängenden Todesangst den Mut zusichern, der diese Angst überwindet.

Dementsprechend sind auch an dem Bilde Jesu verstärkt die Momente herausgestellt worden, die seine kreatürliche Angst vor dem Sterben zeigen[43]. »Ich habe eine Taufe, mit der ich getauft werden muß, und wie ist mir angst, bis sie vollendet ist«, heißt es bei Lukas (12,50). Die Szene im Garten Gethsemane hält für die christliche Tradition fest, daß der Tod kein bloßes Phänomen ist, das sich mit ruhiger Sicherheit überspringen läßt, weil er nur Durchgang zur Ewigkeit ist. Der Tod Jesu ist »nicht der ›Tod als Freund‹. Das ist der Tod in seiner ganzen entsetzlichen Gräßlichkeit. Das ist wirklich *›der letzte Feind‹* Gottes.«[44] Es hätte nahegelegen, in der Traditionsgeschichte diese Züge der Todesangst Jesu in dem ersten Evangelium zu tilgen, wie es bei Johannes und dem Rest des Neuen Testamentes geschehen ist (wenn man von Hebr. 5,7 absieht, wo von Jesus als dem gesprochen wird, der »in den Tagen seines Fleisches Gebet und Flehen mit starkem Geschrei und Tränen geopfert hat zu dem, der ihn von dem Tode retten konnte«). Die Todesangst Jesu wird aber sicher nicht berichtet als Begründung für ein methodisches Prinzip, dem Menschen Angst vor seiner letzten Stunde zu machen, sie ist vielmehr tiefster Ausdruck seiner Menschlichkeit[45].

Es scheint ein spezifisch theologischer Beitrag zu sein, gerade das Todesbewußtsein bei dem Trauernden nicht zu beschwichtigen, sondern eher noch zu vertiefen und voll ins Bewußtsein zu heben. D. K. Switzer schreibt dazu:

»Es ist nicht unerwartet, daß Berater und Autoren auf dem Feld der pastoralen Seelsorge eher geneigt zu sein scheinen, das Gefühl der Leere und der Sinnlosigkeit und die Frage nach dem eigenen Tod wahrzunehmen und eine Interpretation dieser Faktoren in Beziehung zur Angst zu entwickeln; sie tun dies häufiger als andere. Dies zu tun bleibt eher im Zusammenhang mit einer theologischen Orientierung als dies für das verhaltensorientierte experimentelle Verfahren des weitaus größten Teils der gegenwärtigen akademischen Psychologie gilt.«[46]

Prüft man diese Beobachtung, die er in der amerikanischen Seelsorgeliteratur nachweist, im deutschen Sprachbereich nach, so wird man sie bestätigt finden. Von den wesentlichen Beiträgen von theologischer Seite seien zwei zitiert.

J. Berger geht davon aus, daß der Mensch durch das Todeserlebnis erschüttert ist[47]. Die Mauern des menschlichen Todesverständnisses seien gelokkert oder zerstört; er sei in die heilsame Unruhe der Umwertung aller

Werte gesetzt. Die Gewalt des Schlages sei so groß, daß sie bis ins Zentrum des menschlichen Bewußtseins gedrungen sei. Die Predigt am Grabe muß nach Berger darauf hinwirken, alle menschlichen Verteidigungsanstrengungen zum Zusammenbruch zu bringen. Berger bedient sich einer immens aggressiven Sprache, wenn er die Aufgabe der Verkündigung beschreibt. Sie bekommt den Auftrag zugeschrieben, »die Mauern solches menschlichen Todesverständnisses zu stürmen«[48]. Der Widerstand, der sich immer von neuem erhebt, muß »gebrochen werden«[49]. Die »Überwindung und Brechung des Widerstandes des Menschen gegen die Konfrontation mit der Todeswirklichkeit durch die Verkündigung des Evangeliums am Grabe«[50] vollzieht sich durch die erzwungene Umkehrung alles menschlichen Denkens über den Tod, durch die Zerstörung aller Illusionen über ihn und durch die Untergrabung aller menschlich möglichen Haltungen ihm gegenüber[51].

Nach Manfred Mezger[52] führen Verkündigung und Glaube nicht um den Tod herum, sondern helfen, ihn durchzustehen: »Entscheidende, erste und letzte Lektion des Lebens ist, daß der Mensch nicht an Krankheit oder Unfall stirbt, sondern am Willen Gottes; dh. unmythologisch gesagt, daß (und ob) der Mensch durch das Evangelium frei wird von sich selbst, und gewillt, den Tod als *seinen* Tod zu übernehmen.«[53] Aufgabe der Predigt ist eine neue »Vergegenwärtigung der Geschichtlichkeit, dh. Vergänglichkeit und Sterblichkeit menschlicher Existenz, die in ihrer Richtung unumkehrbar ist und die nicht auf Probe gelebt werden kann«[54]. Dabei spielt es keine Rolle, ob der Trauernde sich dies eingesteht oder nicht, die menschliche Situation bleibt die gleiche. »Vorrang hat auf jeden Fall die ausdrückliche oder implizierte Rückfrage an *alle* Lebenden: ob wir dem Tod, der uns allen sicher ist, Augenblicksreverenz erweisen, oder ob wir ihn stetig mitbedenken.«[55]

Bei diesen Autoren kann man annehmen, daß es ihr primäres Ziel ist, dem Trauernden zu helfen. Sie gehen dabei von seiner existentiellen Bedrohtheit aus, wollen dieser zu vollem Bewußtsein verhelfen und vermeiden, daß er zu Abwehrmechanismen greift, die die Gesellschaft anbietet. Die volle, unverstellte Vergegenwärtigung des menschlichen Sterbenmüssens soll eine offene Situation schaffen, in der mit der Verkündigung vom Tode Jesu wirksamer Trost vermittelt werden kann. Dies ist zunächst eine zusammenhängende Konzeption, auch wenn man als fraglich ansehen muß, ob eine kurze Ansprache dies alles wirklich durchgreifend leisten kann.

Bedenklicher scheint zu sein, daß bei Berger und Mezger darüber hinaus auch eine pädagogische Zielsetzung sichtbar wird: Der Trauernde soll daran erinnert werden, daß es unwiderrufliche Entscheidungen und irreparable Verhaltensweisen gibt. Für Berger steht der Gestorbene stellvertretend für den Lebenden; er zeugt von der Entscheidung, die durch sein Ende besiegelt und unwiederholbar geworden ist. Auf die Unwiderruflichkeit soll die Verkündigung den Trauernden verweisen, um ihn zur Entscheidung für oder gegen Gott aufzurufen[56]. Mezger geht es weniger um solche traditionell-glaubensmäßigen Entscheidungen, als um Entscheidungen über Einstellungen und Verhaltensweisen, aber auch er fordert: »Weniger fromme Rührung am Grab, mehr Todes- und Unwiederbringlichkeitsernst! Nicht viel apokalyptisches Vokabular, lieber etwas Verhaltens-Erforschung! Hier gilt, mit geziemender Unterscheidung: ›Weinet nicht über mich, den Toten, sondern über euch und eure Kinder.‹«[57] Der Tote wird hier zur abschreckenden und warnenden Mahnung an den Trauernden, indem auf die Unwiederholbarkeit menschlichen Verhaltens hingewiesen wird, darüber hinaus gewinnt er aber keine positive Funktion für den Trauernden selbst, wie dies bei den Bewältigungsmechanismen der Erinnerung und der Inkorporation der Fall sein kann.

Es hieße jedoch, die Möglichkeit einer Beerdigungsansprache zu überschätzen, wenn man in den zur Verfügung stehenden fünf oder zehn Minuten versuchte, den Hinterbliebenen die Realität des Todes zu verdeutlichen und zugleich den Trost des Evangeliums zu verkünden. Es muß das ganze Ritual der Beerdigung auf diese Realität des Todes ausgerichtet sein. P. E. Irion etwa bezeichnet die Beerdigung deshalb als hilfreich, »soweit als sie die Trauernden befähigt, sich realistisch mit der Krise zu konfrontieren, in der sie existieren«[58]. Erst der Trauernde, der die Realität des Todesfalles akzeptiert, ist in der Lage, sein Gefühl der Leere, seine Ressentiments gegenüber anderen Menschen, seinen Wunsch, in Ruhe gelassen zu werden, voll zu verstehen. »Die Trennung von dem Leichnam durch die Beerdigung oder die Kremation bestätigt ihm ..., daß die Beziehung, so wie sie bestanden hat, wirklich zerbrochen ist.«[59]

Ähnlich konstatiert Jackson, die Beerdigung sei »eher ein Zeitpunkt, der Realität ins Gesicht zu sehen, als sie zu verleugnen«[60]. Diese Realität könne nur um den Preis einer Korrumpierung von moralischer Haltung und sozialer Verantwortlichkeit ignoriert werden. »Der christliche Glaube«, so schreibt er, »ist verbunden gerade mit den entmutigendsten Aspekten der Wirklichkeit, und seine Botschaft bekommt ihr triumphierendes Gewicht nur dann, wenn alles im Leben ohne Illusion und Einschränkung angenommen wird.«[61] Von daher bejaht er die amerikanische Sitte, die sich in den letzten Jahrzehnten entwickelt hat, den Leichnam im Haus des Bestatters aufzusuchen[62].

Es erscheint theologisch weder legitim, den Tod zu verleugnen und hinwegzudiskutieren, noch ihm eine Rolle zuzuschreiben, die alle sonstigen menschlichen Krisen an Bedeutung übersteigt, die ebenfalls Angst auslösen.

Diese vorhandene Realität des Todes und damit die Angst aufzudecken und bewußt zu machen, ist eine wesentliche Aufgabe, es ist seelsorgerlich sicher auch richtig, auf die offen geäußerte Angst in einem Todesfalle einzugehen, dennoch gilt Tillichs Warnung: »Gewiß überschattet die Todesangst alle konkreten Ängste und verleiht ihnen den letzten Ernst. Sie haben jedoch eine gewisse Unabhängigkeit und sind gewöhnlich unmittelbarer wirksam als die Todesangst.«[63] Unter diesem Aspekt ist es sicher verfehlt, gerade an diesem Punkt die Bedrohung und Nichtigkeit des menschlichen Daseins demonstrativ und pädagogisch hervorzuheben und damit dem Tod ein fast dämonisches Gewicht zu geben. Das Leiden der Gesellschaft ist groß genug, um nicht gerade am Tod ein Exempel menschlicher Ohnmacht statuieren zu müssen.

In der theologischen Beratung für Trauernde scheint es daher sinnvoller, nicht so sehr die Realität des Todes zu betonen als die Realität des Verlustes, auch wenn man sagen kann, daß sich in jedem Scheitern und in jedem Verlust Todeserfahrung machen läßt und der Tod ein oder das wesentliche Symbol ist, in dem sich Scheitern und Verlust symbolisieren. In eschatologischer Sicht wäre dann am ehesten von »Realität des Leidens« zu sprechen. In der »Neuen Gesellschaft« ist das Leiden wie der Tod überwunden. Aber es wäre kein erfülltes Leben, wenn es nicht die Erinnerung an das vergangene Leiden und den vergangenen Verlust in sich bergen würde. Die Wundmale, die nach dem Johannes-Evangelium der Auferstandene bei seinen Erscheinungen trägt, sind eine expressive Aussage über das Leiden und die Krankheit, die zum Tode führen, verheißen aber, daß im zukünftigen Leben das Leiden vergangener Generationen nicht untergegangen ist.

In seiner kritischen Funktion wird sich die eschatologische Aussage »Realität des Leidens, des Verlustes, des Todes« gegen eine Verdrängung des Todes wenden, mag diese gesellschaftlich, weltanschaulich oder religiös motiviert sein. Um es in den Worten Carusos zu sagen: *»Der Tod muß erkannt werden, um bekämpft werden zu können«*[64]; er darf nicht übersprungen werden. Oder, wie es Hegel in der Vorrede zur »Phänomenologie« formuliert:

»Aber nicht das Leben, das sich vor dem Tode scheut und von der Verwüstung rein bewahrt, sondern das ihn erträgt und in ihm sich erhält, ist das Leben des Geistes. Er gewinnt seine Wahrheit nur, indem er in der absoluten Zerrissenheit sich selbst findet. Diese Macht ist er nicht als das Positive, welches von dem Negativen wegsieht, die wenn wir von etwas sagen, dies ist nichts oder falsch, und nun, damit fertig, davon weg zu irgend etwas anderem übergehen; sondern er ist diese Macht nur, indem er dem Negativen ins Angesicht schaut, bei ihm verweilt.«[65]

Die Realität des Todes muß voll akzeptiert werden; es muß zu einer klaren Scheidung zwischen dem kommen, was in unserer Gesellschaft

Realität bedeutet, und dem, was wir, auf welcher Basis auch immer, erhoffen.

6.4 Der Mechanismus: Suchen

6.41 Psychologische Aspekte

Der defensive Mechanismus des »Suchens« enthält zwar die Anerkennung einer Trennung, aber diese Trennung wird nicht als endgültig angesehen. Nach der Annahme des Trauernden hat sich das Liebesobjekt nur zeitweise entfernt. Er ist davon motiviert, weiterhin auf die Rückkehr des Verlorenen zu warten oder unbewußt oder halbbewußt die Suche nach ihm aktiv zu betreiben.
Es war vor allem J. Bowlby, der durch seine Untersuchung über die Trennungsreaktionen von Kindern auf diesen Bewältigungsmechanismus aufmerksam wurde. Beginnt die Abwesenheit der Mutter das Kind zu beunruhigen, so fängt es an, nach ihr zu suchen[1]. Bowlby glaubt nachweisen zu können, daß dieses kindliche Verhalten angesichts der Trennung von einer signifikanten Person bei Erwachsenen reaktiviert wird[2].
Es sind vor allem drei Reaktionsformen, in denen sich die Suche nach dem verlorenen Objekt ausdrückt, nämlich (1) die scheinbar ziellose Überaktivität, (2) das Herbeirufen des Verstorbenen und (3) das Herumwandern in der Hoffnung, ihn zu treffen.
(1) Eine der auffälligsten Änderungen, die Lindemann bei Trauernden feststellte, war eine Aktivität, die während des ganzen Tages anhielt. »Handeln und Sprechen waren nicht verlangsamt; ganz im Gegenteil besteht ein starker Drang zu sprechen, vor allem, wenn das Gespräch von dem Verstorbenen handelt. Es zeigt sich Ruhelosigkeit, die Unfähigkeit stillzusitzen, daneben findet sich ein zielloses Sichbewegen, ein ständiges Suchen, um etwas zu tun. Gleichzeitig jedoch zeigt sich eine schmerzliche Unfähigkeit, eine Tätigkeit zu beginnen und ein organisiertes Verhaltensmuster durchzuhalten.«[3] Auch bei neurologischen Untersuchungen zeigt sich statt des apathischen und depressiven Verhaltens, das man erwarten würde, vielfach eine erhöhte Aktivität[4].
Man wird dies Verhalten zum Teil auf die bereits früher beschriebenen »vacuum activities«[5] zurückführen können. Parkes nimmt mit Recht an, daß das überaktive Verhalten der Trauernden durchaus nicht, wie Lindemann meint, ziellos sei. Es erscheine nur so, weil der Trauernde mit all seiner Tätigkeit nicht erreicht, was er wünscht, nämlich die verstorbene Person wiederzufinden[6]. Nicht immer ist dem Trauernden das Ziel dieser Hypermotilität bewußt, doch kann Parkes in seiner Untersuchung auch Äußerungen der Betroffenen selbst anführen, die seine Annahme bestäti-

gen. So sagte eine der verwitweten Frauen: »Ich wandere herum und suche ihn... Ich habe das Gefühl, wenn ich irgendwo hinkommen könnte, so könnte ich ihn finden«; eine andere bemerkt: »Ich gehe zum Grabe, aber dort ist er nicht.«[7]

(2) Nicht selten ist das Rufen nach dem Verstorbenen, insbesondere in der Phase des Schocks, aber auch später noch. »Dwight, wo bist du? Ich brauche dich so sehr«, schreibt Frances Beck in ihrem »Tagebuch einer Witwe«[8]. Solches Rufen nach dem Verstorbenen ist, wie bei Kindern, oft mit Weinen verbunden, aber es ist kein Weinen, das vom Gefühl der Hilflosigkeit bestimmt ist, sondern ist, wenn man die Interpretation von Bowlby akzeptiert, ein »instrumentelles« Weinen, das den Verstorbenen herbeizwingen soll.

(3) Schließlich ist noch die aktive Suche nach dem Verstorbenen zu nennen; der Trauernde sucht Straßen und Orte auf, an denen er mit ihm zusammengewesen ist. Manche wandern zu dem Krankenhaus, in dem der geliebte Mensch starb, um sich dann klarzumachen, daß sie ihn dort nicht mehr finden können. Lange erhält sich die unausgesprochene und halbbewußte Hoffnung, dem Verstorbenen auf der Straße zu begegnen. Dabei kommt es oft zum Konflikt mit dem Bedürfnis, alles zu vermeiden, was an den Toten erinnert. Es kann geschehen, daß der Trauernde die verschiedenen Orte aufsucht, um dort den Toten zu finden. Aber die Erinnerung an frühere glückliche Zeiten, die beide dort verbracht haben, sind oft so schmerzlich, daß er rasch wieder flüchtet. Zuweilen wird der Ort immer wieder aufgesucht, an dem man den Toten zum letzten Mal sah. Eine dem Verfasser bekannte Psychologin durchwanderte immer wieder den Odenwald, wo vor fast dreißig Jahren während eines Ferienaufenthaltes ihr Vater wegen politischer Äußerungen denunziert und verhaftet wurde; von da an blieb er verschwunden und kam vermutlich in einem KZ ums Leben.

Das Suchen nach dem verlorenen Objekt findet sich vor allem in der regressiven Phase und tritt in der adaptiven zurück. Der Abwehrmechanismus kann aber auch in seiner regressiven Form resistent werden. In mehreren Beiträgen ist E. Stengel der Psychopathologie des zwanghaften Wanderns nachgegangen[9], das er als einen unwiderstehlichen Impuls bezeichnet, die Wohnung zu verlassen und ziellos herumzuwandern. Dieser Zustand, der gewöhnlich begleitet ist von einer Veränderung der geistigen Verfassung, kann Stunden oder gar Tage dauern. Meist ist die begleitende Stimmung die der Depression, manchmal die der Manie. Es wird wenig gegessen, und das Bedürfnis nach Schlaf ist sehr gering[10]. Stengel glaubt nachweisen zu können, daß bei solchen Personen »gewöhnlich die Beziehungen zu einem Elternteil oder zu den Eltern überhaupt entweder völlig fehlten oder nur teilweise entwickelt waren«[11], da sie früh

verstorben oder von dem Kind getrennt waren. Bei einigen Patienten war der Wunsch sehr ausgeprägt, die toten Eltern wiederzufinden[12]. Stengel konnte beobachten, daß bei einigen seiner Patienten diese Sehnsucht unmittelbar vor und während der Flucht lebendig wurde. Es kam die Vorstellung auf, daß der tote Mann nicht wirklich tot sei, sondern lebe, und man ihn vielleicht bei der Wanderung treffen könne[13].
Der Bewältigungsmechanismus des »Suchens« wird insbesondere bei Fallbeschreibungen von Kindern erwähnt. Dies ist naheliegend, da für Kinder die Trennung von einer geliebten Person und das Sterben zumeist schwer unterscheidbar sind, insbesondere dann, wenn sie sich nicht persönlich von der Realität des Todes (zB. durch die Teilnahme an der Beerdigung) überzeugen können. Eindrückliche Fallbeispiele bringt Edith Jacobsen[14], von denen eines besonders deutlich zeigt, wie das Warten auf die Wiederkehr der verstorbenen Mutter auch noch im Erwachsenenalter erhalten bleibt.

»Robert war ein verheirateter Mann in den Dreißigern. Er hatte seine Mutter bei der Geburt eines Bruders verloren, der ebenfalls starb. Robert selbst war zu der Zeit am Ende der ödipalen Phase. Als das tragische Ereignis eintrat, wurde das Kind völlig ignoriert. Er wußte, daß seine Mutter wegen eines neuen Babys ins Krankenhaus gebracht worden war, wurde aber über den Tod nicht informiert. Er wurde zu Verwandten für einige Zeit gebracht, fand sich in einer Umgebung mit trauernden Angehörigen, erhielt aber von niemanden eine Aufklärung über das Verschwinden der Mutter. Die Mitteilung, seine Mutter sei nun ein Engel, ließ das Kind die Phantasie einer aufs äußerste glorifizierten, ziemlich mystischen, engelhaften Mutter entwickeln.
Robert wuchs bei einer Großmutter auf, während der Vater sich eine Wohnung für sich nahm und mit zahlreichen Freundinnen verkehrte. Das Kind begann eine romantische Familienvorstellung zu entwickeln, nach der es das Kind einer aristokratischen englischen Familie war. Dies begann sich bei dem Heranwachsenden in Kleidung und Verhalten auszudrücken, und er heiratete auch nach dem Tode seines Vaters ein Mädchen aus einer sozial höher gestellten Familie.
Er kam in die Analyse wegen Depressionen und Depersonalisationserscheinungen. Er hatte wilde Phantasien über die Schwangerschaft und den Tod seiner Mutter. Er äußerte den Verdacht, der Vater habe die Mutter und das Kind ermordet, oder die Mutter habe den Vater wegen seiner Unmoral verlassen. Wie fest der Glaube an das Verlassen der Mutter war, zeigte sich darin, daß er berichtete, er würde jeden Morgen zum Briefkasten gehen in der Erwartung, einen ›bestimmten‹ Brief zu erhalten. Jedesmal war er enttäuscht, wenn dieser ›bestimmte‹ Brief nicht eingetroffen war. Der mysteriöse Brief, auf den er bereits wartete, solange er sich erinnern konnte, war ein Brief von seiner Mutter und seinem Bruder, die, wie er vermutete, an einem fernen Ort lebten und durch diesen Brief ihre Rückkehr ankündigten.«[15]

Wie Edith Jacobsen beobachtete, entwickelten nahezu alle ihre Patienten, die als Kinder ganz oder teilweise verwaist waren, eine blühende »family romance«, die darin bestand, daß die Eltern zurückkommen und sich als reich, begabt oder adlig herausstellen. Von diesen Eltern waren sie einst getrennt worden und mit ihnen würden sie dann wieder vereinigt werden. Diese Phantasien motivierten sie vielfach, wie im Fall von Robert, nach Familien und Personen zu suchen, die ihren Vorstellungen entsprachen[16].

Solche Phantasien über eine besondere Kindheit, wo »Heaven lay about us in infancy« (Wordsworth), finden sich auch vielfach, wie Martha Wolfenstein herausstellt, bei jungen Heranwachsenden, die im Übergang der Trennung von ihren Eltern stehen. Sie entwickeln ein Heimweh über die verlorene Kindheit, die angesichts der unausweichlichen Trennung aufgewertet wird. Wolfenstein glaubt, daß in der Trauer von Erwachsenen das Heimweh (Nostalgie) nach dem »goldenen Land der Kindheit« wiederbelebt wird und ein Verlangen und Suchen danach einsetzt, diesen verlorenen Zustand wiederzugewinnen[17].

6.42 Soziologische Implikationen

Ch. Zwingmann hat dem nostalgischen Phänomen besondere Aufmerksamkeit gewidmet[18]. Das Heimweh nach einer verlorenen Vergangenheit hat gemeinsame Züge mit der Trauer: »In beiden Fällen stellt die Trennung oft ein unheilbares Trauma dar, da jede drastische Veränderung als schwere Bedrohung empfunden wird.«[19] Einen Unterschied sieht er jedoch darin, daß bei der Trauer der Affektrückgang ein totaler sei. Er sei bei der Nostalgie nicht notwendig, da das Objekt noch bestehe. Doch zumindest während der regressiven Phase kann, wenn der Verlust noch nicht akzeptiert wird, auch in der Trauer die Sehnsucht und das Suchen nach dem fernen Liebesobjekt vorhanden sein. Wie bei der Trennung von anderen Liebesobjekten ist es »primär die Unsicherheit und die Angst vor der neuen Umgebung, an die man sich affektiv nicht binden kann«[20], die dazu führt, an vergangenen Zuständen und Personen festzuhalten und sie aufzuwerten. Nach Zwingmann ist es nicht so sehr eine übermäßig starke Bindung, die zur Weigerung führt, die Sehnsucht nach dem fernen Objekt aufzugeben. »Das Beziehungsobjekt wird erst ›geliebt‹ im Falle einer Bedrohung, dh., wenn es durch die Trennung zum Wunschobjekt geworden ist. Die psychologischen Orientierungswerte verändern sich: Die Vergangenheit und ihr Inhalt werden positiv in dem Maße, in dem die neue Umgebung bedrohlich erscheint, bzw. die Ziele des Individuums in Frage gestellt werden.«[21]

Zwingmann macht auf eine besondere gesellschaftliche Veränderung aufmerksam, wodurch die Suche nach einer verlorenen Heimat ersetzt wird durch die Suche nach einem verlorenen Liebesobjekt. Während Phänomene des Heimwehs früher zumeist einen raumdimensionalen Bezugspunkt hatten, ist es in der modernen Gesellschaft zu einer »Affekt-Monopolisierung« gekommen, die die Eltern und speziell die Mutter zu einem exklusiven Affektwert macht[22]. Dies bedeutet einerseits, daß Nostalgie und Trauer sehr stark identisch werden, weil in beiden die Sehnsucht und die Suche nach einer fernen Person die Sehnsucht nach einem verlorenen

Land ersetzt. Zum anderen macht es verständlich, warum es auch im religiösen Bereich heute schwerfällt, sowohl den Zustand nach dem Tod wie den Unterschied zwischen dem Toten und dem Trauernden in räumlichen Kategorien auszudrücken.

6.43 Die »Neue Gesellschaft« als Heimat

Wer die Sterbe- und Todeslieder des 16. und 17. Jahrhunderts darauf hin prüft, wird in vielfältiger Weise die Sehnsucht, die Suche und die Reise zur jenseitigen Heimat ausgesprochen finden. »Ich wollt', daß ich daheime wär' und aller Welt Trost entbehr'« spricht von der Suche nach einer Heimat, die allen Trost, die diese Welt zur Verfügung stellen kann, übertrifft. Das Lied »O Welt, ich muß dich lassen, ich fahr dahin mein Straßen ins ferne Vaterland« spricht von dem Schmerz der Trennung und der Rückkehr in das überhöhte Reich der Kindheit, das von Vätern bestimmt und von Vätern beschützt wurde[23].

Die »Ausfahrt« (Bloch) in ein zukünftiges Land ist in den populären Vorstellungen über die Eschatologie kaum noch zu finden. Viele Länder haben sich verbraucht, wie das Vaterland und das Mutterland, auch die Attraktivität des goldenen Westens ist vergangen. Die Hoffnung beschränkt sich auf die Sehnsucht, zu dem gemeinsamen »Heim« zurückzufinden. Nur bei Menschen, die wirklich ein Heimatland verloren haben, wie bei Vertriebenen, ist die Heimat weiterhin ein Wunschziel geblieben, das um so verklärtere Formen annimmt, je weniger an eine Erfüllung dieses Wunsches zu denken ist.

E. Bloch hat die »geographischen Utopien« unter der Überschrift von »Eldorado und Eden« zusammengestellt und analysiert[24]. Einer der wichtigsten »Grundrisse einer besseren Welt« ist das Gelobte Land; »es wartet hinter der Wüste in zugesicherter, wenn auch unerforschter Pracht«[25]. Es ist das zweite Eden, nachdem das erste verlorengegangen ist. Aber das Gelobte Land, das immer wieder die Phantasie besetzt hat, bis hin zu den Kreuzzügen, steht in einer messianischen Beziehung: erst am Ende der Geschichte erscheint Kanaan ganz und in aller seiner Fülle. Der Glaube, daß das irdische Paradies irgendwo zu finden sei, war nach Bloch im Mittelalter und in der frühen Neuzeit immer gegenwärtig. »Ist der *Eintritt* verboten, so sind die *Suche nach seiner Lage, der Aufenthalt in seiner äußeren Umgebung* erlaubt und christlich.«[26] Als dieses Paradies nicht auf dieser Erde zu finden war, haben sich die Sehnsüchte auf andere Himmelskörper gerichtet; zunächst auf den Mond, dessen Krater Kepler noch für riesige umwallte Städte hielt, dann auf den Mars, dessen »Kanäle« eine weiter fortgeschrittene Zivilisation als die unsrige erwarten ließ. Es mag mit ein Grund sein, daß die geographischen Utopien erloschen sind, weil die Welten, die noch Verheißungscharakter tragen, für die Lebenszeit eines Menschen unerreichbar sind. Gerade die Erschöpfung dieser räumlichen Utopien führt nach Bloch erst dazu, die gegenwärtige Erde ernst zu nehmen und statt nach dem Paradies zu suchen, zum »Umbau der Natur« zu kommen. Die räumliche Utopie verwandelt sich in eine zeitliche. Aber die mit dem Gelobten Land erstrebte Intention bleibt erhalten, als sie sich mit den Hoffnungen auf diese Erde verbanden: »Dies also bleibt beim *Unvertrauen* auf das Humanum in der Welt die extreme Konsequenz der *erwählten geographischen Sackgasse.* Zum Unterschied von der *Konsequenz der erwählten Verlängerungslinie,* die, wenn sie in irdische Fernen blicken läßt, dort *Empfang und Heimat* intendiert.«[27]

Man wird diese Exposition Blochs ernst nehmen müssen, wenn man sich der theologisch explizierten Eschatologie zuwendet. In der Suche nach dem Kommenden kann auf die geographisch-räumliche Komponente nicht verzichtet werden, wie dies dort geschieht, wo allein im erfüllten Augenblick der Ich-Du-Beziehung, in reiner Zukünftigkeit oder in einem totalen Umschlag aller Verhältnisse das Heil zur Verwirklichung kommt. Wo die Hoffnung nicht mehr von einem Weg[28] und die Eschatologie nicht mehr von einer Heimat sprechen kann, die auch räumlich gemeint ist, steht sie in der Gefahr, der »Erde untreu« zu werden.

J. Moltmann hat diesen räumlichen Aspekt unter dem Stichwort der »Exodusgemeinde« in seiner Theologie der Hoffnung aufgenommen. Daß »wir hier keine bleibende Stadt haben, aber eine zukünftige suchen« (Hebr. 13, 14) ist ein oft gewählter Text für Beerdigungsaussagen, aber daß unser Leben ein »Wandern« sei, ist in solchem Zusammenhang oft rein individualistisch verstanden und in seiner symbolischen Aussagekraft allzu sehr spiritualisiert worden. Obgleich Moltmann überwiegend das Reich Gottes in den gesellschaftlichen Beziehungen sieht und daher Heil definiert als »Verwirklichung eschatologischer *Rechtshoffnung, Humanisierung* des Menschen, *Sozialisierung* der Menschheit, *Frieden* der ganzen Schöpfung«[29], lassen sich bei ihm auch Äußerungen finden, in denen der räumlichen Welt der Menschen solche eschatologischen Verheißungen zugesprochen werden: »Die Erwartung der verheißenen Zukunft des Reiches Gottes, das zurechtbringend und lebensschaffend zur Erde und zu den Menschen kommt, macht bereit, sich rückhaltlos und vorbehaltlos in die Liebe und in die Arbeit der Versöhnung der Welt mit Gott und seiner Zukunft zu entäußern.«[30] Freilich kann Moltmann »Heimat der Versöhnung« nur in »neuer Schöpfung aus dem Nichts« verstehen. Er grenzt sich von E. Blochs »Heimat der Identität« ab, indem er jede dialektische Vermittlung ablehnt[31].

Ob das eschatologische Symbol der Heimat sich trotz seines Mißbrauchs durch Ideologien noch halten läßt, wird zu prüfen sein; es wäre zu bedauern, wenn dieses Symbol sich allein auf das Heim der Familie und damit auf rein persönliche Beziehungen beschränken würde. Es ist eine wichtige Funktion, den Zukunftsaspekt wiederzugewinnen, der »Heimat« erst zu einer eschatologischen Aussage werden läßt. Theologie und Psychoanalyse haben das gemeinsame Ziel, die »Heimat« nicht in der Vergangenheit zu suchen. Indem die Psychoanalyse den schwierigen Prozeß unternimmt, die unbewußte Suche nach einer Heimat bewußt zu machen, die in der Kindheit lag und in der die »Welt noch in Ordnung« war, weil es einen Vater und eine Mutter gab, versucht sie zugleich, dem Patienten zur Einsicht zu verhelfen, daß es keine Rückkehr mehr zu diesem »Land der Kindheit« geben kann. Das, was mit »Heimat« gesucht wird, kann nicht in der Vergangenheit liegen. Die gleiche Intention hat die Theologie; auch sie muß deutlich machen, daß es keine Rückkehr in den »status integritatis« geben kann. Es geht Psychoanalyse und Theologie darum, auch in der Trauer die Endgültigkeit der Trennung zur Anerkennung zu bringen: trotz allen Suchens ist der Verstorbene, der »Heimat« bedeutete, verloren; würde er zurückkehren, wäre er mit der Unwirklichkeit eines Gespenstes behaftet, weil die Entfremdung zwischen ihm und dem Hinterbliebenen bereits eingesetzt hat.

Der kritische Aspekt der »Heimat« wendet sich aber auch gegen jeden Versuch, der die Hoffnung erweckt, man könne nach einer langjährigen Trennung in die »Heimat« zurückkehren. Der Ort, der einstmals »Heimat« bedeutete, hat sich so verändert, daß er den Rückkehrenden zum Fremden werden läßt; er enttäuscht, weil er weder den Erinnerungen entspricht, noch den Verklärungen, die sich aus diesen Erinnerungen entwickelt haben[32]. Selbst dann, wenn dieser Ort mit seinen Menschen sich niemals verändert hätte, wäre doch der Heimkehrer nicht mehr derselbe und es bedürfte deshalb einer andersgestalteten Heimat, als es die unveränderte alte ist. Wenn eine verlorene Heimat zu einem absoluten Ziel gemacht wird, muß die Theologie ihre kritische Kraft entwickeln, um Illusionen und notwendigen Enttäuschungen entgegenzuwirken.

Freilich darf die Kritik der eschatologischen Aussage »Heimat« nicht auf Kosten ihrer motivierenden Kraft gehen. Es reicht nicht, die Rückkehr zur Heimat als ideologisch zu kritisieren, wenn man diesen Wünschen und Sehnsüchten nicht zu der Suche nach einer »Neuen Heimat« verhilft, in der diese illusionären Vorstellungen nicht verloren sind und unterdrückt werden müssen, sondern zur Realisierung drängen. Das, was die alte Heimat als Positives in sich birgt, muß in die neue Heimat eingebracht werden. Gibt es Heimat prinzipiell nur als Vergangenes, dann kann Rückkehr zu ihr nur als eine weltlose Rückkehr zu einem nicht mehr vorhandenen Ort verstanden werden. Entwickelt dagegen die Aussage »Heimat« zukünftige Hoffnungen, so kann sie an der »Treue zur Erde« festhalten.

Nimmt man aber der eschatologischen Vorstellung von Heimat das Suchende, das in allem zukunftgerichteten Handeln liegt, muß jede neue Heimat schon das Moment des Verlorenseins in sich tragen. Nur die Suche nach Heimat verheißt ihre endgültige Erfüllung.

6.5 Der Mechanismus: Manie

6.51 Psychologische Aspekte

Gewöhnlich wird von Manie im Zusammenhang mit den manisch-depressiven Verhaltensstörungen gesprochen. Wie die Depression bezeichnet die Manie ein Syndrom und ist nicht allein mit Euphorie oder gehobener Stimmung identisch. Dieses Syndrom kann bei einer Vielzahl von Leiden auftreten; wir finden es jedoch in seiner reinsten Ausprägung bei manisch-depressiven Verhaltensstörungen[1].

Das Grundgefühl bei der Manie ist Euphorie, der Patient fühlt sich glücklich und unbekümmert[2], auch heftige Schicksalsschläge können ihm nichts anhaben. Manche Erkrankte hegen außerordentliche Vorstellungen von ihrer Macht und ihrer Bedeutung, die sie instande setzen, sich in sinnlose und riskante Unternehmungen einzulassen. Häufig ist ihre euphorische Stimmung von einer lästigen Reizbarkeit begleitet. Im Gegensatz zu depressiven Patienten treten manische äußerst selbstbewußt auf. Mit den Empfindungen magischer Allmacht und höchster Selbsteinschätzung verbindet sich ein Mangel an Schuld- und Schamgefühl und oft auch die Verleugnung wirklicher Gefahren oder eines wirklichen Verlustes. Die euphorische, expansive und reizbare Stimmung ist von erhöhter psychomotorischer Aktivität begleitet und vielfach mit einem großen Redefluß und einer erheblichen Ideenflucht verbunden[3].

Melanie Klein hat, auf Grund einiger noch zu besprechender Äußerungen Freuds, die Manie als einen Abwehrmechanismus gegen die Depression bezeichnet. Ihrer Meinung nach ist die Manie vor allem durch das Gefühl der Omnipotenz bestimmt, das sich mit dem Mechanismus der Verleugnung verbindet. Die Manie vermittelt dem Ich den Eindruck, es könne das verlorene Objekt bestrafen, indem es dieses tötet; dies ist der extremste Ausdruck dafür, den Verlust in seiner Bedeutung herabzusetzen und zu verachten[4]. B. D. Lewin, der die umfassendste Analyse der Manie auf psychoanalytischem Gebiet vorgenommen hat[5], ordnet sie wie M. Klein dem Abwehrmechanismus der Verleugnung zu. Die besondere Form der Verleugnung besteht darin, daß das Ich die emotionale Bedeutung eines äußeren Ereignisses bestreitet: »Obgleich es zugeben würde, daß ein Tod eingetreten ist, vertritt das Ich die Ansicht, daß dies keine Bedeutung hat.«[6]

In der Trauer läßt sich der defensive Mechanismus der Manie in drei Formen nachweisen, wobei die beiden ersten mehr der regressiven Phase angehören, während sich die dritte stärker in der adaptiven Phase nachweisen läßt. Die beiden ersten Formen hat, wenn auch nicht speziell an der Trauer, S. Freud herausgestellt; danach ist die Manie einmal ein zeitweiser Triumph des Ichs über das aggressive Über-Ich; zum anderen eine glückhafte Fusion zwischen ihnen beiden; letztere Auffassung hat Lewin besonders betont. Auf die adaptive Form der Manie in der Gestalt der Freude, die schmerzliche Trennung nun endgültig überwunden zu haben, hat vor allem K. Abraham hingewiesen[7].

(1) Um den ersten Aspekt der Manie, das *Gefühl des Triumphes,* zu verstehen, müssen wir auf »Totem und Tabu« zurückgehen, das auch hier eine Schlüsselstellung für die Traueranalyse einnimmt. Freud hat dort herausgestellt, daß bei der Opferung des Totemtieres zunächst dieses Tier beweint und beklagt wird, bald darauf aber die lauteste Festfreude ausbricht. Freud erklärt das Wesen des Festes:

»Ein Fest ist ein gestatteter, vielmehr ein gebotener Exzeß, ein feierlicher Durchbruch eines Verbotes. Nicht weil die Menschen infolge irgendeiner Vorschrift froh gestimmt sind, begehen sie die Ausschreitungen, sondern der Exzeß liegt im Wesen des Festes; die festliche Stimmung wird durch die Freigebung des sonst Verbotenen erzeugt.«[8]

Ihren Ursprung haben solche Feste in dem mythologischen Ereignis des Triumphes über den Urvater, dessen Ermordung in der Opferung des Totemtieres wiederholt wird[9].

In »Trauer und Melancholie« wird nun dies Triumphgefühl über den Vater nach innen gewendet und zeigt sich dort in der Manie. In der Depression erliegt nach Freud das Ich den Vorwürfen des Gewissens, des introjizierten Vaters, während es sich in der Manie stark genug fühlt, das Gewissen zeitweise beiseite zu schieben, sich von ihm zu befreien und über es zu triumphieren, bis sich wie nach der Ermordung des Urvaters erneut die Gewissensbisse und Vorwürfe einstellen. Freud vergleicht die Manie mit den Gefühlen eines »armen Teufels«, der »durch einen großen Geldgewinn plötzlich der chronischen Sorge um das tägliche Brot enthoben wird«[10]. Was in der Manie aufgehoben ist, ist der »Verlust des Objekts (oder die Trauer über den Verlust oder vielleicht das Objekt selbst)«[11]. »Nun ist der ganze Betrag von Gegenbesetzung, den das schmerzhafte Leiden der Melancholie aus dem Ich an sich gezogen und gebunden hatte, verfügbar geworden. Der Manische demonstriert uns auch unverkennbar seine Befreiung von dem Objekt, an dem er gelitten hatte, indem er wie ein Heißhungriger auf neue Objektbesetzungen ausgeht.«[12]

Freud war der Meinung, in der Trauer selbst keine solche Form der Manie entdecken zu können. Den Grund sah er darin, daß die Anerkennung des eingetretenen Todes schrittweise erfolge und daher die Verlusterfahrung nicht so quälend sei, daß der regressive Mechanismus der Manie eintreten müsse[13]. Nach der Erfahrung von Melanie Klein jedoch »sind Triumphgefühle unvermeidlicherweise selbst mit der normalen Trauer verknüpft und haben eine Verlangsamung der Trauerarbeit zur Folge, oder tragen vielmehr zu den Schwierigkeiten und dem Schmerz, den der Trauernde erlebt, bei«[14]. Da die Manie eine Flucht vor dem Zusammenbruch darstellt, kann sie die Arbeit der Trauer behindern[15]. Im allgemeinen ist sie aber eher ein aktiver Mechanismus. Caruso beschreibt dies sehr eindrücklich an dem Problem der Liebestrennung: Das verlorene Objekt muß herabgesetzt und »erschlagen« werden[16]; erst die Tötung des Liebesobjekts und die Vernichtung aller Erinnerungen an es können das Gefühl der Befreiung und Erleichterung vermitteln, die der Manie so eigentümlich ist.

Wie bei der manisch-depressiven Verhaltensstörung ist es auch im Trauerprozeß nicht möglich, den Zustand der Befreiung und Erleichterung ständig beizubehalten. Meist wechselt der Zustand zwischen der depressiven und der freudigen Stimmung. C. M. Parkes beschreibt den Fall einer verwitweten Frau, die ständig zwischen dem qualvollen Suchen nach dem Verstorbenen und einem zeitweise freudevollen Finden schwankt[17]. Die folgende Fallbeschreibung von Fulcomer beschreibt diesen manischen Zustand bei einem Trauernden:

Ein junger Geschäftsführer eines Verlages war bei dem Tod seiner Frau 34 Jahre alt. Nach der Beerdigung fuhr er Verwandte zur Bahn und kehrte nach Hause zurück, wo seine Schwiegermutter das Abendessen vorbereitet hatte. Er aß nur wenig und machte sich sofort daran, die Kinder zu Bett zu bringen. Anschließend begleitete er seine Schwiegereltern ein Stück Weges zu ihrem Haus und saß dann im Wohnzimmer, ohne etwas zu tun.
Am folgenden Morgen erwachte er munter und aktiv. Er bestand darauf, das Frühstück für die Kinder zu machen, »gerade, wie es D. (sc. seine verstorbene Frau Y. S.) getan hätte«. Er sagte seiner Schwiegermutter: »Mom, ich werde jetzt gleich am Morgen zur Arbeit gehen. Das wird eine Überraschung für sie werden, aber je schneller ich zur normalen Arbeit zurückfinde, um so besser.« Er stürzte in sein Büro und verhielt sich, als sei nichts geschehen. Seine Mitarbeiter beobachteten, daß er bemüht war, sich ständig beschäftigt zu halten und die Berührung mit ihnen zu vermeiden. Sie verhielten sich entsprechend, als habe sich nichts verändert. Dies Verhalten hielt den ganzen Morgen an. Der Verwitwete verließ früher als die anderen seine Arbeit für die Mittagspause und kam eher zu ihr zurück. Hinterher schien er alle Energie verloren zu haben, begann verschiedene Aktivitäten, zB. diktierte Briefe, ohne sie zu Ende zu bringen.
Kurz nach vier Uhr veränderte sich sein Verhalten wieder. Er diktierte mehrere Briefe und sprach mit einem Kollegen über das Bowling-Treffen am kommenden Freitag. Dieser nahm ihn mit nach Hause, und der Verwitwete war auf der Fahrt und am Rest des Spätnachmittags in einer aufgelockerten, fröhlichen Stimmung. Er kehrte nach Hause zurück, bestand darauf, bei der Vorbereitung zum Abendessen zu helfen und die Kinder ins Bett zu bringen. Seine Schwiegermutter beobachtete, daß er sich ständig beschäftigte, dabei aber sehr heiter erschien und den Todesfall leichter nahm als sie selber.
Am nächsten Morgen war der Verwitwete in einer sehr niedergedrückten Stimmung und aß nur wenig. Er sprach wenig, nur beim Fortgang zur Arbeit bemerkte er: »Es geht mir schon gut, Mom, aber manchmal ist es schwierig zu sehen, wie ich ohne D. zurechtkommen

soll.« Im Büro erschien der Mann den ganzen Morgen hindurch niedergedrückt. Er arbeitete, aber nicht mit der gewohnten Effektivität und Geschwindigkeit. Er sprach nur, wenn es notwendig war. Er bat einen Kollegen, mit ihm den Lunch einzunehmen, da er sich so mutlos fühle und Begleitung brauche. Bei dem Lunch, dem sich zwei Mitarbeiter anschlossen, war er fröhlicher Stimmung. Er schien völlig die schwierige Situation vergessen zu haben. Auch am Nachmittag war er heiter, arbeitete wie gewohnt und plauderte mit Kollegen.

Doch als er zu seiner Wohnung zurückkam, war er wieder ganz offensichtlich depressiv gestimmt. Er nahm seine Geige, um auf ihr zu spielen, brach aber bald ab. Er versuchte mit den Kindern zu spielen, war aber dabei sehr verkrampft. Plötzlich erhob er sich, stand am Fenster, hatte Tränen in den Augen und sagte in eine unbestimmte Richtung: »D., ich muß irgendwie darüber hinwegkommen.«

Beim Abendessen war er wieder fröhlich und aktiv. Er sprach mit den Kindern über ihre Zukunft. Am nächsten Morgen erwachte er in munterer Stimmung und berichtete, er habe zum erstenmal gut geschlafen. Kurz vor dem Lunch bemerkte ein Kollege, wie er von neuem niedergedrückt zu sein schien. Doch während der Mittagspause mit anderen, während der restlichen Arbeitszeit und später zu Hause zeigte er sich in heiterer Stimmung und hatte nur kurze depressive Momente. Als er sich nach dem Abendessen entspannte, kehrte die Depression zurück.

In den folgenden zwei Wochen hatte der Verwitwete kurze Perioden einer tiefen Depression, aber sie traten nicht jeden Tag auf. Während der Arbeitszeit hielt er sich ständig beschäftigt und blieb dabei heiter. Er suchte, seine früheren Kontakte wieder aufzunehmen, war aber nicht offen genug, sich wie früher an ihnen zu erfreuen[18].

Diese Fallbeschreibung zeigt neben dem Wechsel von depressivem und manischem Verhalten eine Hypermotilität während der manischen Phase. Sie bestätigt die allgemein anerkannte Beobachtung Lewins, daß manische Personen charakterisiert seien »durch die umfangreichen Unternehmungen, die sie in den täglichen Angelegenheiten zeigen; sie überfüllen ihre Zeit mit unzusammenhängenden Tätigkeiten, stürzen sich heftig in Hobbys, sexuelle Affairen oder Geschäftsangelegenheiten, um sie dann alle abrupt mit einem eindrücklichen plötzlichen Verlust an Interesse fallen zu lassen«[19].

Zugleich zeigt die obige Fallbeschreibung, daß manisches Verhalten dazu beitragen kann, die Trauerarbeit nicht in einer angemessenen Weise zu bewältigen. Die Perioden des depressiven Verhaltens werden zwar allmählich kürzer und weniger häufig. Dies ist aber offenbar nur möglich, indem die Erinnerung an den Toten gewaltsam unterdrückt wird: die Entschuldigung des Betroffenen gegenüber der Toten, er könne sich nicht anders verhalten, wenn er über den Verlust hinwegkommen wolle, zeigt, wie sehr sich der Trauernde über die Gewaltsamkeit seines Tuns bewußt ist. Der Tote wird verstoßen, er wird nicht aufgenommen.

(2) In »Massenpsychologie und Ich-Analyse« (1921) hat Freud die Manie verstanden als ein Niederhalten des Ichideals[20], hat aber zugleich diese Interpretation erweitert: »Es kommt immer zu einer Empfindung von Triumph, wenn etwas im Ich mit dem Ichideal zusammenfällt«[21]; damit

war der Weg eröffnet, die Manie als *Fusion von Ich und Über-Ich* zu verstehen. Radó erläutert diese Fusion, indem er sie als eine Wiederholung der Erfahrung verstand, die der Säugling an der Brust seiner Mutter macht: Er wird eins mit dem guten Objekt, das die Mutter darstellt. Wie die Selbstbestrafung in der Depression eine Versöhnung mit dem Liebesobjekt mit sich bringt, so folgt auf den Hunger der Rausch der Sättigung. Das Ich gewinnt sein Selbstvertrauen wieder, indem es phantasierend in der Manie die frühkindliche Sequenz von Ärger, Hunger und Befriedigung an der Brust des Liebesobjektes wiederholt[22].

Diese Fusion vom Ich und der Mutter, die für Radó und Lewin stellvertretend für das Ich-Ideal und für jedes Liebesobjekt steht, wird bei Lewin in eine »oral triad« aufgeteilt. Die orale Triade besteht in dem Wunsch, das Liebesobjekt in sich aufzunehmen, in dem Wunsch, von ihm verzehrt zu werden, und in bestimmten Formen des Schlafes[23]. Die beiden ersten Mechanismen brauchen uns an dieser Stelle nicht zu beschäftigen; sie werden weiter unten unter dem Bewältigungsmechanismus der Inkorporation behandelt[24]. Dagegen ist es an dieser Stelle wichtig, auf den von Lewin beobachteten Zusammenhang von Manie und Schlaf einzugehen.

Freud hatte bereits in »Massenpsychologie und Ich-Analyse« (1921) auf den Zusammenhang von Manie und Schlaf verwiesen, denen beiden gemeinsam sei, daß hier Ich und Über-Ich weitgehend zusammenfalle[25]. Lewin sieht nun die Genese dieser Verbindung in dem tiefen, seiner Annahme nach traumlosen Schlaf, in den das Kleinkind nach der oralen Befriedigung fällt. Erst mit der verstärkten Wahrnehmung der Umwelt und erweiterten Wünschen wird der »satte« Schlaf von einem Schlafen abgelöst, in dem sich im Traum die Tageserinnerungen und die verdrängten Wünsche bemerkbar machen[26]. Erwachsene, auch im regressiven Stadium der Manie, werden kaum einen solchen Schlaf der traumlosen Befriedigung erleben, aber doch Träume mit einer fröhlichen Stimmung, in denen viel gespielt wird wie in der »unschuldigen« Kindheit. Der Ideenflucht am Tage entspricht eine »Traumflucht« in der Nacht, in der sich viele Szenen sehr rasch ablösen[27].

»Guter« Schlaf als das Ergebnis einer Befriedigung kann in der regressiven Phase der Manie den Wunsch wachwerden lassen, durch Sterben mit dem verlorenen Liebesobjekt wiedervereinigt zu werden. Wie es einen »guten« Schlaf gibt, gibt es auch einen »guten« Tod, der als ein Nirwana-Zustand und als ein Ort befriedeter Ruhe gilt[28].

Wie im »guten« Schlaf sind im »guten« Tod Ich und Über-Ich, Ich und verlorenes Liebesobjekt wieder miteinander vereinigt. Wie Bibring schreibt, sind die Selbstmordphantasien über den »guten« Tod ohne Anzeichen von Aggression und Selbstzerstörung. »›Das Ich läßt sich sterben‹. Der Tod bedeutet Schlaf und Friede, eine Art Nirwana. Sterben ist identisch mit dem Bedürfnis, nicht mehr ein ›Ich‹ zu sein; aber es ist nicht das Bedürfnis, das eigene Selbst grausam zu zerstören oder zu bestrafen. Ein junger Mann wollte im Eis und Schnee seiner geliebten Berge einschlafen und erfrieren; ein anderer hatte das Verlangen, bis zur Erschöpfung in einen See hinauszuschwimmen und müde und friedvoll unterzugehen. Ein junges Mädchen hatte, sooft sie depressiv gestimmt war, die Phantasie, daß sie im Meer ertrinken und ihr Körper sich im Ozean auflösen, in ihm ›aufgehen‹ würde.«[29] Bibring versteht dies als den unbewußten Wunsch, in den Mutterleib zurückzukehren und das eigene Ich in einem allmächtigen Medium aufgehen zu lassen.

Martha Wolfenstein schildert den Fall eines 15jährigen Mädchens, dessen Mutter plötzlich an einem Gehirnschlag starb. Die Bewältigung ihres Todes wurde dadurch erschwert, daß das Mädchen gerade in einer intensiven Phase der Lösung von der Mutter stand. Diese doppelte Trennung bewirkte eine Umkehr der pubertären Lösung und den Übergang in eine auffällige Regression. Am Vorabend des eigenen Geburtstages machte sie eine lange Wanderung durch die frühlingshaften Felder und verfiel in eine träumerische Euphorie, eine Art von ozeanischem Gefühl. Wolfenstein interpretiert dieses Gefühl des Einsseins mit der Natur als eine symbolische Realisation des Wunsches, mit der Mutter wiedervereinigt zu werden. Sie schließt dies aus der heftigen Enttäuschung, die das Mädchen bei seiner Rückkehr empfand, als sie nur den trauernden Vater vorfand, dessen Anblick ihr bestätigte, daß ihr Wunsch nicht wahr werden würde[30].

Andere Fallbeispiele, in denen Tod als Wiedervereinigung verstanden wird, berichten Friedlander und Brodsky. Friedlander behandelte einen 29jährigen Mann, der zu sterben verlangte, teils als Wunsch zu schlafen, teils als Bedürfnis, mit seinem toten Bruder und seiner (noch lebenden) Mutter vereinigt zu werden[31]. Brodsky beschreibt einen Leukämie-Patienten, der durch Phantasien über die glückhafte Wiedervereinigung mit seinem toten Bruder den Versuch machte, die Angst vor dem Sterben abzuwehren[32]. Unter den mehr oder weniger bewußten Gründen, die Moss und Hamilton als Motivation für den Selbstmord aufdeckten, war einer der wesentlichen die Hoffnung auf eine größere zukünftige Befriedigung, unter Einschluß der anhaltenden Wiedervereinigung mit dem toten Liebesobjekt[33]. Im »Buch der Lieder« beschreibt H. Heine diesen Wunsch nach Wiedervereinigung:

Mein süßes Lieb, wenn du im Grab
Im dunklen Grab wirst liegen,
Dann will ich steigen zu dir herab,
Und will mich an dich schmiegen.

Ich küsse, umschlinge und presse dich wild,
Du Stille, du Kalte, du Bleiche!

Ich jauchze, ich zittre, ich weine mild,
Ich werde selber zur Leiche.[34]

Wir werden im theologischen Abschnitt noch darauf verweisen, wie religiöse Vorstellungen den Wunsch nach einer Wiedervereinigung durch Selbstmord oder Sich-sterben-Lassen verstärken können.

(3) Die dritte Form der Manie, die sich neben der zeitweisen Überwindung eines feindseligen Über-Ichs und der Fusion von Ich und Ich-Ideal zeigt, ist das *Gefühl der Erleichterung*, wenn der Trauernde den Eindruck gewinnt, den Verlust weitgehend überwunden zu haben. Es zeigt sich bei den weniger Betroffenen in der uneingestandenen Befriedigung, noch einmal davongekommen und dem Tode entronnen zu sein, als ein befriedigendes Gefühl, das keineswegs allein ältere Menschen aus Todesanzeigen und aus der Teilnahme an Begräbnissen gewinnen. Auch der Trauernde mag solche Erfahrungen machen; das wirkliche Gefühl der Erleichterung stellt sich für ihn aber erst dann ein, wenn er den Eindruck gewinnt, den Verlust weitgehend überwunden zu haben. Wenn in der Stressforschung von Manie gesprochen wird, dann ist stets diese Variante der Manie gemeint, die Erfahrung, ein stressvolles Ereignis überstanden und selbst dabei überlebt zu haben. So hat M. Wolfenstein die euphorische Stimmung von Personen analysiert, die eine Katastrophe unversehrt überstanden hatten[35]. Janis nennt die manischen Formen des Triumphes und der Fusion eine *Pseudo*-Erleichterung als eine Verteidigung gegen schmerzliche innere Stimuli, während er als Streßforscher nur die »emotionale Erleichterung, die einer Beendigung der Belastung folgt« untersucht[36], so etwa nach einer glücklich überstandenen Operation[37].

Abraham, der sich in der Darstellung der pathologischen Manie in starkem Maße von Freud beeinflußt zeigt[38], hat in der Trauer ausschließlich die Erleichterung angesichts gelungener Adaptation herausgestellt.

»Man beobachtet nämlich, daß der Trauernde, der mit Hilfe der ›Trauerarbeit‹ allmählich seine Libido von dem Verstorbenen ablöst, zugleich mit dem Gelingen dieser Ablösung ein *gesteigertes sexuelles Begehren* spürt. Dieses kommt auch in sublimierter Form zum Ausdruck durch erhöhte Unternehmenslust, Erweiterung des geistigen Interessenkreises usw. Die Steigerung des libidinösen Begehrens kann, je nach dem individuellen Ablauf der Trauerarbeit, kürzere oder längere Zeit nach dem erlittenen Objektverlust einsetzen.«[39]

6.52 Soziologische Implikationen

Alle drei Formen der Trauerbewältigung durch den Mechanismus der Manie werden in bestimmter Weise auch gesellschaftlich gefördert.

(1) Unsere Gesellschaft kennt zwar nicht das rituelle Lachen, das nach den Berichten Sauciers bei bestimmten weniger differenzierten Gesellschaften gefordert wird[40]. Immerhin dient die Beerdigungsfeier zu einem Teil dazu, Euphorie hervorzurufen und die *Trauer auf diese Weise auf eine*

kurze Frist zu unterdrücken. Zwar sind seit dem letzten Jahrhundert die Bräuche der Totenwache verschwunden, die meist mit starkem Alkoholgenuß verbunden waren. Auch auf der Feier nach der Beerdigung wird heute seltener Alkohol ausgeschenkt und exzessiver Genuß als Verstoß gegen die Pietät geahndet[41], aber diese Form einer toxischen Manie besteht weiterhin. Auch nach der Beerdigungsfeier ist die Verwendung von Alkohol, um qualvolle Erinnerungen zu verdrängen, eine halbwegs legitime Form, eine zeitweilige Manie herbeizuführen. Wie der »satte Schlaf« ist die Betäubung durch Alkohol ein Mittel, dem Toten gleichzuwerden und sich mit ihm zu vereinigen. Wie die Untersuchung von Clayton et al. belegt, wird erhöhter Alkoholgenuß nach einem Todesfall bei rund 50% der von ihnen befragten verwitweten Personen genannt[42]. Dabei kann nicht ausgeschlossen werden, daß diese Grenze des gesellschaftlich Legitimen überschritten wird und es zur pathologischen Form der Manie als Alkoholismus kommt.

Eine andere Form der Manie, die zeitweilig von der Belastung befreit, ist das, was gemeinhin als »schwarzer Humor« bezeichnet wird[43]. Wie Jackson beobachtet, findet sich bei dem Treffen der Trauernden in Beerdigungsinstituten und auf den Friedhöfen gelegentlich eine humorvolle Stimmung, die der Situation völlig unangemessen zu sein scheint[44]. In ihrer Studie über den Humor hat Martha Wolfenstein genauer herausgestellt (was Freud in einigen Anmerkungen bereits beobachtete), daß Witz benutzt wird, um eine schmerzvolle Realität in eine ertragbare Form zu bringen[45].

(2) Die individuellen Vorstellungen über die Wiedervereinigung mit der Mutter, die Fusion zwischen Ich und Liebesobjekt wird durch die Grabstätte und insbesondere durch das Familiengrab gesellschaftlich unterstützt. Unter Hinweis auf W. L. Warner und G. H. Graber verweist W. Fuchs darauf, daß Sarg und Grab mütterliche Symbole sind. Das Grab symbolisiert nicht nur die Rückkehr in den Mutterschoß, sondern darüber hinaus das Aufgehen in die Natur. Das Familiengrab verstärkt diese Symbolik, weil es zusätzlich die Rückkehr in den Schoß der Familie anzeigt. »Solche Rückkehr in den Schoß der Familie durch Wiedervereinigung mit den Ahnen ist verbreitetes Motiv der Religionen und gehört zu den wichtigsten Trostmechanismen.«[46]

(3) Der adaptive Aspekt der Manie schließlich wird gesellschaftlich geregelt durch die Vorschriften, wann ein Trauernder angemessenerweise an einer fröhlichen Feier, einer Hochzeit oder einer Party teilnehmen darf. Auch hier sind die früher strengen Sitten abgebaut worden; es bleibt dem einzelnen Trauernden überlassen, wann er nach solchem Ereignis ein Bedürfnis danach hat. Damit sind aber zugleich auch die Regulationen hinfällig geworden, die den Trauernden davon zurückhielten, sich allzu

früh in eine Vielzahl gesellschaftlicher Beschäftigungen zu stürzen, die alle nur der Verdrängung seiner schwer erträglichen Erfahrungen dienen. Andererseits bestehen auch heute noch stillschweigende gesellschaftliche Konventionen, von wann an ein Trauernder sich nicht mehr von solchen sozialen Aktivitäten ausschließen sollte.

6.53 Freude

Die Alte Kirche hat versucht, gegenüber den Totengebräuchen der griechischen und römischen Welt den Tod als ein freudiges Ereignis zu verstehen und dies durch ihre Praxis auszudrücken. Die Ambivalenz einer solchen Praxis ist der oben zitierten[47] Schilderung Augustins zu entnehmen, der sich am Grab als vorbildlich erweist, weil er keine Anzeichen der Trauer zeigt, aber privat alle Bemühungen unternimmt, damit der Prozeß der Trauer in Gang kommt. Nur zwei Beispiele seien hier aus der Praxis der Alten Kirche genannt, wie versucht wurde, den Tod als freudiges Ereignis darzustellen.

Für die griechische und römische Welt war der eigentliche Totengedenktag der Geburtstag des Verstorbenen. Dieses Totengedenken wurde vielfach mit einem Opfer am Grabe des Verstorbenen begangen. Die christliche Praxis veränderte diesen Brauch. Hier wurde der Todestag zum eigentlichen »dies natalis« und wurde als ein Geburtstag auch als freudiges Fest begangen. Anlaß dazu gaben vermutlich die Todestage der Märtyrer, die ebenfalls als Fest begangen wurden, wie auch neutestamentliche Stellen, vor allem aus dem Johannes-Evangelium, in denen Tod und neue Geburt eng verbunden sind[48].

Auch in der überall gebräuchlichen Totenklage wurde schrittweise die heidnische Praxis verdrängt, nach der die Trauerprozession zum Grab von Klagen und Musikinstrumenten begleitet wurde. In der christlichen Beerdigungspraxis wurden zunehmend die Nänie und der Klagegesang, aber auch die Musikbegleitung verdrängt. Die Apostolischen Konstitutionen, die die Praxis im Osten des römischen Reiches in der Mitte des 4. Jahrhunderts repräsentieren, empfehlen statt dessen das Singen von Psalmen. Bei manchen Autoren der Zeit wird von einem Psalmengesang berichtet, der zwischen Mönchen und Männern auf der einen und Frauen und Jungfrauen auf der anderen Seite alterniert. Auch aus dem Westen wird vom Gebrauch der Psalmen bei Beerdigungen berichtet, vor allem, seitdem die Verfolgungen vorüber und öffentliche Begräbnisse von Christen möglich waren. Belegt ist der Gebrauch von Psalm 23 (»Der Herr ist mein Hirte«), Psalm 32 (Sündenvergebung), Psalm 115 (Lob des Herrn) und Psalm 116 (Dank und Gelübde eines Geretteten). Es sind also keine Psalmen der Klage, sie drücken vielmehr überwiegend Dank und Freude aus[49].

Die Sterbe- und Todeslieder, die sich in unseren Gesangbüchern finden, sind voll der Abwertung der hiesigen Welt und voll Hoffnung auf ein erfülltes und seliges Leben in der jenseitigen Welt. »Es ist allhier ein Jammertal, Angst, Not und Trübsal überall, des Bleibens ist ein kleine Zeit voll Müh und Leid... Ich hab hier wenig guter Tag, mein täglich Brot ist Müh und Klag. Wann mein Gott will, so will ich hin in Frieden ziehn« dichtet Johann Leon im 16. Jahrhundert, ein Lied, das – da es im allgemeinen Evangelischen Kirchengesangbuch (315,3) noch erscheint – als eine offizielle Darstellung auch heute geltender Lehre angesehen werden kann[50]. Der prägnanteste Ausdruck dieser Einstellung ist die Deutung des Pauluswortes, daß »Christus mein Leben und Sterben mein Gewinn« sei (Phil. 1,21), ein Wort, das sich in einer ganzen Reihe von Sterbe- und Ewigkeitsliedern findet[51]. Was jedoch für Paulus Kraft des gegenwärtigen Lebens war, wird nun Grund zukünftiger Existenz, was für ihn Verzicht auf seine bisherige Lebensausrichtung war, wird in diesen Liedern als kreatürlicher Tod verstanden[52].

Lieder, in denen der Tod als ein Übergang in eine bessere Existenz verstanden und die irdische Welt in düsteren Farben gemalt wird, müssen heute mißverständlich wirken, weil sie eine Glaubenszuversicht ausdrükken, in der nicht nur der Tod, sondern auch das noch ausstehende Gericht als nicht bedrohlich empfunden wird. Es spricht aus ihnen ein tiefes Vertrauen auf die Hilfe Christi, demgegenüber die Kräfte der Vernichtung und der Schuld kein Gewicht mehr haben können. Heute wird eine solche Einstellung in ihrer Tiefe kaum noch verstanden, und so erscheint der Übergang als ein problemloses Hinübergehen in eine bessere Welt. Diesen Übergang aber als freudiges Ereignis zu verstehen, würde bei weitem die Glaubensvorstellung und das Todesverständnis des durchschnittlichen Kirchenmitgliedes überfordern.

Bei der Behandlung der psychologischen Aspekte der Manie sind wir auf zwei Bilder gestoßen, unter denen für Trauernde der Tod als erfüllt und freudevoll angesehen wird, dann nämlich, wenn er als Wiedervereinigung oder als Schlaf verstanden wird. Diesen beiden Aussagen ist nun auch theologisch nachzugehen.

(1) Die Beschreibung des Todes als Vereinigung, als Aufgehen des Ichs in eine umfassende Einheit, gleicht der mystischen Vereinigung mit Gott. Lewin hat dies besonders an den Schriften der Heiligen Teresa aufzuweisen versucht, wobei er sich stark auf W. James stützte[53]. Die Befreiung aus der Enge der eigenen Existenz und die Sehnsucht, von einer umgreifenden Macht durchdrungen zu werden, ist eine manische Erfahrung. Was sich in dieser manischen Vereinigung nur zeitweise verwirklichen läßt, verspricht der Tod als dauerhaften Zustand.

Die Fusion des Ichs mit dem ihm überlegenen Über-Ich oder dem Ich-Ideal war in der Fallbeschreibung M. Wolfensteins von dem 19jährigen Mädchen, das seine Mutter verloren hatte, als die Erfahrung eines »ozeanischen Gefühls« beschrieben worden. Freud hat, mit viel Skeptizismus, dem Vorschlag R. Rollands zugestimmt, man könne die religiöse Erfahrung als ein solches Gefühl verstehen, hat es aber aus der kindlichen Hilflosigkeit und der Vatersehnsucht zu erklären versucht[54]. Er selbst hat diese Fusion von Ich und Liebesobjekt in der Liebeserfahrung beschrieben und dies verglichen mit der Weise, wie das Ich aufgehen kann in die Gestalt Christi (so in der Kirche) oder in die des Feldherrn (so in der Armee)[55]. Da er aber den Einfluß des Vaters als das Konstante ansah, das sich geschichtlichen Veränderungen entzieht, statt deutlich herauszustellen, daß die Verhaltensweise der Vaterfigur gesellschaftlich und religiös geprägt ist, hat er die Frage der theologischen Bedeutung der Ich-Überich-Fusion nicht weiter verfolgt.

Eine zweite Form der Fusion von Ich und umfassender Einheit ist theologisch bisher noch nicht zureichend beachtet worden. Es ließe sich fragen, ob der Todestrieb nicht in eben diesem Zusammenhang verstanden werden muß: als Verzicht des Ichs, sich am Leben zu erhalten und statt dessen den Versuch zu machen, in einen allumfassenden bewußtlosen Zustand zurückzukehren. Für die enge Verbindung zwischen »ozeanischem Gefühl« und Todestrieb spricht, daß Freud den Todestrieb anfänglich als »Nirwanaprinzip« bezeichnet hat[56], eine Vorstellung, in der in besonderer Weise das Eingehen des Ichs in ein immaterielles, aber nicht qualitätsloses Nichts verdeutlicht wird und als Erfahrung dem entspricht, was Mystiker als »Zernichten« beschrieben haben.

Die allergische Haltung, die die dialektische Theologie der Mystik gegenüber einnahm[57], hat bisher, soweit sich feststellen läßt, ein Gespräch zwischen der Theologie und der Psychoanalyse über die religiösen Elemente im »ozeanischen Gefühl«, im »Nirwana-Zustand« und im »Todestrieb« verhindert. Es kann an dieser Stelle nicht nachgeholt werden. Doch sollte immerhin auf den Gesichtspunkt der Vereinigung hingewiesen werden, weil es hier in besonderer Weise um die Bewertung einer Todesvorstellung geht, die nicht ganz selten vertreten wird. Sie ist zusammenfassend zu beschreiben als ein Aufgehen in ein größeres Umfassendes, sei es nun Gott, Natur oder Materie. Zumindest sei auf das positive Moment einer solchen Vorstellung verwiesen: hier wird der Vereinzelte und Isolierte in eine größere Fülle aufgenommen und aus seinen privatistischen Verhältnissen befreit.

Insbesondere Brunner ist auf den Aspekt der Befreiung und der Freude eschatologischer Aussagen eingegangen. Das Geschichtsziel schließt für ihn auch die »Verwirklichung des menschlichen Glücks- und Lebensverlangens« ein[58]. Deshalb wird das erreichte Ziel als eine Hochzeit oder als

Festmahl dargestellt. Brunner betont: »Diese Freude besteht nicht nur aus der Negation der Negationen, in der Erlösung vom Tod und vom Leid, sondern sie schließt in sich das Moment der Erfüllung.«[59] Ablehnend äußert er sich nur gegen Vorstellungen, in denen die Vereinigung verbunden ist mit dem Verzicht auf ein personales Gegenüber und in denen eine erotische Komponente enthalten ist (da das Alte Testament gegen eine Vermischung von Jahweglaube und Erotik protestiere und die Verkündigung Jesu keine erotischen Gleichnisse kenne; zudem sei das Erotische »ein Heimliches, Privates, ein der Öffentlichkeit Entzogenes«)[60]. Das etwas aseptische Bild der eschatologischen Hochzeit bedarf zwar gewisser Korrekturen (C. G. Jung zB. hat vom Tod als einem freudigen Ereignis gesprochen, denn: »sub specie aeternitatis ist er eine Hochzeit, ein Mysterium Coniunctionis: Die Seele erreicht sozusagen die ihr fehlende Hälfte, sie erlangt Ganzheit«[61]), jedenfalls ist aber Brunner soweit zuzustimmen, daß das Bild der Freude und des Festes wesentlich mit zu den eschatologischen Vorstellungen gehört. Daß es auch eine kritische Komponente hat, zeigt sich in einzelnen theologischen Veröffentlichungen, die sich gegen die Unfähigkeit richten, Feste zu feiern[62].

In diesem Zusammenhang sei auch auf P. Tillich verwiesen, der den Gebrauch des Begriffes »selig« (»makarios«, »beatus«) für Gott und den Glaubenden als legitim bezeichnet hat. Er vertritt die These: »Das göttliche Leben ist die ewige Überwindung des Negativen; hierin liegt seine Seligkeit. Ewige Seligkeit ist kein Zustand unveränderlicher Vollkommenheit – die Philosophen des Werdens sind im Recht, wenn sie diese Idee verwerfen. Das göttliche Leben ist Seligkeit durch Kampf und Sieg.«[63] Gerade dies macht das Wesen der Manie aus, daß sie nur auf dem Hintergrund der Überwindung von Leiden und Schuld voll verstanden werden kann.

(2) Wie die Alte Christenheit den Tod als Fest der Geburt feiern konnte, so hat sie ohne Bedenken vom Tod als Schlaf gesprochen[64]. Auch Luther konnte unbefangen dichten: »Der Tod ist mein Schlaf worden.«[65] Es ist dabei an einen besonderen Schlaf gedacht, an den »Schlaf des Gerechten«, der nicht von angstvollen Träumen gestört wird, ein Schlaf, in dem keine Strafen zu befürchten sind und den man auch dem kranken Nachbarn wünschen kann. In Frieden zu ruhen, ist ein Segenswunsch, der nicht selbstverständlich ist und von der Erfahrung des Toten bestimmt ist, der keine Ruhe findet.

Folgt man der Darstellung von Althaus, so hat die lutherische Orthodoxie die Vorstellungen, daß der Tod ein Schlaf sei, unter dem Einfluß Calvins nicht aufrechterhalten, sie hat vielmehr wie er eine Trennung von Leib und Seele vertreten, wobei sie sich auf vereinzelte Äußerungen Luthers stützen konnte. Im allgemeinen wurde von einem Weiterleben der Seele gesprochen, auch wenn die Seele noch nicht in der vollen Schau Gottes und der Erfüllung lebte. Die Orthodoxie drückt sich in dieser Hinsicht vielfach vorsichtiger aus als viele Kirchenlieder ihrer Zeit, die sehr stark einer individuellen Eschatologie nachgeben, die dem einzelnen unmittelbare Heilserwartung nach seinem Tode verspricht[66].

Wenn man heute von dem Zwischenzustand zwischen Tod und allgemeiner Auferstehung als einem »Schlaf« der Toten sprechen will, so wäre dieser am ehesten in Analogie zu manischen Zuständen zu verstehen. Er ließe sich vergleichen mit einem rauschartigen Zustand, in dem eine Fülle angenehmer Bilder auftauchen, ohne daß die rasche Abfolge von Vorstellungen aufzuhalten wäre, und ein Gefühl der Realität erreicht würde. Die enge Verbindung von Freude und Schlaf könnte am ehesten den Zustand zwischen dem Tod und der Realisierung der »Neuen Gesellschaft« verständlich machen.

7. DIE AGGRESSIVEN BEWÄLTIGUNGSMECHANISMEN

Zu den Bewältigungsmechanismen, in denen Aggression eine starke Komponente darstellt, zählen wir (1) die des Protestes gegen den Tod und der Klage über ihn, die leicht in die Anklage gegen den Toten umschlagen kann. Dazu rechnet (2) der defensive Mechanismus, nach dem Schuldigen zu suchen, der den Tod herbeigeführt oder zumindest nicht verhindert hat. Schließlich ist (3) der Abwehrmechanismus zu nennen, bei dem der Trauernde sich mit dem Verstorbenen identifiziert und sich selbst beschuldigt, mit für den Tod verantwortlich zu sein[1].

Wieweit man in der Trauer von Aggression sprechen kann, ist in der wissenschaftlichen Diskussion umstritten. Daß Ambivalenz und damit Aggression gegenüber dem Toten vorhanden ist, wird, wie wir oben sahen, von S. Freud nicht klar beantwortet, obwohl er sie bei den Trauerriten »primitiver« Stämme konstatiert[2]. E. Jacobsen, die die Trauer mit trauriger Stimmung gleichsetzt, formuliert einigermaßen vage: »Ärger und traurige Stimmung ... schließen sich gemeinhin gegenseitig aus, obgleich es häufig geschieht, daß Aggression als defensiver Mechanismus gegen die schmerzvolle Erfahrung der Traurigkeit benutzt wird.«[3] Man wird vermutlich der Rolle der Aggression in der Trauer besser gerecht, wenn man mit Parkes von Gefühlen des Ärgers und Ressentiments spricht, die normalerweise nicht mehr sind als eine generelle Irritierung und Frustration, verbunden mit Vorwürfen gegen alle und alles, die nicht diesen Verlust zu erleiden haben. Wie solche Verlusterfahrungen in Aggression umschlagen können, hat innerhalb der Streß-Forschung Lazarus gezeigt[4]. Es scheint jedoch, daß diese generelle Irritierung und Frustration, wenn sie bewältigt sein will, zu dem Mittel der Aggression greift, die sich dann gegen spezifische Personen richtet, sei es nun der Tote, »Todesagenten«, Verwandte oder der Trauernde selbst.

Über die Häufigkeit von Selbstvorwürfen und Beschuldigungen anderer stehen nur wenig Daten zur Verfügung. In einem nicht ausgewiesenen Sample fand Marris bei 15% der Witwen Ressentiments gegen den Toten, bei 13% Beschuldigungen gegen andere und bei 11% Schuldgefühle[5]. Selbstvorwürfe machten sich in der Studie von Clayton et al. nach eigenen Angaben 13% der Befragten[6]. A. H. Kutscher erwähnt in einer Befragung einer Personengruppe, deren Zusammensetzung nicht angegeben wird, daß etwa 40% der Hinterbliebenen von Schuldgefühlen berichten[7]. Bei

psychiatrischen Patienten, die einen Verlust durch Tod erlitten haben, liegen die Prozentzahlen wesentlich höher. 43% der Patienten, die Parkes untersuchte, machten anderen, und 79% sich selber Vorwürfe[8]. E. Lindemann fand feindselige Gefühle bei 50% der Trauernden, die ihren Verlust ohne weitere Komplizierung bewältigen konnten, bei pathologischen Trauerfällen dagegen waren es 63%[9]. Obwohl Marris hinsichtlich des Anteils der Vorwürfe gegen den Toten, gegen andere Personen und gegen sich selbst keine wesentlichen Unterschiede feststellen konnte, ließe sich durchaus denken, daß die Aggression gegen den Toten geringer ist als gegen andere und sich selbst, weil man ihm gegenüber zu Pietät und Liebe verpflichtet ist[10]. Es ließe sich aber ebensogut sagen, daß nun, wie dies vielfach bei der Trennung zweier sich liebender Menschen geschieht, die latente Aggressivität gegenüber dem Scheidenden wesentlich unverhüllter zum Ausdruck kommt[11].
Die oben genannten Untersuchungen ebenso wie eine Anzahl ethnologischer Befunde lassen es unzweifelhaft erscheinen, daß bei der Trauer Aggressionen auftreten, auch wenn sie nicht in einer so gewalttätigen Form ausagiert werden, wie das bei weniger ich-kontrollierten Gesellschaften vielfach der Fall ist. Es ist Bowlby zuzustimmen, wenn er herausstellt, Aggressivität selbst mache die Trauer noch nicht zu einer pathologischen: »Eines der Hauptcharakteristika der pathologischen Trauer ist nichts weniger als eine Unfähigkeit, offen die Bemühungen auszudrücken, das verlorene Objekt wiederzufinden und auszuschelten.«[12]

7.1 Die Mechanismen: Protest und Klage

7.11 Psychologische Aspekte

Wenn die Trauernden vor allem in dem Verstorbenen die Ursache ihres jetzigen Zustandes sehen und ihm deshalb Vorwürfe machen, so ist dies für Bowlby entsprechend seiner Theorie eine Reaktivierung der Trennungssituation. Das verlassene Kind sieht primär in der fortgegangenen Mutter die Ursache seiner Einsamkeit. Es weint, um die Mutter herbeizuholen, es entwickelt feindselige Gefühle, es reagiert ärgerlich auf die zurückkehrende Mutter, um zu verhindern, daß sie ein zweites Mal fortgeht[13]. Die Vorwürfe und Beschuldigungen haben, wie Bowlby schreibt, zum Ziel: »Laßt uns den Schuldigen finden, sie scheinen davonlaufen zu wollen, laßt uns das Falsche richtig machen, laßt uns wiederherstellen, was verloren war, laßt uns sichergehen, daß es sich niemals wiederholt.«[14]
Die Protest-Reaktion im Verlust, der vehemente Versuch, das Objekt wiederzugewinnen, ist ein wichtiger therapeutischer Schritt zur Trauerbewältigung. Je intensiver die Bemühungen sind, desto sicherer kommt der

Trauernde zu der Einsicht, daß das Liebesobjekt unwiderruflich verloren ist. Während etwa der Mechanismus des Suchens immer noch bewußt davon ausgeht, das verlorene Objekt müsse sich wiederfinden lassen, zwingt die Ergebnislosigkeit des Protestes die unausweichliche Einsicht herbei, daß das Liebesobjekt nicht mehr wiederzugewinnen ist. Das Aufkommen eines schmerzlichen Verlangens ist ein wesentlicher Schritt auf die Realitätsprüfung und auf die Bereitschaft hin, das Liebesobjekt aufzugeben[15].

Ein Fallbeispiel von Fulcomer kann zeigen, wie eine allgemeine Haltung des Protestes sich mit Beschuldigungen über den Toten verbindet:

»Die verwitwete Frau im Alter von 29 Jahren hatte in der Schock-Phase sehr viel geweint. Ein Bruder nahm sie in sein Haus, wo sich auch ihre Eltern und weitere Verwandten einfanden. Während der Autofahrt erwies sie sich als völlig unansprechbar. Als sie bei der Ankunft von einem anderen Bruder begrüßt wurde, begann sie heftig zu weinen und auszurufen: ›Es ist nicht gerecht. Er war nur zweiunddreißig Jahre alt und hatte gerade mit seinem Geschäft begonnen. Ich kann nicht ohne ihn leben.‹ Sie weinte zugleich so heftig, daß ihre Proteste kaum zu verstehen waren. Sie setzte dieses Verhalten über mehr als vierzig Minuten fort. Dann war ihre physische Energie erschöpft, und ein weicheres Schluchzen trat an seine Stelle.

Den Rest des Abends verhielt sie sich schweigend, nachdem ihre Schwiegermutter sie ermahnt hatte, sich zusammenzunehmen. Sie wanderte durch das Haus und beklagte sich bei ihrer Schwester, daß diese ihren Mann hatte behalten dürfen.

Als sie zum Essen aufgefordert wurde, kamen von neuem ihre Tränen und ihre Proteste. Sie beschuldigte den Arbeitgeber, der dem Verstorbenen eine gefährliche Tätigkeit zugewiesen hatte, und sich selber, ihn nicht davon abgehalten zu haben. Als sie sich nach zwanzig Minuten nicht beruhigt hatte, ließ der Vater einen Arzt rufen. Sie weigerte sich bei seinem Erscheinen, Beruhigungstabletten zu nehmen, die doch nur dazu dienen sollten, ihren Ehemann vergessen zu lassen. Nach einiger Zeit war sie völlig erschöpft und willig, einige Nahrung zu sich zu nehmen.

Als der Pfarrer kam, begannen ihre Klagen von neuem. Sie beschuldigte sich selbst und nahezu jeden anderen, für den Tod ihres Mannes verantwortlich zu sein. Mit Hilfe der ihr unmerklich verabreichten Tabletten konnte sie beruhigt werden.

Am nächsten Morgen war sie relativ ruhig und depressiv gestimmt, doch sobald sie zusammen mit ihren zwei Brüdern den Bestatter aufsuchte, begannen wieder ihr Weinen und ihre Proteste, so daß die Brüder sie nach Hause zurückbringen mußten. Am gleichen Morgen wiederholten sich diese Ausbrüche zweimal, als Freunde zu Besuch kamen, viermal am Nachmittag und zweimal am Abend. Zwischen den Ausbrüchen dämmerte sie vor sich hin und verhielt sich abweisend. Auch am folgenden Tage veränderte sich ihr Verhalten nicht, aber ihre dazwischen liegenden Depressionen wurden schwächer. Während des Beerdigungsgottesdienstes und der Beerdigung kam es erneut zu vereinzelten Ausbrüchen des Protestes, ebenso bei der Rückkehr nach Hause.«[16]

Solche Wellen des Schmerzes, der Verzweiflung und des Protestes können bis zur physischen Erschöpfung andauern. Sie sind besonders häufig in der ersten Zeit der Trauer und werden dann zunehmend seltener. Jede Erwähnung des Verlustes kann sie von neuem auslösen. Dies ist mit ein Grund, warum der Trauernde es häufig ablehnt, über den Tod zu sprechen und irgendwelchen Trost aufzunehmen. Wenn Familienangehörige und der

Pfarrer in der Lage sind, dieses Bedürfnis der unmittelbaren Schmerzvermeidung zu verstehen, vermindert dies ihre Hilflosigkeit und verhindert, daß sie sich von dem Trauernden zurückziehen. Es wird ihnen möglich, ruhig bei ihm zu sitzen und dadurch sein Leiden zu teilen. Zu einer solchen Zeit sind Worte oft von geringerem Gewicht als eine zugewandte Anwesenheit[17]. Bevor die Freunde Hiobs begannen, ihn zu beklagen und zu trösten, »saßen sie mit ihm auf der Erde sieben Tage und sieben Nächte und redeten nichts mit ihm; denn sie sahen, daß sein Schmerz sehr groß war« (Hiob 2,13).

Über Protest und Klage hinaus kann die Klage zur Anklage werden. Freud hat beim Melancholiker konstatiert: die »*Klagen* sind *Anklagen*«, weil dieser durch das verlorene Objekt gekränkt und beleidigt worden ist[18]. Der Trauernde ist erfüllt von Ressentiments, »weil er mich verlassen hat, gerade jetzt, wo ich ihn am meisten brauche«. Der Tod wird als persönliche Beleidigung empfunden, es scheint, als sei der Trauernde bewußt weggegangen und hätte mit Absicht seine Familie verlassen. Auf einer unbewußten Ebene der Gefühle sind solche Emotionen über böswilliges Verlassen, Beraubtwerden und Ressentiments darüber häufiger, als es sich aus den Antworten der Trauernden entnehmen läßt[19].

Andere Beispiele für den Vorwurf, der Tote habe böswillig gehandelt, finden sich zB. bei Parkes. Er berichtet von einer Witwe, die die zweite Ehefrau des Verstorbenen war und ihm sein Sterben übelnahm: »Er sah so glücklich in seinem Tode aus, das ließ mich daran denken, daß er mit ihr (sc. der ersten Ehefrau Y. S.) zusammen ist.«[20] Anne Philipe schrieb in ihrem Bericht:

> »Manchmal nehme ich dir übel, daß du gestorben bist. Du bist desertiert, du hast mich im Stich gelassen. Deinetwegen kann ich die grauen Himmel, die Novemberregen, die letzten goldenen Blätter, die schwarzen, kahlen Bäume nicht mehr ertragen, in denen ich sonst eine Verheißung des Frühlings sah.«[21]

Wie Caruso bemerkt hat, kann sich die Aggressivität des Vorwurfs: »Wie kannst du mich verlassen« auch in dem Bemühen ausdrücken, daß der Verstorbene abgewertet wird[22]. Er wird in seiner Bedeutung für den Trauernden herabgesetzt. Es wird ihm bedeutet, er sei für den Hinterbliebenen ganz unwichtig. Dies kann sich in Form einer nach außen hin zur Schau getragenen Gleichgültigkeit ausdrücken; wie ein Kind das böse Objekt, so bestraft der Trauernde den Toten durch Nichtbeachten. Er vernachlässigt bewußt die Ausstattung der Beerdigung und die Pflege des Sarges, um ihm seine Treulosigkeit zu vergelten. Er kann Gegenstände, die dem Verstorbenen gehörten, weggeben oder verkaufen, um sich auf diese Weise an ihm zu rächen[23].

7.12 Soziologische Implikationen

Protest und Klage angesichts des Todes sind in weniger differenzierten Kulturen allgemein. Goody, um nur ein Beispiel aus ethnologischem Material zu geben, schildert in seinem Bericht über die Trauergebräuche bei den LoDagaa, einem westafrikanischen Stamm, die Ankündigung des eingetretenen Todes. Der Augenblick des Todes wird durch einen lauten Klageruf der weiblichen Angehörigen angezeigt. Bald darauf werden Xylophone gespielt, die die entfernter Wohnenden informieren und während der gesamten Zeit bis zum Abschluß der Beerdigung ertönen. Die lauten Klagen dauern während der ganzen Beerdigungszeremonie an und sind voll Feindseligkeit gegenüber dem Toten, der seine Familie verlassen hat[24].

Auch für die Welt des Alten und Neuen Testamentes ist die Leichenklage üblich[25]. Sie besteht aus lautem Geschrei (Micha 1,8 wird die als Totentrauer dargestellte Klage des Propheten über Israel mit dem Geheul der Schakale und Strauße verglichen) und Weinen, die dann, wie bei der Bestattung Abners durch David, durch ein Leichenlied abgelöst werden (2. Sam. 3,32 f). Die Klage bei der Leiche im Trauerhaus scheint die ursprüngliche gewesen zu sein; sie begann unmittelbar nach dem Eintreten des Todes. Die Totenklage wird vor der Bahre stehend oder liegend vollzogen. Die zweite Form spielt sich auf der Straße vor dem Hause ab. Wenn es Pred. 12,5 heißt: »Denn der Mensch geht hin zu seinem ewigen Hause, und es kreisen auf der Gasse die Klagenden«, ist dabei wohl an ein rhythmisches Umschreiten der Bahre zu denken, wie es sich heute noch im arabischen Brauchtum nachweisen läßt.

Die dritte Form ist die Klage auf dem Weg zum Grabe und am Grabe. Sie wird uns im Alten Testament bei der Bestattung Abners geschildert[26]. Die Klagenden gehen auf dem Wege zum Grabe vor der Bahre. David schreitet hinter ihr her und tritt erst am Grabe als Leichensänger auf. Er singt sein Leichenlied in unmittelbarer Nähe des Grabes sofort nach der Bestattung. Wie Davids Klage um Saul, Jonathan und die übrigen in der Gilboa-Schlacht Gefallenen zeigt, können Leichenklagen auch fern von dem Toten gehalten werden[27].

»Wenn wir uns die *Situation der Leichenklage* anschaulich vorstellen wollen, so müssen wir uns natürlich die *Zeremonien daneben* vergegenwärtigen, die wir im Anfang kennen gelernt haben und die zT. zu begleitenden Schmerzgebärden geworden sind. Dann sehen wir die Klageweiber barfuß, von härenen Gewändern umgürtet, mit flatterndem Haar ins Totengemach stürzen. Häufig werden sie uns auch in ganz anderer Haltung geschildert, wie sie in tiefem Schweigen eintreten, als sei der Todesfall ihnen noch unbekannt, und erst beim Anblick der Leiche einen entsetzlichen Schrei ausstoßen. Dann beginnt die schauerliche Klage: die Weiber hocken in dumpfem Schmerz auf dem Boden und bestreuen sich mit Staub, oder sie schwingen sich in leidenschaftlichem Reigen um die Bahre, raufen sich das Haar und zerschlagen sich Brust und Wangen. Dabei ertönen die wilden Klageschreie, bis sich die Wogen der Erregung glätten; dann tritt tiefe Stille ein, und in plötzlicher Inspiration erhebt sich eine und beginnt den Leichengesang. Wieviel an diesen Schmerzäußerungen Pose ist, wieviel ein Rausch, den die Macht der Stunde erzeugt, das läßt sich nicht ausmachen« (Jahnow)[28].

Die Totenklage bildet eine eigene literarische Gattung, die von dem Klagelied unterschieden werden muß[29]. Sie ist in ihrer ursprünglichen Form nur in wenigen Bruchstücken erhalten (Leichenlied auf Abner 2. Sam. 3,33 f, auf Zedekia Jer. 38,22; Davids Leichenlied auf die Gefallenen von Gilboa 2. Sam. 1,19–27; das Lied vom »Schnitter Tod« Jer. 9,20 f). Sie findet sich zudem auf den politischen Bereich bezogen als Trauerklage über Israel und Jerusalem und als Spottlied verwendet bei Jesaja und Hesekiel.

Die Klage über den Toten gehört für das alte Israel nicht zum Bereich des Jahwekultes, da der Tod den endgültigen, unabänderlichen Abschluß des Lebens darstellt[30]. Die Unterwelt (Scheol), in die der Verstorbene hinabsteigt, gehört nicht zum Herrschaftsbereich Jahwes[31]. Man kann Jahwes im Tode weder gedenken noch seinen Namen anrufen, und der Trauernde könnte sich daher nicht an Jahwe wenden, um ihn zu bitten, dem Verstorbenen seine Gnade zu erweisen. Dementsprechend fehlt in den Leichenklagen auch jede Erwähnung des göttlichen Namens und jeder Ausdruck von Hoffnung. Der Tote wird in seinen ihn auszeichnenden Eigenschaften herausgestellt, die Art seines Sterbens beschrieben und die Empfindungen werden genannt, die den Trauernden mit dem Verlorenen verbinden[32].

In unserer Kultur gibt es dagegen kaum die Möglichkeit eines Protestes, der Klage und eines aktiven »acting out«. Sind die Ausbrüche allzu heftig, so wird, wie das Fallbeispiel von Fulcomer zeigt, der Arzt gerufen, und es werden Beruhigungsmittel verabreicht[33]. Die Ursache, warum ein solches »acting out« unterbleibt, liegt weniger daran, daß Liebe und Pietät gegenüber dem Verstorbenen öffentliche Vorwürfe und andere ambivalente Äußerungen gegenüber dem Toten verbieten. Es ist viel eher die kulturelle Einstellung, daß der Tod natürlich und endgültig sei. Man kann den Toten nicht mehr beschuldigen, wenn, wie J. P. Spiegel bemerkt, die Rolle des Toten von einer inhaltlich bestimmten zu einer fiktiven wird[34].

Nun kann man nicht generell sagen, daß der Tod in den westlichen Gesellschaften klaglos und ohne Protest angenommen wird und Vorwürfe gegen die Toten unterbleiben. Ein solcher Protest ist am ehesten, wie J. Bowlby und M. Wolfenstein gezeigt haben[35], bei Kindern und Jugendlichen zu finden, für die der Tote weiterexistiert und der Tod kein natürliches, sondern ein zufälliges Ereignis ist. Ähnliches läßt sich am Beispiel der Italo-Amerikaner zeigen. Für sie ist der Tod ein tragisches Geschehen, das von einer göttlichen Macht verhängt ist, mit der man aber frei kommuniziert, wie die generelle Verhaltensweise stark expressiv ist. Man braucht niemanden, dem man Vorwürfe machen kann, und muß auch sich selbst nicht vorwerfen, gegenüber dem Toten versagt zu haben. Der Tote lebt weiter, und bei allem Schmerz »ist jedenfalls jemand da, für den man trauern kann«[36]. Daher werden in dieser ethnischen Minorität ein wirkliches Ausleben des Protestes gegen den Tod und Vorwürfe gegen den Toten möglich, der seine Lieben böswillig verlassen hat[37].

7.13 Die Frage nach dem natürlichen Tod

Der öffentliche Protest gegen den Tod, wie er beispielhaft an den Leichenklagen des Alten Testamentes demonstriert wurde, ist heute stumm geworden. Zwar regen sich hier und dort Stimmen, die das Verschwinden der Klage bedauern[38], die Agenden enthalten als Lesungen Klagepsalmen des Alten Testamentes (die sich jedoch ursprünglich nicht gegen den Tod richteten), die agendarisch angebotene Auswahl der Psalmen ist heute aber eher darauf ausgerichtet, die Vergänglichkeit des menschlichen Lebens und den Willen Gottes zu betonen, als Protest auszudrücken[39].
Die Frage, die uns in diesem Abschnitt beschäftigen muß, ist die nach der Berechtigung der Klage über den Tod und des Protestes gegen ihn. Ist der Tod nichts als die Konsequenz der Sünde, sei es der Ursünde Adams oder der von jedem Menschen erneut vollzogenen Sünde, so ist er nicht zu beklagen, sondern als Strafe zu akzeptieren. Repräsentiert der Tod aber eine gottfeindliche Macht, dann haben Klage und Protest ihren Sinn. Hat sich der Mensch den Tod selbst zuzuschreiben als Konsequenz seines Abfalls und seiner Rebellion gegen Gott, so ist der Protest völlig unangebracht und überführt den Menschen nur dessen, was er in Rebellion und Protest gegen Gott schon immer tut. Wird der Tod aber als der letzte zu überwindende Feind verstanden, so ist der Kampf und der Protest gegen ihn eine eschatologische Aufgabe.
Die Sinnlosigkeit eines leidenschaftlichen Protestes gegenüber dem ehernen Willen Gottes hat Elizabeth B. Browning in ihrem Gedicht »Grief« formuliert:

I tell you, hopeless grief is passionless;
That only men incredulous of despair
Half-taught in anguish, through the midnight air
Beat upward to God's throne in loud access,
Of shrieking and reproach. Full desertness,
In souls as countries, lieth silent-bare
Under the blanching, vertical eye glare
Of the absolute heavens.

K. Barth hat in seiner Dogmatik versucht, einen mittleren Weg zu gehen. Für ihn ist der Christ mit der Taufe den Tod Christi gestorben und damit vom Fluchtode freigeworden. Dies bedeutet jedoch nicht Unsterblichkeit; wie sich am Leben Jesu zeigt, besteht eine positive Beziehung zwischen der menschlichen Geschöpflichkeit und der Sterblichkeit. Die zeitliche Begrenztheit ist die Existenzform menschlichen Lebens. Barth sagt: »Es gehört *auch* zu des Menschen Natur, es ist *auch* Gottes Schöpfung, die es so bestimmt und geordnet hat und es ist insofern gut und recht so, daß das Sein des Menschen in der Zeit *endlich*, daß der Mensch *sterblich* ist... Der Tod ist nicht an sich das Gericht und auch nicht an sich und als solcher das Zeichen des Gerichtes Gottes; er ist es doch nur *faktisch*.«[40]

Nicht anders spricht Barth vom befreiten, vom Fluch erlösten Sterben. Die »Befreiung *vom unnatürlichen* Sterben bedeutet..., indem sie die Befreiung vom ewigen Leben ist, *auch* des Menschen Befreiung *zu einem natürlichen* Sterben«[41]. Mit dem Begriff des natürlichen Sterbens tritt der schöpfungsmäßige Sinn des Sterbens hervor, der bei dem Unerlösten in seiner Unterwerfung unter die Sünde sonst nicht deutlich werden kann. Barth nennt es das »gnädige Sterben« und erinnert an die eigenartig gelassen klingende neutestamentliche Aussage vom Entschlafen[42].

Diesen Gedankengängen Barths schließt sich E. Jüngel an und aktualisiert sie zugleich. Für ihn gibt es zwei Formen der Todesangst: In der einen Form bedroht das Ich sich selber, indem es sich absolut setzt und ausschließlich sich selber sucht. Es bleibt auf sich selbst fixiert und verfehlt die Lebenszeit als einen Raum geschichtlicher Begegnung. Der Christ rechnet mit der Begrenzung seines Lebens und setzt seine Hoffnung nicht »auf sein Leben mit der Würde seiner guten und der Bürde seiner verdorbenen Werke, sondern allein auf Gott. Mit dieser Hoffnung vollzieht sich auch in seinem Leben eine Entmächtigung des Todes, die wir eine *geistliche Verspottung des Todes* nennen können.«[43]

Die andere Form der Todesangst ist *»die Bedrohung durch einen vorzeitigen oder unnatürlichen Tod«*[44]. Der Mensch hat schöpfungsmäßig ein Recht auf einen natürlichen Tod am Ende seiner biologisch bestimmten Lebenszeit. Es gehört zu den Pflichten des christlichen Glaubens, diesem Recht Geltung zu verschaffen. Jesus selbst hat nach Jüngel in seinem unzeitigen Sterben die Verpflichtung herausgestellt, für einen natürlichen Tod Sorge zu tragen, der heute weder politisch noch sozial noch medizinisch realisiert ist. Solange es Krieg und Todesstrafe gibt, ist dieser natürliche Tod noch nicht verwirklicht.

Jüngel bezieht sich hier explizit auf W. Fuchs »Todesbilder«. Das zentrale Anliegen dieses Buches besteht darin, das Leitbild eines natürlichen Todes aufzustellen und die verschiedenen Faktoren zu analysieren, die eine Realisierung des natürlichen Todes und die Vorstellung von einem natürlichen Tod behindern. Natürlicher Tod ist das Erreichen der biologisch gegebenen Todesgrenze, das solange nicht realisiert ist, wie es noch den vorzeitigen und gewaltsamen Tod gibt und weiterhin Vorstellungen herrschend bleiben, die den Tod als Strafe oder als Zufälligkeit interpretieren[45]. Jüngel kann sich den sozialpolitischen Forderungen von Fuchs voll anschließen, weil er ebenfalls den natürlichen Tod vertritt, und Gott allein das Recht zugesteht, den endgültigen Tod, nämlich den »Fluchtod«, herbeizuführen. Indem er selektiv W. Fuchs aufgreift, verhüllt er, daß er durchaus an einem von Gott auf Grund der Sünde verhängten Tode festhält, dh. Gott weiter das Recht zuspricht, einen »gewaltsamen« Tod zu verhängen, indem er *dem* Menschen die Auferstehung verweigert, der nicht in einer positiven Relation zu ihm steht.

Zweifel, ob der Tod wirklich als eine biologische Notwendigkeit oder schöpfungsmäßige Ordnung verstanden werden müßte, ist von mehreren nicht durch die Theologie bestimmten Autoren ausgesprochen worden. H. Plessner geht von der weitverbreiteten These aus, daß der Mensch als einziger unter den Lebewesen die Unvermeidlichkeit und Ausnahmslosigkeit des Sterbens wisse. Es ist für ihn jedoch nicht einzusehen, daß dies so sein müsse.

»Der Tod gehört nur bedingt und faktisch zum Wesen des Menschen. Sein ausnahmsloses Muß bringt es zu keiner inneren Notwendigkeit. Oder man müßte die Phänomene der Rebellion gegen ihn oder der Duldung und frommen Ergebung in ihn als irrelevant, gegenstandslos und gegenüber der Behauptung der einfachen Endlichkeit menschlichen Seins für nichts ansehen.«[47]

»Dem Menschen ist der Tod nicht immanent wie Tieren und Pflanzen, sondern transgredient, ein nicht nur zur Lebendigkeit gegensinniges, ihr einwohnendes und zu ihrem Wesen gehörendes, sondern ihm äußerliches und eindringendes Ingrediens seiner Menschenhaftigkeit.«[48]

Freud glaubt, auf keinem Gebiete habe »sich unser Denken und Fühlen seit den Urzeiten so wenig verändert, ist das Alte unter dünner Decke so gut erhalten geblieben, wie in unserer Beziehung zum Tode«[49]. Die Biologie habe sich nicht entscheiden können, »ob der Tod das notwendige Schicksal jedes Lebewesens oder nur ein regelmäßiger, vielleicht aber vermeidlicher Zufall innerhalb des Lebens ist. Der Satz: Alle Menschen müssen sterben, paradiert zwar in den Lehrbüchern der Logik als Vorbild einer allgemeinen Behauptung, aber keinem Menschen leuchtet er ein, und unser Unbewußtes hat jetzt so wenig Raum wie vormals für die Vorstellung der eigenen Sterblichkeit.«[50] Wir betonen, so schreibt er an einer anderen Stelle, »regelmäßig die zufällige Veranlassung des Todes, den Unfall, die Erkrankung, die Infektion, das hohe Alter, und verraten so unser Bestreben, den Tod von einer Notwendigkeit zu einer Zufälligkeit herabzudrücken«[51].

Ist der Tod aber zufällig, so bedeutet dies, daß er unter Umständen eine vermeidbare, jedenfalls individuell herbeigeführte Ursache hat. Statt sich dem Unvermeidlichen zu beugen, kann nicht nur gegen den Tod prote-

stiert, sondern auch nach seiner Ursache gefragt werden. Wie Freud selbst gesehen hat, kann der Eindruck einer inneren Gesetzmäßigkeit eine Illusion sein, »die wir uns geschaffen haben, ›um die Schwere des Daseins zu ertragen‹«[52]. Wie Caruso vermerkt, sei hier Freud kurz einmal der Gedanke gekommen, »der Tod sei vielleicht gar kein unabwendbares Schicksal und müsse vom Menschen nicht erduldet werden«[53], er sei eine Zufälligkeit und gebe die Frage nach seiner Ursache frei.
Vier kritische Einwendungen lassen sich von theologischer Seite gegen die Vorstellung vom natürlichen Tod machen. (1) Sie setzt voraus, daß es eine endliche Zahl von Erfahrungen gibt, die im Verlauf eines Lebens ausgelebt werden können, um dann am Ende »lebenssatt« zu sterben[54]. Bloch hat in »Das Prinzip Hoffnung« geschrieben: »Marc Aurel bemerkt noch, in seinen Selbstbetrachtungen, ein vierzigjähriger Mann, mit offenen Sinnen und in genügend hoher Stellung, habe alles gesehen, was vor seinen Zeiten geschehen ist und nachher geschehen wird, weil es einerlei sei mit dem, was er selbst erlebt.«[55] Geschichte war vor dem Aufkommen von Fortschrittsvorstellungen statischer und stärker zyklisch in sich geschlossen. »Heute ist der Zug der Ereignisse so sehr viel länger als unser Leben, der Geschichtsgang ins Neue geometrisch wie dynamisch so verschieden von unserem sich naturhaft senkenden Lebensbogen, daß kein wackerer Mensch noch lebenssatt... sterben kann.«[56] Die Angebote, sein Leben attraktiv zu gestalten, haben sich so gesteigert, daß jedes Leben, auch wenn es ein »biblisches« Alter erreicht, als zu kurz und sein Ende als »unnatürlich früh« erscheinen muß.
(2) H. Gollwitzer weist darauf hin, daß die Erfahrung von Glück und erfülltem Leben uns den Abschied nicht leichter mache. Glück mag den Schmerz der Trennung auf das Äußerste verschärfen[57]. »Wenn der Mensch in einer veränderten Gesellschaft seinen Reichtum nicht mehr im Besitz von Gütern und Herrschaft findet, sondern in dem Mitmenschen selbst, so ist es eine vollkommene Illusion, zu meinen, weil er dies als sein wahres Glück erkenne, werde ihm dadurch das eigene Sterben und das Sterben anderer leichter erträglich werden.«[58]
(3) Aber nicht nur der Widerstand, von einem glücklichen und erfüllten Leben zu scheiden, sondern auch die Erfahrung des schleichenden Alters ist ein Argument gegen das Konzept vom natürlichen Tod. Gerade die Begleiterscheinungen des natürlichen Todes, die Alterserkrankungen, die mangelnde Beweglichkeit und Aufnahmefähigkeit, die Vorwegnahme des Todes in der sozialen Isolierung, sie alle machen es schwer, hierin nur Anzeichen eines natürlichen Endes zu sehen. Gerade die Erweiterung der medizinischen Erkenntnisse, die es erlauben, den Prozeß des Alterns und des Sterbens erheblich zu verlängern, vermitteln die Erfahrung des langsamen Niedergangs über einen erheblich längeren Zeitraum als früher und

fordern damit die Sinnfrage sehr viel intensiver heraus[59]. Zudem stellen uns die zahlreicher werdenden medizinischen Eingriffe immer stärker vor die Frage, was denn hier noch natürlich sei und was nicht; ob »freundliche Methoden des Sterbens« den Tod nicht zu einem »allzu natürlichen«[60] machen.

(4) Jüngel wie Fuchs haben den »natürlichen« Tod als eine sozialpolitische Forderung verstanden, alle Mittel der Medizin einzusetzen, um den vorzeitigen Tod zu verhindern. Es fragt sich, ob diese Vorstellung letztlich ausreichend im Kampf gegen den Tod motiviert. Wenn ein Tod mit 70 Jahren bereits als natürlich angesehen wird, so wird der Unterschied zu den 20 oder 30 Jahren, die dieses Individuum nach den biologischen Grundgegebenheiten hätte noch leben können, als irrelevant abgewertet. Die Gefahr liegt ohnehin nahe, daß unsere Gesellschaft den Menschen, die aus dem Arbeitsprozeß ausgeschieden sind, als einzige Aufgabe das Warten auf den Tod nennen kann. Allzu leicht kann es geschehen, daß der körperliche und geistige Verfall als naturgegeben angesehen wird, was sicherlich ein wesentliches Moment dafür ist, weshalb Geriatrie und Geropsychiatrie in unserer Gesellschaft erst allmählich als eine wichtige Aufgabe erkannt werden. Es werden vielfach soziale Faktoren übersehen, die diesen Alterungsprozeß mitbestimmen. Fuchs hat dieses Problem, das im Grunde seine gesamte Fragestellung verändert hätte, wohl erkannt und als »repressives Moment« bezeichnet[61], ohne jedoch daraus Konsequenzen zu ziehen.

Fuchs gesteht zu, daß zur Abwehr dieses repressiven Momentes der Vorstellung vom natürlichen Tod es eigentlich der Utopie einer endgültigen Todesüberwindung bedürfte. Er verweist dabei auf das Buch von R. C. W. Ettinger »Aussicht auf Unsterblichkeit«[62], das die Möglichkeit erörtert, durch Kältetechnik Verwesung aufhalten zu können, mit der, wie Fuchs meint, »in sektiererischem Eifer vorgetragenen Gewißheit«, daß die Medizin eines Tages instande sein werde, jede Todesursache aufzuheben. Er nennt dies eine »negative Utopie«[63], da sie davon ausgehe, daß sich zwar die Medizin wandle, aber die gesellschaftlichen Verhältnisse als konstant angenommen würden. Diese Kritik ist richtig, trifft aber nicht die Frage, welche Bedeutung die mit der Überwindung des Todes ausgesprochene Utopie besitzt.

Demgegenüber hat P. Althaus sehr viel deutlicher das »chiliastische« Moment, wie er es nennt, herausgestellt. »Aller ernsthafte und freudige Kampf mit der Krankheit, wie unsere Ärzte ihn führen, lebt, sich selber vielleicht unbewußt, von dem Glauben daran, daß wir berufen sind, den Tod völlig zu überwinden.«[64] Im Kampf gegen die Todesmächte liegen nach Althaus eine Verheißung und ein Sinnbild, die weit über jedes erreichte Ergebnis hinausreichen und ohne die die mühsamen Fortschritte der

Therapie und die Freude des Sterbenden um den Gewinn einiger Tage[65] inhaltlos würden. »So hat der Beruf des Arztes und aller Dienste an der Krankheit eschatologischen Sinn.«[66]

Die hier genannten vier Gründe machen deutlich, daß die Aussage über den »natürlichen Tod« keine eschatologische Vorstellung sein kann. Sie erfüllt zwar eine kritische Funktion, indem sie gegen den unzeitlichen und den gewaltsamen Tod polemisiert, sie hat auch motivierende Kraft, obgleich sie hier in Gefahr steht, »normal« und »natürlich« gleichzusetzen; sie hat aber keine utopische Funktion, weil sie keine Todesüberwindung enthält.

Die Anerkennung wissenschaftlich geprüfter Realität und die theologische Aussage, wie sie sich bei Barth und Jüngel findet, gehen eine Verbindung ein, die ein katholischer Philosoph wie J. Pieper nur erschreckt als eine Verbindung der Theologie mit dem weltanschaulichen Materialismus bzeichnen kann[67]. Die theologische Lehre vom Ganztod hat zugegebenermaßen die legitime Absicht, die absolute Souveränität Gottes bei der Wiedererweckung und Neuschöpfung zu betonen. Es fragt sich aber, ob hier nicht ein Gottesbild vertreten wird, das unter dem Aspekt der Hoffnung auf Todesüberwindung unzureichend ist.

Hedinger hat in einem Abschnitt seines Buches »Hoffnung zwischen Kreuz und Reich« von der »Hoffnung als Rechten mit Gott« gesprochen[68] und sich dabei gegen eine Gottesvorstellung gewandt, in der Gott über alle Gerechtigkeit erhaben ist und jederzeit recht hat. Für Hedinger ist das Recht Gottes nicht etwas, was jederzeit von seiner Allmacht beiseite geschoben werden kann, sondern zu seinem Wesen gehört. Die Meinung, Gott habe jederzeit recht, könne zu einer gefährlichen Überforderung des Menschen führen und die Meinung provozieren, »der leidende Mensch müsse und könne sich Gott gegenüber durch ein Plus von hinnehmender Generosität ausweisen«[69]. Wenn ein Mensch gegen Gott rechte und gegen ihn protestiere, so heiße das nicht, selber und allein gegen Gott recht zu haben, sondern der Glaubende protestiere mit dem Gott der Zukunft gegen den Gott der Gegenwart. Beispielhaft wird dies am Gleichnis der »rechtenden Witwe« (Lk. 18,1–8a) aufgezeigt, die gegen den Richter protestiert, der das ihr geschehene Unrecht mißachtet und ihr nicht zu ihrem Recht verhilft. Wie viel mehr ist der Protest gegen Gott berechtigt, wenn es um die Überwindung des Todes geht.

7.2 Der Mechanismus: Die Suche nach dem Schuldigen

7.21 Psychologische Aspekte

Neben dem Protest und der Klage ist unter die aggressiven Abwehrmechanismen die Suche nach dem Schuldigen zu rechnen. Es wird als Hilfe und

Trost empfunden, wenn man weiß, wer den Tod verschuldet oder zu ihm beigetragen hat.
Die Frage des Ursachenzusammenhanges, der Kausalität, ist eines der frühesten kindlichen Interessen, wie Rochlin immer wieder betont hat. »Das Interesse des Kindes in seiner Suche für Erklärungen über Erscheinungen und Phänomene beginnt sehr früh. Sie stehen außerhalb der Logik und sind nicht nachprüfbar. Sie sind oft abhängig von der Macht der Wünsche und der Magie. Für das Kind ist alles bestimmt durch das Gesetz und beherrscht von einer höheren Autorität oder Macht, um deren Gunst es sich bewerben muß.«[1] Diese höhere Macht ist jedoch Überredungen zugänglich. Daher besteht ein gewisser Konflikt zwischen der bestimmenden Macht der Wünsche und den Gesetzen des Ursachenzusammenhanges. Das Kind findet nach Rochlin eine Lösung des Konfliktes in der Religion, in der Erklärungen und Ursachen eng mit den Wünschen verbunden sind[2]. Neben der Frage der infantilen Sexualität steht für Rochlin mit gleichem Gewicht die kindliche Entdeckung des Todes[3]. Er wird im gleichen Zusammenhang gesehen, wie auch sonst Kausalität begriffen wird.
Die Regression in der Trauer bringt es mit sich, daß solche kindlichen Kausalvorstellungen über Ursachenzusammenhänge zum Teil reaktiviert werden. Der Wunsch, akzeptable Erklärungen zu finden, kann dazu führen, daß sich der Trauernde immer von neuem in allen Einzelheiten die ärztlichen Gegenmaßnahmen beschreiben läßt[4]. Wie David Sudnow beobachtet hat, ist häufig die erste Frage, die ein Angehöriger dem behandelnden Arzt nach dessen Mitteilung des Todes stellt: »Woran ist er gestorben, Herr Doktor?« Diese Frage wird auch dann gestellt, wenn der Arzt zuvor bereits auf die Entwicklung des Falles hingewiesen hatte. Der Arzt pflegt dann weiter nach früheren Anzeichen der Erkrankung zu fragen, obgleich sie für die Behandlung nicht mehr wichtig sein können; sie werden auch nicht notiert. Die Fragen des Arztes wie die Fragen der Angehörigen über die Ursache dienen allein dazu, dem Angehörigen über den ersten Schock hinwegzuhelfen[5]. Ebenso werden vielfach die Umstände, die zu einem tödlichen Unfall führten, immer von neuem erörtert. Eine Mutter, die dem Verfasser bekannt ist, verlor ihren einzigen Sohn durch einen Unfall. Ein Auto überfuhr ihn in der Dunkelheit; doch die näheren Umstände konnten wegen Fahrerflucht nicht aufgeklärt werden. Es waren keine Zeugen vorhanden. Die Mutter äußerte noch wochenlang den Wunsch, der Fahrer möge von der Polizei gefaßt werden, aber nicht primär deswegen, damit er seine gerechte Strafe erhielte, sondern um in allen Einzelheiten zu erfahren, wie es zu dem Unfall gekommen war. Immer wieder kombinierte sie die Einzelheiten, die ihr von der Polizei mitgeteilt worden waren, um die richtige »Erklärung« zu finden.
Das »Verlangen nach Erklärungen«[6] macht es in der regressiven Phase

möglich, eine Verschiebung in der Größenordnung von Ursachen vorzunehmen. Eine kurzfristige Verzögerung der ärztlichen Hilfe, die nichts mit dem tödlichen Ausgang zu tun hat, kann von dem Trauernden zur eigentlichen Ursache erhoben werden. Ein verspäteter Besuch am Sterbebett, bei dem der Vater nicht mehr lebend angetroffen wird, kann zu schweren, dem Anlaß unangemessenen Selbstvorwürfen führen. In manchen Fällen kann es in der regressiven Phase wichtiger sein, den Trauernden eine hilfreiche oder verständliche Ursache finden zu lassen, als auf den objektiven Gründen zu bestehen, die zum Tode führten. Der Trauernde kann aber auch den Eindruck haben, die ganze Welt habe sich gegen ihn verschworen:

I pray you all, tell me what they deserve
That do conspire my death with devilish plots
Of damned witchcraft, and that have prevail'd
Upon my body with their hellish charms?
Shakespeare, Richard III, 3,4

Einen wichtigen Hinweis geben Arthur und Kemme in ihrer Diskussion über die kindlichen Todeskonzeptionen. Sie stellen fest, daß Kinder viel weniger an der Frage interessiert waren, *was* den Tod ihrer Eltern verursacht hatte, als an der Frage, *wer* daran schuldig sei. Manchmal war es eine weiter entfernte Person, der solche Vorwürfe gemacht wurden, doch war es zumeist der überlebende Elternteil, dem das Kind die Schuld am Tode zuschrieb. Die durchgehende Tendenz war nach Arthur und Kemme, die Schuld für den Tod einer Person, einer wirklichen oder vorgestellten, zuzuschreiben und eine Erklärung im Rahmen persönlicher Verantwortung an die Stelle einer Erklärung im Rahmen physischer Ursachen zu setzen[7]. Eine Untersuchung über die Ermordung Kennedys bestätigt diese Beobachtung: Kinder sahen vor allem in Oswald den Mörder, während Erwachsene sehr viel eher eine rechtsextreme oder kommunistische Verschwörung am Werke sahen[8].
Es scheint aber auch bei Erwachsenen zumindest in der regressiven Phase der Trauer oder einer anderen Krise die Neigung zu bestehen, die Vorwürfe eher gegen konkrete Personen zu richten als gegen abstrakte gesellschaftliche Bedingungen oder eine unfaßbare religiöse Weltordnung. Es fällt leichter, den Unglücksfahrer zu beschuldigen als die fehlenden Einrichtungen zur Verkehrssicherheit, leichter, den behandelnden Arzt anzugreifen als die mangelhafte Ausstattung des Krankenhauses, leichter, sich über den Pfarrer zu erregen als über die Ungerechtigkeit Gottes. Befragungen während der Bombenangriffe auf England während des letzten Krieges zeigten, daß die englische Bevölkerung sehr viel mehr Vorwürfe gegen ihre eigenen Behörden als gegen die Deutschen hatten[9]. Smelser berichtet von einer ähnlichen Beobachtung:

»Nach dem Brand in der Coconut Grove Bar während des Zweiten Weltkrieges war die Öffentlichkeit fixiert auf nacheinander folgende Sündenböcke – der Busjunge, der tatsächlich den Brand verursacht hatte, als er eine Lichtbirne ersetzen wollte, derjenige, der aus Spaß diese Birne entfernt hatte, öffentliche Personen, die offensichtlich zu lasch gewesen waren, die Sicherheit des Klubgebäudes zu überprüfen, und die Eigentümer des Klubs. Diese Beschuldigungen kennzeichnen den Versuch, jemanden persönlich für die Tragödie verantwortlich zu machen.«[10]

Ein wesentlicher Grund, warum es nicht nur für Kinder, sondern auch für Erwachsene naheliegt, in der Frage der Ursache so stark auf den personhaften Anteil an dem Tode zu beharren, ist darin zu sehen, daß es für Tod keine eindeutige Definition gibt, sondern daß sich Tod als ein Kontinuum verschiedener Ebenen darstellt[11]. Der biologische Tod ist nicht identisch mit dem physischen, der psychische nicht mit dem Tod der Interaktion mit der Umwelt, der gesellschaftliche nicht mit dem religiösen. Auf jeder Ebene hat der Tod eine andere Ursache, zudem sind diese Ebenen nicht strikt abgetrennt, sondern gehen ineinander über. Daher ist es durchaus möglich, das Gewicht der Frage auf eine bestimmte Ebene zu legen und auch von einer Ebene in eine andere überzuwechseln.

Anschuldigungen gegen Dritte lassen sich häufig beobachten. Fast 30% der Witwen, die Marris befragte, äußerten Vorwürfe gegen Ärzte, Pfarrer, gegen Gott oder gegen das Schicksal[12]. Die Selbstschilderung einer Witwe ist hier besonders sprechend[13]. Eine andere Witwe hatte den behandelnden Arzt heftig angegriffen und sich später reuevoll entschuldigt: »Ich platzte einfach. Der arme Herr Dr. Roberts bekam ganz schön was ab.« Sie fügte dann hinzu: »Danach setzte die Depression ein, und ich verlor das Interesse daran.« Es war, so meint Marris, als ob ihr Ärger, wenigstens solange er dauerte, ihr Mut gemacht und sie aufrecht erhalten habe[14]. Ungeklärte Vorwürfe gegen den Arzt können, wie ein Fallbeispiel von Lindemann[15] zeigt, unter bestimmten Bedingungen zu depressiven Verhaltensstörungen führen. Da der Arzt in unserer Gesellschaft die wesentliche Abwehrmacht gegen den Tod symbolisiert, legt es sich bei dem geringsten Anschein einer Fehlbehandlung oder falschen Diagnose nahe, in ihm die eigentliche Ursache zu sehen. Zumal wenn es sich um Patienten aus unteren sozialen Schichten handelt, kann sehr rasch der Verdacht aufkommen, der Arzt habe nicht alle Mittel eingesetzt, die er bei Privatpatienten verwende. Doch können die Vorwürfe auch von einer Person auf eine andere verschoben werden; so berichten etwa Clayton et al. von einer Witwe, die zunächst den Arzt und beim zweiten Interview die Verwandten beschuldigte[16].

Einen ähnlichen Fall schildert Janis. Es handelt sich dabei um eine Frau nach der Stresserfahrung einer Operation:

»Frau Blake's therapeutische Sitzungen nach der Operation liefern zahlreiche Beispiele von exzessiver Aggressivität als Antwort auf nicht provozierende Handlungen auf der Seite des Eltern-Surrogates, und ihre Reaktionen schienen eine Wiederbelebung der Ressentiments und des Protestes während ihrer Kindheit darzustellen. Ihre Vorstellung von dem Chirurg als sadistischer Figur kam auf, als sie entdeckte, daß ihre Operationswunde größer war, als er ihr erzählt hatte. Die gleiche übertriebene falsche Wahrnehmung des Chirurgen zeigte sich etwa zehn Tage später. Zu diesem Zeitpunkt war der einzige Grund für ihr Mißtrauen die Tatsache, daß sie in der letzten Zeit mehr Schmerzen und Beschwerden erlitten hatte, als erwartet ... Vom Anfang ihrer Analyse an hatte sie sich wiederholt darüber beschwert, daß der Therapeut sich allzusehr an die Standard-Regeln der psychoanalytischen Behandlung halte; aber in den Sitzungen nach der Operation steigerten sich die Vorwürfe zu den Anklagen, der Therapeut habe kein Interesse, ihr zu helfen, würde keine Kenntnis von ihrem Leiden nehmen, würde ihre Anstrengungen mißachten, ein ›gutes‹ Mädchen zu sein, und wolle sie nur so schnell wie möglich loswerden.«[17]

Vorwürfe können sich auch gegen Pfarrer richten, die die sichtbaren Agenten eines unbarmherzigen Gottes oder eines unverständlichen Schicksals sind. In einem dem Verfasser geschilderten Fall wird gerade die freundliche Zuwendung des Pfarrers im Kontrast zum Verhalten dessen gesehen, den er repräsentiert: »Man konnte mit dem Pfarrer mehr sprechen als mit sonst irgend jemand ... Aber man kann einfach nicht anders als zu fragen ›Warum mußte er es sein?‹ Da sind so viele junge Männer, die schrecklich mit ihren Frauen umgehen, so viele böse Väter. Es ist so unfair, es darf doch nicht möglich sein.«

Solche Vergleiche auf der Basis moralischer Bewertungen sind nicht selten. So berichtete dem Verfasser ein junges Mädchen von dem letzten Besuch bei seiner Mutter im Krankenhaus: »Sie liegt mit einer achtzigjährigen Oma zusammen, die schon dreimal im Krankenhaus war. Sie sagt, daß sie bald herauskommt, aber meine Mutter muß sterben; das ist doch einfach ungerecht.« In all diesen Fällen wird Gott oder das Schicksal beschuldigt, sich nicht an bestimmte Bedingungen gehalten zu haben, sei es, daß der Böse früher stirbt als der Gute, sei es, daß die Alten eher sterben als die Jungen. »Die Religion hat eine Antwort darauf zu geben«, fordert eine Witwe, die es seit dem Tod ihres Gatten ablehnt, in die Kirche zu gehen[18].

7.22 Soziologische Implikationen

Die Suche nach dem Schuldigen kann in weniger differenzierten Gesellschaften ein oft umfangreiches Ritual auslösen.

Sobald bei den Lodagaa ein Erwachsener stirbt, kommen nicht nur die entsprechenden Beerdigungsriten in Gang, sondern es werden auch Rituale vollzogen, die zum Ziel haben, den Verursacher des Todes festzustellen. Mit Ausnahme des Todes kleiner Kinder und alter Menschen wird

Tod als ein Fall von Mord behandelt. Die Todesursache liegt dabei auf drei verschiedenen Ebenen: Die unmittelbare Todesursache sind die Krankheit, der Schlangenbiß oder aber magische Kräfte. Der Todesübermittler muß unter den Mitgliedern des Stammes selbst gesucht werden. Veranlasser des Todes schließlich ist ein Ahne oder sind Geister, die auf verschiedenen Altären verehrt werden. Die Übermittler des Todes werden durch Wahrsager festgestellt. Dabei wird der Geist des Toten gebeten, demjenigen im Traum zu erscheinen, der die Beerdigungsansprache halten wird, und ihm mitzuteilen, wer für den Tod haftbar zu machen ist. Der Wahrsager kann durch bestimmte Methoden unter verstreuten Stücken aus dem Eigentum des Toten eine Anzahl möglicher Personen identifizieren, er kann Muscheln werfen, die je nach ihrer Lage weitere Hinweise geben. Andere Verfahren überprüfen die Witwe und die Kinder, ob sie sich der Komplizenschaft schuldig gemacht haben. Eine Sitte, die weitgehend aufgegeben ist, bestand darin, die Kleider des Verstorbenen in zwei Bündel aufzuteilen und auf dem Kopf im Kreise des Mutter-Klans herumzutragen. Derjenige, vor dem das Bündel herabfiel, war der Schuldige.
Das wesentliche Ritual zur Feststellung der Todesursache findet jedoch rund drei Wochen nach der Bestattung anläßlich eines Ereignisses statt, das »das Bier des Wahrsagers« genannt wird. Es handelt sich um eine Befragung, die von einem der Ältesten der Familie durchgeführt wird, und eine Wahrsagung, eine Aufgabe, die einem anderen Klan zufällt. Wiederum wird unter dem Muschelgeld und anderen kleineren Gegenständen aus dem Besitz des Verstorbenen durch bestimmte Praktiken eine Auswahl getroffen. Jeder dieser Gegenstände bezeichnet jemanden, der für den Tod verantwortlich sein könnte. Dann wird das Muschelgeld ausgeworfen, wobei die einzelnen Linien der Familien, der Erdaltar, die Vorfahren und die Schutzgeister angerufen werden. Wird der richtige Name genannt, fallen die Muscheln in der richtigen Ordnung, eine nach oben, eine nach unten. Dann wird ein Opfertrank am Erdaltar gegeben und ein weiterer Biertopf steht für die Anwesenden zur Verfügung. Mit einem Mahl im Hause des Toten ist die Zeremonie abgeschlossen.
Bei dem ganzen Verfahren wird jedoch kein spezieller Name enthüllt, sondern es wird nur festgestellt, welche der übernatürlichen Kräfte für den Tod bestimmend war. Es kann angezeigt werden, daß Zauberei benutzt wurde und ein bestimmter Verwandten-Klan daran beteiligt war. Die spezifische Person, die den Tod gebracht hat, sei es ein Zauberer oder eine Hexe, ist nur der Agent, der den Tod übermittelt[19].
Es wäre in diesem Falle sinnlos, nach dem Erfolg eines solchen Rituals zu fragen; wie vielfach bei der Frage der Trauernden nach der Todesursache geht es nicht um eine echte Ermittlung, sondern die Suche nach dem Schuldigen erschöpft ihre Funktion, indem sie sich als Abwehrmechanis-

mus bewährt[20]. Auch wenn unsere Verfahren der Todesfeststellung zweckrationaler sind, so zeigt schon ihre Komplexität, daß sie auch die latente Funktion haben, die Angst in einer Gesellschaft gegenüber dem Tod zu reduzieren. Neben der Anzeigepflicht des Todes an das Standesamt ist eine Leichenschau obligatorisch. In einzelnen Bundesländern und Landesteilen muß sie durch einen Arzt vorgenommen werden, in anderen Bundesländern können auch Laien diese Pflicht wahrnehmen. Die Gesundheitsämter sind verpflichtet, dafür Sorge zu tragen, daß die Leichenschau stattfindet und Laien und Amtsärzte nur dort herangezogen werden, wo an einem Ort kein Arzt zu finden ist. »Die Leichenschau soll die Verheimlichung gewaltsamer oder durch strafbare Vernachlässigung oder durch medizinische Pfuschereien herbeigeführter Todesfälle verhindern, zur Ermittlung übertragbarer Krankheiten sowie zur Herstellung genauer Statistiken über die Todesursachen beitragen und die Beerdigung Scheintoter verhüten.«[21]

Der Untersuchende stellt einen Leichenschein aus, der dem Standesbeamten vorzulegen ist. Da er zugleich die Grundlage für die amtliche Medizinalstatistik bildet, soll er auch präzise Angaben über die Natur der Grundkrankheit und ihre Folgen enthalten. Die Leichenschau ist innerhalb von 24 Stunden nach Eintritt des Todes vorzunehmen. Vor der Ankunft des Leichenschauers dürfen an der Leiche keine Veränderungen vorgenommen werden. Eine vorzeitige Entfernung der Leiche aus dem Sterbehaus ist nicht statthaft. Unter bestimmten Bedingungen kann der Leichenschein nur von einem Arzt (etwa bei der Ausstellung eines Leichenpasses) oder nur durch den Amtsarzt (etwa bei Kremation) ausgestellt werden. Ohne sie ist keine Bestattung erlaubt[22]. Sicher lassen sich rationale Gründe für so umfangreiche Vorschriften über die Feststellung der Todesursache angeben, die praktische Durchführung ist jedoch vielfach nicht weniger ritualistisch als das Verfahren der Lodagaa.

Das Verhalten in weniger differenzierten Gesellschaften unterscheidet sich wesentlich auch dadurch, daß sie ein aggressives »acting out« erlauben. Es gibt eine Fülle ethnologischer Daten, bei denen das »acting out« weder unmittelbar auf den Verstorbenen noch auf die eigene Person gerichtet ist. So ist Zerstörung des gesamten Eigentums des Verstorbenen unter Indianerstämmen und anderswo eine solche Form des Ausagierens[23], ebenso das Zerbrechen von Gefäßen und anderen Objekten, wie es als Beerdigungsritus aus Griechenland und Großbritannien berichtet wird[24]. Doch kann das »acting out« sich auch in aggressiver Form gegen andere Personen richten. So berichtet Durkheim von australischen Stämmen:

»Man kann beobachten, wie sie sich aufeinanderwerfen und versuchen, sich gegenseitig zu verletzen. Manchmal ist der Angriff echt, manchmal wird er nur vorgegeben. Es gibt sogar Fälle, wo solche spezifischen Kämpfe organisiert sind. Bei den Kaitisch geht das Haar des

Verstorbenen rechtlich an seinen Schwiegersohn über. Als Gegenleistung muß er in der Begleitung einiger Verwandter und Freunde hingehen und einen Streit mit einem Clan-Genossen beginnen, also mit einem Mann, der zu der gleichen mütterlichen Linie gehört wie er selber und einer ist, der deshalb die Tochter des toten Mannes hätte heiraten können. Die Herausforderung kann nicht abgelehnt werden, und die beiden Kämpfenden bringen sich ernsthafte Wunden an Schultern und Oberschenkeln bei. Wenn das Duell beendet ist, übergibt der Herausfordernde an seinen Gegner die Haare, die er zeitweilig ererbt hatte. Dieser fordert dann einen anderen Clan-Bruder heraus und kämpft mit ihm. An ihn wird dann das kostbare Überbleibsel übergeben, aber nur vorübergehend; so wandert es von Hand zu Hand und geht von Gruppe zu Gruppe.«[25]

Durkheim sieht hier eine starke Ähnlichkeit mit der Blutrache, die eng mit der Trauer verbunden ist. Wo diese Sitte gebräuchlich war oder noch ist, endet die Trauerperiode mit der vollendeten Rache an dem Stamm oder der Familie, die für den Tod verantwortlich gemacht werden[26].
Unsere Beerdigungsrituale bieten, im Gegensatz zu »primitiveren« Gesellschaften, nahezu keinerlei Möglichkeit, feindselige Gefühle gegen Dritte zeremoniell abzureagieren. Kindern ist dies noch möglich, indem sie Beerdigung spielen und dabei aggressive Handlungen einbringen können[27]. Dem Erwachsenen bleibt zumeist nur die Wahl, ärgerliche Gefühle gegen Ärzte, Pfarrer und Verwandte zu wenden[28]. Christliches Handeln zeigt sich darin, in der Nachfolge Christi solche verlagerten, einseitigen und übertriebenen Vorwürfe auf sich zu nehmen, aus der Erkenntnis heraus, daß Menschen angesichts der Erfahrung des Todes nicht anders können, als ihre Vorwürfe gegen andere zu wenden. Der Pfarrer, der bereit ist, solche Beschuldigungen stillschweigend auf sich zu nehmen, handelt mehr dem Evangelium entsprechend als ein anderer, der Gott und damit auch sich selber zu entschuldigen sucht. Das Leiden, keine hilfreiche Antwort auf diese Frage nach der Schuld Gottes zu haben, auf sich zu nehmen, bedeutet unter Umständen mehr als die Versicherung einer kosmisch angelegten ausgleichenden Gerechtigkeit.

7.23 Tod als Strafe

Bei einem Trauerfall ist immer wieder damit zu rechnen, daß der Trauernde in Gott selbst die letzte Ursache seines Verlustes sieht. Er mag dagegen protestieren und Gott anklagen, daß er überhaupt Sterben und Tod zuläßt. Der Trauernde kann ihn beschuldigen, mit diesem Tod ungerecht gehandelt zu haben, indem er gewisse Prinzipien nicht einhielt. Er kann als ungerecht angesehen werden, weil er die Guten sterben und die Schlechten leben läßt oder weil er sich nicht an die Regel hält, den Älteren vor dem Jüngeren, den für den Trauernden Wichtigeren vor dem von niemanden Geliebten, den geistig Wertvollen vor dem geistig Verkrüppelten sterben zu lassen. Der Tod kann aber umgekehrt auch als eine Strafe

Gottes anerkannt und akzeptiert werden, weil der Hinterbliebene ein Vergehen begangen hat, das nur durch den Tod eines nahestehenden Menschen sühnbar zu sein scheint.

Wie bereits oben gesagt wurde, läßt die regressive Phase es leicht zu, einen unmittelbaren Zusammenhang zwischen einem eigenen Vergehen und dem Tod des Nächsten herzustellen. St. Friedmann et al. fanden, daß die Mehrzahl der Eltern von Kindern, die an Leukämie erkrankt waren, sich Selbstvorwürfe machten, weil sie die Kinder nicht zureichend gut behandelt hatten. Einige Eltern gingen aber dabei so weit, dies als Strafe Gottes für diese Vernachlässigung und für andere Sünden anzusehen[29].

E. Jackson schildert den Fall eines Bomber-Piloten, der während des Zweiten Weltkrieges eine größere Anzahl von Einsätzen über Japan flog. Während eines Urlaubs verheiratete er sich und bekam einen Sohn. Obgleich er gewissenhaft seine militärischen Pflichten erfüllte, begann er nach einer Zeit, regelmäßig den Gottesdienst zu besuchen und seine Schuldgefühle über die kriminellen Zerstörungen durch die Bombardierung zu äußern. Er sollte dafür zur Rechenschaft gezogen werden, aber das Ende des Krieges ließ das Interesse daran schwinden. Wenige Monate nachdem er wieder Zivilist geworden war, wurde sein inzwischen zweijähriger Sohn bei einem Unfall getötet. Er zeigte keine Bewegung und arrangierte kalt und effektiv die Beerdigung. Nach der Beerdigung sprach er zu seinen Verwandten über den Preis, den er für die ruchlosen Zerstörungen zu zahlen habe: »Ich habe das gleiche tausend Eltern angetan. Ich werde niemals so lange leben, um den Schaden gutzumachen, den ich angerichtet habe. Ich kann so wenig dazu beitragen.« Er begann lange Unterhaltungen mit einem Pfarrer über die Fragen von Liebe, Haß, Vergebung und Sühne[30].

In den autobiographischen Schilderungen von L. Giudice zeigt sich eine Spaltung des Gottesbildes, mit der ein Pfarrer gerade bei den mit dem christlichen Glauben vertrauten Menschen vermutlich nicht selten konfrontiert sein wird. Giudice bemerkt: »Seit Okis Tod unterschied ich klar zwischen meinen Gebeten zu Gott und meinen zu Jesus. Tod, Hölle – davor stand Gott, vor dem ich mich entsetzte, nicht Jesus; aber Gott hatte uns Jesus gesandt, damit wir an ihm nicht zerschellten.«[31] Und an anderer Stelle schreibt sie: »Wo Jesus geweint hatte, da durfte ich leiden; er, der Mensch geworden war, wußte, was ich litt ... Hier rief ich bewußt Jesus an, um Linderung durfte ich ihn anflehen. Gott wagte ich nur zu sagen: ›Dein Wille geschehe‹.«[32]

Der Zusammenhang zwischen Gottes Gerechtigkeit und Gottes Liebe ist eines der grundlegenden Themen, das die Theologie seit ihrem Bestehen beschäftigt hat und vermutlich beschäftigen wird, solange sie bestehen wird. Der Tod hat immer wieder Anlaß gegeben, diese Frage zu präzisie-

ren, und es besteht keine Hoffnung, auf wenigen Seiten eine situationsgerechte Antwort geben zu können. Es kann hier nur die Richtung angedeutet werden, in welcher mögliche Antworten zu suchen sind.
Der theologische Versuch, den gnadenlosen Tod im vollen Sinn des Wortes verständlich zu machen, ist die dogmatische Aussage über den Sündenfall und über die sich fortentwickelnde Entfremdung von Gott, die als Erbsünde beschrieben wird. Die positive Funktion dieser Aussage ist zunächst, daß individuelles menschliches Fehlverhalten Gott gegenüber generalisiert wird. Es wird damit der enge Zusammenhang aufgebrochen, der zB. noch im Alten Testament vorherrschend ist, in dem Krankheit und jäher Tod als Strafe für individuelle Vergehen von Gott verhängt werden, was auch für ganze Gesellschaften gilt[33]. Damit wird auch festgestellt, daß Vernachlässigungen niemals zu Vergehen erhoben werden können, die eine solche Bestrafung rechtfertigen. Bestrafung durch einen »gnadenlosen« Tod wird damit sozusagen auf die gesamte Menschheit in allen ihren Generationen umgelegt; es sind die sozialen Verhältnisse, die Entfremdung schaffen und die Strafe Gottes als Todesurteil erzwingen.
Zugleich versteht insbesondere die neuere evangelische Theologie unter Sünde zunehmend nicht mehr moralisches Handeln, das gegen gottgesetzte Gebote verstößt, sondern das generelle Verhalten des einzelnen gegenüber Gott. *Die Sünde* ist verallgemeinert zu einem verfehlten Verhältnis gegenüber Gott, aus dem *die Sünden* als mitmenschliches Fehlverhalten erst erwachsen. Nach E. Brunner ist die Sünde »der Aufstand des Menschen-Ichs gegen seinen Schöpfer, die Auflehnung des Abhängigen, der meint, in seiner Rebellion seine Freiheit erringen zu müssen und zu können«[34]. Ähnlich formuliert E. Jüngel die Sünde, die er am Beispiel des Alten Testamentes demonstriert. Sie ist »Rebellion gegen Gott, der sich in allen menschlichen Lebensverhältnissen schon immer zum Menschen verhält. Sünde drängt in die Verhältnislosigkeit«[35].
Auch wenn Sünde primär als Verhalten gegen Gott beschrieben wird, so kann dies doch nur in sozialen Kategorien geschehen. Wenn man das Verhältnis zu Gott als ein rein personales Ich-Du-Verhältnis beschreiben will, wird es unmöglich, von einem »*Reich* Gottes« zu sprechen. Zugleich wird es schwierig, die theologische Intention zur Sprache zu bringen, daß die Sünde des Menschen primär darin besteht, sich an die Stelle Gottes setzen zu wollen und damit den Versuch zu machen, die Distanz einzuebnen, die zwischen Gott und dem Menschen besteht[36]. Um diese Verdrängung Gottes auszudrücken, greift die Theologie aber vielfach mit Absicht oder unbeabsichtigt doch auf eine soziale Terminologie zurück wie Rebellion und Aufstand, die jedoch spezifische Assoziationen nahelegen und zugleich etwas über den gesellschaftspolitischen Standort derer vermuten lassen, die Sünde in solche Begriffe fassen.

Die Rebellion des Menschen kann herrschender theologischer Auffassung nach durch Gott nur auf eine Weise bestraft und gesühnt werden, nämlich durch den Tod. Dabei ist theologisch die Todesstrafe auf verschiedene Weise interpretiert worden, als Gericht Gottes, das sich bereits während der Lebenszeit vollzieht: indem der Mensch seine volle Beziehung und die gebührende Distanz zu Gott aufgibt, macht er sein Leben selbst beziehungslos; das biologische Ende offenbart nur die Nichtigkeit eines Lebens, das bereits den »Fluch-Tod« der Beziehungslosigkeit gestorben ist, ein Ergebnis der »Fluch der bösen Tat, die alles verhältnislos macht und so in der Tat fortzeugend Böses gebären muß, bis sie als letztes den Tod gebiert, der die Nichtigkeit eines verhältnislosen Lebens offenbart, indem er es zunichte macht« (Jüngel)[37]. Traditioneller ist die Konzeption von der Auferstehung zum Gericht, wo dann der endgültige Tod oder eine ewig andauernde Bestrafung verhängt wird.

Die Alternative zur Verhängung der Todesstrafe, zu der Gott berechtigt ist, ist die Begnadigung, die den Tod Jesu zur Voraussetzung hat. Wie immer dieser Tod verstanden wird, so hat er doch die Wirkung, die volle Berechtigung der Todesstrafe zu erkennen, die Rebellion aufzuheben und ein neues Gottesverhältnis zu vermitteln, das den biologischen Tod überdauert und auf seine völlige Ausmerzung ausgerichtet ist.

Über die schuldüberwindende Kraft Jesu wird noch im Folgenden zu sprechen sein. Hier stellt sich dringend die Frage, was die Theologie daran gewinnt, an einem Schuldstrafrecht festzuhalten, das als höchste Sühne die Todesstrafe verhängt. Dieses Konzept geht davon aus, daß Gott und das ihn repräsentierende Gesetz stets recht hat und recht behält. Gegen einen solchen Gott sind alle Formen des Protestes, der Klage und der Anklage sinnlos und stellen nur eine verstärkte Mißachtung des Richtenden dar. Wir haben ein solches Gottesbild bereits oben mit dem Hinweis auf die rechtende Hoffnung abgelehnt und eine Konzeption vertreten, in der von einem Sich-überzeugen-Lassen Gottes gesprochen werden kann.

Weiter stellt sich die Frage, ob Sühne überhaupt möglich ist. P. Althaus stellt die Frage, ob Versäumtes je wiedergutgemacht oder »vergolten« werden könne. Keine Sühne macht den Einbruch in ein fremdes Leben ungeschehen; er ist Geschichte geworden. Sühne »ist ein Ungedanke, ob man nun an die Unmittelbarkeit unserer Akte zu Gott oder an ihre geschichtswirkende Macht denkt«[38]. Sühne ist nur als eine neue Schöpfung zu denken, als neuer Anfang, aber nicht als eine Vergeltung, eine Abrechnung[39].

Wenn der Gedanke der Sühne überhaupt problematisch wird, dann stellt sich die Frage, ob theologisch weiterhin vertreten werden kann, daß es Gott ist, der die Todesstrafe über den Menschen verhängt. Bekommt Gott nicht »unmenschliche« Züge, wenn die moderne Gesellschaft sich zunehmend bemüht, die Todesstrafe abzuschaffen, während Gott weiterhin als der angesehen wird, der über die gesamte menschliche Gesellschaft die Todesstrafe verhängt? K. Barth und seine Schule haben die Legitimität der von Menschen ausgesprochenen Todesstrafe mit Nachdruck unter dem Hinweis bestritten, daß mit dem Tode Christi die über die Menschen verhängte Todesstrafe aufgehoben sei und kein Mensch mehr das Recht habe, und sei es auch auf Grund rechtlicher Setzung, einem anderen Menschen einen gewaltsamen und damit unnatürlichen Tod zuzufügen. Wird Gott damit auch die alleinige Macht gegeben, Tod zu verhängen, so bleibt die Frage, ob die göttliche Überlegenheit theologisch nicht auch so formuliert werden kann, daß nicht »unmenschliche« Züge in das Gottesbild eindringen.

Es muß klarer herausgestellt werden, als dies bisher in der herrschenden Theologie der Fall ist, daß Gott nicht den Tod des Gottlosen will, sondern das Leben des Gerechten. Das mag schwerfallen für eine Glaubensgemeinschaft, die von einem so traumatischen Erlebnis wie der Kreuzigung Jesu sich herleitet. Es würde erfordern, aus dem Faktum des »gnadenlosen« Todes Jesu die eindeutige Aussage abzuleiten, daß Gott den Tod nicht will und daher auch die Theologie nichts anderes tun kann, als gegen den Tod zu protestieren und zu seiner Überwindung zu motivieren[40].

Man kann hier einen Gedankengang K. Rahners aufgreifen, der (obgleich Rahner an der Bedeutung des Sühnegedankens für die Dogmatik festhält) das oben Gemeinte verdeutlichen mag. Er spricht von der »Verhülltheit«[41] des Todes und will mit dieser Wendung die existentielle Erfahrung bewußt offenhalten, ob der Tod ein Untergang und Sich-Verlieren oder reine Vollendung sei. Es sei von der Seite des Menschen aus nicht zu sagen, ob »der konkrete Tod Heils- oder Unheilsereignis, Strafe der Sünde oder Tat des Glaubens« ist[42]. Worüber sich aber nach Rahner theologisch urteilen läßt, ist die Einstellung zur Verhülltheit des Todes. Der Mensch kann existentiell die radikale Fraglichkeit und Fragbarkeit des Todes als eines verhüllten leugnen, entweder, indem er darüber verzweifelt, oder aber, indem er dem Tod einen endgültigen Sinn zu geben versucht. Zum anderen kann man sagen, daß eine solche endgültige Sinngebung auf jeden Fall vorliegt, wenn der Tod verstanden wird als bloße Befreiung aus der beengenden Materialität, als reine Subjektivität und als Geistigkeit oder aber als Eingehen in den ewigen Kreislauf des biologischen Lebens[43].

Es ist weniger wichtig, ob man die eingrenzenden Kriterien anerkennt, die zum Teil von einer philosophischen Anthropologie der Leib-Seele-Einheit ausgehen; entscheidend ist hier das methodische Prinzip, das K. Rahner verwendet. Es bleibt für den Menschen verhüllt, ob der Tod in einem Zusammenhang mit Gott steht; die Frage ist nicht zu beantworten. Theologische Kriterien haben nur exklusiven Charakter, sie schließen nur bestimmte Sinndeutungen aus und bestreiten zumindest, daß eine Deutung absoluten Anspruch erheben kann[44]. Es wäre über Rahner hinaus jedoch auch entschieden zu prüfen, ob der Zusammenhang von Tod und sühnender Strafe zur »Verhülltheit« des Todes gehört und ob überhaupt von einem solchen Zusammenhang theologisch legitim gesprochen werden kann[45].

7.3 Der Mechanismus: Identifikation mit dem Aggressor

7.31 Psychologische Aspekte

Die Identifizierung mit dem Angreifer stellt einen Abwehrmechanismus dar, der, wie Anna Freud herausgestellt hat, nicht nur bei dem Aufbau des Über-Ich mitwirkt und diesem hilft, unerwünschte Triebregungen zu bewältigen, sondern auch »eines der gewichtigsten Mittel im Umgang mit den angsterregenden Objekten der Außenwelt«[1] darstellt. Anhand einiger Beispiele aus der Kindertherapie zeigt sie, wie Kinder etwas von der angsterregenden Person in sich aufnehmen, diese Person spielen und damit eine vergangene oder antizipierte Gefahr verarbeiten. In der Bildung eines Über-Ichs spielt dieser Mechanismus deshalb eine gewichtige Rolle, weil auf diese Weise »im Kampf mit den Autoritätspersonen, also in der Auseinandersetzung mit seinen Angstobjekten«[2] das Ich die Wertsetzungen dieser Autoritätspersonen übernimmt. Diesem Über-Ich, das für S. Freud zunächst durch den Vater repräsentiert wird, schließen sich im Laufe der Kindheitsentwicklung mit der Loslösung von den Eltern »dann die Einflüsse von Lehrern, Autoritäten, selbstgewählten Vorbildern und sozial anerkannten Helden an, deren Personen von dem resistenter gewordenen Ich nicht mehr introjeziert zu werden brauchen. Die letzte Gestalt dieser mit den Eltern beginnenden Reihe ist die dunkle Macht des Schicksals, welches erst die wenigsten von uns unpersönlich zu erfassen vermögen.«[3] Dabei kann es zu einer Relation zwischen Über-Ich und Ich kommen, bei dem »das Über-Ich, das in ihm (sc. Ich Y. S.) wirksame Gewissen, ... nun hart, grausam, unerbittlich gegen das von ihm behütete Ich werden« kann[4]. Das Ich unterwirft sich dann unter Umständen dem gesteigerten Sadismus des Über-Ichs. Es kann aber auch der Fall eintreten, bei dem der eigene Masochismus des Ichs nach Strafe, sei es vom Über-Ich, sei es von den Elternmächten, verlangt. In beiden Fällen entsteht ein Bedürfnis, das nur durch Leiden und Strafe befriedigt werden kann[5].
In »Trauer und Melancholie« hat S. Freud diese Identifizierung mit dem Angreifer im Verhalten des Melancholikers aufgewiesen, der durch das Liebesobjekt gekränkt und getäuscht worden ist. Statt es aber aufzugeben, identifiziert sich das Ich mit dem enttäuschenden Objekt; damit fallen die

negativen Eigenschaften des Objektes auf das Ich des Melancholikers[6]. Wie er das treulose Objekt betrachtet, so wird er nun auch sich selber betrachten; seine Kritik und seine feindseligen Gefühle fallen im Zuge seiner Identifizierung mit dem kränkenden Objekt auf ihn selbst zurück. Das Ich wird beschimpft, erniedrigt, muß leiden und zieht aus diesem Leiden eine masochistische Befriedigung[7].

Der Abwehrmechanismus: Identifikation mit dem Aggressor findet sich jedoch nicht nur bei dem Kind und bei dem Depressiven, sondern läßt sich auch in der »normalen« Trauer nachweisen. Im Unterschied zu den übrigen bisher behandelten aggressiven Abwehrmechanismen wird hier die Aggression nicht gegen den Toten oder andere Personen und Mächte gerichtet, sondern gegen das eigene Ich.

In der Reihe der Abwehrmechanismen findet sich ein weiterer Bewältigungsmechanismus, der, wie der der Identifikation mit dem Aggressor, darauf ausgerichtet ist, das verlorene Objekt innerhalb der psychischen Organisation wiederaufzurichten[8]. Wir bezeichnen ihn als den Bewältigungsmechanismus der Inkorporation[9]. Diese beiden defensiven Mechanismen der Introjektion unterscheiden sich dadurch, daß bei der Identifikation mit dem Aggressor der aggressive Anteil in der Beziehung wesentlich höher ist als bei der Inkorporation, bei der durchaus auch aggressive Triebanteile vorhanden sind, die libidinösen aber überwiegen. Eduard Weis hat dies zusammenfassend formuliert:

»Eine ähnliche Verwandlung kann in einer Person beobachtet werden, die jemand verloren hat, den sie liebt. Sie ist zunächst unfähig, ihr durch das Es besetztes Verlangen nach dem Verlorenen zu kontrollieren. Dann begibt sie sich durch die ›Trauerarbeit‹ in einen Prozeß, in dem sie sich körperlich mit dem Verstorbenen identifiziert. Am Ende dieses Prozesses liebt sie nicht mehr die aktuelle Person, sondern die ich-bezogene, selbstgeformte Wiederherstellung dieser Person in sich selbst. Nur in den Grenzen, in denen der Verstorbene tatsächlich durch eine solche Internalisierung ersetzt werden kann, wird das Ich gefühlsmäßig frei von dem verlorenen Liebesobjekt ... Der Prozeß führt zu Selbsthaß und Selbstvorwürfen, wenn die inkorporierte Person der Gegenstand von ambivalenten Gefühlen ist, in denen Haß und Liebe sich mischen.«[10]

Wenn in der Trauer die Aggression auf das eigene Ich gewendet wird, so setzt das verlorene Objekt seine Herrschaft über den Hinterbliebenen ungebrochen fort, indem es in die psychische Organisation aufgenommen wird. Dies ist vor allem dann der Fall, wenn der Lebende den Hinterbliebenen (den Ehepartner, das Kind) nie freigegeben und eine Erweiterung des Über-Ichs behindert hat, indem er selbst persönlich stets das formende Vorbild blieb[11]. Der Vater- oder Mutteranteil des Über-Ichs überwog die Anteile am Über-Ich, die durch Gesellschaft und Religion eingebracht wurden. Der Vater oder die Mutter bildeten auch für den Erwachsenen den überwiegenden Anteil seines Gewissens.

Der folgende Fall, der sich bei W. E. Oates findet[12], handelt nicht von einer Trauerreaktion, macht aber deutlich, unter welchen Bedingungen es zu einer Herrschaft des Toten über den Lebenden kommen kann:

Herr Daily, ein einundzwanzigjähriger junger Mann, wurde in die psychiatrische Klinik aufgenommen, weil er von intensiven Gefühlen beherrscht war, eine schreckliche und unvergebbare Sünde begangen zu haben. Sein Vater war ein Laien-Prediger. Der Patient hatte zwei Schwestern von elf und siebzehn Jahren. Er fühlte, daß der Vater ihn fortwährend verfolgte und seine Schwestern ständig bevorzugte. Der Patient war Lehrer an einer Volksschule, hatte aber Tagträume darüber, Missionar oder Polizist zu werden. Es handelte sich um eine psychiatrische Ersterkrankung.

Die Krankheitssymptome bestanden vor allem aus Schlaflosigkeit und dem Gefühl, gegen Gott gesündigt zu haben. Für seine Sünde stand Gott im Begriff, seine jüngere Schwester zu strafen. Der Patient machte sich ständig Sorgen um ihr Wohlergehen und ihre Sicherheit. Nach einer Elektroschock- und Chemotherapie wendeten sich seine Befürchtungen von der jüngeren Schwester ab und der älteren zu. In Gesprächen beschuldigte er zuweilen Gott, seine Schwestern für etwas zu bestrafen, was er selbst getan hatte.

Während der Behandlung wurde seine Besorgnis über die Schwestern weniger zwanghaft, und seine Feindseligkeit verlagerte sich von Gott auf den Vater. Während er bei der Aufnahme in das Krankenhaus von der großen Freundlichkeit und der perfekten Erziehung gesprochen hatte, die ihm sein Vater geschenkt habe, war er nun fähig, seinen Haß gegen den Vater auszusprechen, der »ihn zu sehr eingeschränkt hatte«. Bei Gesprächen mit dem Vater kam dieser zur Einsicht, daß er seinen Sohn allzu sehr vor der Welt beschützt und nichts anderes gewollt habe, als daß er »sein kleiner Junge« bleibt.

Wie Oates es ausdrückt, wird Gott hier zu einem rachsüchtigen Geist, der den Patienten für die uneingestandene und unakzeptable Feindseligkeit bestraft, die er gegen den Vater und gegen die von diesem bevorzugten Schwestern empfindet. Seine Gefühle des Hasses und der Rachsucht sind so stark, daß sie für ihn zu absoluten Forderungen werden. Dies drückt sich darin aus, daß die Gefühle auf Gott übertragen werden. Wäre der Vater gestorben, so wäre entweder er oder Gott mit einiger Sicherheit zu dem geworden, der auf eine Bestrafung der Schwestern hingewirkt und zugleich tiefe Schuldgefühle in dem Patienten erweckt hätte.

Auch wenn das Individuum sich stets willig untergeordnet hatte, kann der Tod des beherrschenden Subjektes, wie D. Switzer richtig beobachtet hat[13], die verdrängten aggressiven Gefühle freisetzen und es ermöglichen, die seit langem abgeschlossene Unterwerfung erneut in Frage zu stellen. Es kann durchaus vorkommen, daß der Trauernde eine plötzliche Erleichterung und Befreiung erfährt[14]. Es finden sich spontane Remissionen von depressiven oder schizoiden Patienten beim Tode des beherrschenden Liebesobjektes[15].

Dieses Freiwerden von feindseligen Gefühlen gegen einen Menschen, dem man bisher mit Achtung und Ehrfurcht begegnet ist, muß für den Trauernden eine erschreckende Erfahrung sein. Dies zeigt sich an der Schwierigkeit, sich gegenüber dem Therapeuten oder dem Pfarrer über die Gefühlsambivalenz zu äußern. Die Erfahrung der Erleichterung kann so bestürzend sein, daß sie nicht lange aufrecht erhalten wird. Zumindest in der regressiven Phase kommt es meist sehr rasch zu einer Wiedereinsetzung des gestürzten Ehepartners oder Elternteils in seine frühere Herrschaft, damit der Trauernde deren Schutz und Fürsorge nicht entbehren muß, auch wenn er darunter gelitten hat. Das gestürzte und wiederhergestellte Liebesobjekt ist aber nun nach den Phantasien des Trauernden zudem geneigt, sich an dem revoltierenden Hinterbliebenen zu rächen. Diesem aber bleibt keine andere Wahl, als die freigesetzten Aggressionen gegen sich selber zu wenden. Beschuldigungen des herrschenden Über-Ichs vereinen sich mit den Selbstvorwürfen des Trauernden, den Tod gewünscht oder gar begrüßt zu haben. Es erscheint diesem aber immer noch besser, die Schuld auf sich zu nehmen und sich auf diese Weise den Schutz des Über-Ichs zu erhalten, als sich von dem ehelich oder elterlich bestimmten Über-Ich zu befreien.

Grinberg hat eine nicht unglückliche Unterscheidung vorgenommen, als er in der Trauer die paranoide und die depressive Schuld unterschied. Der paranoiden Schuld, die von den heftigen Beschuldigungen des Über-Ichs herrührt, steht die depressive Schuld gegenüber, die vom Ich-Ideal, dem idealen Bild, das das Ich von sich selbst macht, ausgeht[16]. Diese Unterscheidung ist nicht unwichtig. Die Aggression gegen das abhängige Kind oder den abhängigen Ehepartner kann ja sehr verschiedene Formen haben. Von Aggression ist nicht nur dort zu sprechen, wo die Herrschaft unverhüllt zum Ausdruck gekommen ist und mit allen Mitteln physischer und psychischer Gewalttätigkeit durchgesetzt wurde. Es gibt auch verhüllte Formen der Herrschaft; so kann eine Mutter zu einem Kind überfürsorglich sein, nur um zu verhindern, daß es seine Selbständigkeit erlangt (»overprotection«); ein Ehepartner kann dem anderen seinen Willen aufzwingen, indem er durch ständige Hilfe- und Pflegebedürftigkeit ihn an sich bindet oder von so überwältigender Güte ist, daß der andere sich wertlos fühlen muß. Schuldgefühle werden nicht nur da entstehen, wo der Hinterbliebene sich ungehorsam gegenüber der Herrschaftsgewalt des verlorenen Objektes fühlt, sondern auch dort, wo er durch Fürsorge und Liebeszuwendungen überwältigt wurde, denen er nicht gewachsen war und denen er nichts Gleichwertiges entgegenzusetzen hatte. Es ist daher sinnvoll, hier mit Grinberg von zwei Quellen der Schuldgefühle zu sprechen; die eine ist das Über-Ich, die andere das Ich-Ideal.

Die Schuldgefühle bei Trauernden lassen sich nach der Reihenfolge ihrer Intensität in vier Kategorien einteilen. Am kurzfristigsten ist Schuld sicher auf Grund der Erleichterung, sofern eine ambivalente Beziehung bestand; zumindest in der regressiven Phase wird sie, wie gesagt, meist rasch zurückgenommen. An zweiter Stelle stehen Schuldgefühle wegen bestimmter Vernachlässigungen. Schwerer wiegen die Schuldgefühle, die der Trau-

ernde auf Todeswünsche zurückführt. Besonders gravierend kann jedoch das Schuldgefühl sein, überlebt zu haben.
(1) Eine Quelle der Selbstvorwürfe ist die Erleichterung, die der Hinterbliebene empfindet, Erleichterung darüber, daß er von einer großen Belastung erlöst ist[17]. Eine Witwe in einer Fallbeschreibung bei Marris drückte ein solches Gefühl der Erleichterung aus: »Ich fühlte mich entspannt. Es ist nichts Böses, sich erleichtert zu fühlen. Ich war völlig fertig und aufgefressen von Sorge und von der Eile, zurückzukommen vom Krankenhaus jeden Morgen und meinem Mädchen das Essen zu machen.« Aber zugleich hat sie sich gegen die unausgesprochenen Vorwürfe zu wehren, ein solches Gefühl der Erleichterung gehöre sich nicht[18]. Wenn die Erleichterung in der Folge eines unterdrückten Todeswunsches erfahren wird, wie ein Fallbeispiel von Autton zeigt[19], können Schuldgefühle besonders intensiv sein.
(2) Der Hinterbliebene mag sich Vorwürfe machen, daß er nicht früher auf die Anzeichen der Krankheit geachtet und allzu lange gezögert hatte, einen Arzt herbeizuholen. Er mag sich schuldig fühlen, nicht weitere und bessere ärztliche Autoritäten herangezogen zu haben, die unter Umständen eine bessere Therapie vorgeschlagen hätten. Der Trauernde mag sich vorwerfen, dem Wunsch des Todkranken gefolgt zu sein und ihn aus dem Krankenhaus nach Hause gebracht zu haben; dies mag auch im Gegenfall eintreten, wenn aus gleichen Gründen versäumt wurde, den Sterbenden ins Krankenhaus zu bringen. Andere Vorwürfe haben die zu seltenen Besuche zur Ursache; es lassen sich viele Beispiele geben, die aus den Vorwürfen entspringen, für den Sterbenden angeblich nicht genügend getan zu haben. Sie können durch andere Hinterbliebene verstärkt werden, wenn etwa ein Witwer über seine Tochter sagt:

»Ihre Mutter wurde im Krankenhaus behandelt, aber sie brachte sie hinaus. Sie nahm sie zu sich in ihr Haus in T'm. Ich hatte volles Recht, sie zu beschuldigen, sie habe die Mutter getötet. Sie hat wirklich damit ihre Mutter ermordet; ich habe ihr andauernd erzählt, daß die Ärzte in T'm nicht so gut sind.«[20]

Besonders heftig und weitverbreitet sind die elterlichen Schuldgefühle beim Tod eines Kindes. So berichten B. Friedman et al. vom Verhalten von Eltern auf einer Kinderstation für Leukämie, daß diese fast ohne Ausnahme sich die Schuld dafür gaben, nicht aufmerksam genug auf die ersten Symptome dieser Erkrankung geachtet zu haben[21]. Diese Selbstvorwürfe waren zwar zumeist rasch vorüber, besonders dann, wenn der Arzt versicherte, auch eine frühere Diagnose hätte nichts am fatalen Verlauf der Erkrankung ändern können. Bei einer Minorität der Eltern blieben jedoch die Selbstvorwürfe unüberwindbar oder wurden dann darauf bezogen, sich nicht besser auf das Kind eingestellt und es zu hart behandelt zu haben. Solche Selbstvorwürfe ließen sich in kürzeren Gesprächen nicht beseitigen, da hier, wie die Verschiebung zeigt, tieferliegende Schuldgefühle reaktiviert wurden[22].

Neben einer Vernachlässigung des Kranken mögen auch Auseinandersetzungen vor dem Tode Anlaß zu Selbstvorwürfen sein. Autton berichtete über den Streit eines Ehepaares aus einem nichtigen Anlaß beim Frühstückstisch. Auf dem Wege zur Arbeitsstätte erleidet der Ehemann eine Herzthrombose und stirbt auf dem Wege zum Krankenhaus[23]. Schuldgefühle und Gewissensbisse waren bei der Witwe außerordentlich ausgeprägt, weil die letzten Worte, die man gewechselt hatte, Worte der Auseinandersetzung gewesen waren.

Eine große Rolle spielt in diesem Zusammenhang die Zusicherung von autoritativer Seite, daß man nichts Wesentliches falsch gemacht habe. Die Anerkennung seitens des Arztes, die Ehefrau habe sich so abgemüht, daß sie »fast selber ein Opfer des Todes« geworden sei, ist eine wesentliche Hilfe gegenüber dem häufigen Selbstvorwurf, man habe nicht genügend gesorgt. Das von den Hinterbliebenen häufig ausgesprochene Selbstlob, wie sorgfältig sie sich um den Sterbenden gekümmert hätten, dient gleichermaßen der Verteidigung gegen unausgesprochene gegenteilige Vorwürfe und wird erst wirksam, wenn andere es voll bestätigen.

(3) Lange Pflegezeiten können häufig die Geduld der Hinterbliebenen aufs äußerste strapazieren; sie geben nicht nur Anlaß zu unfreundlichen Reaktionen, sondern mögen sich in dem flüchtigen und sofort wieder unterdrückten Wunsch äußern, der Kranke möge doch bald sterben. Breuer und Freud haben, etwa bei dem Fall der Anna O., den Zusammenhang von Krankenpflege und Todeswunsch herausgestellt[24].

Freud hat im erfüllten Todeswunsch gegen den Vater die Ursünde der Menschheit, »die Hauptquelle des Schuldgefühls«, gesehen[25], an dem alle individuellen Todeswünsche partizipieren. Zwar ist dies ein ebenso mythologischer Ausdruck wie die Lehre von der Ursünde des ersten Menschen, er deutet jedoch auf die Universalität des Todeswunsches[26] hin. Er läßt sich auch bei Trauernden aufweisen.

(4) Schuldgefühle sind sehr ausgeprägt im Falle von einem, wie Lifton es genannt hat, »Wettbewerb um das Überleben«[27], wie er zB. in Konzentrationslagern stattfand. Jeder Versuch, dem Selektionsprozeß zu entgehen, bedeutete zugleich den Tod eines anderen, so im Falle von Dezimierungen, wo der Schwächere auf den Platz gestoßen wurde, dessen Zahl das Todesurteil bedeutete, bei der Anbiederung an Kapo und SS, bei der Änderung von Todeslisten, wenn es möglich war, den eigenen Namen durch einen anderen zu ersetzen.

Der Schriftsteller E. Wiesel war fünfzehn Jahre alt, als er in Auschwitz eingeliefert wurde. Er betreute seinen kranken Vater auch in den Lagern von Buna und Buchenwald. Als sein Vater starb, beobachtete er »in dem

Rückgang meines geschwächten Gewissens« bei sich ein Gefühl, »endlich frei zu sein«. Er beschreibt, wie er deshalb über sich selbst auf immer beschämt ist und sich schuldig fühlt. Der Eindruck dieses Erlebnisses war so stark, daß er nach seiner Befreiung und einer darauf folgenden Erkrankung, als er einmal in einen Spiegel sah, dachte: »Ein Leichnam schaute auf mich zurück. Der Blick in seinen Augen, als sie in meine starrten, hat mich niemals wieder verlassen.«[28]

Eine ähnliche Beobachtung macht Charles Anderson bei Patienten mit Kriegsneurosen[29]. Ihre ständige Redeweise: »Die Kugel hat eigentlich mir gegolten, nicht ihm«[30] sei kein meinungsloses Klischee, sondern drücke die innere Überzeugung aus, der Überlebende habe kein Recht zum Leben. Es besteht ein intensives Gefühl eigener Schlechtigkeit, der Hinterbliebene fühlt sich schuldbeladen und ist überzeugt von seiner völligen Wertlosigkeit.

Vergleichbare Erfahrungen mit der Schuld des Überlebens kann jeder Sterbende vermitteln. Jeder Hinterbliebene nicht weniger wie der Arzt »muß fertigwerden mit der Schuld, die der fragende Blick des Sterbenden hervorruft, hinter dem die unausgesprochene Frage steht: ›Warum muß ich sterben, während du lebst?‹«[31] Es ist dieser starre, beschuldigende Blick des Toten, der mitbestimmend für die Sitte ist, dem Verstorbenen die Augenlider zu schließen und damit anstelle des Eindrucks des Vorwurfs den des friedlichen Schlafens zu erwecken.

Ähnliche Schuldgefühle haben die Überlebenden von Hiroshima, insbesondere dann, wenn Eltern ihre Kinder überleben, die damit einen »unzeitigen« Tod sterben, dh. einen Tod, der nach dem normalen Verlauf erst nach ihrem eigenen einzutreten hätte[32]. Die Überlebenden von Hiroshima bezeichnen diese Schuldgefühle als »lebende Hölle«. Lifton schreibt:

> »Auf Grund dieser extremen Erfahrungen wurde uns allmählich deutlich, daß die eigenen Gefühle über Tod und Überleben niemals als eine individuelle Angelegenheit erlebt wurden; daß die Bilder des Sterbenden eng verbunden waren mit den Fragen im Inneren, wer und was überleben werde, und die Bilder des Überlebenden, wer (und was) an seiner eigenen Stelle gestorben war.«[33]

Auch für die Hiroshima-Überlebenden war das internalisierte Bild der anklagenden Augen des Toten von großer Bedeutung. Es war für sie schwer, sich davon freizumachen, zumal sie in einer Kultur leben, in der stärker als in einer christlich-protestantischen der Wert des Individuums vor allem davon bestimmt ist, wie er von dem anderen, insbesondere von seinen Eltern, angesehen wird. Sie zwingt dazu, sich mit dem Toten zu identifizieren und sich mit den Augen des Toten zu sehen[34]. Lifton spricht in diesem Zusammenhang von »identification guilt«, der Schuld, dem anderen das Leben gestohlen zu haben und eigentlich an seiner Stelle sterben zu müssen[35].

Es ist ein verständliches Bedürfnis des Trauernden, von den Schuldgefühlen gegenüber dem aggressiven Verstorbenen freizukommen; er wird den Versuch machen, die Vergehen, die er begangen hat, zu sühnen. Dabei besteht aber in vielen Fällen, gerade dann, wenn der Trauernde sich in der regressiven Phase befindet, ein starker Zwang, die Sühnung auf der Ebene einer primitiven Weltordnung durchzuführen. Damit werden viele Sühnungsmittel, die im alltäglichen Leben oder auch als kirchliches Ritual der Sündenvergebung zur Verfügung stehen, unwirksam, da sie diese primitive Welt- und Wertordnung nicht erreichen.

Der regressive Charakter von Schuld und Sühne zeigt sich einmal (wie auch im Mechanismus des Suchens nach dem Schuldigen) in einer starken Personalisierung. Der Trauernde »fühlt eine irrationale und persistierende Schuld über den Tod, als sei er selbst schuldig an ihm und sei zumindest durch seine Fehler daran beteiligt« (Ch. W. Wahl)[36]. Zum anderen führt die Präokkupation mit dem Toten dazu, diese Verschuldung zu einer ausschließlichen Angelegenheit zwischen dem Verstorbenen und dem Hinterbliebenen zu machen. Alle anderen Personen und Faktoren werden ausgeblendet. Schließlich muß die Sühne der Schuld entsprechen, die der Hinterbliebene hat; es gilt ein ius talionis: Wer den Tod eines anderen verursacht hat, muß selber sterben. Schuld wie Vergebung können nicht generalisiert und auf die ganze Menschheit umgelegt werden; deshalb sind Formen christlicher Vergebung meist wirkungslos.

Bei der Trauer lassen sich eine Reihe von Sühnemitteln aufweisen. (1) Das ius talionis erfordert, daß der Hinterbliebene selber den Tod erleidet; er begeht Selbstmord oder stirbt dem Toten nach. In den meisten Fällen vollzieht er jedoch den Tod nur symbolisch und geht in seiner Trauer bis an die Grenze der psychischen Auflösung, kauft sich aber durch ein Opfer vom Tode frei. Die Identifikation und damit die Sühne vollzieht sich als partielle Selbstaufgabe und Opfer von Eigentum. Die Symbolhaftigkeit der Handlung ist daran zu erkennen, daß eine anschauliche Beziehung zwischen Tod und Todesersatz besteht. Neben der vollen Identifikation kann man in Anlehnung an eine Klassifizierung, die G. K. Krupp vorgeschlagen hat[37], weitere Identifikations- und Sühneformen in der Trauer feststellen: (2) Lange und intensive Krankenpflege kann von Schuldgefühlen entlasten. (3) Der Hinterbliebene gestaltet das Grab zu einem Ort, wo er Weisung von dem Toten erhält und zugleich durch hohe Opfer bei der Ausstattung der Beerdigung und des Begräbnisplatzes sowie durch die Mühen des regelmäßigen Besuches seine Schuld sühnt. (4) Der Trauernde kann sich mit dem Verstorbenen identifizieren, indem er sich selbst symbolisch tötet, indem er sich selber verletzt und Teile seines Körpers, etwa Haare, opfert; er kann auch die Krankheitssymptome des Verstorbenen übernehmen; seine Erkrankung stellt damit zugleich eine Sühne für die

Schuld dar. (5) Der Trauernde kann durch die Farbe seiner Kleidung anzeigen, daß er eigentlich zu den Toten gehört, und sich andere Mittel der Selbstbeschränkung und Selbstisolierung auferlegen; (6) der Trauernde kann sich dem Toten unterwerfen, indem er bestimmte Charakterzüge und Verhaltensweisen übernimmt, die dem aggressiven Arsenal des Verstorbenen entstammen; (7) er kann sich ihm so stark verpflichtet fühlen, daß er dessen berufliche oder sonstige Tätigkeiten übernimmt und weiterführt: hier wird es allerdings häufig schwierig, eine exakte Abgrenzung zu einer stärker libidinös bestimmten Introjektion und zur Substitution zu machen. Es ist dann vor allem das Merkmal der Zwanghaftigkeit, an dem sich das Vorherrschen einer Identifikation mit dem Aggressor erkennen läßt.

(1) Selbstmord: Cobb und Lindemann berichten von einem jungen Mann, der bei der Katastrophe des Coconut-Feuers leichtere Brandverletzungen erlitten hatte. Er wurde im Krankenhaus behandelt und erfuhr am fünften Tag, daß seine Frau in dem Feuer umgekommen war. Er verhielt sich sehr kontrolliert und wurde bald entlassen. Kurz darauf wurde er von der Familie wieder eingewiesen, weil er eine erhöhte Irritabilität und Hypermotilität aufwies. Er war nur mit Mühe zum Sprechen zu bewegen, fühlte sich gespannt, hatte Mühe zu atmen und die unbestimmte Angst, es werde irgend etwas Schreckliches geschehen.

»›Ich bin dazu bestimmt, im Wahnsinn zu leben, oder ich muß sterben. Ich weiß, daß dies Gottes Wille ist. Ich habe dieses schreckliche Gefühl der Schuld.‹ Mit diesen intensiven morbiden Schuldgefühlen blickte er unablässig auf die Ereignisse während des Brandes zurück. Seine Frau hatte hinter ihm gestanden. Als er versucht hatte, sie herauszuziehen, war er ohnmächtig geworden und wurde durch die Menge hinausgeschoben. Seine Frau war verbrannt, während er lebte. ›Ich hätte sie retten sollen oder ich hätte auch sterben sollen.‹ Er klagte, mit unglaublicher Gewalttätigkeit erfüllt zu sein, und wußte nicht, was er machen solle. Die Möglichkeit, mit ihm zu sprechen, war immer nur für wenige Minuten gegeben. Dann fiel er wieder zurück in den Zustand einer intensiven Unruhe und klagte vor sich hin. Er schlief trotz starker Beruhigungsmittel schlecht. Im Verlauf von vier Tagen wurde er etwas beherrschter, hatte längere Perioden des Kontaktes mit dem Psychiater und schien das Gefühl zu haben, verstanden zu werden und fähig zu sein, mit seinen krankhaften Gefühlen von Schuld und gewalttätigen Impulsen fertig zu werden. Am sechsten Tag seines Krankenhausaufenthaltes jedoch, nachdem er geschickt die Aufmerksamkeit seiner ihm zugewiesenen Krankenschwester abgelenkt hatte, sprang er durch ein geschlossenes Fenster in einen gewaltsamen Tod.«[38]

Selbstmord und Gedanken an Selbstmord sind bei Trauernden nicht ganz selten. Manchmal fallen solche Trauernde bereits durch ihr Verhalten auf und werden hospitalisiert. Wretmark berichtet, daß von den 28 Trauernden, die er psychiatrisch behandelte, 18 intensive Schuldgefühle und 8 bewußte Gedanken an Selbstmord hatten; 3 unternahmen einen Versuch dazu[39]. Häufiger fallen Selbstmordgefährdete jedoch ihrer Umgebung wegen ihrer generellen Zurückgezogenheit nicht auf; vielfach werden ihre entsprechenden Äußerungen nicht ernst genommen. Es gibt aber auch passive Formen eines »Sich-sterben-Lassens«, die zum Teil eine Folge der nach innen gewendeten Aggressionen sind[40].

(2) Krankenpflege: Eine Beobachtung von de Beauvoir läßt sich sicher generalisieren: Eine längere Pflegezeit stellt eine Entlastung von den Schuldgefühlen dar, die die Hinterbliebenen gegenüber dem Verstorbenen haben:

»*Ein* Gutes hat dieser Aufschub für uns sicherlich: er hat uns vor Gewissensbissen bewahrt – oder doch fast bewahrt. Wenn jemand uns Nahestehendes davongeht, büßen wir die Schuld des Überlebens mit tausend quälenden Gewissensbissen ... Da man niemals – selbst nicht innerhalb der (anfechtbaren) Grenzen, die man sich gesetzt hat – sein möglichstes für jemand tut, bleiben uns immer noch viele Selbstvorwürfe. Mama gegenüber hatten wir uns in den letzten Jahren vor allem Vernachlässigungen, Unterlassungen und Achtlosigkeiten zuschulden kommen lassen. Durch die ihr gewidmeten Tage, durch den Frieden, den unsere Anwesenheit ihr gab, und durch die Siege über Furcht und Schmerz hatten wir, so schien uns, all das wiedergutgemacht. Ohne unsere beharrliche Wachsamkeit hätte sie sehr viel mehr leiden müssen.«[41]

(3) Ausstattung des Grabes: Die Ausstattung der Beerdigung und der Begräbnisstätte ist ohne Zweifel eine wesentliche Möglichkeit, ein Opfer zu bringen und sich auf diese Weise in gewissen Grenzen von der Schuld gegenüber dem Toten zu befreien. Mitford zitiert einen Artikel aus dem »National Funeral Service Journal«, in dem klar diese Funktion der Beerdigung erkannt und zur geschäftlichen Ausbeutung empfohlen wird:

»Eine Beerdigung ist nicht die Gelegenheit, Billigkeit herauszustellen. Tatsächlich ist es eine Gelegenheit, sie als Statussymbol herauszustellen, das in starkem Maße die Trauer mildert, indem es den Familienstolz fördert ... Es erscheint äußerst wahrscheinlich, daß die Bestattung für die durchschnittliche Familie dann am befriedigsten ist, wenn die Kosten ein gewisses Ausmaß an Opfern notwendig gemacht haben. Dies erlaubt dem Hinterbliebenen, für jede wirkliche und eingebildete Vernachlässigung des Verstorbenen vor seinem Tode zu sühnen.«[42]

Auch für die Pflege des Begräbnisortes werden erhebliche Aufwendungen gemacht. Allem Anschein nach haben sich hier seit dem letzten Jahrhundert wesentliche Veränderungen vollzogen. Während in früheren Zeiten die Friedhöfe weitgehend verwildert waren, aus Furcht vor dem Toten auch vielfach gemieden wurden, wird das Grab heute in ständiger Pflege gehalten. Darin mag sich ein gewisser Wohlstand widerspiegeln, wie er sich auch in der Pflege von Gärten zeigt, zugleich deutet es aber auch an, daß der Begräbnisplatz zu einem Ort wird, an dem der Hinterbliebene gewisse Verpflichtungen gegenüber dem Toten ableistet[43]. Vernachlässigung der Grabstätten wird von der sozialen Umwelt als mangelnde Pietät gegenüber dem Toten interpretiert, während umgekehrt eine übertriebene Sorgfalt sich besonderer sozialer Billigung erfreut, wie Jackson an einem Fall herausstellt:

»Eine einfache Frau italienischer Herkunft in einer nicht allzu großen Industriestadt in Neu-England verlor ein Kind in den ersten Schuljahren. Sie tat einen heiligen Eid, daß sie sein Grab an jedem Tage besuchen werde. Täglich ging sie hinaus zu dem städtischen Friedhof oben auf dem Hügel, gleichgültig, ob es regnete oder die Sonne schien, ob es Sommer oder Winter war. Die Jahre kamen und gingen. Ihre anderen Kinder waren herangewachsen und sie hatte bereits Enkel. Sie hatte sich so sehr mit dem Grab identifiziert, daß sie sich stark von anderen Lebenserfahrungen abschnitt. Sie war völlig versklavt durch eine unverbrüchliche emotionale Bindung. Auf ihre einfache Weise hielt sie es für einen Gewinn, daß sie es fortwährend tat, denn es war ein heiliger Eid. Aber dieser Schwur war unter dem Druck der akuten Trauer vollzogen worden und trug in sich selbst ein Element der Versklavung, die dann erscheint, wenn eine Identifikation so lange beibehalten wird, daß das normale Leben des Trauernden ernsthaft behindert ist. Was ihre Nachbarn für eine ungewöhnliche Verehrung und Treue hielten, ist genauer zu beschreiben als ein irrationales Verhalten, das das Ergebnis eines unglücklichen Zustandes ungelöster gefühlsmäßiger Störung ist.«[44]

Der Grabplatz kann zur permanenten Begegnungsstätte mit dem Toten werden. Die archaische Angst vor dem Friedhof erwächst aus der Symbolkraft dieses Ortes: An ihm kann in konzentrierter Form erfahren werden, daß der Tote den Lebenden nicht freigegeben hat. Die sonntägliche Pilgerfahrt zum Grabe und das Gespräch dort mit dem Toten, ein Brauch, der in unseren Großstädten weiter verbreitet ist als gewöhnlich vermutet wird, das Begehen des Todestages, dies alles verrät den anhaltend empfundenen Anspruch des Toten. Jackson faßt diese Erfahrung in den prägnanten Satz: »Zu viele Friedhöfe werden ebenso zur Begräbnisstätte des Lebenden wie zu der des Toten.«[45] Zu stark gelten zudem die Pflege und der intensive Besuch des Grabes als ein Zeichen hoher Pietät und einer echten religiösen Haltung, weniger in der Sicht der offiziellen Kirche als in den Augen derer, die einer volkskirchlich bestimmten Religiosität anhängen.

Eine weitere Sühnemöglichkeit bilden die Stiftungen und Spenden an die kirchliche Gemeinde oder karitative Organisationen. Zum Teil dienen sie dazu, die Erinnerung an den Toten wachzuhalten, vielfach aber stellen sie auch eine Form dar, gegenüber dem Verstorbenen ein Opfer zu bringen und die Voraussetzungen zu schaffen, daß sein Werk, dem man sich verpflichtet hat, weitergeführt werden kann[46]. Freilich ist dies eine Entsühnungsform, die nur finanziell besser Gestellten möglich ist.

(4) Verletzung und Erkrankung: Weniger differenzierte Gesellschaften drücken die symbolische Identifikation mit dem Toten und partielle Sühne ihm gegenüber vielfach durch Selbstverletzung und Abschneiden der Haare aus, während Trauernde heute das gleiche dadurch ausdrücken, daß sie die Krankheitssymptomatik des Verstorbenen annehmen. Für die Selbstverletzung und das Abschneiden von Haupt- und Barthaaren finden sich zB. im Alten Testament zahlreiche Beispiele, die zugleich zeigen, daß beides nicht nur als Trauerritus verstanden wurde, sondern zugleich auch als Totenopfer galt[47].

Obgleich die Selbstverletzung sowohl Lev. 19,28 (»Ihr sollt kein Mal um eines Toten willen an euren Leib reißen noch Buchstaben an euch ätzen«)

als auch Dt. 14,1 (»Ihr sollt euch nicht Male stechen noch kahlscheren«) verboten wird, so scheint dieses wiederholte Gebot nicht wirksam gewesen zu sein, denn zumindest Jer. 16,6 stellt der Prophet den totalen Untergang des Volkes so dar, daß niemand für die Trauer übrigbleibt: »Beide, groß und klein, sollen in diesem Lande sterben und nicht begraben noch beklagt werden, und niemand wird sich über sie zerritzen noch kahlscheren.«[48] Das Vergießen des Blutes ist dabei, wie Gebräuche in anderen Völkern zeigen, das wesentliche; es wird, wie etwa Lev. 17,11 (»Die Seele des Leibes ist im Blut«) als Sitz des Lebens angesehen. Die Selbstverletzung macht mit dem Verstorbenen identisch. Die Verbote in Leviticus und Deuteronomium lassen vermuten, daß sich dieses Blutopfer mit dem Totenkult und der Gemeinschaft mit dem Toten verbindet, der wohl zunächst wie in den umliegenden Stämmen auch von Israel ausgeübt wurde, wobei immer wieder Versuche gemacht wurden, ihn zu unterdrükken. Daß Einschneidungen auch als Opfer verstanden werden, zeigt der Bericht in 1. Kön. 18, in dem die Baalspriester durch solche Praktiken das Eingreifen ihres Gottes herbeizwingen wollen. Es erscheint als Sublimierung der Selbstverletzung, wenn, wie im antiken Rom, Rot eine wichtige Trauerfarbe geblieben ist.

Zwar werden Selbstverstümmelungen in dieser Form heute kaum noch als Sühne vorkommen. In der »Psychopathologie des Alltagslebens« hat S. Freud jedoch darauf hingewiesen, daß vorgeblich zufällige Selbstschädigungen bei neurotisch Erkrankten, aber auch bei Kindern und gesunden Erwachsenen auf Selbstvorwürfe zurückgehen können. Ein solcher Mensch bestraft sich dadurch, daß er »eine zufällig gebotene äußere Situation geschickt ausnützt oder ihr etwa noch bis zur Erreichung des gewünschten schädigenden Effekts nachhilft«[49].

Auch das Abschneiden der Haare wird Lev. 19,27 und Deut. 14,1 zwar verboten, vermutlich aus den gleichen Gründen wie die Selbstverletzung, doch wird es etwa Jer. 16,6; Amos 8,10; Hes. 7,18 berichtet. Zum Teil wurden nicht alle Haare abgeschnitten, sondern, wie Deut. 14,1 anzudeuten scheint, nur an der Stirnseite ein Stück. Das Einschneiden des Bartes wird in Israel nur anläßlich des Ritus über ein öffentliches Unglück erwähnt (Jes. 15,2; Jer. 41,5; 48,37), ist aber aus der Umgebung auch als individueller Trauerritus bezeugt. Da die Haare, besonders wenn sie dicht sind, männliche Stärke bedeuten, wird auch in diesem Ritus die symbolische Identifikation mit dem kraftlosen Toten deutlich[50].

In einzelnen sprachlichen Wendungen und Sitten ist die Identifikation mit dem Toten durch das Haaropfer in abgeschwächter Form noch vorhanden: Vielfach ist es noch üblich, eine Locke des Trauernden mit ins Grab zu geben. »Sich die Haare raufen« ist auch heute noch eine Form des Ausagierens bei Verlust, und daß eine Trauernde »sich gehen läßt«, wird

oft gerade an der Vernachlässigung ihrer Haare (und ihrer Kleidung) konstatiert.
Während Selbstverletzung und Haaropfer zugleich mit der Sühne die Möglichkeit eines »acting out« verbinden, wird heute vielfach die Sühne durch Erkrankung als eine Form partiellen Nachsterbens und durch Übernahme von Krankheitssymptomen des Toten vollzogen, was der modernen Tendenz entspricht, Trauer eher passiv als aktiv abzureagieren. Den Zusammenhang von Erkrankung und körperlichem Leiden mit der Aufgabe der Sühnung beobachtete Lifton bei vereinzelten Überlebenden in Hiroshima, die »ein masochistisches Lebensmuster Nach-der-A-Bombe angenommen hatten, durch das sie ein gewisses Maß an Befriedigung durch Leiden gewannen. Dennoch blieben Todesangst und Todesschuld zu gewichtig und wurden oft in körperliche Beschwerden umgesetzt.«[51] Körperliches Leiden kann aber nur so lange hilfreich sein, als die zu sühnende Schuld begrenzt ist, weil sonst nur die Möglichkeit bleibt, durch den eigenen Tod eine ausreichende Sühnung für das schuldhafte Vergehen herbeizuführen.
Daß Krankheit sich als Strafbedürfnis gegenüber dem Verstorbenen darstellen kann, hat S. Freud bei Dostojewski herausgestellt[52]. Bekannt ist die vorübergehende Heilung depressiver Patienten, sobald sie KZ-Insassen wurden. Die Depression trat wieder auf, als mit ihrer Befreiung ihnen die Sühnemöglichkeit genommen wurde[53]. Zudem ist es eine bekannte Erfahrung, die Lindemann auch bei depressiven Trauernden beobachten konnte[54], daß sich durch eine Elektroschock-Therapie Heilerfolge erzielen lassen, weil auf diese Weise Schuld abgebüßt werden kann.
Die Form der Identifizierung mit dem Aggressor durch Übernahme von Krankheitssymptomen ist zumeist bei neurotischen Patienten beobachtet worden. Bei den von Lindemann untersuchten Kranken waren es 25 %, bei denen von Parkes 20 %. Solche Zahlen sagen freilich wenig, weil unbekannt bleibt, wieviele Trauernde sich wegen einer solchen Symptomatik an Ärzte wenden und wieviele Ärzte in der Lage sind, die ihr zugrunde liegende psychosomatische Dynamik zu erkennen[55].
Daß eine Trauernde die Krankheitssymptome des Verstorbenen erwerben kann, hat bereits Breuer bei der Patientin Anna O. beobachtet. Als deren Vater erkrankte, entwickelte sie ähnliche Krankheitssymptome wie er[56]. Zwei ausführliche Fallbeispiele bringt H. A. Murray[57]. Weitere Beispiele finden sich bei Tauber, Peck, Lindemann, Greenson, Brewster, Creegan, Switzer, Wretmark, Parkes, Hinton und Clayton et al.[58].
Krupp schildert den Fall eines 23jährigen Studenten, der wegen schwerer Depression in psychotherapeutische Behandlung kam. Angstzustände hatten sich drei Monate nach dem Tode seiner Mutter eingestellt, die sehr beherrschend, aber auch zurückweisend gewesen war. Der Patient hatte

mehrmals versucht, sich unabhängig zu machen, war aber immer wieder zu ihr zurückgekehrt. Nach seinem Examen starb seine Mutter nach kurzer Erkrankung an Krebs. Der Patient hatte keine intensiven Gefühle, da er, wie er selber sagte, seine Mutter immer gehaßt und sich sein ganzes Leben mit ihr gestritten hatte. Bald nach ihrem Tode verlobte er sich mit einer Krankenschwester, blieb aber weiterhin in seinen Gedanken mit der toten Mutter präokkupiert. Als er ein gemeinsames Apartment mit seiner Braut beziehen wollte, traten die Symptome auf. Wie seine Mutter beklagte er sich über Magenschmerzen, die in den Rücken ausstrahlten, und bei depressiven Anfällen zog er sich wie sie unter die Bettdecke zurück[59].

Parkes berichtet unter anderem von einem 42jährigen Mann, der sich nach seinen eigenen Worten ganz nach dem Bild seines Vaters »modelliert« hatte. Als sein Vater durch eine Herzthrombose starb, war er zunächst drei Monate lang depressiv gestimmt. Nach einigen Zeichen der Besserung entwickelte er Schmerzen in der linken Brustseite und war überzeugt, wie sein Vater an einer Herzerkrankung zu leiden. Sein Zustand verbesserte sich leicht durch eine psychotherapeutische Behandlung, aber nach einer Zahn-Extraktion spürte er Schmerzen in der Leistengegend und war überzeugt, an dieser Stelle eine Thrombose zu haben, der gleichen, an der auch sein Vater eine weitere Thrombose hatte[60].

(5) *Kleidung:* Die Identifikation mit dem aggressiven Toten zeigt sich in der Veränderung der Kleidung, die die Umwandlung der Identität symbolisiert[61]. Nicht nur der Übergang von einer heidnischen zu einer christlichen Existenz wird durch Kleidungswechsel angezeigt, sondern auch die Auferstehung, bei der die Verstorbenen neu bekleidet werden. Zerreißen der Kleider und das Anlegen von Sackkleidern ist einer der am häufigsten berichteten Trauerriten aus der Welt des Alten Testaments (vgl. etwa Gen. 37,34; 1. Kön. 21,27), wobei nicht immer deutlich ist, ob die »Sackkleidung« nur als zerrissenes Gewand oder als besondere Gewandung vorzustellen ist (so etwa 1. Kön. 21,27; 2. Kön. 19,1; hier allerdings anläßlich öffentlicher Trauer; vgl. auch Gen. 37,44). Es ist nicht völlig geklärt, ob hier die Grundform völlige Nacktheit ist (Andeutung Jes. 32,11 und Mich. 1,8) und die zerrissene Kleidung und die allgemein auch vorgeschriebenen bloßen Füße nur eine Abmilderung darstellen[62]. Die Aussage des Paulus »auf daß wir nicht als nackt dastehen« (2. Kor. 5,3) bei der Auferstehung mag auf die Analogie von Unbekleidetsein und Tod hinweisen.

Von diesen Bräuchen ist bis zur Gegenwart nur die Trauerkleidung geblieben, deren Gebrauch aber zunehmend in Abnahme begriffen ist[63] und oft durch ein schwarzes Band ersetzt wird. Neben dem bereits erwähnten Rot und Schwarz findet sich als Trauerfarbe Weiß, was die Farbe der Leichenblässe, aber auch der Reinheit anzeigt[64], und Braun als die Farbe der Erde[65].

(6) Verhaltensweisen und Charakterzüge: Häufig findet sich eine Identifikation mit dem Toten durch die Übernahme von moralischen Verhaltensweisen, Charakterzügen und Gestik[66]. Breuer berichtet von Anna O., sie habe nach dem Tod ihres Vaters in den Spiegel geblickt, und dabei seien ihr seine Züge entgegengetreten[67]. Unter dem Stichwort »Wiederkehr des Verdrängten« schildert S. Freud die Entwicklungsgeschichte eines jüngeren Mannes, der sich als Kind sehr stark mit dem aggressiven Vater identifizierte, aber aus Angst ihm gegenüber sich passiv verhielt und sich zugleich an seine Mutter klammerte. Nach dem Tode des Vaters aber kamen bei ihm Charakterzüge zum Vorschein, die eine getreue Kopie seines Vaters darstellten. Er entwickelte eine absolut egoistische, despotische und brutale Persönlichkeit, der es offenbar ein Bedürfnis war, andere zu unterdrücken und zu kränken. Die verdrängte Identifikation mit dem Aggressor wurde nun mit dem Tode reaktiviert[68].

Ein anderes Fallbeispiel ist der Identifikationsprozeß bei einem 34jährigen Geschäftsmann, der wegen schwerer Angstzustände, Gewichtsverlust und Schmerzen in der Brust mit Verdacht auf Herzthrombose in ein Krankenhaus eingeliefert wurde. Diese Anfälle hatten zwei Tage nach dem Tod seines Vaters eingesetzt:

»Wie der Vater fühlte der Sohn Herzschmerzen, Atemnot mit dem Bedürfnis nach frischer Luft, und antizipierte den Tod durch eine Herzattacke. Er begann zu murmeln, wenn er seine Geschäftspapiere überflog, seine Sprache war so undeutlich, daß er nicht verständlich war. Er begann zu seufzen und zu sagen: ›Oh, oh, oh,‹ mit einem traurigen Gesichtsausdruck, was die Ähnlichkeit noch schlagender machte. Er fing an, mit Vertretern und anderen kurz angebunden zu sein, ganz im Gegensatz zu seinem früheren umgänglichen Verhalten, wobei er ständig Sätze benutzte, die auch sein Vater immer verwendet hatte, wie: ›Los, laß uns voran machen‹, ›gut, verzichten wir drauf‹, ›können Sie das nicht selber machen‹. Wie sein Vater begann er zwanghaft, im Büro für Ordnung zu sorgen, indem er Glühbirnen auswechselte, Muster sortierte, den Boden fegte. Bei seiner Rückkehr nach Hause von der Arbeit hielt er nach Fehlern Ausschau, sah sich das Haus und die Garage an, um Anlaß zur Beschwerde zu finden, begann einen schwarzen Regenmantel zu tragen und dabei den Kragen hochzuschlagen, zog den Rand des Hutes über seine Augen, bekam Zornausbrüche, zerbrach ein Radio, warf eine Lampe um, trat gegen den Rasenmäher. Und wie der Vater erlebte er einen Mangel an sexuellem Bedürfnis und gelegentliche Impotenz.«[69]

Wenn dies auch ein extremer und pathologischer Fall sein mag, so finden sich doch Elemente solchen Verhaltens nicht selten. Der Hinterbliebene ist von dem Gedanken beherrscht, was der Tote wohl in einer bestimmten Entscheidungssituation tun würde, wenn er noch am Leben wäre. Eine Witwe sagte: »Ganz bewußt sehe ich die Dinge in der Weise, wie mein Mann es getan hätte, wäre er noch da. Ich war selbst überrascht, daß ich dadurch den Dingen ins Gesicht schauen konnte und mit ihnen fertig wurde, wie ich es vorher nie geschafft hatte.«[70] Wie im kindlichen Verhalten die Autorität der lebenden Eltern übernommen wird, so nun die des Toten. Emanzipation von toten Eltern ist in vielen Fällen schwieriger als von lebenden; dies gilt insbesondere für Kinder, die ihre Eltern nicht mehr erlebt haben, aber immer vor einem idealisierten Bild bestehen müssen, das ihnen durch die Berichte anderer vermittelt wird. Da sie es nicht in der alltäglichen Interaktion mit den Eltern überprüfen können und darum auch keine Schwächen entdecken, die eine Chance zur befreienden Kritik bieten könnten, bleiben die toten Eltern stets die Überlegenen.

(7) Übernahme von Aufgaben: Schließlich kann die Identifikation mit dem Toten sich auch so vollziehen, daß der Überlebende die Aufgaben übernimmt, denen sich der Tote widmete oder die er nicht vollenden konnte. Eine archaische Form solcher Identifikation ist die Blutrache, in der der Rächende stellvertretend für den Toten handelt und sich damit der Gefahr aussetzt, das gleiche Schicksal wie er zu erleiden. Heute zeigt sich diese Identifikation in der Übernahme des Berufes oder des Geschäftes des Verstorbenen. Töchter können an die Stelle der Mütter treten, bis in die Konsequenzen hinein, die Wretmark in einem Fall schildert[71]. Der Fall von Herrn und Frau L., den Jackson berichtet, illustriert diese Form der Identifikation:

Frau L. war eine kleine energiegeladene Frau, die sehr aktiv in der kirchlichen und kommunalen Gemeinde tätig gewesen und auch in den Schulvorstand gewählt worden war. Herr L. griff kaum in ihre Aktivitäten ein und beschränkte sich auf kleinere Hilfsdienste. An öffentlichen Veranstaltungen nahm er kaum, an den Gottesdiensten überhaupt nicht teil, sondern bevorzugte es, um das Haus herum und im Garten zu arbeiten. Am Sonntag nach dem Tod seiner Frau saß er auf dem Platz in der Kirche, den seine Frau gewöhnlich eingenommen hatte. Es blieb nicht bei diesem einmaligen Akt der Pietät, sondern Herr L. begann, regelmäßig sich am Gottesdienst zu beteiligen. Er bat, den Sitz seiner Frau im Schulvorstand übernehmen zu dürfen. Auch in kommunalen Angelegenheiten wurde er aktiv. Zur gleichen Zeit begannen Haus und Garten Zeichen der Vernachlässigung zu zeigen, weil Herr L. ihnen nicht mehr das Interesse entgegenbrachte, das er früher für sie gezeigt hatte. Ohne daß er merkliche Trauer beim Tode seiner Frau gezeigt hätte, gab es doch sichtbare Anzeichen, daß sich sein Leben durch diese Ereignisse durchgreifend verändert hatte. Dennoch ist das Ergebnis zwiespältig: Während Herr L. einerseits ganz den Linien der Tätigkeit folgte, die durch die Aktivität seiner verstorbenen Frau vorgezeichnet waren, konnte er doch mit Lächeln bemerken, nun endlich sei er in der Lage, seine eigene Seele zu besitzen und seine eigene Ansicht zu vertreten.[72]

Schon wenn das emotionale Chaos mit Hilfe der regressiven Mechanismen beruhigt wird, entfällt die Basis für viele übertriebenen Beschuldigungen. Der Trauernde kommt langsam in die Lage, das Gewicht seines Vergehens realistisch einzuschätzen. Was zuvor als Verbrechen des Arztes erschien, erweist sich dann in der adaptiven Phase als unglücklicher Zufall. Insofern hat der Trauernde ein legitimes Recht, diese Vorwürfe gegen andere und sich selber zu vergessen. Insbesondere bei Vorwürfen, den Todkranken und Sterbenden vernachlässigt zu haben, ist Vergessen der Schuld ein positiver adaptiver Mechanismus.

Die zweite Form eines adaptiven Verhaltens bei Selbstvorwürfen ist das Aussprechen. Die einfache therapeutische Hilfe, wie sie bei dem von Lindemann beschriebenen Fall[73] gegeben wird, mag die Vorwürfe und Selbstbeschuldigungen in sich zusammenfallen lassen. Mit dem Durchsprechen wird es möglich, übertriebene Dimensionen zurechtzurücken, die primitiven Weltbilder eines unmittelbaren Zusammenhangs von Schuld und Tod und Kriterien für ein angemessenes Sterbealter können einer Korrektur unterzogen werden. Es ist einer besonderen Überlegung wert, warum unsere Begräbnisliturgien keine expliziten Vergebungsformen enthalten. Die Totenmesse ist allerdings ein entsühnender Ritus, der auch den Hinterbliebenen einschließt. Dem Toten, den anderen und sich selbst zu vergeben, ist das wesentliche Ziel in der adaptiven Phase.

Der Inhalt der adaptiven Phase ist sehr stark dadurch bestimmt, worin das Ziel des Identifizierungsprozesses gesehen wird. Der Abwehrmechanismus der Identifikation mit dem Aggressor setzt die dominierende Stellung des Toten voraus. Diese Vorherrschaft kann begründet sein im sozialen Vorrang, in einer ethischen Vorbildlichkeit oder auch in einer aggressiven Überlegenheit über den Lebenden. Jackson hat mit Recht darauf verwiesen, daß die Abhängigkeit der Frau in unserer heutigen Gesellschaft insbesondere Witwen dazu veranlassen kann, dieses Abhängigkeitsverhältnis durch Identifikation mit ihrem verstorbenen Ehemann fortzusetzen[74]. Freud, der aus seiner patriarchalischen Sicht Autorität des Vaters als gegeben voraussetzt und ihr auch sadistische Züge als natürliche Konsequenz dieser Autorität zugesteht, hat die Identifikation des Trauernden mit dem Toten daher neben dem Erinnern auch als den wesentlichen Mechanismus der Trauerbewältigung angesehen. Viele seiner Schüler sind ihm darin gefolgt, auch wenn sie entsprechend der nordamerikanischen Familienstruktur faktisch an die Stelle des Vaters die Mutter gestellt haben, da sie dort im emotionalen Bereich dominiert.

Auch wenn man, wie Siggins dies tut, bei dem Identifikationsmechanismus mit dem beherrschenden Liebesobjekt zwischen einer »morbiden« Identifikation mit der Übernahme von Todessymbolik und Buße durch Krankheit und einer mehr positiven unterscheidet, in der der Trauernde als Sühne und als weiterlaufende Unterwerfung unter den Toten dessen Charakterzüge übernimmt oder Aufgaben im »Namen« des Verstorbenen weiterführt[75], so ist es doch ernsthaft die Frage, ob ein Verstorbener seinen Willen den Hinterbliebenen aufzwingen sollte, auch wenn für ihn darin ein von ihm gewünschter Ausdruck des Weiterlebens liegt, und ob selbst die ethisch eindrucksvollste Leistung, die Hinterbliebene auf Wunsch des Verstorbenen leisten, dazu berechtigt, die Emanzipation des Hinterbliebe-

nen zu behindern[76]. Kann eine Theorie über die Trauer eine solche Wertvorstellung unreflektiert übernehmen?
Es stellt sich die Frage, ob die adaptive Phase nicht die einmalige Gelegenheit ist, die Beziehung zu dem Verstorbenen aufzuarbeiten und zu einer Haltung zu gelangen, in der, symbolisch gesprochen, der Trauernde sich von dem Toten befreit, ohne ihn zu verstoßen, und bei dem er ihn in einer Form introjiziert, in der das Bild nicht mehr von Haß und Unterwerfung (oder von ihrer Kompensation in einer »überwältigenden« Liebe) verzerrt ist. In dem oben geschilderten Fall scheint es Herrn L. gelungen zu sein, einen gewissen Ausgleich zwischen der eigenen Emanzipation und der Introjektion seiner verstorbenen Frau gefunden zu haben. Er kann sich auch die Gefühle der Erleichterung und Befreiung eingestehen, ohne deshalb Schuldgefühle entwickeln zu müssen. Es ist sicher eine wichtige Aufgabe in der Hilfe für Trauernde, diese Gefühle der Befreiung, die sie nach einem Tode empfinden können und die so sehr den gesellschaftlichen Konventionen entgegenlaufen, zu verstärken und ihnen zu einer positiven Entwicklung zu verhelfen, bei der der Tote weder verstoßen werden muß noch seine Herrschaft fortsetzt, sondern zum ersten Mal »Partner« des Hinterbliebenen wird. Die zahlreichen Sühneversuche der Trauernden, aber auch die kirchliche Vergebung ist danach zu beurteilen, ob die primäre Intention von Sühne und Vergebung in der Wiedergutmachung eines wirklichen oder auch nur eingebildeten Verschuldens liegt, oder darin, dem Trauernden zur vollen Einsicht in sein Verhältnis zu dem Toten zu verhelfen und ihn selbst zu wandeln. Dienen seine Schuldgefühle und Sühneversuche letztlich dazu, ihn nur noch fester an den Verstorbenen zu binden und diesem weiterhin eine Herrschaft zukommen zu lassen, so ist dies nach einem theologischen Verständnis zwischenmenschlicher Beziehungen nicht legitim.
In der theologischen Tradition wird der Tod des Nächsten allgemein als »Anfechtung« bezeichnet. Dem Trauernden wird der Glaube an einen liebevollen Gott und eine vertrauenswürdige Erde zerstört. Der Verstorbene mag Herr und Beschützer gewesen sein, er mag aber auch das Bedürfnis erfüllt haben, zu herrschen und zu sorgen. Die »Anfechtung« der Trauer gibt, theologisch gesehen, die Möglichkeit, das Verhältnis zu diesem Toten grundsätzlich zu ändern; statt in ihm einen Herrn und Beschützer zu sehen (der doch sich weder als Herr über den Tod erwies, noch Schutz vor ihm bot), kann es gelingen, in ihm den Bruder zu entdekken. Statt einen Unterworfenen zu haben, an dem man seine Herrschaftsgelüste befriedigen oder so sich um ihn sorgen kann, daß er in zeitlebender Abhängigkeit bleibt, kann er als Ebenbürtiger anerkannt werden. Er kann mit den Augen gesehen und aufgenommen werden, mit denen Gott uns im Symbol des Gerichtes ansieht, als Opfer gesellschaftlicher Umstände. So

gesehen und so angenommen, bleiben der Verstorbene und der Trauernde verbunden in der Erwartung des kommenden Reiches Gottes.

7.32 Soziologische Implikationen

Im Gegensatz zu älteren Gesellschaften kennt die moderne Welt faktisch keine sozial gestatteten Formen, aggressive Gefühle bei der Trauer auszuagieren oder auszusprechen und die daraus resultierende Schuld zu sühnen. Nachsterben, wie es bei den Suti zumindest für die oberen Klassen soziale Pflicht war, kann aktiv nur als Selbstmord herbeigeführt werden; statt Klage, Selbstverletzung, Haaropfer und Zerreißen der Kleider bleibt nur der kurzfristige Trost, dem Toten ein schönes Begräbnis bereitet zu haben. Sozial ist geboten, den Verstorbenen zu loben und Gutes über ihn zu reden. Dies ist eine Form der Wiedergutmachung, die nicht allzuleicht beiseite geschoben werden sollte; wenn Jackson die Idealisierung des Toten als den besten und einfachsten Weg bezeichnet, Schuldgefühle zu lösen[77], so ist dies sicher eine Möglichkeit, aber die negativen Seiten des Verstorbenen müssen dann weiterhin als Aggression gegen den Trauernden selbst gewendet werden.
Statt Möglichkeit zur Sühne zu geben, sind gesellschaftliche Normen über das richtige Trauerverhalten eine zusätzliche Quelle von Selbstvorwürfen. Die Rolle des Trauernden verlangt, Tränen und tiefe Betroffenheit zu zeigen, aber es können gerade die ambivalenten Gefühle gegenüber dem Verstorbenen sein, die die gesellschaftliche Expression der Trauer behindern[78]. Unberührt vom Todesfall zu sein, ruft bei Familienmitgliedern und der sozialen Umwelt Mißbilligung hervor. Der Wunsch, nicht die ortsübliche Beerdigungsausstattung zu wählen, erscheint als Mißachtung des Toten und schlägt als Mißbilligung auf den Trauernden zurück[79]. Es mag sich der Hinterbliebene rascher von der Trauer erholen, als es öffentlich nach dem Maßstab einer angemessenen Trauerzeit erlaubt ist[80]. Er mag sich daher schuldig fühlen, den Toten nicht in der richtigen Form geehrt und ihn weniger geliebt zu haben, als er sich selber vorgibt.
In einer Fallstudie berichtet Jackson von einem orthodoxen Juden, der sich außerordentlich den nationalen und religiösen Traditionen des jüdischen Volkes verpflichtet fühlte. Sein Sohn David S. teilte diese Interessen nicht, sondern hielt sie geradezu für schädlich für das Leben des einzelnen. Aus einem gewissen Protest gegen seinen Vater heraus heiratete er ein protestantisches Mädchen. Dies führte zu heftigen Auseinandersetzungen mit dem Vater, die schließlich abklangen, indem beide Seiten vermieden, strittige Themen zu behandeln. Nach dem Tode des Vaters zeigten sich der Sohn und seine Familie nicht in der Lage, an den traditionellen ortho-

doxen Beerdigungsritualen voll und ganz teilzunehmen, gingen aber so weit darauf ein, als es ihnen irgend möglich war. David S. entwickelte bald darauf starke Schuldgefühle und wendete sich an den Rabbi, der ihn mit strengen Worten aufforderte, die vorgeschriebenen religiösen Pflichten gegenüber dem Vater zu erfüllen, wozu er sich aber unfähig fühlte. Der Ausbruch einer Krankheit ließ ihn die Frage stellen: »Ist dies die Strafe für meine Sünden?«[81] Die aus der jüdischen Tradition herrührende strenge Verpflichtung des Sohnes gegenüber seinem Vater insbesondere im Falle von dessen Bestattung war in einen unlösbaren Konflikt mit seiner negativen Einstellung gegenüber rituellen Formen geraten.

In einer Kultur, in der »die Familie Gottes die Familie« ist[82], in der also die Ahnenverehrung eine sozial akzeptierte Form der Beziehung zu dem Toten darstellt[83], kann dies für die Trauernden eine Hilfe sein. J. Yamamoto et al. haben einen interessanten Vergleich zwischen dem Trauerverhalten der Witwen, die Marris in London befragt hatte, und einem kleinen Sample in Tokio gezogen[84]. Beide Gruppen spürten die körperliche Präsenz des Toten, aber im Gegensatz zu den 90% der Witwen in Tokio, die diese Gegenwart spürten, waren es in London nur 50%. Yamamoto et al. führen diesen Unterschied darauf zurück, daß die Witwen in Tokio einem gesellschaftlich akzeptierten und geförderten Verhalten folgen. Sie opfern mindestens einmal am Tag Weihrauch; die Photographie des Verschiedenen, die Aschenurne, die Blumen, Wasser, Reis und andere Opfergaben sind für den Ahnen bestimmt. Die verwitwete Frau kann eine Glocke am Hausaltar ziehen, Weihrauch anzünden und mit dem Vorfahren über ihre glücklichen und traurigen Gefühle sprechen. Bemerkenswerterweise zeigte keine der japanischen Witwen Formen der Selbstbeschuldigung, wohl aber machten 60% anderen Vorwürfe.

Fuchs hat kritisch auf die Reste der sozialen Kontrolle hingewiesen, die der Verstorbene weiterhin auch in unserer Gesellschaft und mit offizieller Anerkennung beibehält. »Daß die tote Großmutter oder ein anderer Angehöriger vom Himmel herabschaut, Verhalten kontrolliert und dies oder jenes bewirken kann, haben gewiß die meisten in ihrer Kindheit gelernt ... Die mißlungene Lösung von den Eltern in der Adoleszenz, fortdauernde Überidentifikation mag dazu führen, daß der Vater, die Mutter oder der Ehepartner noch als Toter als Interaktionspartner primär als Agent von Verhaltenskontrolle fungiert.«[85] Einige Autoren nehmen die fiktive Sozialbeziehung als Normalität: »Interpersonale Beziehungen hören mit dem Tode nicht auf; der Verstorbene vermag die Überlebenden für viele Jahre weiterhin zu beeinflussen.«[86]

Reale rechtliche Möglichkeiten besitzt ein Individuum auch über seinen Tod hinaus in mannigfacher Weise. Es kann seine Begräbnisart bestimmen (also etwa Kremation gegen den Willen der Familie), es bleibt Rechtspersönlichkeit, in seinem Testament kann es über seinen Tod hinaus kontrollieren, indem es die Übergabe des Erbes an die Erreichung eines bestimmten Status oder Alters bindet. Soziale Anerkennung können die Angehörigen erwerben, die das »Lebenswerk« eines Verstorbenen fortführen oder zu einem Abschluß bringen und die Kinder in seinem »Sinne« erziehen.

Damit wird deutlich, daß auch die Gesellschaft in ihrer heutigen Form es nicht gestattet, dem Verstorbenen seine vorherrschende Stellung zu nehmen. Sie überläßt es dem einzelnen, mit seinen Aggressionen gegen die ungerechtfertigte Herrschaft fertig zu werden und sie gegen sich selbst zu wenden. Freud hat in seiner patriarchalischen Haltung die Unterwerfung unter den Vater vertreten, indem es stets der Trauernde ist, der auf Grund seiner Todeswünsche die gerechten Vorwürfe und Strafen des Vaters hervorruft, obgleich Freud selbst unter diesem Vaterbild gelitten hat, wie seine ständige Präokkupation mit diesem Thema zeigt, und auch durchaus die Konsequenzen einer solchen Haltung, die Melancholie, erkannte. Gewollt oder ungewollt steht er damit in bestimmten christlichen Glaubenstraditionen, die nur die bedingungslose Unterwerfung unter Gott kennen und den einzelnen anhalten, die Ursachen von Aggressionen und der daraus resultierenden Schuld bei sich selber zu suchen. »Ihr laßt den Armen schuldig werden und überlaßt ihn dann der Pein« (Goethe) ist immer noch die Konsequenz der offiziellen Haltung, soweit sie den individuellen Bewältigungsmechanismus der Identifikation mit dem Aggressor sozial unterstützt. Hier bedarf es eines entschiedenen theologischen Neuansatzes.

7.33 Die Allversöhnung

Es ist ein allgemein anerkannter Tatbestand, daß nirgends in der kirchlichen Beerdigung der Widerspruch zwischen einer auf der biblischen Theologie gründenden Theologie und dem kirchlichen Beerdigungsritual so stark zutage tritt wie beim Problem eines Jüngsten Gerichtes. Während die neutestamentlichen Aussagen hier weitgehend ebenso wie die Theologie, die mit den zwanziger Jahren unter Rückgriff auf die Reformation herrschend wurde, mit einiger Eindeutigkeit von einem Gericht sprechen (mag dieses Gericht auch existential als Entscheidung interpretiert werden, die der Mensch aus dem Urteil seines Lebens empfängt), wird dem Gericht und einer endgültigen Verwerfung durch Gott weder in den Agenden noch in den Beerdigungsansprachen ein dieser Theologie angemessener Platz eingeräumt.

Daß dies nicht der Fall ist, muß tieferliegende Gründe haben. So hat sich etwa die Vorstellung des vollständigen Todes und einer allgemeinen

Totenauferstehung am Beginn der »Neuen Gesellschaft« auch in der Beerdigungspraxis gegenüber liberalen Traditionen durchgesetzt. Daß dagegen so wenig von Gericht gesprochen wird, hat sicher verschiedenste Gründe; die wichtigsten sollen hier kurz genannt werden:
(1) Der Umbruch der evangelischen Theologie in den zwanziger Jahren hat es mit sich gebracht, daß grundsätzlich abgelehnt wurde, Glauben in moralische Kategorien zu fassen. Diese Entmoralisierung der Theologie, die an sich positiv zu bewerten ist, machte das Urteil Gottes davon abhängig, ob der betreffende Mensch an ihn glaube, auf ihn vertraue und eine Beziehung zu ihm habe. Dies sind alles Kategorien der Innerlichkeit, die sich nicht in äußerem Verhalten ausdrücken und daher auch nicht in ihrer Aufrichtigkeit oder Unaufrichtigkeit bewertet werden können. Wird Sünde generalisiert als Fehlverhalten und Rebellion gegen Gott, so ist dies an individuellem interpersonalen Verhalten schwer ablesbar.
(2) Die starke Privatisierung des individuellen Verhaltens macht es ohnehin äußerst schwierig, noch generelle Kategorien moralischen Fehlverhaltens aufzuweisen. Weder über bestimmte Formen kirchlichen Verhaltens, zB. Kirchgang, noch über ethischen, zB. Sexualmoral, besteht ein so geschlossener gesellschaftlicher Konsens, daß ein Pfarrer in seiner Beerdigungsansprache sich darauf berufen könnte. Hinzu kommt, daß er es vielfach auch nicht will, weil er seine Rolle nicht als Verstärker herrschender Moralvorstellungen versteht, sondern als jemand, der verachtete Minoritäten gerade gegenüber moralischer Rigidität in Schutz nimmt.
(3) Die vertiefte Einsicht in die soziale Bedingtheit individuellen Handelns hat das ethische Urteil auch dort verunsichert, wo es früher von strikter Eindeutigkeit war, etwa bei Selbstmördern, Kriminellen, Müttern mit unehelichen Kindern, Triebtätern. Es ist, zumindest in der wissenschaftlichen Forschung, sehr viel deutlicher geworden, wie gesellschaftliche Mechanismen bestimmte Menschen aussondern und in die Rolle dessen drängen, der später moralischer Verurteilung unterliegt. Es wird immer schwieriger, sowohl Taten, die unter das Strafrecht fallen, wie anderes abweichendes Verhalten unifaktoriell zu erklären. Es sind viele, oft von früher Kindheit angelegte Faktoren, von denen die Stärke der eigenen Entscheidungsfähigkeit nur einer unter anderen ist, die zu solchen Taten führen, die auf der Basis eines breiten Konsenses mißbilligt werden.
Wenn bisher in den systematischen Überlegungen dennoch an der Vorstellung des Gerichtes festgehalten wird, so waren vor allem drei Gesichtspunkte wirksam, die aber nicht in dem Maße überzeugend sind, wie es zunächst den Anschein haben mag:
(1) Die Mehrzahl der in Frage kommenden Stellen des Neuen Testamentes spricht von einem kommenden Gericht. Es gibt jedoch auch einige wenige Stellen, die Heil für alle Menschen aussagen. So kommt nach

Röm. 5,18 durch die Gerechtigkeit Jesu das Leben zu allen Menschen; Röm. 11,26 und 32 sprechen vom göttlichen Erbarmen über alle Menschen (vgl. dazu auch Eph. 1,10 und Kol. 1,16 und 20). Nach 1. Kor. 15,25 ff soll alles in Christus zusammengefaßt und Gott alles in allem sein[87].

(2) Die Drohung mit dem Gericht, das von der Ewigkeit ausschließt, ist immer wieder unter dem ethisch-pädagogischen Anliegen vertreten worden, wie Tillich hervorhebt[88]. Die Kirchen befürchteten, mit der Aufgabe der Gerichtsdrohung die Ernsthaftigkeit der religiösen und ethischen Entscheidungen zu untergraben. Es ist schwer zu sagen, wieweit die Strafdrohung heute noch tatsächlich präventive Wirkung hat. Der Begriff der Verantwortung ist vielfach zB. so entleert und säkularisiert, daß es zweifelhaft ist, ob er noch als eine Aussage über ein Gericht Gottes verstanden werden kann, dem sich der zu stellen hat, der sich auf seine Verantwortung beruft.

(3) Schließlich wird darauf verwiesen, daß, wer den Menschen anklagt, ihn als Täter seiner Taten und als ein verantwortliches Wesen anerkennt. Es wird diesem Menschen damit zugesprochen, daß er nicht nur unter biologischer oder gesellschaftlicher Determinierung steht, sondern eine sich frei entscheidende Person ist. Die Schuld der Gesellschaft ist auch meine Schuld. Auf diesem Gesichtspunkt hat besonders Gollwitzer bestanden, der dies aber als einen utopischen Gesichtspunkt bezeichnet, der nur auszusagen ist auf Grund der Versöhnung Gottes mit den Menschen, die bereits in Christus sich vollzogen hat. Letztlich geht es im Gericht nicht um Strafe, sondern um die Einsicht in verfehltes Handeln[89].

Wenn von einem eschatologischen Gericht gesprochen werden soll, dann kann es kein Gericht sein, das unbewußte und neurotische Ängste belebt[90], sondern ein Urteil, das dem Verurteilten einsichtig ist und sein Handeln verändert. An die Stelle des Richters tritt der Arzt, wie Gollwitzer sagt, genauer müßte man sagen, der Therapeut, dessen primäre Intention es ist, Einsicht zu erzeugen in ein bestimmtes Fehlverhalten und dadurch den, der sich verfehlt hat und gegen andere falsch gehandelt hat, zu einer Einstellungsänderung gelangen zu lassen. Es ist die entscheidende theologische Intention, daß das Symbol des eschatologischen Gerichtes nicht zu einer irdischen oder überirdischen Sühnung führt, sondern zu der oft schmerzhaften Einsicht in verfehltes Handeln und einer daraus resultierenden Verhaltensänderung; die primäre Intention ist nicht die Wiedergutmachung, die, wie wir oben anhand der Äußerungen von Althaus zeigten, in vollem Sinne niemals möglich ist.

Wenn dies einsichtig ist, dann ist zu fragen, ob das Symbol des eschatologischen »Gerichts« nicht eindeutiger, wie dies bisher in den systematischen Überlegungen geschieht, der eschatologischen Aussage von der »Allversöhnung« untergeordnet werden sollte. Erst die volle Enthüllung und

Entfaltung der »Neuen Gesellschaft« kann freilich den Willen Gottes eindeutig hervortreten lassen, daß Gott das Leben und nicht den Tod will. Wer aber diesen Willen Gottes im Handeln und Reden Jesu erkennt, für den können die pädagogischen, personalen oder sühnenden Aspekte, die das Symbol des eschatologischen Gerichts vertritt, nur von sekundärer Bedeutung sein.
Die überwiegende Mehrzahl der gegenwärtig vorliegenden systematischen Darstellungen zur Eschatologie lassen Gericht und Allversöhnung unversöhnt. Nach Brunner stehen beide Aussagen »hart nebeneinander... Wir sagen: Beide Stimmen sind Gottes *Wort*[91].« Gottes Heiligkeit und Gottes Liebe bleiben unausgeglichen nebeneinander stehen: »Darum müssen wir auf die Stimme, die vom Weltgericht spricht, hören als auf Gottes Stimme, damit wir ihn fürchten; darum müssen wir auf die Stimme, die von der Versöhnung aller spricht, hören als auf Gottes Stimme, damit wir ihn lieben. Nur in dieser unaufhebbaren Doppelheit erfassen wir die Doppelheit von Gottes Wesen.«[92] Künneth fordert neben der Verantwortlichkeit »eine andere, eine zweite notwendige Erkenntnis«, um die Erfüllung des Weltzieles auszudrücken[93]. Althaus schließlich schreibt: *»Wir müssen jedes Menschen mit beiden Gedanken gedenken«*[94], weil für ihn eschatologische Aussage nur möglich ist unter dem Gesichtspunkt des »iustus simul peccator«, das aber nicht zu einer Präferenz des Zustandes der Vollendung führt. Auch Kreck läßt die Frage offen: »Die Beurteilung dessen, wieweit ein Mensch wirklich im Widerstand gegen Christus endgültig verharrt oder verharren kann, entzieht sich trotz aller sich aufdrängender negativer Phänomene meinen Möglichkeiten und übersteigt meine Kompetenzen. So wenig an dem Satz gerüttelt werden darf, daß der Glaube an Christus allein rettet und daß der Unglaube verdammt, und so gewiß verkündigt werden muß, daß dies am Jüngsten Tag vor aller Augen offenbar werden wird, so wenig kann ich darüber urteilen, welche Möglichkeiten Gott, der Gott, der – wie wir sahen – seine Verheißungen in seiner Weise erfüllt, sich selbst treu und doch in königlicher, uns beschämender Freiheit, hat, um Menschen zur Erkenntnis der Wahrheit zu führen.«[95]
Am deutlichsten spricht sich ohne Zweifel K. Barth für die Allversöhnung aus[96]. Sie ist für ihn in der Erwählungslehre begründet, nach der das volle Ja zur gesamten Menschheit im Kreuz sich ausspricht, durch das Christus sich selbst verwirft, um uns alle zu retten. Es ist die positive Entscheidung, die Barth so umschreiben kann: »Das Himmelreich *offen,* die Hölle *verrammelt,* Gott *gerechtfertigt,* der Satan *widerlegt,* das Leben *triumphierend,* der Tod *überwunden,* Glaube an diese Verheißung die *einzige,* Unglaube ihr gegenüber die *ausgeschlossene* Möglichkeit.«[97] Zwar bleibt der Unterschied zwischen denen, die glauben, und jenen, die es ablehnen, aber dieser Unterschied besteht nur darin, daß die einen bezeugen, aner-

kennen, proklamieren, also offenbar machen, was die anderen noch nicht erkennen[98]. Die Allversöhnungslehre ist nicht mit aller Deutlichkeit ausgesprochen, so daß die Barthianer Kreck wie Weber kritische Fragen an sie stellen und annehmen, daß Barth in der nicht mehr vollendeten Eschatologie zu einer schärferen Distanzierung von ihr gekommen wäre[99].

Von dem eschatologischen Zentralsymbol der »Neuen Gesellschaft« her betrachtet hat das Symbol der »Allversöhnung« eindeutig den Vorrang vor dem des »Gerichtes«. Es kann nur die theologische Intention sein, die »Neue Gesellschaft« einsichtig zu machen und von ihr zu überzeugen, die Theologie kann aber nicht damit drohen, daß die Verweigerung dieser Einsicht unter Umständen für alle Zeit und Ewigkeit gilt. Sie kann nicht davon ausgehen, daß das Individuum bereits eine »Person« ist, die für all ihr Tun verantwortlich und verantwortlich zu machen ist, sondern sie ist darauf gerichtet, Zustände zu schaffen, in denen der einzelne nicht länger Opfer seiner gesellschaftlichen Verhältnisse ist, sondern die überhaupt erst einsichtsvolles und verantwortliches Handeln möglich machen.

Als Kritik an den bestehenden Verhältnissen wendet sich das eschatologische Symbol der »Allversöhnung« gegen jede Form eines Gerichtsverfahrens, das sich als unfähig erweist, den Delinquenten zur Einsicht in das Schuldhafte seines Tuns zu bringen, sondern sich damit begnügt, daß dieser sich unterwirft und die Rechtsordnung anerkennt, ohne seine eigene Einstellung zu ändern oder ändern zu können. Es verurteilt einen Strafvollzug, in dem auch die besten therapeutischen Bemühungen gerade dazu ausreichen, um die schädlichen Einflüsse des Gefängnismilieus zu neutralisieren[100]. »Allversöhnung« wendet sich kritisch gegen eine Gesellschaft, die glaubt, das Böse einer Gesellschaft durch die Verhängung des physischen und sozialen Todes beseitigen zu können, statt dessen einsichtig zu sein, wie sehr sie am Fehlverhalten des Individuums mitschuldig ist.

Die eschatologische Vorstellung von der »Allversöhnung« motiviert dazu, den anderen nicht zu verurteilen, sondern ihn zu einer Einsicht in sein Tun zu bringen, das ihn verwandelt. Sie fordert dazu auf, genauer nachzufragen und zu erforschen, welche Faktoren einen Menschen schuldig werden lassen. Sie ist eine drängende Triebkraft, lebbare Wege zu finden, indem der tiefere Kern des Versagens gegenüber dem Verstorbenen zutage treten und ernstgenommen werden kann; sie versucht, Einsicht zu erwekken, daß nicht immer der idealtypische (freudsche oder christliche) »Vater« gegenüber dem idealtypischen »Kind« und Unterworfenen recht hat. Die Allversöhnung vermittelt die Fähigkeit, Haß und Gemeinheit zu ertragen, da der Täter nicht weiß, was er tut, und ihm im voraus schon vergeben ist. Das konkrete Bemühen wird bestimmt nicht von der

Ausmerzung, sondern von der Wiedereingliederung (die allerdings nicht einseitig auf die Kosten dessen zu gehen hat, der wiedereingegliedert werden soll).

Die »Neue Gesellschaft«, die sich mit dem Messias realisiert, wird vorgestellt als eine Verfassung der Menschen, in denen repressive Zwänge nicht mehr notwendig sind. Es haften ihr die Schwere und der Ernst an, die der Überwindung von Versäumnissen und Ausbeutung jeder Art anhaften; die Kosten der Siege sind nicht vergessen, aber doch vergeben.

8. DIE OBJEKT-LIBIDINÖSEN BEWÄLTIGUNGSMECHANISMEN

8.1 Der Mechanismus: Hilflosigkeit

8.11 Psychologische Aspekte

In seinem Beitrag zum »Problem der Depression«, zu der er auch die Trauer rechnet, hat E. Bibring die generelle Hilflosigkeit des Depressiven als »den Kern aller Depressionstypen« bezeichnet[1]. Die Depression kann die zusätzliche Komponente der Aggression und eine starke Regression auf orales Verhalten aufweisen, das bestimmende Bild der Depression sei aber die Hilflosigkeit: »Die Depression ist ihrem Wesen nach nicht die Folge einer Abwehr von Aggression, sondern ›eine dem Menschen eigentümliche Art, auf Versagung und Enttäuschung zu reagieren‹, sooft sich das Ich in einem Zustande von wirklicher oder imaginärer Hilflosigkeit gegen überwältigende Schwierigkeiten befindet.«[2] Was immer es ist, was Niederlagen zufügt, die Selbstachtung erschüttert und Hoffnung zerstört, »das Resultat bleibt das gleiche: Das Individuum wird sich in seiner Einsamkeit, Isolierung, Schwäche, Minderwertigkeit, Bösartigkeit oder Schuld hilflos und ohnmächtig fühlen.«[3] Zugleich verweist aber Bibring auf den »sekundären Gewinn«, wie er es bezeichnet, den viele Patienten aus ihrer Depression ziehen: »Indem die Patienten ihre selbstauferlegten Leiden demonstrieren, versuchen sie, die notwendigen narzißtischen Zufuhren zu erzielen.«[4]

Bei allen Äußerungsformen der Hilflosigkeit tritt der doppelte Aspekt, der allen defensiven Mechanismen eigen ist, besonders stark hervor. Hilflosigkeit bedeutet das Eingeständnis, daß man aus eigener Kraft nicht mehr weiterkann und sich selbst aufgibt. Das hilflose Individuum verzichtet auf die selbständige Kontrolle seiner selbst und seiner Umwelt. Damit gerät es an den Rand, selbst zu sterben; viele Äußerungsformen der Hilflosigkeit wie die Erschöpfung, die Apathie, das Stummsein, aber auch die ältere Sitte, in »Sack und Asche zu gehen«, deuten auf ein symbolisches Sterben. Hilflosigkeit ist aber auch zugleich eine Geste der Unterwerfung wie der Bitte, aus der Niederlage des Verlustes keinen Gewinn und keinen Triumph zu ziehen. Sie zielt, wie Rado es ausdrückt, auf »hopes to win love«[5]. Es ist die Bitte an Gott, dem Leiden ein Ende zu machen, und an die soziale Umwelt, den Trauernden wieder in die Gemeinschaft der Lebendigen aufzunehmen. In einem Fallbeispiel für den »attention-getting-response« schildert Fulcomer ein solches Verhalten der Hilflosigkeit.

Diese Frau, 38 Jahre alt und verheiratet mit einem Versicherungsvertreter, brach bei der Todesnachricht ohnmächtig zusammen und zeigte im folgenden Stadium eine Protest-Reaktion. Unmittelbar nach dem Beerdigungsgottesdienst begleiteten sie zwei Brüder und ihre Mutter zu ihrem Haus (ein neues Haus, in das das Ehepaar vor weniger als vier Monaten vor dem Tode des Ehemannes eingezogen war). Noch bevor sie die Einfahrt zu dem Hause erreicht hatten, begann die Trauernde heftig zu weinen. Dies hielt zehn bis fünfzehn Minuten an, nachdem sie im Hause waren. Ihre Mutter und ihre Brüder versuchten sie zu trösten, aber sie beschuldigte sie, den Versuch zu machen, sie ihren Gatten vergessen zu lassen, und wurde so heftig, daß die anderen ihre Bemühungen aufgaben und sie weiter weinen ließen.

Als das Weinen weniger heftig wurde und in ein ruhiges Schluchzen überging, schlang sie die Arme um ihre Mutter und flehte sie an, sie nicht zu verlassen. »Ich bin jetzt so allein«, schluchzte sie. Nach einigen Minuten ging sie ins Schlafzimmer, warf sich aufs Bett und blieb dort über eine halbe Stunde. Am nächsten Tag kam sie in die Küche, starrte vor sich hin und begann, ihrer Mutter über ihr Schicksal zu klagen. Später sah sie die Trauerschreiben durch, saß mit am Mittagstisch, ohne etwas zu essen und ohne etwas zu sagen. Als einer der Brüder fortfuhr, warf die verwitwete Frau ihre Arme um ihn und weinte heftig. »Herzlichen Dank, daß du mir hilfst«, klagte sie, »ohne dich hätte ich es nicht durchgestanden. Du weißt nicht, wie glücklich du bist, sie noch zu haben. Hier bin ich, noch so jung, und ganz alleine gelassen.« Sie weinte weiter, bis er gegangen war.

Später am Abend machte sie einige Anstrengungen, etwas zu tun, saß dann aber abgespannt in einem Sessel. Als ihre Mutter darauf bestand, sie solle zu Bett gehen, weinte die Trauernde heftig und beschuldigte ihre Mutter, sich nicht vorstellen zu können, welchen Verlust sie erlitten habe. Dies Verhalten hielt an, bis ihre Mutter ihr ins Bett geholfen hatte.

Am folgenden Morgen war sie sehr niedergedrückt. Sie sprach kaum und bewegte sich ziellos durch den Raum. Später fand die Mutter sie weinend. Sie klagte: »O Mutter, ich fühle mich so einsam ohne ihn. Ich kann einfach nicht glauben, daß er wirklich tot ist. Was soll ich machen! Was soll ich machen!« Als eine Freundin anrief, erzählte sie alle ihre Nöte und wie glücklich die Freundin sei, noch einen Mann zu haben, und weinte heftig dabei.

An diesem Tage war die verwitwete Frau schwarz gekleidet. Sie bestand darauf, daß der Trauerflor an der Haustür für einen Monat bleibe, und kaufte schwarzen Stoff, um ein weiteres Bekleidungsstück anfertigen zu lassen. Während des Nachmittags hatte sie häufige Perioden von Unansprechbarkeit und Weinen.

Auch am folgenden Tag gab es mehrere Tränenausbrüche. Bei jedem Besucher und bei jedem Telefonanruf war sie darauf bedacht, über ihre Nöte zu erzählen. Am fünften Tag nach der Beerdigung schrieb die Mutter der Trauernden: Es ist schwer, einen Gatten zu verlieren, aber sie macht sich selbst zum Narren. Andere von uns sind durch die gleiche Sache gegangen, ohne unseren Kummer vor jedermann auszubreiten, ohne in unseren Kummer irgend jemanden sonst hineinzuziehen. In den letzten Tagen hat sich ihr Befinden leicht verbessert, Gottseidank. Aber wenn sie innerhalb der nächsten Tage nicht radikal aufhört, ihre Gefühle weiterhin auszubreiten, wenn Leute anrufen, dann werde ich ihr sagen, was ihr gesagt werden muß.

Allmählich kam die verwitwete Frau an das Ende der Phase, in der Weinen und Klagen vorherrschend waren. Ihre Unansprechbarkeit verschwand allmählich. Sie bestand darauf, noch vierzehn Tage nach der Beerdigung schwarze Kleidung zu tragen.[6]

Die Fallbeschreibung schildert eindrücklich, wie die verwitwete Frau versucht, Trost und Unterstützung von Angehörigen und Freunden zu erhalten, sie zeigt aber auch zugleich, mit wieviel Unverständnis die Umwelt darauf reagiert und es faktisch unmöglich macht, daß der Trauernde in seiner Hilflosigkeit und mit seiner Bitte um Hilfe seine Trauer bewältigen kann.

Sichtbare Anzeichen der Hilflosigkeit sind allgemeine Erschöpfung, Apathie und Weinen. Der Trauernde geht eher die Gefahr ein, die Mißbilligung seiner Umgebung zu finden, statt seinen Schmerz und sein Leiden zu unterdrücken und zu verheimlichen. Jede Aufforderung, sich »zusammenzureißen«, läuft dem entgegen, was die Hilflosigkeit in der regressiven Phase zum Ziel hat, eben sich gehenzulassen, nicht in gewaltsamer und verkrampfter Form den Toten festzuhalten und sich durch kontrolliertes Verhalten den Anschein zu geben, es sei nichts geschehen.

(1) Der Eindruck der Hilflosigkeit kommt vielfach durch die körperliche Erschöpfung zustande, die sich bei Trauernden im allgemeinen zeigt[7]. Bowlby hat diesen Erschöpfungszustand zu erklären versucht als Konsequenz des Protestes gegen die Trennung und des Versuches, das verlorene Objekt wiederzufinden; seine Phase des Protestes leitet über zu der der depressiven Stimmung, nachdem alle Kräfte des Widerstandes gebrochen sind. Doch ist Averill zuzustimmen, daß dies wohl nicht die ausschließliche Begründung für den allgemeinen Erschöpfungszustand sei[8]. Auch das Bemühen, die Beziehung zu dem Verstorbenen zu lösen, mag psychische Energie verlangen[9]. Schließlich kann Erschöpfung dadurch entstehen, daß der Trauernde seine ganze Energie auf die Aufrechterhaltung seiner psychischen Organisation verwendet.

(2) Zu der Symptomatik, die den Eindruck der Hilflosigkeit hervorruft, gehören neben der Erschöpfung auch die Apathie und der Mangel an selbständiger Aktivität. Hier besteht eine starke Ähnlichkeit zum depressiven Verhalten. Der Ausdruck der Apathie läßt sich jedoch nicht auf eine verminderte körperliche Aktivität zurückführen. Ekman und Friesen[10] haben anhand von Filmen über Depressive nachgewiesen, daß während einer Interviewsituation die Patienten sich von normalen Versuchspersonen nicht hinsichtlich der Gesamtzahl ihrer Bewegungen unterscheiden. Wohl aber vermittelt die Art und Weise ihrer Bewegungen den Eindruck von Bewegungsarmut und Hilflosigkeit.

(3) Auch das Stummsein wirkt apathisch und hilflos. Im »Motiv der Kästchenwahl« (1913) verweist S. Freud darauf, daß Stummheit im Traume eine gebräuchliche Darstellung des Todes ist. Tote erscheinen wohl, aber sie unterscheiden sich von den Lebenden durch ihre Unfähigkeit zu sprechen. Auch im Märchen ist Stummheit häufig eine Voraussetzung, um einen geliebten Menschen vom Tode erlösen zu können, dh., indem man sich mit ihm identisch macht[11]. Es läßt sich häufig beobachten, daß insbesondere in der ersten Zeit der Trauer Betroffene nur dann sprechen, wenn sie ihrerseits angesprochen werden. Die Freunde Hiobs warten sieben Tage

und sieben Nächte, bevor sie mit ihm zu sprechen beginnen (Hiob 2,13). Zugleich können Trauernde ein großes Bedürfnis haben, über ihre Erfahrungen bis zur Selbsterschöpfung zu sprechen, wenn einmal der Bann des Schweigens durchbrochen ist; das Sprechen dient zugleich dazu, das Mitleid und die Hilfe der anderen zu aktivieren.

(4) Hilflosigkeit wird in nichtwestlichen Gesellschaften durch die Verwendung von Erde und Staub ausgedrückt. Auch hier zeigt sich die doppelseitige Beziehung von partieller Identität mit dem Tode und Appell an das Mitleid. Erde und Staub symbolisieren das Begrabenwerden, die Nichtigkeit der eigenen Person. Staub ist ein Element der Toten. Jes. 26,19 wird von ihnen als den »Bewohnern des Staubes« gesprochen.

Im Israel des Alten Testamentes streuten sich Trauernde Erde, Staub und Asche auf ihr Haupt[12]. Einzelne Stellen wie Jer. 6,26 deuten an, daß sich die Trauernden auch im Staube wälzten[13]. Eine Steigerung ist, wenn der Trauernde oder Büßende in der Asche sitzt, wie dies in Hiob 2,8 berichtet wird. Diese Sitte findet sich auch in Jona 3,6, wo die Bewohner von Ninive auf die Bußpredigt des Jona fasten und Leinenkleider anziehen, während der König zum Zeichen der Reue sich in Asche niedersetzt[14]. Die Bedeutung von Asche (das Wort wird oft terminologisch identisch mit »Staub« verwendet) ist weitgehend ungeklärt[15]. Es könnte sich dabei um die Asche des Verstorbenen handeln und auch um die Überreste eines Brandopfers, das dem Toten oder den Göttern dargebracht wurde. In abgeschwächtem Sinne hat sich diese Bedeutung bis heute in der Umgangssprache erhalten, wenn man seine Erschöpfung dadurch bezeichnet, daß man sich »völlig ausgebrannt« fühle.

(5) Der sprechendste Ausdruck der Hilflosigkeit ist jedoch das Weinen. Es kann sehr unterschiedliche Gefühle ausdrücken. Man kann weinen, wenn eine belastende Situation einen glücklichen Ausgang gefunden hat[16]. Aus Zorn und Ärger können auch dem Trauernden Tränen in die Augen treten, weil sich das verlorene Objekt nicht wiederentdecken läßt[17]. L. B. Löfgren sieht darin einen wesentlichen neutralisierenden Prozeß, der die nach innen gewendete Aggression auflöst, die angesichts eines unaufhebbaren Verlustes nicht in einer direkten Weise ausgedrückt werden kann[18]. Phyllis Greenacre bestimmt die aggressive Bedeutung solchen Weinens jedoch genauer als Zusammenfall »von dem beginnenden Wechsel von feindseliger Aggression zu dem Gebrauch ihrer Energie in einer positiven und nichtdestruktiven Weise«[19]. Weinen führt von der Phase des Schocks und der Ungläubigkeit über die Phase der Kontrolle zur Regression (Selbstaufgabe) und Adaptation (Appell an die Hilfe anderer).

Erst in dieser Form tritt, mit Plessner zu sprechen, »der Automatismus des Physiologischen im Bilde des Weinens zurück und das Ausdrucksmäßige beherrschend in den Vordergrund«[20]. Die Tränen fließen nicht mehr, weil der Trauernde sich gefesselt und bedrückt sieht, sondern weil er Befreiung erfährt. Er geht von einer gespannten in eine gelöste Haltung über, von der Verkrampung zur Entspannung, von der Verzweiflung zur Hoffnung. Weinen ist nicht länger der Ausdruck des Sich-Wehrens, sondern ist mit der gesamten Person zu einer Einheit geworden. Das Gewahrwerden der eigenen Ohnmacht wird auch gefühlsmäßig begriffen; der Trauernde ist so getroffen, daß es zum Akt der inneren Preisgabe kommt[21].

Abgesehen davon, daß die Tränen zum Gesamteindruck von Hilflosigkeit beitragen, kann man ihnen auch eine Anzahl von symbolischen Bedeutungen zuschreiben, von denen einige auch für den Trauerprozeß wichtig sind. Nach Melanie Klein bedeuten Tränen das Ausstoßen des bösen Objektes, das gestorben ist und den Trauernden verlassen hat[22]. Zum anderen symbolisieren sie nach Jackson »Wegwaschen«. So wie ein kleiner Schmutzpartikel durch Tränen aus dem Auge fortgeschwemmt wird, so »waschen« Tränen Schmerz, aber auch Schuldgefühle hinweg, wie dies bei den »Tränen der Reue« deutlich ist[23]. Zum anderen sind Tränen »warm und feucht«. Sie sind tröstlich, denn sie symbolisieren damit nach Heilbrun eine warme und feuchte Umgebung, wie sie im intrauterinen Zustand gegeben war[24]. Schließlich, darauf hat Greenacre besonders verwiesen, steht Weinen in einem symbolhaften Zusammenhang mit Hinschauen und doch nicht sehen. Das Auge ist das wichtigste Organ, um einen Verlust zu bestätigen. Das Auge sucht die verlorene Person, kann sie aber nicht sehen. Tränen symbolisieren dieses Ineinander von Sehen, wie es in der Trauerperiode mit dem Wiedererkennen des Verstorbenen in anderen Personen geschieht, und Nicht-Sehen, weil der Verstorbene endgültig verloren ist[25].

Das freie, gelöste Weinen ist ein wesentliches Anzeichen dafür, daß ein Verlust voll anerkannt wird und der Trauernde sich ganz dem Verlust öffnet. Das Wort von Goethe »Die Träne quillt, die Erde hat mich wieder« ist eine ausdrucksvolle Formulierung für diesen Sachverhalt. Die Unfähigkeit zu weinen kann ein Anzeichen der behinderten Trauer sein, die möglicherweise zu pathologischen Folgen führt, wenn sich der starre, tränenlose Schmerz nicht auflösen läßt[26].

Die Symptomgruppe, die als defensiven Mechanismus Hilflosigkeit ausdrückt, umfaßt im wesentlichen Erschöpfung, Apathie, Schweigen und Weinen, wobei hier nicht nur an das Vergießen von Tränen, sondern auch an Seufzen und Schluchzen zu denken ist. Dazu gehört etwa auch das Händeringen als Ausdruck des Nicht-handeln-Könnens. Dieser defensive Mechanismus der Hilflosigkeit legt es aber auch besonders nahe, auf eine physische Krankheit auszuweichen, weil diese Pflege und Hilfe herbeiführt, die man als Trauernder nicht erhalten würde. Arthur H. Schmale hat in einer empirischen Studie den Zusammenhang von Verlust und

Einsetzen einer Erkrankung untersucht. Er fand dabei, daß der Affekt der Hilflosigkeit etwa 50% häufiger als Ärger und rund 70% häufiger als Furcht und Scham eine Rolle bei der Krankheitsauslösung spielte[27].
Die Ergebnisse dieser und anderer Untersuchungen haben Engel und Schmale sowie ihre Mitarbeiter veranlaßt, von einem »Komplex des Sichselbst-Aufgebens« zu sprechen, der durch Verzweiflung, Depression, Trauer und andere Verlusterfahrungen ausgelöst wird[28]. Er stellt eine nichtspezifische Bedingung für das Einsetzen und die Verschärfung sowohl somatischer wie psychiatrischer Erkrankung dar. Diesen Komplex umschreiben Engel und Schmale mit den folgenden Zügen:[29] (1) Der Patient drückt seine Erfahrung aus in Wendungen wie »es ist einfach zu viel«; »es hat keinen Zweck mehr«; »ich kann es nicht länger ertragen«; »ich gebe auf«. Damit ist sowohl eine Hilflosigkeit wie Hoffnungslosigkeit ausgedrückt. Engel und Schmale sprechen von Hilflosigkeit, wenn das Sich-Aufgeben mehr auf die Umwelt zurückgeführt wird; sie sprechen von Hoffnungslosigkeit, wenn der Patient es sich selbst nicht mehr zutraut, in irgendeiner Weise den Verlust restituieren zu können[30]. (2) Der Patient bemerkt, daß er sich selbst immer weniger kontrollieren kann und ist unsicher, ob er sich noch normal verhält. (3) Die Beziehung zu dem Liebesobjekt ist ernsthaft gestört. (4) Die äußere Umgebung wird als so völlig verändert wahrgenommen, daß frühere Erwartungen keine Aussicht mehr haben, wie bisher Erfüllung zu finden. (5) Der Patient spürt den Verlust der Kontinuität zwischen Vergangenheit und Zukunft und seine eigene Unfähigkeit, mit Hoffnung und Vertrauen der Zukunft entgegen zu sehen. Daher erscheint die Zukunft als wenig anziehend. (6) Es besteht die Tendenz, Gefühle, Erinnerungen und Verhaltensweisen aus der Vergangenheit mit ähnlich negativen Erfahrungsinhalten zu reaktivieren.
Trauer muß nicht notwendig zu dem Komplex des Sich-Aufgebens führen. Schmale beobachtet in einer Untersuchung, daß alle Ehefrauen von unheilbar an Krebs erkrankten Männern Manifestationen von Trauer zeigten, aber nur etwas mehr als die Hälfte waren gegenüber dem drohenden Verlust so hilflos und ohne Hoffnung[31], daß somatische und psychische Störungen auftraten. Generell treten nach Schmale physische Symptome als Konsequenz des Sich-Aufgebens ein, wenn dem aktuellen Verlust meist bereits mehr oder weniger starke somatische und andere Störungen in früheren Jahren vorangegangen waren[32]. Schmale gibt nur sehr unbestimmt die Richtung an, in der sich eine spezifische Krankheit aus dem Mechanismus des Sich-Gehenlassens entwickeln könnte, und geht dabei kaum über einige frühe Beobachtungen Freuds[33] hinaus. Hilflosigkeit wirkt sich nach Schmale vor allem negativ auf die allgemeine Widerstandsfähigkeit, Immunität gegen Ansteckungen und organische Dysfunktionen aus[34]. Durch eine eigene Untersuchung wurde er auf die Möglich-

keit von Krebsentwicklung aufmerksam[35]. Wieweit psychosomatische Erscheinungsformen der Trauer, wie sie oben zusammenfassend beschrieben wurden, durch den Mechanismus des »giving up« bedingt oder mitbestimmt sind, ist, soweit sich dies beurteilen läßt, ebenso ungeklärt wie die physiologische Vermittlung zwischen Selbstaufgabe und Einsetzen der Erkrankung[36].

8.12 Soziologische Implikationen

Von den verschiedenen Formen, in denen Hilflosigkeit sich ausdrückt, wird vor allem das Weinen, wenn auch mit deutlichen Einschränkungen, sozial gefordert. v. Hug-Hellmuth zitiert das Gespräch mit einem Kind:

»›Weißt du, Großmama‹, sagte Toni eines Tages, ›wenn du stirbst, dann weine ich.‹ – ›Ja, warum denn?‹ – ›Ach, das tut man doch so.‹«[37]

Diese kindliche Antwort spiegelt die soziale Erwartung ebenso wider wie die von K. Meuli zitierte Frage einer bayrischen Bauersfrau: »Frau Bas, wie ist denn dös hier Brauch, woant ma bei Euch schon im Haus oder erst am Friedhof?«[38] Wieweit das Weinen ausschließlich eine soziale Norm ist oder diese Norm als Verstärkung der individuellen Erfahrung dient, ist nicht immer leicht zu entscheiden. Durkheim sieht im Weinen keinerlei natürliche Betroffenheit durch den Verlust; seiner Beobachtung nach handelt es sich um eine soziale Pflicht, die die soziale Umwelt dem Hinterbliebenen aufzwingt: »Man weint nicht einfach, weil man traurig ist, sondern weil man gezwungen ist zu weinen.«[39] Nach Meuli ist der soziale Charakter des Weinens daran zu erkennen, daß es künstlich, überlang und öffentlich sei. Die Künstlichkeit lasse sich daran zeigen, daß in manchen Volksbräuchen Zwiebeln oder Pfeffer verwandt werden, um den Tränenstrom zu fördern. Zudem ziehe das Weinen sich oft über ein halbes Jahr hin. Unbestreitbar gibt es ein sozial gefordertes »öffentliches« Weinen, das die Anhänglichkeit des Hinterbliebenen zur Schau stellt und als Gruppenphänomen sich leicht hervorrufen läßt, etwa dort, wo es in der Kirche spezielle Bänke für Trauernde gibt, an denen sie allsonntäglich von neuem während des Gottesdienstes demonstrativ weinen können, oder auch dort, wo es Sitte ist, daß die Frauen des Dorfes vor Morgengrauen sich auf den Friedhof begeben und dort an den Gräbern ihrer Lieben klagen und weinen[40], aber Weinen ist auch ein spontanes, individuelles Verhalten.
Es gibt jedoch auch gegenläufige Verhaltenserwartungen, nach denen man sich kontrolliert zu verhalten hat. Wenn dagegen Erwachsene bei einem Trauerfall eher weinen als Kinder, so liegt dies weniger an einer sozialen Norm als an der generellen Unfähigkeit von Kindern, anläßlich eines

solchen Schocks zu weinen. Doch bereits mit etwa zwölf Jahren macht sich die soziale Kontrolle bemerkbar: Vertreter des männlichen Geschlechts halten es für unwürdig, Tränen zu vergießen, und erklären dies zu einer weiblichen Angelegenheit.

Von den Personen, die Clayton et al. befragten, gaben 79% an, bei dem Trauerfall geweint zu haben[41]. Aber es zeigen sich hier deutlich sozialkulturelle Einflüsse, die aus anderen Untersuchungen bekannt sind: Nur 56% der Männer, aber nahezu 96% der Frauen gaben an, geweint zu haben[42] (wobei diese Angabe natürlich dadurch fragwürdig wird, daß soziale Normen über Weinen und Nicht-Weinen bestehen und dazu verleiten, daß die Befragten ihre Aussagen diesen Normen anpassen). Sofern Weinen ein Mittel der Erleichterung und ein unmißverständlicher Appell an die Hilfe der Umwelt ist, also eine therapeutische Funktion hat, sind Männer von dieser Möglichkeit ebenso ausgeschlossen wie Anhänger bestimmter religiöser oder stoischer Anschauungen, die mit der Empfindung von Trauer auch deren Expression verbieten[43].

Wie stark Weinen die Unterstützung der Familie und der Verwandten hervorruft, läßt sich bei einem Tränenausbruch während des Beerdigungsgespräches und am offenen Grab beobachten. Er veranlaßt die Angehörigen zur Zuwendung, die sie auch gegenüber einem weinenden Kinde einnehmen: Sie sprechen beruhigende Worte, in denen sich affirmierende Bemerkungen immer wiederholen, sie nehmen den Weinenden in den Arm und sind zärtlich zu ihm, sie geben ihm etwas zu essen oder zu trinken. Solche Trosthaltungen nehmen überwiegend Frauen, kaum Männer ein, vielleicht mit Ausnahme des Ehegatten, während Männer meist nur aktivierende Gesten, wie Schulterklopfen, zur Verfügung haben.

Der Tod eines Familienangehörigen ist das tiefgreifendste Erlebnis innerhalb einer Familie, wie man dies aus der Beteiligung auch weitläufiger Angehöriger an den Beerdigungsfeierlichkeiten schließen kann. In keinem anderen Fall ist die angebotene Hilfe so spontan und werden so große Opfer gebracht (etwa durch hohe Reisekosten) wie bei einem Todesfall. Dies zeigt, daß in besonders schweren Krisen immer noch eine relativ starke Bindung auch der Großfamilie wirksam ist und bei einer solchen Gelegenheit reaktiviert wird (wie dies auch bei Ausbombung und Vertreibung der Fall war). Auf der Beerdigung treffen sich häufig Verwandte, die sich bisher niemals gesehen haben.

Im allgemeinen wird von der Familie erwartet, daß sie angesichts der sichtbaren Hilflosigkeit des Trauernden für einen gewissen Zeitraum insbesondere in der kontrollierten und der regressiven Trauerphase Hilfeleistungen geben, indem sie die Vorbereitung für die Beerdigung sowie die notwendigen Besorgungen für den Trauernden übernehmen. Dabei kann ihre Hilfe erschwert werden, wenn bereits bestimmte Konflikte bestehen, die zuweilen angesichts der erhöhten Emotionalität der gesamten Situation verstärkt ausbrechen (etwa die vielzitierten Erbschaftsstreitigkeiten, die bereits am Grab beginnen). War der Verstorbene eine sehr beherrschende Persönlichkeit, die keineswegs mit dem Tode gerechnet hatte, kann es schwierig werden, seine Rolle zeitweise zu übernehmen und die anstehende Hilfe zu leisten. Schließlich ist es auch wichtig, wie die Familie frühere Schwierigkeiten und Auseinandersetzungen bewältigt hat. Es gibt Familien, die ausgezeichnet miteinander kooperieren, wenn es um Aufgaben in finanziellen oder beruflichen Angelegenheiten geht, aber gegenüber den emotionalen Bedürfnissen eines Familienmitgliedes völlig versagen[44]. Eine große Hilfe leisten zumeist auch die Nachbarn und Freunde und zwar nicht nur auf dem Dorf, sondern auch in Stadtbezirken, die eine länger ansässige Bevölkerung aufweisen[45]. Die Hilfe der Nachbarn und Freunde kann sich auf einen Kondolenzbesuch beschränken, aber auch andere aktivere Hilfe einschließen. Nach Gorer hatten mehr als 60% der Trauernden Besuche durch ihre Nachbarn erhalten[46]. Kondolenzbesuche sind meist mit Schwierigkeiten belastet, weil es keinc festgelegten Formen der Kommunikation zwischen dem Leidtragenden und dem Besucher gibt; letzterer weiß nicht, ob er auf den Tod zu sprechen kommen soll oder aber dadurch bei dem Trauernden allzu schmerzliche Gefühle hervorruft, die schwer zu beruhigen sind; zudem kann er nicht wissen, wie tief die Trauer geht[47]. Ein Antiquitätenhändler beschreibt die Situation sehr treffend:

»Die Leute haben ein wenig ein unbehagliches Gefühl, über solche Dinge zu sprechen, selbst wenn sie eine große Anteilnahme fühlen. Man weiß wirklich nicht, was man tun soll. Eine ziemlich bekannte Person starb in (Name der Stadt) vor einer Woche – gut, sein Sohn, den ich ziemlich gut kenne, ich wußte nicht so richtig, ob ich zu seinem Laden gehen und sagen sollte: ›Ich nehme wirklich Anteil an deinem Vater‹. Er hat vermutlich genug darüber nachzudenken, und eine Menge Freunde, die ihm näherstehen ... Ich fand es ein wenig beklemmend, wenn Leute hereinkamen und mit mir über meinen Vater sprachen, weil ich die gleiche Geschichte wieder und wieder erzählen mußte, bis ich es wirklich leid war.«[48]

Etwa die Hälfte derer, die Kondolenzbesuche erhalten hatten, hatte daraus nach dem Bericht von Gorer eine gewisse Stärkung erhalten, etwas weniger als die Hälfte empfanden sie in verschiedenem Grade als belastend. Dagegen zeigten diejenigen, die keine Besuche erhalten hatten, offene Ressentimentes über die Vernachlässigung[49]. Generell hängt die Wirkung der familialen und freundschaftlichen Hilfe stark davon ab, ob der Trauernde wirklich fähig ist, angebotene Hilfe anzunehmen. Wenn er mit dem Tod nur so fertig wird, indem er sich zurückzieht, so können für ihn die Besuche zu einer großen Belastung werden. Je internalisierter die Trauerarbeit vollzogen wird, desto weniger ziehen die Hinterbliebenen einen Gewinn aus den Besuchen, wenn man dies aus den Daten Gorers schließen darf. Je besser sie psychologisch und sozial an ihre Umwelt angepaßt sind, desto eher sind sie in der Lage, Trost und Stärkung aus den Besuchen zu erfahren.

Die Unterstützung durch die Familie und die soziale Umgebung kann für den Trauernden zu einer Belastung werden, wenn er sich selbst noch in der regressiven Phase befindet, während die Angehörigen annehmen, er habe nun ausreichend getrauert und solle die aktive Bewältigung in Angriff nehmen. Sie können den Trauernden zu Aktivitäten drängen, zu denen er sich noch nicht in der Lage sieht[50], etwa an Parties teilzunehmen oder sich auf die Suche nach einem neuen Ehepartner zu begeben. Auch wenn er manche Anregung dankbar aufnehmen mag, so kann er sich doch zu diesem Zeitpunkt überfordert fühlen, solchen Erwartungen zu entsprechen.

Es ist angesichts des wechselnden Wunsches, sich zurückzuziehen, und des Bedürfnisses, mit anderen zusammenzusein und durch sie Stärkung und Tröstung zu erfahren, oft für die Familie und die soziale Umwelt schwer, sich richtig auf den Trauernden einzustellen[51]. Die Trauernden schwanken in ihren Gefühlen recht stark insbesondere in der regressiven Phase. Sie weisen das Gespräch zurück, weil es sie zu sehr an ihren Verlust erinnert und weil sie glauben, die anderen nicht mit ihren Problemen belasten zu dürfen. Sie fühlen sich zugleich verlassen, wenn sich niemand um sie kümmert[52]. Die Rolle des Trösters ist also eine recht undankbare, die bei ihm Ressentiments hervorrufen kann, wenn er sich nicht die schwierige Situation des Trauernden immer wieder klarmacht und eine augenblickliche Zurückweisung nicht so interpretiert, daß der Trauernde grundsätzlich seine Hilfe nicht wolle[53].

Die scheinbare »Egozentrik« des Trauernden, seine mangelnde Ansprechbarkeit, die sich in dem betonten Verhalten ausdrückt, daß »da keine Trauer wie meine Trauer ist«, macht die Angehörigen ratlos, was sie dem Trauernden sagen sollen, wo schon die Trost- und Trauerformulierungen, die gesellschaftlich zur Verfügung stehen, so schwer auszusprechen sind. Der Trauernde scheint unfähig zu sein, diese Worte zu hören und aufzunehmen, selbst wenn er gefühlsmäßig den guten Willen spürt und dankbar ist. Besonders für Kinder, die einen Elternteil verloren haben, bringt die mangelnde Ansprechbarkeit des trauernden Ehepartners, der zu keinen Erklärungen und Erläuterungen fähig ist, in gewisser Weise einen doppelten Verlust und damit eine doppelte Belastung.

Die Umwelt mißversteht häufig das Mißtrauen, das der Trauernde ihnen gegenüber zeigt, und bezieht dies auf ihre eigene Person, obgleich es einer Welt gilt, die sich nicht mehr als vertrauenswürdig erweist. Vorwürfe, man »dürfe sich nicht so gehen lassen«, verraten bei aller gutgemeinten Ermunterung dem Trauernden allzu leicht, daß Angehörige und Freunde neben ihrer Ratlosigkeit angesichts der »Egozentrik« des Trauernden den Verdacht haben, dieser wolle sie ausnützen.

Wie Autton herausstellt, ist es eine wesentliche Aufgabe von Verwandten und Freunden, den Trauernden in Kontakt mit seiner weiteren Umgebung zu halten, nicht um ihn abzulenken, sondern um die Rückkehr zu erleichtern und zu verhindern, daß der Trauernde sich sozial isoliert. In der adaptiven Phase kann es durchaus sinnvoll sein, zu neuen Aktivitäten und sozialen Kontakten anzuregen[54].

Mit dem allmählichen Eintreten dieser Phase werden auch von seiten des Trauernden die Haltung der Hilflosigkeit und der Wunsch, hilfreiche Zuwendung und Aufmerksamkeit zu finden, abnehmen und allmählich schwinden[55]. Dennoch sollten regelmäßige Besuche beibehalten werden, besonders am Geburtstag des Verstorbenen und dem Jahrestag seines Todes, weil der Trauernde an solchen Tagen seinen Verlust erneut verschärft verspürt[56].

8.13 Hoffnung und Mut

Daß Hoffnung besteht, besondere Krisen, die im Verlauf jedes menschlichen Lebens auftreten, zu bewältigen, ist nicht selbstverständlich. Angesichts einer so schweren Belastung, die der Tod darstellen kann, mögen bewährte Mittel der Bewältigung versagen. Jede gelungene Bewältigung aber verstärkt die Hoffnung, mit einer neuen Krise ebenfalls fertig zu werden. Auch Paulus hält an der Überzeugung fest, daß geleistete Geduld die Hoffnung verstärkt (Röm. 5,5). Seine Erfahrung wird theologisch ausgedrückt in dem Vertrauen auf die Treue Gottes, die den einzelnen nicht fallen und untergehen läßt, sondern ihn erhält und trägt. Das der Treue Gottes korrespondierende Verhalten läßt sich am ehesten mit den beiden Vorstellungen Hoffnung und Mut bezeichnen.

Obgleich Hoffnung zu der paulinischen Trias von 1. Kor. 13,13 gehört, hat sie in der theologischen Diskussion bis in die sechziger Jahre hinein kaum eine Rolle gespielt. »Hoffnung gehört zu den ursprünglichen Kräften des menschlichen Seins und sie begleitet ihn als treibende Kraft in seinem ganzen Dasein. Und doch sprechen Philosophen wie Theologen nur selten von ihr« (Tillich)[57]. Hoffnung taucht bei Künneth gelegentlich auf als Hoffnung auf persönliche Auferstehung[58], erscheint in den späteren Auflagen von Althaus' »Letzten Dingen« in einem kaum integrierten Schlußabschnitt als »Haltung und Tat«[59]. Hoffnung erscheint als Existential bei G. Marcel[60] und H. Kimmerle[61]. Christliche Hoffnung unterscheidet sich dort von der allgemein menschlichen, indem sie entscheidender dem Menschen Zukünftigkeit zuspricht und ihm zusichert, nicht an Vergangenem zerbrechen zu müssen. Dagegen entnehmen die »Theologen der Hoffnung« wie Moltmann, Sauter und Hedinger, um nur die Hauptexponenten zu nennen, die Strukturen der Hoffnung aus dem

Alten Testament, auch wenn die Auferstehung Jesu Christi als die endgültige Begründung aller Hoffnung verstanden wird.
Sauter etwa gewinnt das, was Äußerungen der Hoffnung sind, an alttestamentlichen Texten[62]. Hoffnung bedeutet danach zunächst Verankerung in der Zukunft. Es wird etwa darauf gehofft, daß ein sorgfältig bereiteter Weinberg gute Ernte bringt, indem der Weinbauer sich in seiner ganzen Mühe auf das Kommende gestellt sieht. »Hoffnung ist darum nie ziellos, und sie wird auch nicht eigentlich durch Erkenntnisirrtum (›Täuschung‹), sondern wesensgemäß von ›Enttäuschung‹ bedroht, deren Ziel sich auflöst.«[63] Hoffnung ist weiter »Zuversicht, Spannkraft, Halt«. Sie entzündet sich nicht an einem zufälligen Mangel, »sie richtet sich indessen auf ein konstitutives ›Noch-Nicht‹, ein Offensein, auf das ›Ausstehen‹ der Wirklichkeit«[64]. Sie erhält dadurch das Moment der Spannkraft, der Ausdauer und der Beharrlichkeit. »Hoffnung steht nicht für sich selbst. Gottes Handeln ist in ausgezeichnetem Sinne ihre Voraus-setzung.«[65] Daher ist, und dies ist als drittes zu sagen, Hoffen zugleich Bekenntnis, das abgekürzt werden kann als »Hoffen auf Jahwe«, wie es sich als typischer Bestandteil in den Klageliedern findet. Hoffen ist schließlich »gerufenes Sehen«[66], was sich in Bildern und Zeichenhandlungen auszudrücken vermag.
Die Begründung der Hoffnung beruht in der Verheißung; sie »gewährt dem Menschen ihre Zukunft. Sie trifft uns als Zukunft schaffendes und diese Zukunft eröffnendes Wort Gottes.«[67] Sie kündigt nach Moltmann »eine Wirklichkeit an, die noch nicht da ist«[68]. Das Verheißungswort hat seine Wirklichkeitsdeckung noch nicht erfahren und steht zur unmittelbar einleuchtenden Gegenwart im Widerspruch. Es ist noch auf der Suche nach seiner Erfüllung, die aber nicht das Wiederaufleben eines Vergangenen ist, sondern ein Gefälle auf noch Ausstehendes hat. Es läßt sich nicht endgültig definieren, weil es noch nicht zu seinem Ende gekommen ist. Jede Erfüllung des Verheißenen kann nur darauf aufmerksam machen, daß die Erfüllung keine vollkommene ist, sondern immer noch »ein eigentümlicher Überschuß an Verheißung«[69] besteht, der Anlaß zur neuen Ansage des Kommenden wird.
Während die Aussagen über die Hoffnung aus einer Analyse der existentiellen Situation und aus der Verheißungsgeschichte beider Testamente erwachsen, geht Tillich von der Analyse des Mutes aus, um dem gerecht zu werden, was man als »Treue Gottes« bezeichnen kann. Er verwendet statt Treue den Begriff der Annahme, eine Vorstellung, die aus dem psychoanalytischen Bereich kommt. Dort ist es der Therapeut, der dem Patienten diesen Mut vermittelt und letztlich nur vermitteln kann, weil er an der gleichen ontologischen Struktur partizipiert, aus der auch sein Patient in aller Entfremdung lebt.

Nach Tillich ist der volkstümliche Unsterblichkeitsglaube eine Mischung aus Mut und Flucht. Er ist Ausdruck eines Mutes und eines Vertrauens zu sich selber angesichts des Sterbenmüssens. Man könnte mit Bloch auch sagen, die Unsterblichkeitswünsche würden »dem Selbst eben die Grablampe mitgeben, die sepsisfreie, noch die fremdeste Nacht bescheinende; sie haben den Tod mehrenteils überlogen, sie haben ihn aber auch überleuchtet«[70]. Aber die Unsterblichkeitswünsche und der eigene Mut konnten dies nur tun, indem sie die Endlichkeit des Individuums, das heißt, das eigene Sterbenmüssen, sich als etwas denken, was sich fortsetzt, aber niemals endgültig eintritt[71]. Dies ist nicht nur eine Illusion, sondern auch ein Widerspruch in sich selbst, denn was aus seiner Bestimmung heraus zu einem Ende kommen muß, kann nicht endlos gedacht werden.

Was ist der »Mut der Verzweiflung« für Tillich, der angesichts der Angst vor Tod und Schicksal wirksam wird? Für ihn drückt dieser Mut, der Verzweiflung ins Angesicht zu sehen, Glauben in seiner äußersten Grenze aus. In dieser Situation ist der Sinn des Lebens auf den Zweifel über den Sinn des Lebens reduziert. Aber da dieser Zweifel selbst ein Akt des Lebens ist, ist er etwas Positives, trotz seines negativen Inhalts. »In religiöser Sprache würde man sagen, daß man sich bejaht als bejaht trotz des Zweifels über den Sinn solcher Bejahung.« Selbst in den Augenblicken, wo wir von der Angst überwältigt werden und an jedem Sinn verzweifeln, bejaht sich der Sinn durch uns. »Die Tat, in der wir Sinnlosigkeit auf uns nehmen, ist ein sinnvoller Akt. Sie ist ein Akt des Glaubens.«[72] Der Glaube, der den Mut erzeugt, die Angst in sich hineinzunehmen, hat keinen besonderen Inhalt, weil alles Definierte durch Zweifel und Sinnlosigkeit aufgelöst ist. Trotzdem ist dieser Glaube nicht eine Entladung subjektiver Emotionen oder eine Stimmung ohne objektives Fundament. Nach Tillich weist dieser Glaube verschiedene Elemente auf. Das erste Element ist die Erfahrung der Macht des Seins, die auch im Ausdruck radikaler Angst gegenwärtig bleibt. Das zweite Element ist »die Abhängigkeit der Erfahrung des Nichtseins von der Erfahrung des Seins«[73]. Das dritte Element des Glaubens ist die Erfahrung, bejaht zu sein. In der religiösen Antwort wird dieses Element des Bejahtseins in einer besonderen Weise hervorgehoben. Wenn es zum ausdrücklichen Gegenstand wird, ist der Glaube »seiner selbst bewußt geworden. Er weiß um sich als einen Glauben, der durch den Zweifel jedes konkreten Inhalts beraubt wurde, der trotzdem Glaube ist und Quelle der höchst paradoxen Manifestation des Mutes zum Sein.«[74]

8.2 Der Mechanismus: Erinnern

8.21 Psychologische Aspekte

Die klassische, von Freud ausgearbeitete Trauertheorie hat als Grundelement den Konflikt zwischen einer objektlibidinösen Bindung und dem Realitätsprinzip. Das Realitätsprinzip setzt sich gegen die libidinösen Beziehungen zum Verstorbenen durch. Der Trauernde erkennt schrittweise an, daß das Liebesobjekt nicht mehr vorhanden ist, löst allmählich die einzelnen Bindungen ab und investiert die Libido in anderen Beziehungen[1]. Dies geschieht durch den Vorgang des Erinnerns: mit jeder Erinnerung an einen Einzelzug des Verstorbenen oder an einen glücklichen Tag, den man gemeinsam verlebt hat, wird der Trauernde sich von neuem der Tatsache bewußt, daß dies für immer vergangen und nicht mit diesem geliebten Menschen wiederholbar ist.

Der Mechanismus des Erinnerns spielt eine gewichtige Rolle im Trauerprozeß. Trauernde sind in den meisten Fällen außerordentlich beschäftigt mit den Erinnerungen an den Verstorbenen, wobei zunächst zumeist die Erinnerungen sehr konzentriert sind auf die letzten Tage und sich dann allmählich auf längere Zeiträume ausweiten[2]. Auch wenn das Bedürfnis oft sehr groß ist, über den Verstorbenen zu sprechen, so wecken die dabei aufkommenden Erinnerungen jedoch zugleich eine Fülle schmerzlicher Gefühle. Sie können so überwältigend sein, daß der Trauernde das Gespräch abbricht, oft in sehr abrupten Formen, oder ihm in Antizipation der Belastung aus dem Wege geht. Aber der Schmerz läßt sich nicht vermeiden, es gibt zuviele Dinge, Orte und Menschen, die die Erinnerung und damit die Erfahrung wachwerden lassen, daß dies alles unwiederbringlich verloren ist.

Die Erinnerungen verlaufen zumeist sehr sprunghaft; sie werden durch oft minimale Analogien ausgelöst und folgen aufeinander in sehr freien Assoziationen. Der rasche Wechsel von Themen wird vom Trauernden vielfach veranlaßt, weil er nicht zu sehr auf einer einzelnen Erinnerung beharren will, da der Schmerz zu groß wäre, wenn er diese bestimmte Erinnerung bis zu allen ihren Konsequenzen ausziehen würde. Zugleich kehrt er aber wie magisch angezogen immer wieder zu den gleichen Erinnerungen zurück. Er prüft damit von neuem, ob diese Erinnerungen nun besser zu bewältigen sind als bisher. Die meisten Autobiographien von Trauernden zeigen einen raschen Wechsel zwischen fernen und aktuellen Erinnerungen und sind gekennzeichnet durch Rückblendungen, die bis in die Kindheit hineinreichen. Dies spiegelt die realen Erfahrungen der Trauernden wider, besonders dort, wo es sich um authentische Tagebücher handelt, obgleich sicher der Verzicht auf eine lineare Erzähltechnik in der moderen Literatur eine solche Stilform mitbeeinflußt.

S. Freud hat bei der Durchführung einer Analyse terminologisch zwischen »Erinnern« und »Wiederholen« unterschieden[3]. In seinem kurzen Beitrag »Erinnern, Wiederholen und Durcharbeiten« (1914) schreibt er: Man kann »sagen, der Analysierte *erinnere* überhaupt nichts von dem Vergessenen und Verdrängten, sondern er *agiere* es. Er reproduziert es nicht als Erinnerung, sondern als Tat, er *wiederholt* es, ohne natürlich zu wissen, daß er es wiederholt.«[4] Das gleiche läßt sich bei Trauernden aufweisen. Es kommt vor, daß sie sich zwar an das Zusammenleben mit dem Verstorbenen erinnern, aber dieses Erinnern bedeutet keine Lösung und keinen Erkenntnisfortschritt. Sie wiederholen und stoßen immer wieder auf das traumatische Erlebnis, aber sie schrecken davor zurück, sich einzugestehen, daß dieses Erinnern den Verstorbenen nicht zurückholen kann.

Auf die Gemeinsamkeit, die zwischen der in der Analyse zu leistenden Arbeit und der Trauerarbeit besteht, ist Caruso eingegangen. Was er über das Erinnern im Prozeß der Analyse sagt, gilt in vieler Hinsicht auch für die Verarbeitung der Trauer durch den Mechanismus des Erinnerns. Der Wiederholungszwang ist in sich vieldeutig und ambivalent. In ihm sind Lebens- und Todestrieb noch unentmischt enthalten. Der Trauernde ist zwanghaft genötigt, immer wieder auf frühere Erinnerungen zurückzugehen; er neigt dazu, die Gedanken an das gemeinsame Zusammenleben mit dem Verstorbenen als eine »Wiederholung« (im Freudschen Sinne) zu verstehen. Aber diese »Wiederholung« kann, wie Caruso herausstellt, nie eine adäquate sein, weil sich die Lage verändert hat, in der sich der Wiederholungszwang vollzieht. Auch die pathologische Wiederholung kann nicht den Stillstand der Zeit erzwingen; der Trauernde trägt den Toten mit sich herum, ohne ihn wirklich zum Leben erwecken zu können[5].

In der Regression des Wiederholungszwanges steckt aber auch, wie in allen Abwehrmechanismen, ein adaptiver Kern, der verhindert, daß der Trauernde sich nicht mit dem konservativen Todesprinzip des Wiederholungszwanges und damit mit einer Vergangenheit identifizieren muß, die vom Tod hinweggerafft wurde. Der adaptive Aspekt des Rückgriffs auf die Vergangenheit kann seine therapeutische Funktion dann erfüllen, wenn er auf Zukünftiges ausgerichtet ist, auf etwas, was eigentlich noch nicht geworden ist. »Die Vergangenheit wird vergegenwärtigt, sie wird ›wiedergeholt‹, um in ihr noch ›nicht Gewordenes‹ zum Werden, das heißt, ... ›auf das Zukünftige‹ hin in Fluß zu bringen« (I. A. Caruso)[6]. Das Wiederholen in der Psychoanalyse wie in der Trauer ist das Herbeiholen des Vergangenen in seine Zukunftspotenz: »Das Vergangene wird ›neu‹, es vollzieht sich eine Auf-Erstehung dessen, was *nicht mehr* ist, insofern es *noch nicht* das ist, was es neu werden wird. Das Verdrängte, das wir – einem verwesten Körper gleich – mitschleppen, ›auf-ersteht‹ zu neuem Leben« (I. A. Caruso)[7].

Die enge Verbindung zwischen dem Prozeß der Analyse und der Trauer ergibt sich schon dadurch, daß in der Trauer nicht nur die Erinnerungen sich an die Person des Verstorbenen heften, sondern zugleich die Welt des Trauernden zusammenbricht und frühere Problemlösungen in Frage gestellt werden[8]. Dies bedeutet, daß auch in der Trauer Konflikte der Kindheit und der Adoleszenz reaktiviert werden. E. Weiss hat unter anderem darauf verwiesen, daß sich in der Trauer oft eine Rückkehr zu den Gefühlsstrukturen ergibt, die in früheren Zeiten bestanden, insbesondere wenn sie auf die Eltern bezogen sind:

»Nach dem Verlust des Vaters oder der Mutter oder einer Person, die in der frühen Entwicklung von ähnlicher Bedeutung war, geschieht häufig eine Wiederbesetzung eines früheren Ich-Zustandes. Die Erinnerung des verlorenen Liebesobjektes, wie es oft viele Jahre zuvor erschienen war, scheint häufig völlig die aktuelle Person zu ersetzen, wie sie zur Zeit ihres Todes war, und die älteren Gefühle, Emotionen und Affekte des Trauernden werden in einer intensiven Weise von neuem in der Trauerarbeit erfahrbar.«[9]

Nach v. Gebsattel lassen sich bei einer solchen Wiederbelebung vergangener Erinnerungen drei Typen von Erinnerungen herausarbeiten. Man kann unterscheiden (1) das adäquate Erleben niemals erlebter, sondern nur gelebter Seeleninhalte, teils der Vergangenheit, teils der Gegenwart; (2) das adäquate Wiedererleben ehemals schon erlebter, aber inadäquat erlebter Seeleninhalte; (3) das adäquate Wiedererleben erlebter, aber erinnerungsunfähig gewordener Inhalte (amnestische Inhalte)[10]. Jeder dieser Typen der Erinnerung ist mit besonderen Schwierigkeiten verbunden, die im einzelnen hier nicht zu besprechen sind. Kommt es aber zu einem adäquaten Wiedererleben, so hat dies nicht nur die kathartische Wirkung des Abreagierens, sondern ist verbunden mit einer Korrektur, Erweiterung und Freilegung der Selbsterkenntnis. Daneben kann das adäquate Wiederbeleben dazu beitragen, daß die oft schon im frühen Alter angelegten Störungen des Individuums zu seiner Umwelt freigelegt werden. Damit werden in starkem Maße Haß- und Liebesgefühle freigesetzt. Der positive Effekt besteht zum einen darin, daß negative, eine menschliche Beziehung störende Affekte aufgegeben werden, sobald sie bewußt werden, »weil das Böse als bewußte Haltung den meisten Menschen gar nicht gemäß ist«, zum anderen darin, daß »eben nach dem Durchleben dieser Affekte das überall ursprüngliche Positivum, die zugrunde liegende Liebestendenz, das Vertrauen, die Hingabe wieder« durchbricht[11]. Schließlich kann die adäquate Wiederbelebung der Erinnerung dazu beitragen, daß die bisherige Weltorientierung und das gültige Wertsystem bewußt werden, das Individuum erwacht und erlebt in der Entwicklung einer neuen Orientierung und eines neuen Systems eine Art Erweckung. *»Wenn Erwachen und Erweckung in der Seele zusammenfallen, hat die Selbsterkenntnis ihre Adäquatheitsstufe erreicht.«*[12]

In der Begegnung mit Trauernden ist es wichtig zu bedenken, daß es in jeder ihrer Erinnerungen nicht nur um Erinnerungen an den Toten geht, sondern zugleich es sich um Rückerinnerungen handelt, die sich auf die eigenen Konflikte und auf den Zusammenbruch der Umweltbeziehungen des Trauernden beziehen. Der Prozeß des Erinnerns setzt eine Fülle von Emotionen frei, die den Trauernden überwältigen würden, wenn er nicht in den Erinnerungen bestimmte auswählte[13].

Grundlage dieser Selektivität ist vielfach die Ambivalenz, die zwischen dem Verstorbenen und dem Hinterbliebenen bestanden hat. Es ist die Verleugnung der verdrängten Abneigung, die nie realistisch aufgearbeitet worden ist. »Die schon mitgebrachte Angst vor der Aggression wird nun unerhört verstärkt durch den eingetretenen Tod, der das Wesen des Hasses so vor Augen stellt« (Th. Bonhoeffer)[14]. Diese Angst zwingt konsequenterweise dazu, die positiven Gefühle gegenüber dem Verstorbenen herauszustellen und jeden Schatten von ihm abzuwenden. Schon der Versuch, ein realistisches Bild von dem Verstorbenen in gerechter Abwägung seiner Stärken und Schwächen zu geben, erscheint als eine Beleidigung des Toten.

Die einseitig positive Selektion der Erinnerung kann außer mit der Kompensation der Schuldgefühle auf Grund der Ambivalenz noch mit einigen anderen Aspekten erklärt werden. Man kann argumentieren, mit dem Tode hätten die feindseligen Gefühle ihr Ziel erreicht und könnten sich nun ungehindert den positiven Seiten des Verstorbenen zuwenden[15]. Glorifizierung kann auch als ein Akt des Bewußtwerdens verstanden werden, in dem man erkennt, was alles man von dem Verstorbenen empfangen hat, das zuvor als eine Selbstverständlichkeit genommen wurde[16]. Die negativen Züge können angesichts des Todes ihr Gewicht verlieren[17]. Glorifizierung mag auch dem Wunsch entspringen, dem Verstorbenen eine öffentliche Ehrung zuteil werden zu lassen, wobei man angesichts dessen Machtlosigkeit auf die Behandlung strittiger Punkte verzichten kann. Carlin hat darauf verwiesen, daß mit dem Tod eines Familienmitgliedes inzestuöse Wünsche diesem gegenüber frei werden und in der Glorifizierung ihre ungehinderte Expression finden können[18]. Gegenüber dem Pfarrer können die Angehörigen allein deshalb die positiven Seiten des Verstorbenen hervorheben, weil sie negative Aussagen in der Beerdigungspredigt verhindern wollen. Soweit für sie der Geistliche Stellvertreter Gottes ist, möchten sie zugleich ihm und damit Gott den Toten anempfehlen. Er soll vor Gott im besten Licht erscheinen, und dieser soll zumindest wissen, daß die Hinterbliebenen sich mit dem Verstorbenen ausgesöhnt haben und keine Rachegefühle und Vergeltungswünsche gegen ihn hegen. Schließlich hat, zumindest soweit der Tote noch unbewußt als gefährliche Realität empfunden wird, seine Idealisierung auch die Funktion, ihn

»wegzuloben« und zu besänftigen[19]. Dies alles mögen Motive sein, die in die Selektivität der Erinnerung eingehen.
Die einseitige Selektion positiver Erinnerungen hat zudem die Aufgabe, dem Trauernden selbst zu helfen. Die Aussage, der Verstorbene sei ein idealer Ehemann gewesen, oder die Versicherung, man habe während der letzten zwanzig Jahre kein böses Wort gewechselt, befreit nicht nur von den ambivalenten Gefühlen, sondern solche positiven Feststellungen, auch wenn sie nicht völlig der Realität entsprechen, helfen auch dem Selbstgefühl des Trauernden, ebenso wie es das Lob der sozialen Umwelt tut[20]. Stolz auf den Verstorbenen sein zu können, stärkt die Sicherheit des geschwächten Ichs. Entsprechend sieht Melanie Klein in der Idealisierung eine Reaktivierung des kindlichen Verhaltens, durch Überbewertung seine guten Objekte in sich selber zu schützen, aufzubauen, zu Beschützern zu machen und sich damit gegen destruktive Kräfte zur Wehr zu setzen[21]. »Die innere Unterstützung, die das Ich von seinem freundlichen Verhältnis zu einem realen guten Objekt erfährt, erhöht wieder das Vertrauen zu den verinnerlichten Objekten. So nimmt das Ich – indem es sich der Ambivalenz bedient – abwechselnd zu den äußeren und inneren guten Objekten Zuflucht (Idealisierung).«[22]
Die Idealisierung ist von drei Gefahren bedroht. Je mehr das verlorene Objekt aufgewertet wird, desto größer wird natürlich auch der Verlust, der mit seinem Tode eingetreten ist. Je mehr der Tote gelobt und herausgestellt wird, was er für seine soziale Umwelt und die Gesellschaft bedeutet hat, desto bewußter muß es dem Hinterbliebenen werden, was er verloren hat. Gerade wenn zB. bei einem Gefallenen sein Opfersinn und sein Dienst für das Vaterland gepriesen werden, mag die Witwe darüber zur Frage kommen, ob dieser Einsatz den persönlichen Verlust, den sie erleidet, eigentlich aufwiegen kann.
Die zweite Gefahr der Idealisierung liegt in ihrer Tendenz, den Verlorenen zu einem Gott oder doch mindestens zu einem Halbgott zu machen. S. Freud vermerkt: »Wer seinen Narzißmus gegen die Verehrung eines hohen Ichideals eingetauscht hat, dem braucht darum die Sublimierung seiner libidinösen Triebe nicht gelungen zu sein.«[23] Das Ich verarmt, indem es das verlorene Objekt überbesetzt und es als ein absolutes Ideal ansieht. Es mag daraus eine gewisse Unterstützung gewinnen, aber es bleibt dem vergöttlichten Objekt verhaftet. Der Schwur: »Ich werde dich niemals vergessen« hebt den Toten über das Relative alles Menschlichen hinaus. Wer ihn tut, muß notwendig enttäuscht werden. Die Verherrlichung wird auf die Dauer zu einer unerträglichen Belastung, die zu einer symbolischen Selbsttötung (durch Ich-Verarmung) oder gar zum Selbstmord führen kann. Caruso sieht diese Gefahr besonders stark bei Frauen gegeben, »weil die Entfremdung der Frau in unserer Zivilisation

tiefer ist als die des Mannes und sie daher die Erlösung durch ihn erwartet«[24].

Zudem verbindet sich mit der Idealisierung die Gefahr, bei einer stark ambivalenten Beziehung die libidinösen Beziehungen auf den Verstorbenen auszurichten, während die aggressiven auf andere verschoben werden. Dies läßt sich besonders beim Kind beobachten, das dazu neigt, den Elternteil, der gestorben oder von dem es getrennt ist, zu glorifizieren (die Auskunft, daß der Vater oder die Mutter nun ein Engel sei, mag dies fördern) und alle aggressiven Gefühle gegen den Überlebenden oder gegen den Stiefvater oder die Stiefmutter zu wenden, ein Mechanismus, der aus den Märchen gut genug bekannt ist[25].

Es sei noch darauf hingewiesen, daß es gegenüber dem Toten nicht nur eine positive Selektion von Erinnerungen gibt, sondern auch eine negative geben kann. Dort, wo die feindlichen Gefühle gegenüber dem Verstorbenen vorherrschen, kann sich der Hinterbliebene nicht mehr intensiv an ihn erinnern und kann darüber hinaus aktiv anstreben, den Toten zu vergessen[26]. Er kann symbolisch seinen Namen von allen Denkmälern entfernen, seine Namensträger töten, wie dies in früheren Zeiten real geschah, er kann sein Grab ungepflegt lassen und es nicht besuchen. Vergessen ist eine Bestrafung und zugleich Verachtung, so wie es B. Brecht im Gedicht »Vom ertrunkenen Mädchen« sagt:

Als ihr bleicher Leib im Wasser verfaulet war,
Geschah es (sehr langsam), daß Gott sie allmählich vergaß,
erst ihr Gesicht, dann die Hände und ganz zuletzt erst ihr Haar,
Dann ward sie Aas in den Flüssen mit vielem Aas.[27]

Der Übergang vom Wiederholungszwang zu dem, was Freud als »Erinnern« bezeichnet, ist meist fließend. Insbesondere in der regressiven Phase scheint es dem Beobachter, als erzähle der Trauernde immer wieder die gleichen Erfahrungen und Erlebnisse mit dem Toten, ohne daß sich eine Veränderung zeigt. Je stärker sich das Realitätsprinzip durchsetzen kann, desto mehr zeigt sich dann der Erfolg des anhaltenden Versuches, immer wieder die Erinnerungen darauf hin zu prüfen, ob man den Schmerz ihrer Unwiederholbarkeit ertragen kann. Solange die »Wiederholung« die Handlungsweise des Trauernden bestimmt, besteht die Gefahr, daß er Personen an sich fesselt und Rituale vollzieht, nur weil sie in der Analogie zu den früheren Erfahrungen und Erlebnissen stehen; erst wenn er sich im Erinnern von der Realität des Verlustes überzeugt hat, wird er frei zu neuen Bindungen.

Im »normalen« Trauerprozeß wird in der adaptiven Phase im allgemeinen die Glorifizierung allmählich wieder abgebaut. »Nur allmählich, indem der normale Trauernde Vertrauen auf äußere Objekte und Werte aller Art wiedergewinnt, ist er fähig, sein Vertrauen in die verlorene geliebte Person zu stärken. Dann kann er wieder ertragen, daß sein Objekt nicht vollkommen ist, ohne Vertrauen und Liebe zu ihm zu verlieren und Rache zu fürchten« (Melanie Klein)[28]. Er wird wieder fähiger, die Ambivalenz zu dem Toten durchzuarbeiten. Die Arbeit des Trauernden wendet sich »allmählich zurück auf die eigene Person, während sie den Toten nun lassen lernt, wie er ist und seinen stummen Aufruf zum Selbstsein in seiner Besonderheit dankbar hört. Es gilt von jetzt an, die aus der Vergangenheit mit dem Toten stammenden Projektionen auf den gegenwärtigen Toten allmählich zurückzunehmen und das Geheimnis des Toten immer reiner zu ehren« (Th. Bonhoeffer)[29]. Der Verstorbene kann nun gerechter und ehrlicher beurteilt und die gemeinsame Welt im Trauernden auf einer Basis der gegenseitigen Versöhnung erneuert werden[30]. Geglücktes Erinnern und mißlungene Glorifizierung finden sich vereint in einem Fallbeispiel, das Lindemann gibt:

»Einer unserer Patienten, der bei der erwähnten Brandkatastrophe (sc. in der Coconut-Bar Y. S.) seine erst vor einigen Wochen geheiratete Frau verloren hatte, begab sich nach seiner Entlassung aus dem Krankenhaus häufig zu den früheren Freundinnen seiner verstorbenen Frau, um sich mit ihnen über die Verstorbene zu unterhalten, etwa darüber, wie die Freundinnen seine Frau kennengelernt hatten, oder wie er sie kennengelernt hatte. Er reiste auf die Bermudas und bemühte sich, die gemeinsame Vergangenheit irgendwie zu rekonstruieren. Seine Schwiegermutter war jedoch sehr aufgebracht über seine anscheinende Gemütshärte, da er solche Dinge mit anderen Menschen besprach. Sie konnte sich ihre Tochter nur etwa als einen Engel mit einem Palmenzweig in der Hand denken, sie hielt es für eine Entweihung, sich die Tochter zB. in der Küche bei gemeinsamer Küchenarbeit vorzustellen. Dies schien ihr unvereinbar mit der Verklärtheit, in der das Bild der Verstorbenen nunmehr gesehen werden sollte.
Es zeigte sich jetzt aber, daß bei der Mutter der Verlauf der Trauer viel langwieriger war und längere Zeit die Formen einer recht schweren krankhaften Reaktion annahm, während der junge Mann mit der Situation sehr viel besser fertig wurde.»[31]

Damit wird auch das Ziel deutlich, auf das der defensive Mechanismus des Erinnerns ausgerichtet ist: Nicht auf ein Vergessen, nicht auf eine »Wiederholung« der Vergangenheit, sondern auf eine prozeßhafte und produktive Bewältigung, in der der Verstorbene in das Ich aufgenommen wird[32]. Der Prozeß des Erinnerns bereitet die Inkorporation des Verstorbenen vor, mit der sich der nächste Abschnitt beschäftigen wird[33].

8.22 Soziologische Implikationen

Man wird sagen können, daß »Erinnern« die Form der Trauerbewältigung darstellt, die den kleinsten gemeinsamen Nenner der allgemeinen Einstellung zum Weiterleben darstellt. Man kann im allgemeinen nicht sicher sein, daß der Trauernde an ein Fortleben nach dem Tode glaubt und kann ihn bei einer Beileidkundgebung auch nicht darauf ansprechen. Die Versicherung dagegen, man werde den Toten nicht vergessen und stets seiner gedenken, ist gesellschaftlich allgemein akzeptabel[34] und zwar auch dann, wenn bei dem Trauernden oder den Zuhörern darüber Zweifel bestehen, ob dies wirklich geschehen wird und überhaupt möglich ist. Daß der Tote seinen Kollegen, der Partei oder der Familie unvergeßlich bleiben und in ihrer Erinnerung weiterleben werde, ist kaum glaubhafter als die pastorale Zusicherung, er lebe nun bei Gott; aber sie ist die sozial akzeptablere.

Wie die Erinnerung an den Verstorbenen sich gestaltet, ist wesentlich mit davon bestimmt, (1) welche Rolle Erinnerung überhaupt in einer Gesellschaft spielt und (2) wie groß die allgemeine Breite der Ambivalenz-Toleranz ist. Es ist einsichtig, daß in stärker statischen Gesellschaften die Erinnerung eine erheblich wichtigere Rolle spielt als in Gesellschaften, in denen Traditionen unsicher geworden sind und sich ein rascher Wechsel der gesellschaftlichen Organisation vollzieht, auch wenn Erinnerung zur Erhaltung einer gewissen Kontinuität und zur Legitimierung und Motivierung des Neuen in begrenztem Umfang stets benötigt wird.

Erinnerung kann also in nichtliterarischen Gesellschaften eine echte Funktion haben. Damit wird alten Menschen eine wichtige Aufgabe zugewiesen, weil sie die Erfahrungen, Kenntnisse und Fertigkeiten früherer Geschlechter übermitteln. Simmons beschreibt die Funktion des alten Menschen in solcher Gesellschaft als Unterhalten, Unterrichten und Ermahnen[35]. Heute, da alle diese Aufgaben nicht mehr benötigt werden, ist der alternde Mensch samt seinen Erinnerungen funktionslos geworden; sie sind keine Mittel mehr, um mit der sozialen Umwelt in Kommunikation zu treten. So bleibt er der Vergangenheit verhaftet und kann den Mechanismus des Erinnerns nur im (Freudschen) Sinne des »Wiederholens« verwenden[36]. Erinnern als therapeutischer Prozeß ist hier nahezu ausgeschlossen. Erinnerungen werden libidinös überbesetzt, die Vergangenheit verklärt; sie werden so zu einem sekundären Ersatz, weil für den alternden Menschen keine primäre Substitution möglich ist.

Je mobiler eine Gesellschaft ist, desto geringer wird aller Voraussicht nach auch ihr kollektives Gedächtnis sein, in das der individuelle Tote eingehen kann. Wo generell keine Traditionen mehr erinnert werden, bietet auch zumeist die individuelle Erinnerung keine Gewähr, von dauerhafter Bedeutung zu sein. Zwar ist »Wissen« über den Toten heute sehr viel leichter abrufbar; es ist sehr viel einfacher, das Leben eines Menschen zu rekonstruieren, als dies in früheren Zeiten der Fall war, aber dieses Wissen kann sich zumeist auf schriftliche Daten stützen und bedarf nicht der unüberprüfbaren »Erinnerung«.

Gerade weil die kollektive Versicherung, des Toten zu gedenken, so unsicher geworden ist, und dazu auch die religiöse, hat die familiale Erinnerung um so mehr an Gewicht gewonnen. Das Grab und die Grabpflege sind hierfür nur ein Beispiel[37]. Wesentlicher erscheint die gesellschaftliche Institutionalisierung des privaten Totengedächtnisses. In der Bundesrepublik zB. ist in den letzten Jahrzehnten der Monat November zu einem Gedächtnismonat für die Verstorbenen geworden. Neben Allerheiligen und Totensonntag[38], an dem nicht selten die Namen der im letzten Kirchenjahr Verstorbenen in der Kirche verlesen werden, ist der Volkstrauertag[39] getreten, an dem der Opfer (und nur zuweilen noch der Helden) gesellschaftlicher Auseinandersetzungen gedacht wird. Daß der Opfer und weniger der Helden gedacht wird, ist ein wesentlicher Gesichtspunkt: Opfer sind nur negativ in einer sozialen Ordnung integriert, im Gegensatz zu Helden, und appellieren an eine höhere Gerechtigkeit als diese. Für die kirchlich Orientierten tritt dazu noch der Buß- und Bettag. Welche Bedeutung der November für einen Trauernden haben kann, verrät eine Aufzeichnung von L. Giudice:

»Ich habe den Totenmonat gern. Meine Freunde glauben, mich im November mehr bemitleiden zu müssen als sonst. Sie irren. In den Frühlingsmonaten waren mir die Blüten, die Oki liebte, zu Krallen geworden, die mich wund machten. Im Totenmonat bin ich ruhig wie die Natur; es ist mein Monat. Ich denke immer an Oki, also immer an den Tod; er ist das Tor zu meiner großen Freude. Warum sollte ich den Totenmonat fürchten?«[40]

(2) Wesentlich für die Selektivität der kollektiven und individuellen Erinnerung ist zudem die Ambivalenz-Toleranz, die sich innerhalb der sozialen Umwelt und der Gesellschaft findet. Je stärker die soziale Umwelt in Kategorien von Gut und Böse denkt und einem Freund-Feind-Denken verfallen ist, desto schwieriger wird es, auch in der privaten Trauer eine einseitige Idealisierung zu vermeiden. Drängt die Umwelt darauf, der Verstorbene müsse entweder gut oder böse sein, und hat sie keine Toleranz, positive und negative Züge des Verstorbenen zu einer Gesamtwürdigung zu integrieren, dann wird die Glorifizierung (oder Verdammung) des Toten um so zwingender.

Ein guter Indikator in diesem Zusammenhang ist die Behandlung des Selbstmörders in Gesellschaften, in denen Selbsttötung (außer im Fall von Ehrverlust) als verurteilenswert angesehen wird. Je größer die Bereitschaft ist, die sozialen Faktoren, die einen Menschen zum Suizid treiben können, anzuerkennen oder wenigstens an dem Grundsatz festzuhalten, hier bestehe kein Recht zu richten, desto eher wird ihm ein »ehrliches« Begräbnis und die öffentliche Anerkennung seines Statusüberganges zuerkannt werden. Geistliche, die über die Glorifizierung des Toten sich beklagen und sich beschweren, von den Angehörigen dazu gedrängt zu werden, sollten sich stets fragen, wieweit sie in ihrer gesamten Arbeit zu der Erweiterung der Ambivalenz-Toleranz beigetragen haben; weil diese oft in der Öffentlichkeit und in einer Familie sehr gering ist, bleibt den Hinterbliebenen keine andere Wahl, als auf einer Idealisierung zu bestehen.

8.23 Gedenken und Erinnern

Auch wenn von allen Bewältigungsmechanismen der Trauer der des Erinnerns unbestritten die höchste soziale Anerkennung genießt, so ist es doch nicht schwer, auch diese Form der Bewältigung theologischer Kritik zu unterwerfen. Sie ist schon dem Redner am Grabe nicht geheuer, sonst bedürfe es nicht des Pathos, mit dem die Gedenkansprache vorgetragen wird. Der Trauernde selbst wird bald spüren, wie kurz das Gedächtnis der Arbeitskollegen und früheren Freunde ist, und wird es voll Bitterkeit aufnehmen. Die Kriegsdenkmäler wären nicht so wuchtig und überladen, wenn es nicht allzu naheliegend wäre, die Opfer eines Krieges zu vergessen. Das kollektive Gedächtnis der Gesellschaft, einer Kirche oder einer Partei mag einige bedeutende Tote in ihr Gedenken aufnehmen, bedeutende Politiker, Märtyrer, Reformatoren, prominente Opfer einer später siegreichen Bewegung, in die das Todesschicksal des einzelnen Individuums eingebettet wird, aber auch dieses Gedächtnis reicht nicht weiter als das Bestehen dieser sozialen Organisation selbst.

Obgleich das Motiv des Erinnerns in der Kirche und Theologie eine gewichtige Rolle spielt – man braucht nur auf die Abendmahlsworte zu verweisen: »Dies tut zu meinem Gedächtnis« –, sind theologisch vier wesentliche Punkte zu nennen, die den Abwehrmechanismus des Erinnerns auch kritisch sehen lehren: (1) die Glorifizierung des Toten; (2) die Begründung des Erinnerns auf der Leistung des Verstorbenen; (3) das Verhaftetsein der Erinnerung an die Vergangenheit; (4) die Vergänglichkeit der sozialen Gruppe, die die Erinnerung trägt und erhält.

(1) *Glorifizierung des Toten:* Auf die vielfältigen Motive, die hinter der Glorifizierung des Toten liegen, ist bereits oben eingegangen worden. Ambivalenzkonflikt und Wahrung des gesellschaftlichen Ansehens sind dabei in ihren vielfachen Verzweigungen die wichtigsten, aber nicht die ausschließlichen Motive. Vielfach werden Pfarrer hier mit der eigenen theologischen Tradition konfrontiert, wenn auch in einer verzerrten und säkularisierten Form. Wie stark in der Orthodoxie und bis in die Aufklärung hinein die Schilderung des Lebenslaufs dazu diente, das Wirken Gottes in dem Leben des Verstorbenen aufzuweisen, ist bekannt; R. Hartmann hat die historische Entwicklung exemplarisch an dem »Autobiographischen in der Basler Leichenrede« herausgestellt[41]. In der Lüneburger Kirchenordnung von 1643 heißt es: In der Leichenrede sei von Tod und Auferstehung zu sprechen, es könne »daneben kürtzlich angezeiget werden vom Glauben und Bekenntniß oder gutem Wandel der Verstorbenen, damit andere Leute angereitzet werden, ihrem Christlichen Exempel zu folgen; was aber weltlichen Stoltz, Pracht und Ehrgeitz angelanget, solches soll und kan so viel möglich omittiret und vorbey gegangen

werden«[42]. Vereinzelt wird auch heute die Einbeziehung des Lebenslaufes in die Beerdigungsansprache vertreten, so etwa bei H. Maser: »Jeder Lebenslauf ist eine gewichtige Sache, weil nicht nur in den erahnten und geglaubten besonderen Führungen Gottes, sondern in allen Stücken ein Menschenleben die positive oder negative Geschichte eines Menschen mit Gott umfaßt.«[43] Kritisch eingeschränkt ist diese Zustimmung zur Aufnahme des Lebenslaufes in die Grabpredigt bei H.-J. Geischer: »›Vestigia dei‹ im Leben des Toten aufzuzeigen, kann nur heißen: zu zeigen, daß Gottes Kraft in uns Schwachen mächtig ist (2. Kor. 12,9). ›Führungen‹, Gaben, Engagement, Geduld im Leiden, Liebe – das alles entsprang dieser Kraft.«[44]

Es wäre eine wesentliche theologische Hilfe für den Trauernden, ihm (und dem Pfarrer selbst) verständlich zu machen, warum ihm so an der überhöhten Ehrung des Trauernden liegt. Es gibt eine ganze Reihe von Gründen, die nicht der theologischen Kritik verfallen sollten: Die Liebe mag übertrieben erscheinen, weil der Trauernde jetzt erst erfährt, was er verloren hat. Es kann sein, daß er versucht, auf diese Weise Versäumtes gutzumachen, das »geheime Ziel des Hasses (sc. mag Y. S.) erreicht und der Haß sozusagen mit entschlafen sein« (Th. Bonhoeffer)[45]. Es ist eine Versöhnung erreicht. Wir haben oben bereits hervorgehoben, daß gesellschaftlich gesehen diese »letzte Ehre« vielfach die einzige ist, die diesem Individuum zuteil wurde; es kann darum gehen, ihn vor unberechtigten Verdächtigungen und Moralismen in Schutz zu nehmen (zB. dann, wenn Alkoholismus und Selbstmord allein persönlicher Verantwortung zugeschoben werden).

Ziel sollte jedoch sein, den Toten nicht als den zu sehen, der er war, sondern so anzusehen, wie Gott ihn ansehen wird. Es muß die Einsicht verstärkt werden, die H. J. Iwand einmal formuliert hat: »Wir werden von alledem nur noch etwas wissen, indem wir es von Gott her sehen, ... aber nicht mehr sehen an uns.«[46] Was Liebe und Leben bedeuten können, ist unter dem eschatologischen Aspekt nur so zu beschreiben, wie Jesus Christus diesen Menschen gesehen hat, für den »Vergeben und Vergessen« eins war, während für Menschen dem Vergeben durchaus kein Vergessen zu folgen braucht. Um noch einmal Iwand zu zitieren: »Das, was wir von Gott erbitten, ist gerade dies: Er möge den Erinnyen wehren, die uns nicht vergessen lassen wollen, wer wir sind und was wir getan haben.«[47] Zu fördern, den Verstorbenen unter diesen Kriterien herauszustellen und zu ehren, ist theologisch legitim. Ihn nicht nach dem, was er war, sondern nach dem, was er sein wird, zu beurteilen, wenn die Zweideutigkeiten schwinden, die jedes menschliche Leben überschatten, ist die theologische Aufgabe. Sie ist ohne Zweifel auch unter therapeutischen Aspekten die richtige.

(2) *Erinnern und Leistung:* Das Problem der Glorifizierung und Erhöhung ist heute verschärft, da in den meisten Fällen die Hinterbliebenen und der Pfarrer von verschiedenen Vorstellungen ausgehen, was an einem Leben zu achten sei und bleiben werde. Sofern man Aussagen von Todesanzeigen und eigene Wertvorstellungen der Hinterbliebenen gleichsetzen kann, ist das Kriterium ein Leben voll Arbeit, die unermüdliche Sorge für die Familie, die rastlose Aufopferung für eine Aufgabe. Sie haben dem Leben seine Würde gegeben. Der Pfarrer neigt dagegen dazu, sein Urteil über den Wert eines Lebens danach auszurichten, wieweit der Verstorbene mit Christus verbunden war. Wirkt ein moralisches Urteil des Pfarrers aber schon für die Trauergemeinde pharisäerhaft, um so mehr ein Urteil über den Glauben; hier wird stärker noch als beim moralischen Urteil dem Pfarrer das Recht abgesprochen, ein Urteil zu fällen, das Gott allein zusteht.
In der Berliner Pfarrerbefragung äußern sich dazu zwei Pfarrer:[48]

»Leute, die nicht im christlichen Glauben stehen, erwarten allgemein zuviel vom Pfarrer, denn er kann ihnen wenig sagen, wenig versprechen. Ruft er die Leute zur Buße auf, oder spricht er gar von der Nichterlangung der Gnade, dann wird er ›gesteinigt‹ . . . Bei Beerdigungen kommt nie etwas heraus.«
»Taufe und Trauungen erzeugen in mir keine Glaubensbedenken. Not bei Beerdigungen, auf der einen Seite möchte man die Pietät nicht verletzen, auf der anderen kann man die Verstorbenen nicht seligsprechen . . . Ich will es ganz derb sagen. (Mit Nachdruck) Das habe ich in der Gemeinde auch schon gesagt: Man müßte bei der Beerdigung sagen, der Heimgegangene hielt sich nicht an Gott, also muß man annehmen, daß er verloren ist. Darum sage ich Euch, bekehrt Euch zu Jesus, damit es Euch nicht so geht. – Aber das verbietet die Pietät.«

Erschwerend kommt hinzu, daß in der Großstadtsituation der Pfarrer die einzelnen Gemeindemitglieder häufig nicht kennt, die er beerdigt. Diese Schwierigkeiten zusammen legen die Versuchung nahe, fast völlig auf einen Bezug auf den Verstorbenen zu verzichten und zu einer reinen Glaubenspredigt zu kommen, die sich jedes Urteils und jeder Stellungnahme über den Verstorbenen enthält[49].
Wenn es hinsichtlich des Werts eines Lebens zu einem Urteil kommen soll, dann am ehesten unter dem Gesichtspunkt einer Kritik dessen, was ein erfülltes Leben ausmacht. Ist es theologisch verantwortbar, daß eine Mutter gelobt wird, weil sie nichts als ihre Familie gekannt hat, oder ist sie nicht den Wünschen und Erwartungen dieser Familie geopfert worden? Es wären die Normen einer allein auf Leistung orientierten Gesellschaft zu hinterfragen, die einen Mann in mittleren Jahren am Herzinfarkt sterben lassen; es ist keineswegs theologisch legitimer, wenn es ein Pfarrer ist, der unter solchen Bedingungen plötzlich stirbt, auch wenn dann von »rastloser Tätigkeit im Dienst des Evangeliums« gesprochen wird. Andererseits sollte eine solche Tätigkeit für den Beruf oder für die Familie nicht im

Hinblick auf das verstorbene Individuum abgewertet werden; was hatte es schon angesichts der bestehenden gesellschaftlichen Verhältnisse für andere Möglichkeiten einer halbwegs sinnvollen Lebensgestaltung? Das Formelhafte, mit dem in Anzeigen und Beerdigungsansprachen dieses vergangene Leben hervorgehoben wird, hat seine Ursache nicht nur darin, daß selbst den Familiengliedern das individuelle Leben verborgen ist, es zeigt auch an, daß über dieses Leben gesellschaftlich nichts Erinnernswertes zu sagen ist. Es wäre gegen das Evangelium gehandelt, nun gerade das, was einem solchen anonymen Leben noch geblieben ist, die »treue Pflichterfüllung« etwa, auch noch verächtlich zu machen.
(3) *Verhaftetsein an die Vergangenheit:* Nicht nur psychologisch, sondern auch theologisch gesehen besteht die Gefahr, daß Erinnern eine Person in der Vergangenheit festhält, sie auf diese Vergangenheit hin behaftet und nicht sehen will, daß Erinnern ein Prozeß ist, der zu der Einsicht darüber führt, was erst werden will. Theologisch gesehen hängt es entscheidend davon ab, wie Christus erinnert wird; die Struktur der Erinnerung, in der Christi gedacht wird, bestimmt zugleich die Struktur, wie ein Verstorbener erinnert wird. K. Barth hat versucht, dies in seiner Kritik an dem unumkehrbaren Nacheinander von Vergangenheit, Gegenwart und Zukunft zu verdeutlichen, indem er einer »Zeit der Erinnerung« eine »Zeit der Erwartung« entgegensetzt, die beide unter dem »est« der göttlichen Offenbarung zusammengefaßt sind[50]. »*Vor* diesem Offenbarungsdatum gibt es nicht nur Ausschau, sondern auch Rückblick, ebenso *wie danach* sich die Hoffnung vom Angedenken aufsaugen ließe« (Sauter)[51].
Besonders Sauter und Metz haben, je von ihrem theologischen Standort her, ein der Vergangenheit verhaftetes Erinnern kritisiert. Sauter geht es darum, daß das Prinzip der Schöpfung nicht in die mythische Urzeit zurückführt, es ist »kein Ursprungsaugenblick, zu dem der Mensch zurückkehren müßte, um Zukunft zu gewinnen: eine Zukunft, die sich in diesem Ursprung angelegt zeigt, aber im Rückgang auf ihn hervorgerufen, verwirklicht werden muß. Das ›in principio‹ der Verheißung bestreitet die ἀρχή der Wiederholung in ihrer eigensten Potentialität: möglicher Neuschöpfung«[52]. Der Schöpfungsmythos ist nicht das, was erinnert werden muß, um zu der heilen Welt zurückzukehren, sondern er ist »eschatologischer ›Entwurf‹«[53], wie die Welt nach dem Willen Gottes sein und werden soll. Glaube ist keine Rückkehr, analytisch gesprochen, zu den »Müttern« oder zu den »Archetypen«, sondern ist Erinnerung an die Verheißungen.
Metz hat in einer ähnlichen Weise von der »memoria Jesu Christi« gesprochen. Sie »zeigt sich nicht als eine Erinnerung, die trügerisch entlastet von den Wagnissen der Zukunft der Freiheit. Sie ist nicht etwa eine bürgerliche

Gegenfigur zur Hoffnung, sondern sie enthält gerade eine bestimmte Antizipation der Freiheitszukunft, ein gefährlich-befreiendes Gedächtnis ..., das uns zwingt, uns selbst ständig unter ihm zu verändern, wenn wir es nicht selbst endgültig verlieren wollen.«[54] Glaube ist weder Zustimmung zu Glaubenssätzen noch unverfügbare Existenzentscheidung, sondern ist ein Verhalten, »in dem der Mensch sich an ergangene Verheißungen und angesichts dieser Verheißungen gelebte Hoffnung erinnert und sich an diese Erinnerungen lebensbestimmend bindet«[55]. Der wesentliche Inhalt dieser Erinnerung ist, daß die Herrschaft über Menschen aufgebrochen wurde und sich Jesus zu den Unscheinbaren, den Ausgestoßenen und Unterdrückten bekannte. Erinnerung ist keine Verklärung der Vergangenheit, sondern ruft vergangene Schrecken wie vergangene Hoffnung zurück.

Die theologischen Denkfigurationen von Sauter und Metz zeigen eine starke strukturelle Verwandtschaft mit den psychoanalytischen von Freud und Caruso. Die Erinnerung an die Vergangenheit dient dazu, befreiende Kräfte zu aktivieren und abgebrochene Verheißungen und Entwicklungen wieder aufzunehmen. Im Glauben geht es wie in der Analyse und der Trauer nicht darum, die Erinnerung in einer verklärten Vergangenheit verschwimmen zu lassen, sondern die Verheißung und die Unerfülltheit sichtbar und bewußt zu machen, die über einem Menschenleben liegen, um unter Verwendung spezifischer Erinnerungen zu einem Neuansatz zu finden.

(4) *Erinnerung und soziale Gruppe:* Theologisch gesprochen kann von einer bleibenden Erinnerung nur im Zusammenhang mit Gott gesprochen werden; jedes menschliche Versprechen, den Verstorbenen niemals zu vergessen, jedes Bemühen, sich ein unzerstörbares Denkmal der Erinnerung zu setzen, müssen Illusion bleiben[56]. Menschliches Erinnern sichert kein Weiterleben. Es ist derzeit kaum nötig, die Verkündigung hierauf aufmerksam zu machen, wohl aber darauf, daß die Versicherung, des Verstorbenen zu gedenken, durchaus positive Funktionen hat. Sie muß sich dann aber in den Grenzen dessen halten, was Menschen wirklich leisten können: wenn von Erinnern nur dort gesprochen wird, wo wirklich der Verstorbene andere Menschen beeindruckt und positiv bestimmt hat. Dagegen muß das Versprechen, dem Verstorbenen ewig treu zu bleiben und ihn nie zu vergessen, früher oder später zu Schuldgefühlen, Verdrängungen und Verbitterung führen, weil es Menschenmögliches übersteigt.

Es ist realistischer, wie Ps. 88,13 dies tut, von dem Reich der Toten als dem »Land des Vergessens« zu sprechen. Als eschatologisches Symbol ist Erinnern, um mit den Worten E. Jüngels zu sprechen, »gerettete Vergangenheit«. Sie ist »Vergangenheit in der Gegenwart Gottes, ist von Gott selbst vergegenwärtigte und von Gott ... verherrlichte Vergangenheit«[57].

Für Tillich ist die ewige Erinnerung lebendige Bewahrung der erinnerten Sache, in einer kühnen Metapher könne man sagen, daß »das Zeitliche in einem fortwährenden Prozeß zur ›ewigen Erinnerung‹« werde. Dagegen wird das Negative nicht erinnert, sondern als das durchschaut, was es ist, als Nicht-Sein. Es ist jedoch in der »ewigen Erinnerung« gegenwärtig als das, was überwunden wurde[58].

8.3 Der Mechanismus: Inkorporation

8.31 Psychologische Aspekte

Wie bereits oben erwähnt wurde, werden in den Theorien über die Trauer die Begriffe »Introjektion«, »Identifikation«, »Inkorporation« und »Internalisierung« unterschiedlich verwendet und nicht klar voneinander unterschieden. Wir haben uns entschlossen, mit dem Begriff der »Introjektion« die Rekonstruktion des Verstorbenen mit seinen Vorstellungen und Wünschen im Trauernden zu bezeichnen. Ist diese Introjektion überwiegend bestimmt durch die aggressiven Beziehungen zwischen dem Toten und dem Lebenden, sprechen wir von einer »Identifikation mit dem Aggressor«, und kürzer von einer »aggressiven Identifikation«; sind diese Beziehungen überwiegend objektlibidinös, so sprechen wir von einer »Inkorporation«, wobei häufig jedoch die Grenze fließend ist[1].
Der Begriff »Inkorporation« deutet darauf hin, daß in diesem Bewältigungsmechanismus der Verstorbene in seiner vollen Persönlichkeit angenommen wird, nicht nur in seinen aggressiven oder glorifizierten Zügen. Anne Philipe beschreibt das hier Gemeinte:

»Ich habe dich zu sehr geliebt, um hinzunehmen, daß dein Körper verschwindet, und zu verkünden, daß deine Seele genügt und weiterlebt. Und wie soll man es anstellen, sie voneinander zu trennen und zu sagen: Dies ist seine Seele, und das ist sein Leib? Dein Lächeln und Blick, dein Gang und deine Stimme, waren sie Materie oder Geist? Beides, aber untrennbar.«[2]

Zum anderen hat Abraham, wie oben dargestellt, Depression und Trauer insbesondere mit der oralen Phase verbunden. Er hat im Anschluß an Freuds Analyse des frühkindlichen Narzißmus[3] die Introjektion als »orale Einverleibung«[4] bezeichnet und dies an den zahlreichen entsprechenden Symptomen zu belegen versucht, die sich bei Trauernden aufweisen lassen.
H. W. Loewald hat den Vorgang der Inkorporation (die er Internalisierung nennt) im Trauerprozeß genauer beschrieben und ihn mit Trennungsvorgängen, die sich bei der Introjektion des Superegos beim Kinde und am Ende einer Analyse vollziehen, verglichen. Er hat dabei eine weitgehende Übereinstimmung festgestellt[5]. Er bezeichnet Introjektionen als

»bestimmte Umformungsprozesse, durch die Beziehungen und Interaktionen zwischen dem individuellen psychischen Apparat und seiner Umgebung in innere Beziehungen und Interaktionen innerhalb des psychischen Apparates umgewandelt werden. So wird eine innere Welt aufgerichtet, die dann sich rückwendend Beziehungen und Interaktionen mit der äußeren Welt unterhalten kann«[6]. Loewald betont, daß diese Loslösung keineswegs nur eine negative Ausrichtung hat, sondern daß Inkorporation Emanzipation bedeuten kann[7].

Dabei ist bei der Trauerarbeit »die Umwandlung von einer Objektbesetzung zu einer narzißtischen Besetzung in gewissen Grenzen eine Wiederholung der älteren Erfahrung, die oedipalen Beziehungen aufzugeben und sie im Ich wiederaufzurichten«[8]. Den wesentlichen Unterschied zu dieser frühen Form der Trennung sieht Loewald vor allem darin, daß bei der Trauer keine Eltern diesen Prozeß der Ablösung aktiv fördern und unterstützen. Verläuft der Prozeß der oedipalen Lösung in einer positiven Form, so wird das Subjekt in den Stand versetzt, im späteren Leben den Verlust ohne intensive Hilfe von außen zu bewältigen[9].

Man kann dies auch in der Sprache Melanie Kleins so ausdrücken, daß die guten inneren Objekte, die das Kind sehr früh in Gestalt seiner Eltern aufgenommen hat, mit ihm trauern und damit zugleich den Trauernden trösten. »Seinen Gefühlen nach teilen sie (sc. die guten Objekte Y. S.) seinen Kummer in derselben Weise, wie es wirklich gütige Eltern tun würden. Der Dichter erzählt uns, ›die Natur trauert mit den Trauernden‹. Ich glaube, daß ›Natur‹ in diesem Zusammenhang die innere gute Mutter darstellt.«[10]

Man braucht nicht, wie dies Roheim[11] und Abraham[12] tun, die Inkorporation als eine sublimierte Form einer ursprünglich allgemein üblichen Nekrophagie zu verstehen, um zu sehen, daß die »Einverleibung« des Liebesobjektes in symbolischen Handlungen und Redewendungen im allgemeinen wie auch im religiösen Bereich eine wesentliche Rolle spielt[13]. Da der Säugling noch keine klare Abgrenzung zwischen der Mutter und sich selbst vollziehen kann, hat er das Erlebnis, er nehme die Mutter in sich auf; später sich entwickelnde Formen der Einverleibung schließen sich hier an. Gerade weil Essen und Trinken zu den primären Bedürfnissen gehören und menschliche Grundtriebe darstellen, läßt sich an ihnen eine Fülle psychischer Vorgänge darstellen.

Wie jeder der hier behandelten defensiven Mechanismen hat auch die Inkorporation stärker regressive und stärker adaptive Aspekte. Die regressive Phase zeichnet sich durch eine deutliche Veränderung der Eßgewohnheiten aus[14]. Sie kann dahin gehen, daß der Verlust zur Appetitlosigkeit und damit zu einer Gewichtverminderung führt, wobei die Derealisationserscheinungen nicht nur auf das Sehen[15], sondern auch auf das Schmecken

übergreifen: das Essen schmeckt wie »Sand«[16] oder wie »Spreu und Sägemehl«[17]; die Anorexie entspricht dann der Apathie. Seltener[18] ist Bulimie, die sich nach G. R. Krupp am ehesten bei Jugendlichen finden läßt[19].
Nicht zu essen nach dem Tode eines Menschen kann für den Trauernden eine verpflichtende Bedeutung haben. Es besagt wie das Fasten, daß man einer besonderen Verpflichtung sich unterwirft. Sie wird in »primitiven« Stämmen oft für die Witwe und die näheren Angehörigen eines Verstorbenen vorgeschrieben[20]. Es ist voll mit der symbolischen Bedeutung verbunden, der »Welt abgestorben« zu sein und hat damit den gleichen Sinn wie das Fasten bei der Buße, wo ebenfalls eine Trennung von der Welt vollzogen wird; auch hier zeigt sich die doppelte Bedeutung des Sterbens auf der einen Seite und des Gewinnens einer neuen Welt auf der anderen.
Dagegen sind die unbefangene Teilnahme an der Leichenfeier und die Rückkehr des normalen Appetites das Anzeichen einer adaptiven Bewältigung. Die bereits erwähnte Traumfolge, die sich bei Abraham findet[21], zeigt in aller Deutlichkeit die regressive und die adaptive Seite der Inkorporation. Ein Fallbeispiel kann das (persistent gewordene) regressive Verhalten bei der Inkorporation im Trauerfalle zeigen:

»Eine Patientin, eine Frau von 39 Jahren, zeigt das Bild von übergroßer Eßlust. Ihre Mutter hatte vor vierzehn Jahren Selbstmord begangen. Der Vater lebte getrennt; es gab noch eine wenig jüngere Schwester und einen achtzehnjährigen Bruder. In den achtzehn Stunden, die dem Verlust folgten, zeigte die Patientin keine Emotionen, aber übernahm es, den Vater über den Verlust zu informieren (schonte ihn aber, indem sie ihm nicht mitteilte, daß es sich um einen Selbstmord handelte). Sie brachte die Geschwister in ein anderes Haus, arrangierte die Beerdigung usw. Am Ende der achtzehn Stunden, gegen Mittag, kurz vor der Beerdigung, hatte die Patientin ein plötzliches Verlangen nach einem Schokoladentrunk, eine seltene Erfahrung für sie. In den zehn Monaten nach dem Tode gewann sie allmählich fünfzehn Pfund an Gewicht, fast ohne es zu bemerken; sie hatte bis dahin niemals Übergewicht. Die weitere Analyse enthüllte, daß die Mutter sich seit der Kindheit der Patientin in sich zurückgezogen hatte, sie zurückgestoßen und später eine Involutionsdepression und paranoide Züge entwickelt hatte. Es bestand offensichtlich eine große Ambivalenz hinter dem emotionslosen äußeren Verhalten der Patientin. Sie beobachtete, daß seit dem Tod ihrer Mutter Spannungszustände erhöhte Eßlust in ihr hervorriefen; ein gefüllter angespannter Magen verschaffte ihr Entspannung, bezeichnete für sie aber auch Selbstbestrafung, weil sie sich selber haßte, oder war ein Ausdruck ihrer Feindseligkeit, ihre ›Feinde‹ zu verzehren (›durchzukauen‹). Zur gleichen Zeit erlaubte die Bulimie, die mütterliche Brust einzuverleiben und ihrem Entzug vorzubeugen, nach der sie so sehr in Augenblicken der Hilflosigkeit verlangte.«[22]

Man wird sicher Redlich und Freedman Recht geben müssen, die vor einer zu raschen Übersetzung der »Organ-Sprache« warnen[23]. Zwar hat jede körperliche Reaktion, wie sie von dem Trauernden erlebt wird, ihre symbolische und psychische Bedeutung, aber vielfach bestimmt erst diese Interpretation die weitere Bewältigung der Trauer. Symptome, die sich mit regressiven und adaptiven Formen der Inkorporation verbinden lassen, können auf ältere Konflikte und später erworbene Bewältigungsformen verweisen; sie müssen nicht unbedingt im Zusammenhang mit dem aktuellen Todesfall stehen. Häufig gelten sie für alle Verlusterfahrungen gleichermaßen; Appetitlosigkeit und daraus folgende Abmagerung müssen nicht bedeuten, man wolle dem Toten nachsterben, sondern können auch generell (wie etwa in der Adoleszenz) die mangelnde Bereitschaft bekunden, ein Liebesobjekt trotz der Forderung des Realitätsprinzips aufzugeben.

Zugleich ist es entscheidend, welche Bedeutung Essen überhaupt und bestimmte Speisen für den Trauernden besitzen. Wie W. W. Hamburger herausgestellt hat, kann Appetit sehr unterschiedliche symbolische Bedeutung haben. Träume von Essen enthüllen gewöhnlich ein Verlangen, das nichts mit der akuten Hungerstillung zu tun hat, nämlich interpersonale Gratifikation, sexuelle Befriedigung oder auch Ausdruck von Feindseligkeit (Beißen, Zerkauen) und langsame Selbstzerstörung[24].

Charlotte G. Barcock hat drei adaptive Funktionen des Essens herausgestellt, mit denen sich Symptome der Patientin in dem obigen Fallbeispiel interpretieren lassen. Essen kann Angst und Spannungen beseitigen; es kann das Gefühl vermitteln, geliebt und angenommen zu sein, wie es umgekehrt dazu führen kann, andere zu beeinflussen, zu gewinnen und zu besänftigen[25].

Sofern Essen eine solche helfende und unterstützende Funktion für den Trauernden hat, kann es in seiner faktischen und übertragenen Form ihm helfen, die Einverleibung des Toten zu fördern. Sich etwas Gutes zu tun oder Gutes tun zu lassen, bestätigt, um in der Sprache Melanie Kleins zu sprechen, daß die guten Objekte nicht gestorben sind, sondern sich durch Essen in seiner praktischen und symbolischen Bedeutung wiederbeleben und im Innern wiederaufrichten lassen. Es zeigt, daß die Kommunikation mit der Welt nicht abgebrochen ist, sondern zusammen mit dem Verstorbenen in dem Trauernden neu erbaut wird.

8.32 Soziologische Implikationen

Daß sich an die Beerdigung eine gemeinsame Mahlzeit anschließt, ist ein nahezu universaler Brauch, der in unserer Gesellschaft die sichtbarste Kontinuität zwischen den »primitiven« und den heute gebräuchlichen Trauerriten darstellt. »Das Brot der Trauer« und »der Becher des Trostes« werden als israelitische Sitte Jer. 16,7 genannt bei der Klage über den Untergang des Volkes, wo niemand mehr zum Trösten da ist: »Man wird auch nicht unter die Trauernden Brot austeilen bei der Klage, sie zu trösten über der Leiche, und wird ihnen auch nicht aus dem Trostbecher zu trinken geben über Vater und Mutter.«[26] Es waren wohl Verwandte und Freunde, die den Trauernden Brot und Getränke brachten, da vermutlich im Trauerhaus nicht gekocht werden durfte, damit keine todbringende Substanz in das Essen eindringen konnte. 2. Sam. 3,35 kommt das gesamte Volk nach Davids Totenklage zu Abner, um mit dem König das Brot zu essen, während dieser einen Schwur des Fastens ablegt und spricht, »Gott tue mir dies oder jenes, wenn ich Brot oder irgend etwas anderes zu mir nehme, ehe die Sonne untergeht«. Es zeigt sich vielfach die Sitte, den Trauernden geradezu zu zwingen, etwas zu sich zu nehmen.

Bei den Trauermahlzeiten spielen ohne Zweifel die Kommunion mit dem Verstorbenen und damit das Opfer für ihn eine wesentliche Rolle[27]. Im Alten Israel fanden offensichtlich Totenopfer statt, die aber von offizieller Seite unterdrückt wurden. So gilt nach Hosea 9,4 das Brot der Trauernden als unrein, »an dem alle unrein werden, die davon essen; denn ihr Brot sollen sie für sich selber essen und es soll nicht in das Haus des Herrn gebracht werden«. Deut. 4,14 verpflichtet den Israelit bei der Abgabe des Zehnten, der für Leviten, den Fremdling, den Waisen und Witwen bestimmt war, zu dem Eid: »Ich habe nichts davon gegessen in meinem Leide und ich habe nichts davon getan in Unreinheit. Ich habe nichts dem Toten davon gegeben.« Hier steht die Unreinheit des Totenbrotes und das Totenopfer im engen Zusammenhang. Ihre Verbindung zeigt, wie sehr die Trauermahlzeit neben der Tröstung und der Hilfe für den Trauernden auch die Bedeutung des Totenopfers gehabt hat. Diese Sitte ist in der Umwelt Israels bezeugt, mußte aber als Totenkult mit der offiziellen alleinigen Verehrung Jahwes in Widerstreit geraten. Zudem bestand die Sitte, Speise und Trank an das Grab zu stellen (Sir. 30,18), ein Brauch, der sich heute noch bei Beduinen findet, bei denen die Trauermahlzeit am Grabe stattfindet[28].

Trauerbrot und Trostbecher sind sicherlich nur Formeln für das offizielle Leichenmahl, das für das Spätjudentum gut bezeugt ist. Josephus vermerkt beim Bericht über den kostspieligen Leichenschmaus, den Archelaos beim Tode seines Vaters Herodes für das Volk veranstaltete, daß der Brauch damals schon in einem solchen Umfang geübt wurde, daß viele Juden dadurch verarmten, da es als Pietätlosigkeit galt, ihn zu unterlassen. Dabei scheint es Verpflichtung gewesen zu sein, besonders auf die Reichlichkeit der Speisen zu achten[29].

Die Trauermahlzeit findet sich nicht anders auch in den deutschen Volksbräuchen und im gegenwärtigen Trauerverhalten. Zumeist versammeln sich die Trauernden und Kondolierenden in einer Wirtschaft in der Nähe des Friedhofs (im Dorf wird zumeist darauf geachtet, daß reihum jeder der Gastwirte zu seinem Recht kommt), wo Kaffee, Kuchen, belegte Brote oder ein richtiges Essen geboten werden und Schnaps und Bier rasch die Stimmung heben. In früheren Zeiten waren diese Feiern oft sehr turbulent.

Aus dem Odenwald wird noch um 1900 berichtet: »Es gab förmliche Schmausereien und Zechgelage und große Geldsummen gingen dabei drauf, jahrelang pflegten die Leute zu sparen und jeden Groschen zurückzulegen, damit nach ihrem Leichenbegängnis ein großartiger Schmaus gehalten werden konnte.«[30] Dabei konnte es auch vorkommen, daß getanzt wurde. Daß die Totenmahlzeit mit der Inkorporation des Toten verbunden ist, zeigen Redewendungen wie »das Fell versaufen« oder »verzehren« oder »Was nützt mich die schönste Leiche, wenn ich dabei den Toten spielen muß«. Es ist nicht verwunderlich, daß die Regierungen des Absolutismus immer wieder und offensichtlich unwirksam die Leichenmahlzeit verboten haben, wobei die Besorgnis um die Verarmung der Trauernden Hand in Hand geht mit der zur Sparsamkeit und Nüchternheit anhaltenden calvinistischen Frömmigkeit, wie diese Absicht auch bei Verordnungen zu anderen Feiern, etwa der Hochzeit, sichtbar wird[31].

8.33 Leiblichkeit

In theologischer Sicht ist der Bewältigungsmechanismus der Inkorporation an zwei Punkten von Bedeutung: Einmal ist das gemeinsame Mahl ein Symbol des kommenden Aeon. Zum anderen stellt sich mit der theologischen Deutung des eschatologischen Mahles auch die Frage nach der gegenwärtigen und künftigen Leiblichkeit des Menschen.

Im Matthäus-Evangelium findet sich das Wort Jesu, daß viele von Osten und Westen kommen werden, um mit den israelitischen Erzvätern im kommenden Reich sich zum gemeinsamen Mahle niederzusetzen (Matth. 8,11). Ein anderes uns überliefertes Jesu-Wort spricht von dem Tage, an dem er das Gewächs des Weinstockes wieder genießen wird nach seinem Tode (Matth. 26,29). Die Gleichnisse charakterisieren das Mahl als die Erfüllung aller Erwartungen und Hoffnungen, wie im Gleichnis von den klugen und törichten Jungfrauen oder der Einladung zum großen Mahl, und als Vollzug der Versöhnung, wie im Gleichnis vom verlorenen Sohne. Daß Jesus als »Fresser und Weinsäufer« bezeichnet wird (Matt. 11,19) zeigt, wie wenig die Askese von ihm als Merkmal eschatologischer Vorbereitung angesehen wurde.

Auch die Auferstehungserscheinungen finden ihren jeweiligen Höhepunkt im gemeinsamen Mahl. Die Erscheinung des Auferstandenen in der Morgendämmerung am See Genezareth wird eingeleitet durch die Frage: »Kinder, habt ihr nicht etwas zu essen« (Joh. 21,5). An der Art und Weise, das Brot zu brechen, erkennen die Jünger in Emmaus, daß es Jesus ist, mit dem sie sich zum gemeinsamen Abendessen niedergelassen haben (Luk. 24 f). Essen und Trinken mögen dazu dienen, die Realität der Auferstehung eindrücklich vor Augen zu führen und alle Einwände abzuwehren, es

handele sich hier um die Einbildung der Jünger[32]. Wichtiger aber ist ihre Funktion, die eschatologische Gemeinschaft nicht als eine Gemeinschaft geistiger Wesen, sondern als eine Gemeinschaft von leibhaftigen Menschen zu charakterisieren. Sie wehrt jede theologische Spiritualisierung ab, die eine Befriedigung leiblicher Bedürfnisse als zu materiell verwirft.
Die eschatologische Aussage über das gemeinsame Mahl sichert und interpretiert, was mit einer leiblichen Auferstehung gemeint ist. Leiblichkeit ohne Zusammenhang mit dem Mahl zu interpretieren, droht der Verheißung der »Neuen Gesellschaft« ihren realistischen Charakter zu nehmen. Diese Gefahr besteht zB. bei Bultmann, wenn er in Zustimmung zu Paulus dem Menschen Leiblichkeit zuschreibt, »sofern er ein Verhältnis zu sich selbst hat« und sich damit zum Objekt seines Tuns macht oder sich als Subjekt des Erleidens erfahren kann[33]. Sauter hat mit Recht einen solchen anthropologischen Ansatz kritisiert, unsere Identität sei, mit dem Kolosserbrief gesprochen, »verborgen mit Christus in Gott« (Kol. 3,3)[34]. Ähnlich äußert Moltmann seine Kritik an Bultmann: Was der Mensch unter seinem Leibe verstehe, sei gerade nicht sein Selbst, sondern das, wovon sich der Mensch zu differenzieren verstehe. Seine leibliche, physische und soziale Existenz sei nicht identisch mit der »Existenz«, die Bultmann als Verhältnis zu sich selbst bestimmt habe. Weder gelinge dem Menschen die gänzliche Differenzierung und Objektivierung gegenüber der Welt noch die Identität mit sich selbst. »Stellt ihm die Verheißung der Rechtfertigung Versöhnung und Identität in Aussicht, so kann sie nicht allein Versöhnung des Menschen mit sich selbst meinen, sondern muß auch Erlösung seiner Leiblichkeit und der ihm gegenständlich gewordenen Welt meinen.«[35]
Deutlich hat auch P. Cornehl ausgesprochen, daß, wenn die Hoffnung auf die Zukunft menschlicher Subjektivität sei, sie nur als leibliche Auferstehung gedacht werden müsse und könne[36]. Er zitiert dazu aus der »Negativen Dialektik« Adornos: »Die christliche Dogmatik, welche die Erwekkung der Seelen mit der Auferstehung des Fleisches zusammendachte, war metaphysisch folgerechter, wenn man will: aufgeklärter als die spekulative Metaphysik; so wie Hoffnung leibhafte Auferstehung meint und durch deren Vergeistigung ums Beste sich gebracht weiß.«[37]
Das Mahl, in dem in entscheidender Weise ausgedrückt wird, was mit Leiblichkeit gemeint ist, ist eine der wichtigsten Symbolisierungen der »Neuen Gesellschaft«. Das eschatologische Mahl hat die vielfachen symbolischen Beziehungen zum Inhalt, die mit dem Essen und Trinken als einem wesentlichen menschlichen Grundbedürfnis gegeben sind[38]. Es bedeutet für das Ich Lebenserhaltung, Wärme und Schutz. Es verweist auf die heitere und gelöste Beziehung unter Menschen. Es hat zum Inhalt, daß hier Aggression zutage treten kann, wie dies mit dem Brechen und Zerkauen des Brotes ausgedrückt wird. Es ist umfassend, weil es sowohl

narzißtische, aggressive wie objektlibidinöse Bewältigung von Angst und Schuld verspricht.
Die kritische Aussagerichtung des Mahls richtet sich gegen ein Verständnis vom Menschen, in dem seine Leiblichkeit ohne Bedeutung ist. Durch die Verheißung der Leiblichkeit und des Mahles »wird erst unser ganzes Leben einschließlich des Essens und Trinkens, seiner Vitalität und Sexualität, einschließlich der privaten und öffentlichen Bereiche, wo der Hunger, die Machtfrage und letztlich das Töten regiert, unter den Zugriff Gottes gestellt« (Kreck)[39]. Die motivierende Aussage läuft darauf hinaus, die menschlichen Grundbedürfnisse in ausreichender Weise zu befriedigen, und zwar nicht nur hinsichtlich ihres physischen Aspektes, sondern auch hinsichtlich dessen, was alles sich an das Mahl der Verheißung bindet: Schutz, Anerkennung, Versöhnung.
Die Totenmahlzeit und das Abendmahl stehen in einer engen Verbindung. Ein wesentlicher Aspekt des Abendmahls ist die Erinnerung und die Inkorporation eines Toten. Dieser Zusammenhang ist im Verlauf der Kirchengeschichte immer wieder gesehen worden, vor allem in der alten Kirche. Sie bemühte sich darum, die von Christen zunächst unbefangen aus der religiösen Umwelt übernommene Sitte, Totenopfer und Mahlzeit am Grabe des Verstorbenen zu seinem Gedächtnis zu vollziehen, über die Totenmahlzeit an Märtyrergräbern, schrittweise zur Totenmesse umzubilden, in der die Inkorporation des Toten vermittelt wurde durch die Inkorporierung in den Leib Christi, in dem Lebende und Tote miteinander vereint sind. Im Protestantismus sind die Zusammenhänge zwischen Abendmahl und Beerdigungsfeier aufgelöst worden; aber auch in der katholischen Kirche ist die Totenliturgie so formalisiert worden, daß sich kein lebendiger Zusammenhang mehr zwischen dem Abendmahl und der Totenfeier ergibt. Versuche im Protestantismus, wie sie etwa bei Bürki[40] vorgenommen werden, bleiben allzusehr im Bannkreis liturgischer Traditionen, so daß eine Verbindung zur gegenwärtigen Lebensform kaum möglich erscheint.
Es ist nicht zuviel gesagt, wenn man von der gemeinsamen Feier nach der Beerdigung sagt, daß sie unter den gleichen Vorzeichen wie das Abendmahl stehe und vom Symbol des eschatologischen Mahles her ihre Kritik, Motivierung und Eingrenzung erhalte, auch wenn kein ausdrücklicher Bezug auf den Messias dabei genommen wird. Sie legitimiert sich von daher, daß sie die Hinterbliebenen untereinander und mit dem Toten versöhnt. Sie soll dazu beitragen, den Vorwürfen gegen den Verstorbenen ein Ende zu setzen und den Angehörigen zu helfen, die gegenseitigen Beschuldigungen wegen angeblicher Vernachlässigung, die Eifersucht darum, wer am besten für den Verstorbenen gesorgt habe, und die Unterstellungen egoistischer Interessen zu mindern. Es stört nicht, wenn dabei auch

bestimmte Formen von Aggression aus- und abreagiert werden. Die Totenmahlzeit soll die Möglichkeit geben, sich an den Verstorbenen zu erinnern in all seinen Schwächen und Stärken. Sie darf fröhlich sein, wenn auch besonders für die Trauernden diese Fröhlichkeit eine kurzfristige ist. Die Funktion, die sie durch Ablenkung, Tröstung und Demonstration von Familiensolidarität hat, ist durchaus legitim. Es besteht kein Grund, solche Feiern verächtlich zu machen, denn diese Mahlzeit steht unter der Erwartung des Zukünftigen.

8.4 Der Mechanismus: Substitution

8.41 Psychologische Aspekte

Als letzter der für die Trauerarbeit wichtigen defensiven Mechanismen ist der Mechanismus der Substitution zu nennen[1]. Auch er dient dazu, die Belastung zu bewältigen, die durch den Verlust eines emotional wichtigen Objektes entstanden ist. Das verlorene Liebesobjekt wird ersetzt durch ein anderes, das eine vergleichbare Gratifikation, die aber zumeist unter dem Wert des verlorenen Objektes liegt, bietet. Um eine solche Übertragung zu ermöglichen, muß es jedoch zumeist eine gewisse Ähnlichkeit zu dem verlorenen Objekt aufweisen[2].
Die Ablösung der libidinösen und aggressiven Bindung von einem verlorenen Objekt ist, wie S. Freud an einigen Stellen bemerkt, keine leichte Aufgabe, die zudem mit großen seelischen Schmerzen verbunden ist. »Wer das Seelenleben des Menschen kennt, der weiß, daß ihm kaum etwas anderes so schwer wird wie der Verzicht auf einmal gekannte Lust. Eigentlich können wir auf nichts verzichten, wir vertauschen nur eines mit dem anderen; was ein Verzicht zu sein scheint, ist in Wirklichkeit eine Ersatz- oder Surrogatbildung.«[3] Ähnlich pessimistisch äußert er sich 1929 in einem Brief an L. Binswanger: »Man weiß, daß die akute Trauer nach einem solchen Verlust ablaufen wird, aber man wird ungetröstet bleiben, nie einen Ersatz finden. Alles was an die Stelle rückt, und wenn es sie auch ganz ausfüllen sollte, bleibt doch etwas anderes. Und eigentlich ist es recht so. Es ist die einzige Art, die Liebe fortzusetzen, die man ja nicht aufgeben will.«[4] Freilich finden sich in »Vergänglichkeit« wie in »Trauer und Melancholie« auch Äußerungen, die von einem Freiwerden und einer Neuinvestition der Libido sprechen[5].
Die Substitution kann auf verschiedene Weise vor sich gehen: (1) Ersatz eines verlorenen Liebesobjektes durch eine andere Person; (2) Ersatz durch eine Tätigkeit, die in besonderer Weise eine Sorge für andere darstellt; (3) Ersatz in neuen Aktivitäten; (4) Ersatz durch orale Gratifikation. Besonderes Gewicht ist gerade bei dem Bewältigungsmechanismus der Substitu-

tion auf die Unterscheidung zwischen der regressiven und der adaptiven Phase zu legen.

(1) Bei Verwitweten, insbesondere dann, wenn sie noch eine gewisse Chance der Wiederverheiratung haben, werden in der regressiven Phase, wie Maddison und Walker beobachteten[6], der starke Wunsch und auch das aktive Bemühen sichtbar, einen neuen Gatten zu finden. Doch besteht zu diesem Zeitpunkt die Gefahr der Übertragung. Der Hinterbliebene ist in einer so ausgeprägten Weise noch auf das verlorene Objekt bezogen, daß er einem neuen Ehepartner nicht gerecht werden kann und die Züge des Verstorbenen auf das Substitut überträgt; in der adaptiven Phase erweist sich dies dann als eine unter Umständen schwer behebbare Täuschung. Ein Beispiel dafür wird bei Jackson beschrieben:

»Als Frau T. starb, schien Herr T., der sehr von ihr abhängig war, sehr verloren und desorganisiert zu sein. Frau W., eine verwitwete Freundin seiner Frau, füllte dieses emotionale Vakuum, und er übertrug rasch eine Reihe seiner Abhängigkeitsgefühle auf sie. Innerhalb weniger Wochen war er überzeugt, daß er sie liebe. Obwohl starke Unterschiede in Herkunft, Bildung und Temperament bestanden, war er bereit, jede Anpassung zu vollziehen, um seine emotionalen Bedürfnisse zu erfüllen. Es schien, als ob jedermann außer Herrn T. selbst den Mechanismus erkannte, der in seiner gefühlsmäßigen Übertragung am Werk war. Freunde versuchten taktvoll, Herrn T. vor einem unweisen Schritt zu warnen, aber er war für ihre Hinweise nicht offen. Er hatte eine fremde, eine von seiner Frau sehr unterschiedene Persönlichkeit mit den Vorstellungen und Gefühlen besetzt, die er gegenüber seiner verstorbenen Frau hatte. Er heiratete die Freundin seiner Frau, nur um rasch herauszufinden, daß seine Vorstellung und die Realität sehr verschieden waren. Die Frau, gegenüber der er eine Haltung der Abhängigkeit eingenommen hatte, entwickelte sich bald zum Diktator, und sein Leben war durch ein unverbrüchliches Band an jemanden gekettet, der aus seinen emotionalen Gefühlen Gewinn gezogen hatte zu einer Zeit, als er offensichtlich zu hilflos war, seine eigenen Gefühle zu verstehen.«[7]

Solche Übertragungsphänomene finden sich in der regressiven Phase vielfach und richten sich oft auch, wie unten noch zu zeigen ist, auf Ärzte und Pfarrer.

Von einer Variante solcher Substitution berichtete ein Pfarrer in einem der Pfarrseminare. Beim Einsatz während des Löschens eines Brandes war ein junger Mann, Mitglied der freiwilligen Feuerwehr, ums Leben gekommen. Er hinterließ eine 23jährige Witwe, die es als eine Art Vermächtnis ansah, in dem dortigen Dorf ein Haus zu bauen, was zwar seit einiger Zeit geplant war, wozu aber noch keine konkreten Schritte zur Realisierung eingeleitet worden waren. Die Witwe war in diesem Dorf selbst fremd und hatte dort keine Verwandtschaft. Die Kollegen von der freiwilligen Feuerwehr bestärkten sie in diesem Vorhaben, indem sie sich zu wesentlichem Mitwirken bei diesem Hausbau verpflichteten. Für die Feuerwehrleute war es ein aktives Mittel, diesen Schock zu bewältigen und zugleich mit ihren Schuldgefühlen fertig zu werden, die auf die unzureichende Berücksichtigung der Sicherheitsvorschriften zurückgingen. Der Pfarrer versuchte, lei-

der vergeblich, eine vorschnelle Entscheidung zu verhindern, weil er richtig erkannte, daß diese Form des Ersatzes der jungen Witwe es außerordentlich schwierig machen würde, sich von ihrem verunglückten Ehemann zu lösen, insbesondere dann, wenn das ganze Dorf an dem Bau dieser »Erinnerungsstätte« mitwirkte und finanzielle Verpflichtungen auf Jahre hinaus eingegangen werden mußten.
Besonderer Beachtung bedürfen die Fälle, bei denen Kinder zu Substituten verlorener Liebesobjekte werden[8]. Dies kann der Fall sein, wenn ein Kind stirbt und durch ein neues ersetzt wird[9], wenn ein Kind gezeugt wird mit dem sicheren Tod des Ehemannes vor Augen, oder wenn die Mutter oder der Vater bei dem Verlust des Ehepartners bei einem Kind Trost sucht. Besonders im letzteren Fall sind Kinder extremen Belastungen ausgesetzt, weil sie nicht nur selbst den Verlust eines Elternteils bewältigen, sondern auch zusätzlich den Erwachsenen trösten müssen.
Albert C. und Barbara S. Cain haben an einigen Extremfällen aufgezeigt, welche Belastungen auf ein Kind zukommen, wenn es als ein Ersatz für ein verlorenes Liebesobjekt gewählt wird[10]. Bei ihrer Untersuchungsgruppe handelte es sich um stark gestörte Kinder, die zu einem Zeitpunkt empfangen wurden, in dem ein anderes Kind auf Leukämie diagnostiziert worden war und voraussichtlich bald sterben würde. Die Störungen der Ersatz-Kinder beruhten weitgehend darauf, daß sie der Belastung eines Substitutes nicht gewachsen waren. Die Verfasser zählen einige Faktoren einer solchen Belastung auf, die in weniger intensiver Form auch für Kinder auftreten, die Geschwister oder ein Elternteil verloren haben.
Vielfach wachsen solche Kinder in einer Atmosphäre auf, die durch die Erinnerung an das tote Kind bestimmt ist. Sein Bild steht an einem sichtbaren hervorgehobenen Platz, die Mutter spricht ständig über es, sein Grab wird häufig besucht. Das neue Kind wird nach dem Modell des alten geformt, das häufig idealisiert wird. Das Ersatz-Kind muß die Erwartungen erfüllen, die die Eltern mit dem toten verbanden, insbesondere was sein Aussehen und seine schulischen Leistungen angeht. Es wird immer wieder mit dem toten Kind verglichen und muß dagegen zumeist negativ abschneiden.
Das Ersatz-Kind wird besonders sorgfältig behütet und überbeschützt. Jedes Überqueren der Straße und Ersteigen eines Baumes werden als potentielle Ursache einer erneuten Katastrophe angesehen. Jeder Husten und jede Hautabschürfung stellen die Eltern und das Kind selbst vor die Frage, ob dies nicht das Anzeichen eines drohenden Todes sei.
Besonders belastend wird die Situation, wenn die Frage nach der Schuld hinzutritt. Das Ersatz-Kind wird häufig annehmen, daß sein Vorgänger für irgendein Vergehen mit dem Tode bestraft wurde, zumal wenn Eltern dieses Verständnis durch Strafandrohungen verstärken. Bei den Eltern

mag zudem unbewußt der Gedanke hinzutreten, daß dieses Kind an der Stelle des verstorbenen steht und damit in irgendeiner Form verantwortlich ist für den Tod, den es erlitten hat.
(2) Eine wesentliche Form der Substitution stellt die »Sorge für andere« dar, auf die oben bereits im Zusammenhang mit der behinderten Trauer hingewiesen wurde[11]. W. A. Greene, der sich diesem Phänomen besonders zugewendet hat, spricht von einem »Stellvertreter-Mechanismus« (»proxy mechanism«)[12]. Das Individuum, für das gesorgt wird, findet sich gewöhnlich innerhalb der Familie, ist aber deutlich schwächer als der eigentlich Betroffene. Es ist ein Kind, ein jüngerer Bruder, eine jüngere Schwester oder jemand, der krank und besonders verzweifelt ist. E. Lindemann berichtet von einem Mädchen, das in der Brandkatastrophe beide Eltern und ihren Freund verliert. Sie scheint zunächst unbetroffen von dem Verlust zu sein und nimmt sich intensiv der Pflege ihrer zwei jüngeren Geschwister an. Sie zeigt keine Trauerreaktion während der folgenden zwei Monate. Erst als der Haushalt aufgelöst wird und die Geschwister zu anderen Pflegepersonen kommen, setzt die volle Trauer ein[13].
Zuweilen können auch entferntere Personen zu Pflegesubstituten werden, wie die Großeltern oder die Enkel, manchmal, vor allem bei Kindern, auch ein Tier[14]. Das stellvertretende Objekt hat gewöhnlich den gleichen Verlust wie der Hauptbetroffene erlitten. Dieser trauert nicht über den eigenen Verlust, sondern über den Verlust, den dieser Stellvertreter erlitten hat. Eine Mutter, die ihren Gatten verloren hat, mag lebhaft ihre Kinder bedauern, die einen so schweren Verlust zu tragen haben, und sich besonders um sie sorgen. Der Ausdruck der eigenen Hilflosigkeit, von dem der Betroffene annimmt, er werde von der Umgebung nicht gehört, wird auf den Stellvertreter projiziert, der dann zumindest jemanden hat, der ihm hilft. Der Betroffene »fühlt und verhält sich, als sei niemand da, der ihn hört, außer ihm selber«[15].
Sofern eine chronische Krankheit vorliegt, die nach langer Pflege schließlich zum Tode führte, liegt es nahe, an dem Verhalten des »Sorgens für andere« festzuhalten und es auf andere Sorgeobjekte zu übertragen. Eine Trauernde kann sich entschließen, Krankenschwester zu werden oder sich der Pflege eines kranken Menschen in der Nachbarschaft anzunehmen. Es hat sich für Mütter als durchaus hilfreich erwiesen, wenn sie an der Pflege ihrer hospitalisierten Kinder beteiligt wurden, die an Leukämie erkrankt waren[16]. Jedoch kann nach einer Beobachtung von Mary E. Bozeman et al. die freiwillige Mitwirkung der Mütter auch die volle Realisierung der Trauerarbeit behindern[17]. In einem Fallbeispiel, daß sich bei Greene findet, konzentriert sich eine verwitwete Ehefrau ganz auf die Sorge für ihre Kinder, ohne einen vollen Trauerprozeß zu durchlaufen; erst als viele Jahre später eine ihrer Töchter heiratet und ihr Sohn auf das College geht,

zeigt sich die verhinderte Trauer angesichts des Verlustes der stellvertretenden Objekte in einer ihr unerklärlichen Erschöpfung und Apathie[18]. Es ist daher sorgfältig bei der »Substitutionstherapie«, die E. Lindemann vorgeschlagen hat[19], darauf zu achten, daß die Trauer ihre volle Expression erreicht hat und diese Therapie nicht bereits in der regressiven Phase einsetzt.

Daß in der regressiven Phase die »Sorge für andere« auf eine Distanzierung von dem Verlust und dem Schmerz darüber hinausläuft, indem ein Objekt, das ebenfalls einen Verlust erlitten hat, dazwischen geschoben wird, läßt sich auch an der Behandlung der Todesnachricht aufweisen. Sudnow hat beobachtet: »In bezug auf die meisten Personen kann man an einem gewissen Punkt feststellen, daß das Gewicht des erlittenen Verlusts durch Tod seinen Charakter für die, die die Nachricht erhalten, wandelt. Aus einem Verlust, den die Benachrichtigten empfinden, wird ein Verlust, den sie für andere empfinden.«[20] Während die unmittelbar Betroffenen von dem Verlust sprechen, den sie oder ihre Mutter erlitten haben, drücken entferntere Verwandte und Bekannte das Bedauern aus, das sie für den Betroffenen und seine Mutter empfinden. Was Sudnow hier im Vorgang sozialer Kommunikation aufweist, zeigt, daß die Verwendung des »proxy mechanism«, der Sorge für andere, auf dem Effekt einer Distanzierung beruht. Wer statt selber zu leiden sich für andere sorgt, verhält sich dem Verlust gegenüber genauso distanziert wie entferntere Verwandte und Freunde.

Dies bedeutet keineswegs, daß die »Sorge für andere« in der *adaptiven* Phase keine positiven Auswirkungen hätte. Ina May Greer bringt das Fallbeispiel einer Frau, die nach langer Pflege ihre Mutter verliert. Der Trauerprozeß bleibt bei ihr in einer Depression stecken, doch beginnt sie sich nach einigen psychiatrischen Gesprächen auf eigene Initiative hin einen Beruf zu suchen. Sie versucht zunächst, eine pflegerische Beschäftigung zu finden, wird dort abgewiesen und findet eine andere Tätigkeit, die ihrer früheren gleicht. Zugleich übernimmt sie die Pflege einer Frau im Nachbarhaus[21]. Hier hat ganz offensichtlich nach dem Durcharbeiten der regressiven Phase der Mechanismus des »Sorgens für andere« zu einer adaptiven Bewältigung geführt.

(3) Bei der Substitution des verlorenen Liebesobjektes durch die rasche Aufnahme neuer Aktivitäten kann in der regressiven Phase die Gefahr bestehen, daß diese den Trauerprozeß behindern und es nicht zu einer vollen Anerkennung des Verlustes kommt[22]. Eine Fallbeschreibung von Edith Jacobson kann dies verdeutlichen:

Fräulein C. hatte vor anderthalb Jahren ihre Schwester verloren, mit der sie ungewöhnlich eng verbunden war. Seit dieser Zeit verharrte sie in einem depressiven Zustand, von dem sie sich nicht erholen konnte. Ihr Gefühlsausdruck war aufs äußerste kontrolliert, ihr

Verhalten war zurückhaltend. Ihr gesamtes inneres Leben schien leer, und sie konnte an nichts, auch nicht an ihrer Arbeit, ein Interesse finden. Zugleich war sie von großer Unruhe beherrscht. Sie vermied die Bekanntschaft mit Freunden und zog es vor, ihre Zeit auf Partys oder bei Besuchen mit oberflächlichen Gesprächen zuzubringen. Fräulein C. umging in jeder Weise den Kontakt mit Menschen und Dingen, die sie an den Verlust hätten erinnern können. Sie war voller Schuldgefühle gegenüber jedermann mit Ausnahme ihrer verstorbenen Schwester. Dies war offensichtlich eine Projektion der feindseligen Gefühle, die sie gegenüber ihrer Schwester empfand, aber nicht ausdrücken konnte. Sie gingen zu einem großen Teil auf kindliche Rivalitätskonflikte zurück. Ihre ruhe- und ziellose Aktivität verdeckte die Angst und den Schmerz, der mit dem Einsetzen der Trauerarbeit eintreten würde. Damit wurde nicht nur die Realitätsprüfung behindert, sondern die Schwester blieb verloren, weil sie sie trotz aller Liebe nicht in sich aufnehmen konnte. Auch zwei Jahre nach dem Tod war ihr Verhalten unverändert[23].

Auch hier setzt eine vorschnelle Substitution ein, bevor die Trauerarbeit durch die regressive Phase hindurch ist[24]. Die Warnung vor einer vorschnellen Substitution bedeutet keineswegs, daß der Trauernde ständig an seinen Verlust denken muß und sich nicht durch Tätigkeiten und andere Substitutionen eine zeitweilige Ablenkung verschaffen dürfte. Wesentlich ist nur, daß diese Ablenkungen kurzfristig sind, so wie auch die Verleugnung nur begrenzt eingesetzt werden sollte, um nicht die Anerkennung des Todes und die Loslösung von dem Verstorbenen zu behindern[25].

(4) Schließlich ist an die besondere Bedeutung zu denken, die orale Substitute haben. Hamburger spricht davon, daß »die Entwicklung von Symptomen des zuviel oder zuwenig Essens im Zusammenhang mit tieferliegenden emotionalen Konflikten zu verstehen sei und zwar unter dem Begriff des *substitutiven adaptiven* Mechanismus«[26]. In einem Fallbeispiel beschreibt Martha Wolfenstein bei einem Kinde, das seine Mutter verloren hat, einen unstillbaren Hunger, wobei es große Mengen von Essen und insbesondere von Süßigkeiten zu sich nimmt[27]. Im Zusammenhang der oralen Substitute ist auch der vermehrte Gebrauch von Medikamenten und Alkohol zu sehen, den Peretz[28], Maddison und Viola[29], und Clayton et al.[30] beobachtet haben, ebenso wie das häufig beobachtbare vermehrte Rauchen. Während orale Substitution in der regressiven Phase durchaus eine Hilfe sein kann, deutet eine anhaltende orale Substitution etwa in der Form von Alkoholismus auf ungelöste Konflikte, die zu einem Verharren in dieser Phase zwingen[31].

Bei dem Bewältigungsmechanismus der Substitution wird besonders deutlich, wie wichtig es ist, im Trauerprozeß die regressive und adaptive Phase zu unterscheiden. Solange der Trauernde noch mit dem Bild des Verstorbenen präokkupiert ist, solange er immer wieder in anderen Menschen nur die Züge des Verstorbenen entdeckt, solange er zwanghaft für andere sorgt und sich mit Tätigkeiten voll beschäftigt, um sich nicht dem Schmerz der Erkenntnis aussetzen zu müssen, solange mögen kurzfristige Substitutionen durchaus einen positiven Wert haben, sie sind vielfach notwendig, um die Trauerarbeit mit distanzierteren Formen beginnen zu können, bis sich die volle Einsicht in den Verlust und in den Zwang zur Neuorientierung durchgesetzt hat. Es sollte daher die Regel sein, während dieser Zeit keine Verpflichtungen und Bindungen einzugehen, die sich überhaupt nicht mehr oder nur mit zusätzlichen Belastungen lösen lassen. Es gilt hier der gleiche Rat, den S. Freud den Patienten für die Zeit der Analyse gegeben hat, nämlich »während der Dauer der Kur keine lebenswichtige Entscheidung zu treffen, etwa keinen Beruf, kein definitives Liebesobjekt zu wählen, sondern für alle diese Absichten den Zeitpunkt der Genesung abzuwarten«[32].

8.42 Soziologische Implikationen

Der Bewältigungsmechanismus der Substitution kommt der gesamtgesellschaftlichen Erwartung stark entgegen, auf ein störendes Ereignis nicht passiv und ergeben zu reagieren, sondern sich aktiv ihm entgegenzustellen und durch entschiedenes Handeln mit ihm fertig zu werden. Diese Erwartungen sind vielfach von dem Trauernden internalisiert und motivieren ihn, sich rasch in neue Tätigkeiten zu werfen und einen Ersatz für das verlorene Liebesobjekt zu suchen. Diese Forderungen werden von Beginn der Trauer an von Verwandten und Freunden vertreten, zunächst mit dem Hinweis, »sich nicht gehenzulassen« oder »sich zusammenzureißen«. Sie steigern sich aber dann rasch zu dem Druck, der Trauernde müsse weitreichende Entscheidungen etwa über das Eigentum des Toten und für seinen eigenen Wohnort treffen und sich neue Tätigkeitsfelder und Freunde suchen. Der Trauernde selbst fühlt sich zu Entschlüssen noch unfähig und empfindet Auseinandersetzung über das Erbe als eine Entweihung des Gedenkens an den Toten. Das Drängen auf eine Wiederverheiratung kann als Verrat an dem Verstorbenen aufgefaßt werden. Über die von ihnen befragten Witwen im Raume von Boston berichten Maddison und Walker, daß diese Erwartung ihnen von den Verwandten sehr rasch nahegelegt wurde. Dies war ohne Zweifel zumeist als Trost und Ermunterung gedacht, wurde aber von den verwitweten Frauen oft als Zumutung empfunden, als ob eine Beziehung wie die bisherige ohne weiteres zu ersetzen sei[33]. Der konventionelle Trost, »man habe doch noch seine Kinder« oder man »sei noch so jung, daß man sicher einen Mann wieder finden werde,« drängt den Trauernden in Aktivitäten, die für ihn die Konnotation von Treulosigkeit haben können. Sie würden zudem oft verhängnisvolle Folgen für ihn und seine Umwelt haben, wenn er diesem Druck nachgeben würde.

Der Mechanismus der Substitution stellt die Frage nach der Ersetzbarkeit eines Menschen. Wenn ein Betriebsinhaber am Grabe von der Unersetzbarkeit eines leitenden Angestellten spricht, muß dies für den Trauernden wie Hohn klingen, der weiß, daß unter den Beerdigungsteilnehmern vermutlich jemand bereits für die Stelle des Verstorbenen designiert ist. Wenn die verwitwete Frau dagegen von der Unersetzbarkeit dieses Menschen spricht, ist dies sehr viel glaubwürdiger. Dies macht darauf aufmerksam, daß in dem öffentlichen Bereich Ersetzbarkeit eine diametral entgegengesetzte Bedeutung hat als in der privaten Sphäre.

In dem Bereich der öffentlichen Arbeit ist eine Ersetzbarkeit einzelner Menschen bis in die Entscheidungsspitzen hinein nahezu vollständig gesichert. Die Pensionierung etwa garantiert nicht nur die Kontinuität einer intensiven Arbeitsleistung, sondern beugt auch Störungen vor, die durch den Tod in einer Altersphase zunehmender Mortalitätsrate drohen[34]. Klar durchdefinierte Aufstiegs- und Nachfolgeregelungen sichern die Ersetzbarkeit des einzelnen; wenige Stunden nach der Ermordung des Präsidenten ist sein Nachfolger bereits vereidigt. Dabei sollte man sich nicht romantischen Vorstellungen hingeben, als seien in früheren vorindustriellen Zeiten Menschen weniger ersetzbar gewesen; Leben war generell weniger wertvoll (wenn man von barbarischen Zwischenzuständen in der modernen Gesellschaft absieht) und bleibt es auch heute noch, wo die Industrialisierung sich noch nicht durchgesetzt hat. Tod konnte, wenn es sich um führende Kräfte in einer Gesellschaft handelte, größere Störungen im gesamtgesellschaftlichen System hervorrufen, etwa Erbfolgekrisen, aber die Ersetzbarkeit von Menschen war generell gesehen eher noch größer, als sie heute ist.

Dagegen sind die privaten Beziehungen in den durchrationalisierten industriellen Gesellschaften emotional wesentlich höher besetzt und stärker individualisiert als in früheren Zeiten. Dies gilt vor allem für die Beziehungen zwischen den Ehepartnern und zwischen den Eltern und Kindern. Überspitzt ausgedrückt, können Familienbeziehungen heute emotional so stark besetzt werden, weil sie auf der in der Tat sehr hohen Wahrscheinlichkeit aufbauen, daß kein Kind vor seinen Eltern stirbt und beide Eltern ein angemessenes hohes Alter erreichen. Je intensiver, je länger und je eindeutiger eine libidinöse Investition erfolgt ist, desto schwerer ist es, das verstorbene Individuum zu ersetzen; das gilt sowohl für Ehepaare, die über mehrere Jahrzehnte eine wirklich »glückliche« Ehe geführt haben, wie für den Tod eines heranwachsenden Kindes. In beiden Fällen ist eine echte Ersetzbarkeit kaum möglich.

Dies läßt sich erläutern an dem bereits erwähnten Trauerverhalten der Ifaluk, das Spiro beobachtete. Wenn ein Familienmitglied stirbt, zeigen die Angehörigen erhebliche Schmerzen und Trauer. Sobald jedoch die Beerdigung vorüber ist, sind die Trauernden in der Lage, zu lachen und sich so zu verhalten, als sei kein Verlust eingetreten. Spiro führt dies darauf zurück, daß heranwachsende Kinder keine besondere libidinöse Bindung an ein einzelnes Familienmitglied entwickeln, sondern daß diese Beziehungen weit gestreut und diffus sind. Dadurch ist das Familiensystem weniger verwundbar, freilich auch mit der Konsequenz, daß gegenüber dem Partner kaum intensive Gefühle der Liebe, Ambivalenz, Feindseligkeit, Identifikation und Abhängigkeit entwickelt werden. Dementsprechend wird der andere auch nicht als eine einzigartige und lebensnotwendige Persönlichkeit verstanden[35]. Es ist beobachtet worden, daß bei Kindern in Kibbuzim eine ähnlich diffuse Bindung zu verschiedenen Personen besteht und damit die Verwundbarkeit durch Verlust geringer ist als in einer durchschnittlichen Familie der Mittelklasse einer Industriegesellschaft[36]. Dagegen bindet unser Gesellschaftssystem die Emotionalität außerordentlich stark im familialen Bereich und erhöht dadurch erheblich die Verwundbarkeit von Mitgliedern des Familiensystems[37].

Volkart und Michael verweisen darauf, daß »unsere Kultur grundsätzlich Bedingungen schafft, unter denen der Verstorbene nicht zu ersetzen ist, weil er niemals wirklich verdoppelt werden kann. Die soziale Rolle kann prinzipiell nicht auch noch einen ›automatischen Ersatz‹ vorsehen, weil unser gesamtes intimes Beziehungssystem sich gegen eine beliebige Austauschbarkeit wendet.«[38]

Was Volkart und Michael allerdings nicht berücksichtigen, ist der Zusammenhang von hoher Triebbesetzung der familialen Beziehungen auf der einen und der zunehmenden rationalen Durchorganisierung des gesamtgesellschaftlichen Systems auf der anderen Seite[39]. Die Bewältigung des Todes eines Liebesobjektes ist eng verbunden mit der Organisation gesellschaftlicher Verhältnisse. Eine Wirtschaftsordnung, die darauf ausgerichtet ist, den Menschen zu einer freiverfügbaren und ersetzbaren Sache zu machen, emotionale Bindungen an den Arbeitsplatz und die Arbeitsgruppe unter dem Gesichtspunkt erhöhter Effizienz prinzipiell in Frage stellt und die Selbstbestimmung als unrationell abtut, muß notwendig die familiale Beziehung zu dem einzigen Ort der Individualisierung und Emotionalisierung werden lassen. Damit wird die Familie nicht nur in der Bewältigung des Todes überfordert. Alle Familienideologie und aller Familienzusammenhalt können bestenfalls eine private Individualität hervorbringen, die in der Gesellschaft zum Opfer scheinbar unverrückbarer Sachzwänge wird; sie können aber die Unersetzbarkeit der Person nur unter der langanhaltenden Depravierung erreichen und zudem ihr Weiterleben nur im Gedächtnis der Familie, nicht aber der Gesellschaft, garantieren.

Innerhalb dieser für die moderne Gesellschaft generell gültigen Trennung zwischen rationaler Arbeitswelt, in der ein Individuum jederzeit ersetzbar ist, und dem familialen Bereich, in dem hohe emotionale Bindung eine Ersetzbarkeit außerordentlich schwer macht, kann die Ersetzbarkeit auch von der internen Form der Familienorganisation abhängen. Legt man ein Kontinuum zugrunde, wie es Elizabeth Bott[40] für ihre Untersuchung Londoner Familien verwendet, so wären die beiden Extreme zu beschreiben als »segregated conjugal role-relationship« auf der einen und »joint conjugal relationship« auf der anderen Seite. Nach ihren Untersuchungen entspricht eine Ehebeziehung mit einer starken geschlechtsspezifischen Rollenteilung eher der traditionellen Familienform. Beide Ehepartner haben festgelegte Rollen, die sich wenig überschneiden. Der Ehemann hat enge Beziehungen zu den männlichen Vertretern der beiden Familien, insbesondere seiner eigenen, während die Frau starke Kontakte zu ihren weiblichen Mitgliedern hat. Die Ehebeziehung bedarf kaum einer höheren emotionalen Besetzung, als sie auch zu den übrigen Familienmitgliedern besteht. Wo im anderen Extrem die gemeinsame Ehebeziehung vorherrscht, ist die Rollendifferenz zwischen Mann und Frau nahezu völlig aufgehoben; der Mann übernimmt ebenso Aufgaben, die in der traditionellen Familie als weiblich gelten, wie dies die Frau auch ihrerseits tut. In einem solchen Falle sind die Beziehungen zwischen den beiden Ehepartnern sehr intensiv, während zu der erweiterten Familie nur lose Kontakte bestehen. Bott beobachtet, daß allgemein die Beziehungen der Frau zu ihrer Familie besonders intensiv sind, während beim Mann in stärkerem Maß das Netz der Beziehungen auch andere männliche Freunde einschließt[41].

Wendet man diese Systematik auf die zu erwartenden Reaktionen an, wenn der Tod des Gatten eintritt, so wird man annehmen können, daß die emotionale Betroffenheit in einer partnerschaftlichen Ehebeziehung gravierender sein wird als in einer Ehe mit starker Rollendifferenzierung. Bei der Ehefrau löst in der letztgenannten Familienform unter Umständen eher der Tod ihrer Eltern als der des Ehegatten seelische Komplikationen aus, denn sie ist weniger darauf vorbereitet, eine unabhängige und selbständige Lebensweise aufzubauen, wird wesentlich mehr auf ihre elterliche Familie angewiesen sein und, sofern die Umstände dies erzwingen, erheblich größere Schwierigkeiten haben, sich in die männliche Rolle des Geldverdienens hineinzufinden. Eine verwitwete Frau einer partnerschaftlichen Ehe wird vermutlich sehr starken emotionalen Belastungen angesichts der ausgeprägten seelischen Intimität in dieser Familienform ausgesetzt sein, kann aber viel eher auch wesentliche Teile der männlichen Rolle übernehmen.

Die Frage, ob eine Ehestruktur mit ausgesprochener Rollendifferenzierung oder eine stark partnerschaftlich bestimmte besser dazu geeignet sei, die

Krise der Trennung durch den Tod des Ehepartners zu bewältigen, kann sicher nicht alternativ beantwortet werden. Am stärksten flexibel für die Bewältigung von Krisen scheint weder das traditionelle Familiensystem noch die Kernfamilie zu sein, sondern das, was Sussman und Burchinal als »im Entstehen begriffener städtischer Familialismus«[42] bezeichnet haben. Sie konstatieren, daß sich zunehmend eine Familienform herausbildet, die gekennzeichnet ist durch eine Kernfamilie, die autonom funktioniert und selbständig und selbstverantwortlich ihre Entscheidungen trifft. Daneben besteht aber ein weites Netz von Familienbeziehungen, die zwar diese Entscheidungen mitzubeeinflussen suchen, aber nicht selbst entscheiden. Die weitere Familie steht vor allem der Kernfamilie mit Rat und Tat zur Seite und ist der Ort, an den sich die Ehepartner der Kernfamilie vor allen anderen Instanzen wenden und von denen sie in Krisenfällen, wie dem Tod, mit sicherer emotionaler und finanzieller Unterstützung rechnen können, die sowohl auf der generativen Linie wie zwischen den Geschwistern geleistet wird[43].
Daß diese Familienform auch für die westdeutsche Gesellschaft weitgehend Gültigkeit hat, zeigt sich an der starken Beteiligung der weiteren Familie bei Beerdigungen. Abgesehen von der emotionalen Bindung an den Verstorbenen, die eine Substitution schwer macht, besteht die Frage, wieweit die gesellschaftliche Organisation überhaupt eine Substitution ermöglicht. Dies zeigt sich besonders deutlich an der Möglichkeit der Wiederverheiratung. In unserer Gesellschaft sind zB. die Chancen einer Wiederverheiratung für Männer sehr viel günstiger als für Frauen. Die erhöhte Sterblichkeitsrate der Männer[44] bringt es mit sich, daß einem verwitweten Mann je nach Lebensalter fünf bis zehn verwitwete Frauen gegenüberstehen[45]. Hinzu kommt, daß ein Mann nach gesellschaftlichen Maßstäben eine jüngere Frau heiraten sollte, während eine Frau einen gleichaltrigen oder älteren Ehemann finden muß, damit werden die geringen Chancen für eine Wiederverheiratung noch stärker vermindert. Da ein Mann vielfach seine sozialen Beziehungen außerhalb der Familie hat, insbesondere durch Arbeitskollegen und Vereinsmitglieder, braucht er nicht in gleichem Maß auf seelische Vertrautheit bei der Wahl eines neuen Ehepartners Wert zu legen wie die Frau, die in einer Gesellschaft, in der die mütterliche Rolle stark betont wird, nur den Ehemann als Vertrauten hat. Sie muß zudem darauf achten, daß der neue Ehepartner sich auch der meist vorhandenen Kinder annimmt. Schließlich spielen für den Mann die soziale Stellung und die finanziellen Einkünfte als Gesichtspunkt einer Wiederverheiratung eine wesentlich geringere Rolle als für die Frau, die sehr stark in ihrem sozialen Status von dem des Ehegatten abhängig ist und auch finanziell darauf bedacht sein muß, den bisherigen Lebensstandard beibehalten zu können.

Hinzu tritt, daß auch die Umwelt die Verheiratung eines Witwers sehr viel stärker anerkennt und fördert wie die einer Witwe, besonders wenn sie finanziell durch Rente und Lebensversicherung abgesichert ist. Herrschende Auffassung ist, daß ein Mann nicht für sich allein und schon gar nicht für die Kinder sorgen kann, während von Ehefrauen erwartet wird, daß sie das Angedenken ihres Mannes ehren und eine angemessene Zeit verstreichen lassen.

Aus diesen Gründen ist es nicht verwunderlich, daß die Wiederheirat eines Witwers sehr viel häufiger ist als die einer Witwe. Nach einer amerikanischen Untersuchung waren fünf Jahre nach dem Tod des Ehepartners die Hälfte der Männer, aber nur ein Viertel der Frauen wiederverheiratet[46]. Nach den Zahlen, die Marris für England und Wales 1951 angibt, heirateten in der Altersgruppe von 20–24 noch 17% der verwitweten Frauen, im Alter von 30–34 waren es 11%, während es zwischen 40–49 Jahren nur noch 4% waren. Im späteren Alter kommt eine Wiederverheiratung in einer statistisch signifikanten Größenordnung nicht mehr vor[47].

Wo immer eine verwitwete Frau für ihren Verlust Ersatz sucht, entstehen Nachteile[48]. Bei einer Wiederheirat mag sie an einen Mann geraten, der keine Verantwortung für die Kinder übernimmt und der Ambivalenz der Rollen von Stiefvater, Vater und Nicht-Vater nicht gewachsen ist. Hält sie sich an ihre Familie, mag sie einer oft demütigenden Abhängigkeit ausgesetzt sein. Die Zuneigung der Kinder und die Zuwendung der Verwandten kann nicht die gefühlsbestimmte Beziehung zwischen Mann und Frau ersetzen. »So entschließen sich die meisten verwitweten Frauen zu einem einsameren Leben, sind zugleich Mutter und Vater für ihre Kinder und halten sich an die Gemeinschaft mit ihnen.«[49] Es bleiben ihnen die Aufgaben, die schon der Verfasser des 1. Thimotheusbriefes für sie vorgesehen hat:

»So aber eine Witwe Kinder und Enkel hat, solche laß zuvor lernen, ihre eigenen Häuser göttlich zu regieren und die Eltern Gleiches widerfahren zu lassen; denn das ist wohl getan und angenehm vor Gott. Das ist eine rechte Witwe, die einsam ist, die ihre Hoffnung auf Gott stellt und bleibt am Gebet und Flehen Tag und Nacht ... Laß keine Witwe erwählt werden unter sechzig Jahren (ie. für die Unterstützung durch die Gemeinde), die nicht die Frau eines Mannes gewesen ist, und die ein Zeugnis hat guter Werke, so sie Kinder aufgezogen hat, so sie gastfrei gewesen ist, so sie der Heiligen Füße gewaschen hat, so sie den Trübseligen Handreichungen getan hat, so sie allem guten Werk nachgekommen ist« (1. Tim. 5,4–5, 9–10)[50].

Außerordentlich schwierig ist es auch für ältere Menschen, einen Ersatz für den verstorbenen Ehepartner zu finden. Ein langes Zusammenleben hat die interpersonalen Beziehungen so stark gemacht, daß nicht nur eine libidinöse Ablösung schwierig wird, sondern auch an ein Substitut Erwartungen und Anforderungen gestellt werden, die es schwer machen, eine solche Person zu finden, zumal ältere Menschen ohnehin sehr viel weniger

Kontaktmöglichkeiten haben. Gesellschaftliche Vorurteile treten erschwerend hinzu: Nach einer langen Ehedauer sich als Verwitweter erneut zu verheiraten, gilt als Mißachtung des Verstorbenen. Daß ältere Menschen auch ein Anrecht nicht nur auf Vertrautheit und sozialen Kontakt, sondern auch auf sexuelle Beziehungen haben, wird nicht anerkannt; eheähnliche Gemeinschaften in Altersheimen und anderswo oder eine Wiederverheiratung werden von der Öffentlichkeit stark mißbilligt. Den verlorenen Ehepartner durch andere sinnvolle Tätigkeiten zu ersetzen, ist in höherem Alter ebenfalls schwierig, weil weder eine berufliche Tätigkeit noch eine ehrenamtliche erwünscht ist. Mangelnde körperliche und geistige Beweglichkeit verstärkt die geringen Möglichkeiten einer Substitution durch eine neue Tätigkeit. Es bleibt alten Menschen oft nur der Ausweg, die Erinnerungen an die Vergangenheit emotional überzubesetzen oder aber in Krankheiten auszuweichen, die sie noch eine gewisse Aufmerksamkeit gewinnen lassen.

8.43 Stellvertretung

Im Abschnitt über die soziologischen Implikationen der Substitution haben wir den Grundwiderspruch unserer gegenwärtigen Gesellschaft herausgestellt, der seine schärfste Akzentuierung am Problem des Todes findet. Es ist völlig eindeutig, daß für unsere gesellschaftliche Organisation der Tod eines Menschen praktisch bedeutungslos ist. Zwar gibt es eine Fülle von Instanzen, die die Ursache des Todes aufzuklären versuchen und die sich des Toten annehmen, die die Legitimation ihrer Tätigkeit aus der Tatsache begründen, daß es Tod gibt, aber das gesellschaftliche Gefüge ist in sich »unsterblich«, denn es ist stets in der Lage, den Verstorbenen zu ersetzen; der Tod des einzelnen bedeutet niemals eine ernsthafte Gefährdung. Ein wesentlicher Teil unserer heutigen Erfahrung der Sinnlosigkeit dieser Welt hängt damit zusammen, daß innerhalb der gesellschaftlichen Gesamtverfassung das Individuum jederzeit ersetzbar ist.

Dem steht ein kleiner Kreis von Menschen gegenüber, meist nur die engsten Familienangehörigen, für die der Verstorbene in starkem Maße unersetzlich ist. Dort, wo die Beziehungen nicht, um mit T. Parsons zu sprechen, universalistisch, funktional spezifisch und affektiv neutral, sondern partikularistisch, funktional diffus und affektiv sind[51], löst der Tod eine große Erschütterung aus, weil hier der Verstorbene nicht zu ersetzen ist. Nur dort, wo er nicht auf Grund seiner Leistung beurteilt, sondern als Person geliebt wird, tritt ein echter Verlust ein, der nur schwer aufzuheben ist. Nur in diesem engen Kreis der Familie werden die Einzigartigkeit und Unverwechselbarkeit des Verstorbenen anerkannt.

Diese tiefe Polarisierung zwischen gesellschaftlicher Ersetzbarkeit und familiärer Unersetzbarkeit führt dazu, daß die Familie in der Bewältigung eines Verlustes vielfach überfordert ist, denn sie kann dem Verstorbenen nicht seine Individualität und Unersetzbarkeit versichern, ohne sich selbst aufzuopfern und ohne auf jeden Versuch zu verzichten, das verlorene Liebesobjekt wenigstens partiell durch andere Menschen und neue Tätigkeiten zu substituieren. Der Verstorbene kann erinnert werden und in der Solidarität mit den Lebenden in der inneren Welt des Trauernden inkorporiert und wiederhergestellt werden, aber die Hinterbliebenen können nicht seine unverwechselbare Identität gewährleisten, ohne sich dem Verstorbenen rücksichtslos zu unterwerfen.

Einer der originellsten theologischen Beiträge der letzten Jahre hat diesen tiefgreifenden Konflikt zwischen unbeschränkter Ersetzbarkeit und individueller Unverwechselbarkeit als Ausgangspunkt genommen. In ihrer Studie über die »Stellvertretung« hat Dorothee Sölle versucht, den in der theologischen Diskussion vernachlässigten Begriff der Stellvertretung neu aufzugreifen und ihn von dem des Ersatzes abzugrenzen[52]. Jemanden vertreten heißt, auf Zeit für ihn einzustehen. Es ist eine Zwischenlösung, die auf bestimmte Bereiche beschränkt ist. Der Stellvertreter setzt sich nicht vollständig und absolut an die Stelle des anderen; er tritt im Namen des anderen auf und gibt dies zu erkennen[53]. »Zur Stellvertretung, die vorübergehend, bedingt und unvollständig ist, gehört Erinnerungsvermögen, zum Ersatz dagegen Vergeßlichkeit. Der mich ersetzt, behandelt mich als tot.«[54] Der Ersatzmann vertritt den zu Ersetzenden vollständig und unbedingt, er handelt nicht in dessen Namen, sondern in seinem eigenen. Was ersetzt ist, ist ein Ding, das dem Vergessen anheimfallen kann[55].

Stellvertretung ist allerdings nur möglich, wenn der, der sich vertreten läßt, sich nicht für unersetzbar hält. Der Chefmanager etwa hält sich für unersetzbar, vertreten fühlt er sich schon tot. »Aus Angst davor, nicht vorhanden, unbrauchbar oder tot zu sein, macht er sich immer und allgegenwärtig, vollkommen und sozusagen schlaflos lebendig.«[56] Er unterschlägt, daß unser Leben ohne das Angewiesensein und die Abhängigkeit von anderen nicht möglich ist, und vergißt, daß echte Arbeit und Leistung gerade darin besteht, in dem zu Leistenden aufzugehen. Der Mensch braucht Stellvertretung[57].

Andererseits setzt Stellvertretung das Vertrauen voraus, daß der Stellvertreter nicht zum Ersatzmann wird und sein Bestreben nicht darauf richtet, den zu Vertretenden zu verdrängen. Er darf seine ihm übertragene Macht nicht mißbrauchen. »Aus jeder Stellvertretung kann Ersatz werden, der die Stelle des anderen nicht mehr freihält, sondern sie für sich beschlagnahmt.«[58] Jeder, der sich vertreten läßt, geht das Risiko ein, ersetzt zu werden.

Der Widerspruch zwischen der idealistischen These »Der Mensch ist unersetzlich« und der Antithese »Jeder ist ersetzbar« läßt sich nach Sölle nicht einseitig aufheben. Die erste These ist eine ideologische Verhüllung der Realität, die Gegenthese nimmt das gesellschaftliche Faktum als gegeben und unaufhebbar hin. Dieser Widerspruch muß ausgehalten und in einem Dritten vermittelt werden. Der Begriff der Stellvertretung, wie er oben aufgeführt wurde, scheint dies leisten zu können. »Die Synthese aus Spruch und Widerspruch lautet daher: ein Mensch ist unersetzlich, *aber* vertretbar.«[59]

D. Sölle versucht, dieses Modell an der Christologie des Neuen Testamentes zu verifizieren und ihm von daher seine inhaltliche Bestimmung zu geben. Sie sieht hier vier für das christliche Verständnis eigentümliche Motive: Historizität, Entgrenzung, Freiwilligkeit und Leiden. (1) »Stellvertretung wird erst radikal gedacht, indem sie an eine bestimmte *historisch* faßbare Person gebunden ist.«[60] Christlich verstanden kann nicht irgendein Opfer Stellvertretung sein, sondern nur Jesus Christus, dessen »Tun und Leiden ... alles spätere und frühere, alles wirkliche und mögliche Tun und Leiden anderer Personen vorweg erfüllt«[61]. (2) Die Entgrenzung der Stellvertretung Christi bedeutet, daß sie nicht auf einen bestimmten Personenkreis beschränkt ist, sondern für alle Welt wirksam wird; sie ist aber entsprechend der Struktur von Stellvertretung eine Vertretung auf Zeit, bis das Wesen des Menschen aus dem Noch-nicht-Sein in seine Identität gefunden hat; (3) Diese Stellvertretung Christi erfolgt freiwillig, sie ist nicht die Leistung, die pflichtgemäß abgearbeitet und damit für alle Zeit vollendet wird, sondern sie ist eine bleibende und unfertige; (4) diese Stellvertretung ist mit Leiden verbunden. Der verachtete christliche Messias bewährt sich gerade durch sein Leiden als Stellvertreter des Menschen und Gottes[62].

Nimmt man den Begriff im Sinne von D. Sölle auf, so gewinnt dieser christologisch verifizierte Begriff eine wesentliche Funktion sowohl hinsichtlich der Substitution des Toten wie für das Substitut, das an seine Seite tritt. Was Stellvertretung für den Verstorbenen bedeutet, hat D. Sölle selbst an einer Stelle ihres Buches genannt: »Es gibt eine Rechtfertigung der Toten in der Wahrheit, die sie in ihrem Leben meinten und wollten, oder auch jener, um die sie gebracht oder betrogen wurden. Solch stellvertretendes und sich erinnerndes Eintreten für die versuchte und kaum gelungene Wahrheit der Toten entscheidet über die Gegenwart und die Zukunft der jetzt Lebenden – und läßt darin den Toten eine Zukunft.«[63]

Der Trauernde, so muß man über D. Sölle hinaus sagen, kann für den Toten eintreten, an seinen Niederlagen leiden, ihn gegen die Umwelt verteidigen, ihn in seiner Unersetzlichkeit vertreten und damit eine christologische Funktion übernehmen. Er verleugnet diese Stellvertretung, wenn er dem Toten seine Historizität nimmt, sich als Stellvertreter absolut setzt, die Rolle des Stellvertreters nicht freiwillig übernimmt und das Leiden von sich fernhält, das eine christliche Stellvertretung auszeichnet.

Das gleiche gilt für den Menschen, der an die Stelle des Toten tritt. Er darf kein Wunschbild des Trauernden darstellen, sondern muß selbst unverwechselbar er selbst sein; er darf nicht die Absicht haben, den Toten verdrängen zu wollen und sich an seine Stelle zu setzen, er würde damit nicht nur ihm, sondern auch dem Trauernden unrecht tun, der diesen Menschen bei sich behalten und nicht verstoßen will. Er muß die Stellvertretung freiwillig übernehmen, dh. in der vollen Einsicht, daß der Trauernde den Verstorbenen erinnert und in sich aufgenommen hat. Freiwilligkeit bedeutet vor allem auch, daß ein Kind niemals Substitut für den Verstorbenen sein darf, denn es kann nicht selbst entscheiden, ob es die Rolle des Stellvertreters annehmen will, und darf auch nicht in diese Richtung durch Eltern manipuliert werden. Stellvertretung schließt schließlich Leiden ein, zB. das Leiden des zweiten Gatten, daß die verwitwete Frau ihn vielfach nicht mit der Intensität lieben wird, wie sie ihren ersten Ehepartner geliebt hat, auch wenn sie die volle Zuwendung des neuen Ehemannes benötigt und in Anspruch nimmt.

Daß beide, der Trauernde und der, der an die Stelle des verlorenen Liebesobjekts tritt, sich bewußt sind, daß sie stellvertretend für die Unersetzbarkeit des Verstorbenen stehen, und dies als die christologische Interpretation von Stellvertretung annehmen, ist wesentlich, um gegenseitige Fehleinschätzungen und Enttäuschungen zu vermeiden.

9. EPILOG: DER TOD JESU UND DIE TRAUER DER JÜNGER (JOH. 16)

In den sogenannten Abschiedsreden Jesu im Johannes-Evangelium (Kap. 14–17) findet sich, beginnend in Kap. 14 und besonders in Kap. 16 eine auffällige Häufung von Begriffen und Vorstellungen aus dem Bereich der Trauer. Jesus kündigt seinen Abschied von den Jüngern an und verspricht seine Rückkehr, er will die Seinen »nicht Waisen sein lassen« (Joh. 14,18). Die Ankündigung des Fortgangs macht ihr »Herz voll Trauerns« (Joh. 16,16); sie »werden weinen und klagen«, aber ihre »Traurigkeit soll in Freude verkehrt werden« (Joh. 16,20). Jesus schließt mit den Worten: »Ihr habt nun Traurigkeit, aber ich will euch wiedersehen, euer Herz soll sich freuen, und eure Freude soll niemand von euch nehmen« (Joh. 16,22). Die Rückkehr Jesu setzt der Evangelist gleich mit dem Kommen des Parakleten, eine Verkörperung des pfingstlichen Geistes[1] (Joh. 14,16). Bultmann hat den Parakleten mit »Beistand« oder »Helfer« übersetzt[2], während die lateinische Tradition, sicher nicht unbeeinflußt von dem in diesem Kapitel beschworenen Abschied, hier den Terminus »Tröster« (»consolator«) vorzieht. Im ganzen bieten die Abschiedsreden, vor allem in Kap. 16, ein bisher kaum zureichend bedachtes Modell der Trauer-Bewältigung.
Im Kapitel 16 versucht der Jesus des Johannes-Evangeliums den Jüngern seinen Fortgang zu begründen. Es geht um den Sinn seines Todes. Mit den Worten Bultmanns: »Die Überwindung der λυπή aber kann keine künstliche Beschwichtigung sein; sie kann nur daraus erwachsen, daß die Notwendigkeit der Verlassenheit verstanden wird.«[3] Aus dem Text lassen sich fünf Gesichtspunkte herausstellen, mit denen der Evangelist Jesu Fortgang als sinnvoll darstellt, nämlich (1) damit, daß nur so eine volle Einsicht in die Worte Jesu erreicht wird; (2) daß nur der an seine Stelle tretende Geist die anhaltende Scheidung zwischen der Welt und den »Seinen« bewirkt; (3) daß durch den Geist die »Verklärung« und »Erinnerung« an den ersten Offenbarer gewährleistet wird; (4) daß der Fortgang ein Wiedersehen Jesu unter qualitativ anderen Bedingungen sichert; und (5) daß erst mit Fortgang und Rückkehr Jesu sich die volle eschatologische Freude einstellt. Diesen einzelnen Punkten soll zunächst anhand des Bultmannschen Kommentars nachgegangen werden.
(1) Volle Einsicht in die Worte Jesu: In Joh. 14,18–20 hieß es bereits, daß Jesus seine Jünger nicht als »Waisen« zurücklassen wolle, sondern zurückkommen werde: »An jenem Tage werdet ihr erkennen, daß ich in meinem

Vater bin und ihr in mir und ich in euch«, eine Aussage, die mit dem Kommen des Geistes (Joh. 16,13) gleichgesetzt wird: »Wenn aber jener, der Geist der Wahrheit kommt, so wird er euch in alle Wahrheit leiten.« Dies bedeutet nach Bultmann: »In mythologischer Redeweise wird gesagt, daß die Offenbarung, die in Jesu Wirken geschah, ihren Sinn, wirkliche Offenbarung zu sein, nur behält, wenn sie den Charakter der Zukünftigkeit behält.«[4] Jesus bleibt nur der entscheidende Offenbarer, wenn er es auch in der Zukunft bleibt, wenn er nicht auf die Worte und Handlungen eines irdischen Daseins festgelegt wird[5]. Nicht die Erinnerung und die exakte Erfassung eines historisch vergangenen Wesens sichert die volle Einsicht in das Wirken Jesu, sondern das Kommen des Geistes, mit dem die Offenbarung gegenwärtig gehalten wird. Nur so bleibt christlicher Glaube nicht einem vergangenen Ereignis verhaftet, nur so ist es möglich, daß sich in einem schriftlich fixierten Text neue Dimensionen der Verkündigung ergeben.

(2) Das Urteil über die Welt: Der angekündigte Geist ist aber in seinem Kommen ein kritischer Geist. »Wenn jener kommt, so wird er aufdecken, wie es in der Welt mit der Schuld, der Gerechtigkeit und dem Urteil steht, hinsichtlich der Schuld, daß sie nicht an mich glauben, hinsichtlich der Gerechtigkeit, daß ich zum Vater gehe und ihr mich nicht mehr seht, hinsichtlich des Urteils, daß der Fürst dieser Welt gerichtet wird« (Joh. 16,8–11). Die nicht ganz einfach zu interpretierenden Aussagen stellen jedenfalls heraus, daß der hier genannte Geist zwischen denen unterscheidet, die zu dem Offenbarer gehören, und denen, die dem Herrscher dieser Welt unterstehen. Das Kommen des Geistes verhindert, daß die kritische Funktion, die Jesus von Nazareth in einer ganz bestimmten historischen Situation wahrgenommen hat, unbeweglich wird und auf einen historischen Gegner fixiert bleibt. Er verhindert aber auch, daß Kritik zur Institution wird. In dreifacher Form wird das Urteil gesprochen, das hier nicht als Jüngstes Gericht in der Zukunft liegend verstanden wird, sondern als ein Urteil, das sich in dieser Gegenwart vollzieht: »Das Gericht der Offenbarung besteht darin, daß der wahre Sinn aufgedeckt wird, den die in der Welt üblichen Maßstäbe und Urteile haben. Damit wird zugleich aufgedeckt, wer Sünder, wer Sieger, wer gerichtet ist.«[6]

(3) Die »Verklärung« Jesu durch den Geist: »Er wird nicht von sich selber sprechen, sondern was er hört, das wird er aussprechen, und was in der Zukunft liegt, das wird er euch verkündigen. Er wird mich herausstellen, denn von dem Meinen wird er es nehmen und euch sagen« (Joh. 16,13bf). Das bedeutet zunächst, daß der Geist nichts Neues gegenüber den Worten Jesu bringt, die er weder verdrängt noch überbietet. Er wird an die Worte Jesu »erinnern« (Joh. 14,26). »Nicht neue Erleuchtungen wird der Geist bringen, neue Mysterien enthüllen, sondern in der von ihm gewirkten

Verkündigung wirkt Jesu Wort weiter.«[7] Gerade in einem solchen Tun »glorifiziert« er Jesus und stellt ihn als den entscheidenden Offenbarer heraus. »Er erhält das Alte in der ständigen Neuheit des Gesprochenwerdens im Jetzt.«[8]
(4) Das Wiedersehen mit Jesus: Das Wiedersehen mit Jesus scheint ein paradoxer Grund für den Fortgang Jesu zu sein. Aber es ist offensichtlich, daß der wiederkehrende Jesus eine andere Qualität besitzt als der scheidende. Ein Gleichniswort (Joh. 16,21) macht deutlich, daß mit dem »Von Neuem sehen« hier eine entscheidende Veränderung sich vollziehen wird. Mit dem Wiedersehen ist allerdings nicht die Auferstehung oder die apokalyptische Wiederkunft gemeint. Mit »Sehen« wird, wie Joh. 14,18 und 19 zeigt, das gleiche ausgesagt wie das Kommen Jesu zu seinen Jüngern, die er nicht als Waisen zurücklassen will[9]. Aber er kommt auf eine solche Weise zurück, daß es der Welt nicht sichtbar ist. Würde sich die Wiederkunft in apokalyptischer Weise vollziehen, dann hätten die Jünger Jesu nicht ständig Schwierigkeiten zu verstehen, was mit der Wiederkunft Jesu gemeint ist. Vielmehr geht es hier um eine Form des Glaubens, die Bultmann so beschreibt: »Der Glaubende gründet nur so in der Vergangenheit, daß er in ihr zur eschatologischen Existenz gerufen wurde, die ständig auf Zukunft ausgerichtete ist.«[10] Der Glaubende bleibt nur soweit bei Christus, als er nicht an der Vergangenheit der Worte Jesu festhält und sich an sie wie einen Besitz klammert, sondern ständig offen ist, das Wort neu zu hören. »Dieses Voraussein des Wortes hat der Glaubende ständig einzuholen; in solchem Einholen ist er aber auch ständig am Ende der Zeit; seine Existenz steht unter dem ὄψομαι ὑμᾶς.«[11]
(5) Die eschatologische Freude: Weggang Jesu wird Anlaß zur eschatologischen Freude. Der Evangelist gibt an dieser Stelle den Vergleich zwischen Trauer und glaubendem Existenzvollzug auf, offenbar, weil für ihn Tod und Freude nicht eindeutig genug zusammengehen, und greift auf das Bild einer gebärenden Mutter zurück, deren Freude den Schmerzen der Geburt folgt. Die Freude läßt alle Fragen und Schmerzen der Trennung vergessen, Jesus ist kein Rätsel mehr für seine Jünger. »Die Existenz der Glaubenden ... ist Freude, die niemand rauben kann, weil sie kein der Welt preisgegebenes Woran hat und deshalb ohne Sorge und Frage ist ... Ihre Existenz ist ihnen durchsichtig geworden; sie sind ›Söhne des Lichtes‹ geworden«[12] (vgl. Joh. 12,36).
Bultmann gelingt es ausgezeichnet, in Joh. 16 die Worte des johanneischen Jesus als eine Auslegung der menschlichen Existenz in ihrer Gebundenheit an das göttliche Wort und in ihrer Erstreckung in Vergangenheit und Zukünftigkeit verständlich zu machen, die beide im »Augenblick«[13] zusammenfallen. Dennoch scheint hier ein wesentliches Moment nicht zu seinem Recht zu kommen: Daß die Auslegung des Glaubens in der

Vorstellungswelt eines Trauerprozesses vollzogen wird. Die existenziale Interpretation, wie sie Bultmann hier durchführt[14], zwingt dazu, die zahlreichen Begriffe aus dem Trauerverhalten als im Grunde unwesentlich anzusehen, anstatt zu erkennen, daß hier anhand eben dieses Trauerprozesses der Glauben verdeutlicht und verständlich gemacht wird. Was die Jünger als die Vorbilder der Glaubenden in Fortgang und Rückkehr Jesu erfahren, steht in enger Verbindung zu dem, was ein Trauernder erfährt. Beides ist zusammenzuhalten: Der Glaubensvollzug kann nicht nur am Trauerprozeß geklärt werden, ebensowenig bestimmt der Glaubensvollzug allein, wie ein vom Geist bestimmter Trauerprozeß verläuft. Aber was der Gläubige mit dem irdischen Jesus verliert und mit dem himmlischen gewinnt, steht in einem engen Verhältnis zu dem, wie er einen geliebten Menschen, in dem er Christus erkennen kann, verliert und wiedergewinnt. Dies kann an den fünf wesentlichen Aussagen, die wir für Joh. 16 herausgestellt haben, erläutert werden:

(1) *Einsicht:* Erst der Tod des geliebten Menschen macht es möglich, voll zu erfassen, was er für den nun »Verwaisten« bedeutet hat. Während die unmittelbar persönliche Gegenwart es oft nicht erlaubt, Wichtiges von Unwichtigem, Erfreuliches von Ärgerlichem zu scheiden, gibt die Trauer die Möglichkeit, den Verstorbenen in seiner ganzen Menschlichkeit zu sehen. Der Verstorbene kann zum Vorbild werden, aber er ist es nicht in der Form, daß der Trauernde sich ängstlich bei jeder Entscheidung fragen muß, was der Verstorbene wohl dazu gesagt haben würde. Der Trauernde wird frei von den Buchstaben der Gegenwart dieses bestimmenden Menschen, frei dazu, statt dessen in »seinem Geiste« zu handeln, vielleicht gerade deswegen, weil er erst jetzt die Intentionen und das Wollen des Verstorbenen voll begreift.

(2) *Urteil:* Soll der Trauernde wirklich frei dazu werden, den Verstorbenen zu »verklären« und zu »erinnern«, muß er sich darüber klar werden, in welchem Maße sein eigenes Verhalten eine tiefere Beziehung zu dem Verstorbenen unmöglich macht und wo Schuldgefühle die volle Einsicht in das Wesen des Verstorbenen verhindert haben. Zugleich wird er sein Urteil über ihn in die Richtung ändern müssen, daß er ihn stärker als ein Opfer des »Fürsten dieser Welt« sieht; er muß lernen, daß vieles, was ihm den Toten weniger liebenswert gemacht hat und ihm oft unverständlich erscheinen ließ, Reaktionsformen auf Zwänge waren, die ihm von außen aufgedrängt wurden. Er muß zur Erkenntnis kommen, daß er selbst den Verstorbenen nach den Maßstäben dieser Welt beurteilt hat und damit den Zwang und Druck, der auf diesem lastete, noch verstärkt hat.

(3) *Verklärung:* Gerade die Zusammenstellung von »Erinnern« und »Verklären« macht deutlich, daß es hier nicht um ein »Glorifizieren« des

Verstorbenen geht. Es geht vielmehr darum zu verhindern, daß das Angedenken an den Verstorbenen nicht verfälscht wird, weder ins Negative noch ins Positive. Das Erinnern soll die Worte und das Tun des Verstorbenen nicht verändern; er soll geliebt werden ohne Haß und Schuldgefühle, aber auch nicht versehen mit dem Schein eines Heiligen, mit dem seine Menschlichkeit verleugnet wird.

(4) *Von neuem sehen:* Sowenig wie Christus soll der Tote verstoßen oder vergessen werden. Aber die Form seiner Gegenwart hat sich verändert, sie ist nicht mehr gebunden an seine persönliche Erscheinung, die sich in der Erinnerung ebenso auflöst wie sein Körper. Er wird unverlierbarer Besitz, indem er in dem Trauernden neu ersteht. Diese Wiedererweckung des Verstorbenen im Trauernden, die wir als Inkorporation beschrieben haben, hebt das Gefühl der Verlassenheit und der Schutzlosigkeit auf; er bleibt nicht »Waise«, sondern gewinnt den Verstorbenen als unverlierbare Gegenwart.

(5) *Freude:* Daß ein Trauerprozeß ebenso wie der Tod Jesu mit Freude enden kann, scheint dem, der akut von dem Verlust betroffen ist, schwer verständlich; es kann nur beschrieben werden als ein Ergebnis, das man im Nachherein erkennt. Bultmann versteht als ein solches Ergebnis, daß dem Glaubenden seine Existenz durchsichtiger wird; Ähnliches ließe sich vom Trauernden sagen. Trauer kann zu einer Erfahrung werden, die ein menschliches Leben nicht ärmer werden läßt, sondern bereichert und vertieftes Verständnis für den Verstorbenen und für den Trauernden mit sich bringt.

Will man den Tod eines nahestehenden Menschen als eine Glaubensprüfung verstehen, dann vor allen Dingen so, daß mit dem Verhältnis zu dem Verstorbenen auch das Verhältnis zu Christus geprüft wird. Ein falsches Glaubensverständnis kann auch das Verständnis dessen verstellen, was im Trauerprozeß vor sich geht. Wenn die Glaubenshaltung darauf besteht, Christus den Charakter der Zukünftigkeit zu nehmen und ihn am irdischen Jesus festzuhalten, wenn die Herrschaftsverhältnisse nicht erkannt werden, die Christus zum Opfer machen, wenn er so verklärt ist, daß darunter seine Menschlichkeit verschwindet, wenn er als Objekt der Vergangenheit behandelt und ihm die Macht nicht zuerkannt wird, dem Trauernden zu einem vertieften Verständnis des eigenen existentiellen Vollzuges zu kommen, dann kann die Gefahr eintreten, daß auch der Mensch, den man geliebt hat und der nun verstorben ist, in falschen Dimensionen gesehen wird und die Trauerarbeit mit einem negativen Ergebnis endet. Dies gilt jedoch genauso umgekehrt, wenn man den Verstorbenen mit quasi-göttlichen Attributen ausstattet und ihn in der Vergangenheit fixiert.

10. ZITIERTE UND WEITERFÜHRENDE LITERATUR

Abraham, K., Ansätze zur psychoanalytischen Erforschung und Behandlung des manisch-depressiven Irreseins und verwandter Zustände (1912), in: Psychoanalytische Studien II (Conditio humana), Frankfurt 1971, 146–162.

–, Versuch einer Entwicklungsgeschichte der Libido auf Grund der Psychoanalyse seelischer Störungen (1924), in: Psychoanalytische Studien I (Conditio humana), Frankfurt 1971^2, 113–183.

Althaus, P., Die letzten Dinge, Lehrbuch der Eschatologie (1922), Gütersloh 1961.

–, Retraktionen zur Eschatologie, Theologische Literaturzeitung, 1950, Sp. 253–260.

Bachmann, C., Ministering to the Grief Sufferer, Englewood Cliffs, N. J. 1964.

Beauvoir, S. de, Ein sanfter Tod, Reinbek 1965.

Berger, P. / Lieban, R., Kulturelle Wertstruktur und Bestattungspraktiken in den Vereinigten Staaten, Kölner Zeitschrift für Soziologie und Sozialpsychologie 12, 1960, 224–236.

Bibring, E., Das Problem der Depression, Psyche 6, 1952, 81–101.

Bohren, R., Unsere Kasualpraxis – eine missionarische Gelegenheit? (Theologische Existenz heute NF H. 147), München 1968^4.

Bowers, Margaretta K. / E. N. Jackson / J. A. Knight / L. Leshan, Wie können wir Sterbenden beistehen (Gesellschaft und Theologie, Abtl. Praxis der Kirche Bd. 6), München/Mainz 1971.

Bowlby, J., Grief and Mourning in Infancy and Early Childhood, Psychoanalytic Study of the Child 15, 1960, 9–52.

–, Pathological Mourning and Childhood Mourning, Journal of the American Psychoanalytic Association 11, 1963, 500–541.

–, Processes of Mourning, International Journal of Psycho-Analysis 42, 1961, 317–340.

–, Seperation Anxiety, International Journal of Psycho-Analysis 41, 1960, 89–113.

Bowman, L., The American Funeral. A Study in Guilt, Extravagance, and Sublimity, Washington, D. C. 1959.

Brunner, E., Das Ewige als Zukunft und Gegenwart (Siebenstern Taschenbuch Bd. 32), München-Hamburg 1965.

Bürki, B., Im Herrn entschlafen. Eine historisch-pastoraltheologische Studie zur Liturgie des Sterbens und des Begräbnisses (Beiträge zur praktischen Theologie Bd. 6), Heidelberg 1969.

Caruso, I. A., Die Trennung der Liebenden, Stuttgart/Bern 1968.

Clayton, P. / L. Desmarias / G. Winokur, A Study of Normal Bereavement, American Journal of Psychiatry 125, 1968, 168–178.

Clerk, N. N., A Grief Observed, London 1961 (Pseudonym f. C. St. Lewis).

Clinebell, H. J., Modelle beratender Seelsorge (Gesellschaft und Theologie, Abtl. Praxis der Kirche Bd. 8), München/Mainz 1971.

Deutsch, H., Absence of Grief, Psychoanalytic Quarterly 6, 1937, 12–22.

Engel, G. L., Anxiety and Depression-Withdrawal. The Primary Affect of Unpleasure, International Journal of Psycho-Analysis 43, 1962, 89–97.
–, Is Grief a Disease? Psychosomatic Medicine 23, 1961, 18–22.
–, Psychological Development in Health and Disease, Philadelphia 1962.

Feifel, H., (Hg.), The Meaning of Death, New York 1959.
Fenichel, O., The Psychoanalytic Theory of Neurosis, New York 1945.
Ferber, Ch. v., Soziologische Aspekte des Todes, Zeitschrift für Evangelische Ethik 7, 1963, 338–360.
–, Der Tod. Ein unbewältigtes Problem für Mediziner und Soziologen, Kölner Zeitschrift für Soziologie und Sozialpsychologie 22, 1970, 237–250.
Freud, S., Hemmung. Sympton und Angst (1926) (Gesammelte Werke Bd. 14), Frankfurt 1968^4, 111–205.
–, Totem und Tabu (1912/1913) (Gesammelte Werke Bd. 9), Frankfurt 1968^4.
–, Trauer und Melancholie (1916) (Gesammelte Werke Bd. 10), Frankfurt 1967^4, 428–446.
Fuchs, W., Todesbilder in der modernen Gesellschaft, Frankfurt 1969.
Fulcomer, D. M., The Adjustive Behavior of Some Recently Bereaved Spouses (Philosophische Dissertation, Northwestern University), Evanston, Ill. 1942.
Fulton, R., (Hg.), Death and Identity, New York 1965.

Geischer, H. J., Tod und Leben. Volksfrömmigkeit im Spiegel von Todesanzeigen. Theologia Practica 6, 1971, 254–271.
Gennep, A. van, The Rites of Passage, London 1960; französische Originalausgabe: Les Rites de Passage, Paris 1909; deutsch: Die Übergangsriten (Auszug), in: C. A. Schmitz (Hg.), Religionsethnologie, Frankfurt 1964, 374–389.
Giudice, L., Ohne meinen Mann. Aufzeichnungen einer Witwe, Stuttgart 1971.
Gorer, G., Death, Grief, and Mourning in Contemporary Britain, London 1965.
Green, B. R. / D. P. Irish, Death Education – Preparing for Living, Cambridge 1971.
Grollman, E. A. (Hg.), Explaining Death to Children, Boston 1967.

Hahn, A., Einstellungen zum Tod und ihre soziale Bedingtheit. Eine soziologische Untersuchung (Soziologische Gegenwartsfragen NF H. 26), Stuttgart 1968.
Harbsmeier, G., Was wir an den Gräbern sagen, in: H. Runte (Hg.), Glaube und Geschichte (Festschrift Fr. Gogarten), Gießen 1948, 83–109.
Hedinger, U., Hoffnung zwischen Kreuz und Reich. Studien und Meditationen über die christliche Hoffnung (Basler Studien zur historischen und systematischen Theologie Bd. 11), Zürich 1968.
Hertz, R., Contribution à une étude sur la représentation collective de la mort. L'année sociologique 10, 1905/1906, 48–137.

Irion, P. E., The Funeral. Vestige or Value. New York/Nashville 1966.

Jackson, E. N., The Christian Funeral, New York 1966.
Jahnow, H., Das hebräische Leichenlied im Rahmen der Völkerdichtung (Beiheft zur Zeitschrift für alttestamentliche Wissenschaft Bd. 36), Gießen 1923.
Jüngel, E., Tod (Themen der Theologie Bd. 8), Stuttgart-Berlin 1971.

Klein, M., Zur Psychogenese der manisch-depressiven Zustände (1935), in: Das Seelenleben des Kleinkindes und andere Beiträge zur Psychoanalyse (Beihefte zur »Psyche«), Stuttgart 1962, 44–71.

–, Die Trauer und ihre Beziehung zu manisch-depressiven Zuständen (1940), in: Das Seelenleben des Kleinkindes und andere Beiträge zur Psychoanalyse (Beihefte zur »Psyche«), Stuttgart 1962, 72–100.

Kramp, W., Der letzte Feind – Aufzeichnung. München 1969.

Kreck, W., Die Zukunft des Gekommenen – Grundprobleme der Eschatologie. München 1966.

Krupp, G. R. / B. Kligfield, The Bereavement Reaction. A Cross-Cultural Evaluation, Journal of Religion and Health 1, 1961/1962, 222–246.

Krusche, W., Die Beerdigungspredigt in der heutigen volkskirchlichen Situation, Pastoralblätter 105, 1965, 411–426.

–, Unsere Predigt am Grab. Das Grab der Kirche? Pastoralblätter 102, 1962, 617–627; 682–691.

Kutscher, A. H. (Hg.), Death and Bereavement, Springfield, Ill. 1969.

–, (Hg), But not to Lose. A Book of Comfort for Those Bereaved, New York 1969.

Lewin, B. D., The Psychoanalysis of Elation, London 1951.

Lifton, R. J., Death in Life. Survivors of Hiroshima, New York 1968.

Lindemann, E., Die Bedeutung emotionaler Zustände für das Verständnis mancher innerer Krankheiten und ihre Behandlung, Die Medizinische, 1953, 1. Halbjahr, 515–520; 603–606.

–, Symptomatology and Management of Acute Grief, American Journal of Psychiatry 101, 1944, 141–148; wiederabgedruckt in: R. Fulton (Hg.), Death and Identity, New York 1965, 186–201.

Lindemann, F.-W., Vier Trauersituationen – Ein Erfahrungsbericht aus den ersten beiden Amtsjahren, Wissenschaft und Praxis in Kirche und Gesellschaft 61, 1972, 39–48.

Maddison, D. / A. Viola, The Health of Widows in the Year Following Bereavement, Journal of Psychosomatic Research 12, 1968, 297–306.

Maddison, D. / W. L. Walker, Factors Affecting the Outcome of Conjugal Bereavement, British Journal of Psychiatry 113, 1967, 1057–1067.

Marris, P., Widows and Their Families (Report of The Institute of Community Studies Bd. 3), London 1959.

Maser, H., Die Bestattung (Handbücherei für Gemeindearbeit H. 28), Gütersloh 1964.

Mitford, J., Der Tod als Geschäft. The American Way of Death, Olten und Freiburg 1965.

Mitscherlich, A. / M. Mitscherlich, Die Unfähigkeit zu trauern. Grundlagen kollektiven Verhaltens, München 1967.

Moltmann, J., Theologie der Hoffnung, München 1966[6].

Neidhardt, W., Die Rolle des Pfarrers beim Begräbnis, in: Wort und Gemeinde (Festschrift für E. Thurneysen), Zürich 1968, 226–235.

Parkes, C. M., Bereavement and Mental Illness, Part I: A Clinical Study of the Grief of the Bereaved Psychiatric Patients, British Journal of Medical Psychology 38, 1965, 1–12.

–, Bereavement and Mental Illness, Part II: A Classification of Bereavement Reactions, British Journal of Medical Psychology 38, 1965, 13–26.

–, Bereavement. Studies of Grief in Adult Life, London 1972.

Pollock, G. H., Mourning and Adaptation, International Journal of Psycho-Analysis 42, 1961, 341–361.

Redlich, F. C. / D. X. Freedman, Theorie und Praxis der Psychiatrie (Literatur der Psychoanalyse), Frankfurt 1970.

Rochlin, G., Grief and Discontents. The Forces of Change, Boston 1965.

Sauter, G., Zukunft und Verheißung. Das Problem der Zukunft in der gegenwärtigen theologischen und philosophischen Diskussion, Zürich–Stuttgart 1965.

Spiegel, Y., Gesellschaftliche Bedürfnisse und theologische Normen. Versuch einer Theorie der Amtshandlungen. Theologia Practica 6, 1971, 212–231.

–, Der Pfarrer im Amt. Gemeinde, Kirche, Öffentlichkeit (Pfarrer in der Großstadt Bd. 2/3), München 1970.

–, Der Prozeß der Trauer, Wege zum Menschen 24, 1972, 1-14.

–, Wie menschlich ist das Mittrauern? Wissenschaft und Praxis in Kirche und Gesellschaft 61, 1972, 269–271.

Sudnow, P., Passing on. The Social Organization of Dying, Englewood Cliffs, N. J. 1967.

Switzer, D. K., The Dynamics of Grief, Nashville/New York 1970.

Schoenberg, B. / A. C. Carr / D. Perretz / A. H. Kutscher, Loss and Grief. Psychological Management in Medical Practice, New York 1970.

Stone, H. W., Suicide and Grief, Philadelphia 1972.

Strauss, A. L., Spiegel und Masken. Die Suche nach Identität (1959) (Theorie Bd. 2), Frankfurt 1969, 95–142.

Vernon, G. M., Sociology of Death. An Analysis of Death-Related Behavior, New York 1970.

Warner, W. L., The Living and the Dead. A Study of the Symbolic Life of Americans (The Yankee City Series Bd. 5), New Haven, Conn. 1959, 248–320.

Winkler, K., Pastoralpsychologische Aspekte der kirchlichen Beerdigung, Wissenschaft und Praxis in Kirche und Gesellschaft 61, 1972, 90–96.

Wolfenstein, M., How is Mourning Possible? Psychoanalytic Study of the Child 21, 1966, 93–123.

–, Loss, Rage, and Repetition. Psychoanalytic Study of the Child 24, 1969, 432–460.

Wolfenstein, M. / G. Klimann (Hg.), Children and the Death of a President, New York 1965; Garden City, N. Y. 1966.

Wretmark, G., A Study in Grief Reactions, Acta psychiatrica et neurologica Scandinavia 136, 1959, 292–299.